Schwerpunkte Pflichtfach Schack · BGB – Allgemeiner Teil

Schwerpunkte

Eine systematische Darstellung der wichtigsten Rechtsgebiete anhand von Fällen
Begründet von Professor Dr. Harry Westermann †

BGB – Allgemeiner Teil

von

Dr. Haimo Schack

(em.) o. Professor an der Universität Kiel
Richter am Oberlandesgericht a.D.

17., neu bearbeitete Auflage

C.F. Müller

Bibliografische Information der Deutschen Nationalbibliothek

Die Deutsche Nationalbibliothek verzeichnet diese Publikation in der Deutschen Nationalbibliografie; detaillierte bibliografische Daten sind im Internet über <http://dnb.d-nb.de> abrufbar.

Print: ISBN 978-3-8114-6136-9
ePub: ISBN 978-3-8114-8847-2

E-Mail: kundenservice@cfmueller.de
Telefon: +49 6221/1859 599
Telefax: +49 6221 1859 598

www.cfmueller.de

Satz: preXtension, Grafrath
Druck: Westermann Druck, Zwickau

Vorwort

Die Neuauflage berücksichtigt die aktuelle Gesetzgebung (inklusive des am 1.1.2024 in Kraft tretenden MoPeG, Rn 106a), Rechtsprechung und Literatur. Der Allgemeine Teil des BGB und auch dieses Buch stellen hohe Anforderungen gerade an die Anfangssemester. Doch ist niemandem damit gedient, wollte man die Dinge leichter erscheinen lassen, als sie sind.

Den Studienerfolg verbürgt allein das gewissenhafte Durcharbeiten des Textes unter ständigem Nachschlagen des Gesetzes und auch der im Text zitierten wichtigsten Gerichtsentscheidungen und besonders lesenswerten Aufsätze, auf die so das Augenmerk der Studierenden gelenkt werden soll. Die Mühe lohnt sich!

Die Nachweise aus Rechtsprechung und Literatur beschränken sich bewusst auf solche von zentraler Bedeutung, die auch Anfangssemestern den vertieften Einstieg in die Problematik erleichtern können. Doch bleibt der Allgemeine Teil infolge seines Abstraktionsgrades auf weite Strecken nicht nur für Anfänger eine recht harte Kost. Um sie nicht zu entmutigen, habe ich schwierigere Passagen mit einem der Randnummer vorangestellten „F“ gekennzeichnet. An diesen und vielen anderen Stellen des Buches werden auch Fortgeschrittene zur Vorbereitung der Übungen und in der Examensphase manches Wichtige und Nützliche (wieder) entdecken.

Kiel, im Januar 2023 *Haimo Schack*

Aus dem Vorwort zur 6. Auflage (1991)

Gerne bin ich der Aufforderung des Verlages gefolgt, den von *Harry Westermann* begründeten, zuletzt 1983 erschienenen Schwerpunkte-Band BGB Allgemeiner Teil als Bearbeiter zu übernehmen. Das bewährte didaktische Konzept ist unverändert geblieben. Im Übrigen jedoch habe ich das Buch von Grund auf überarbeitet und nichts ungeprüft übernommen. Angesichts aktueller Rechtsentwicklungen waren einige Schwerpunkte neu zu setzen, und manches erscheint in der Beleuchtung eines anderen Verfassers notwendig in einem neuen Licht.

Herausgenommen habe ich das Kapitel 7 zur Staatshaftung, die nicht zu den Grundlagen des Privatrechts gehört, die dieses Buch vor allem den Studienanfängern vermitteln soll. Den so gewonnenen Raum habe ich für einen weiteren Fall (Kapitel 13) zur Rechtsgeschäftslehre genutzt, die den Schwerpunkt des Stoffes des ersten Semesters und der Anfängerübungen bildet. Ausgewechselt wurde auch Fall 15.

Die Nachweise aus Rechtsprechung und Literatur beschränken sich bewusst auf solche von zentraler Bedeutung, die auch Anfangssemestern den vertieften Einstieg in die Problematik erleichtern können. Doch bleibt der Allgemeine Teil infolge seines Abstraktionsgrades auf weite Strecken nicht nur für Anfänger eine recht harte Kost. Um sie nicht zu entmutigen, habe ich schwierigere Passagen mit einem der Randnummer vorangestellten „F“ gekennzeichnet. An diesen und vielen anderen Stellen des Buches werden auch Fortgeschrittene zur Vorbereitung der Übungen und in der Examensphase manches Wichtige und Nützliche (wieder) entdecken.

Lesens- und beherzigenswert ist auch das Kapitel 22 zur Methode der Fallbearbeitung. Darüber, ob der Autor seinen eigenen Ansprüchen (Rn 593–595) gerecht geworden ist, mögen die Leser urteilen. Vorgekostet und das Menü um zahlreiche Verbesserungsvorschläge bereichert haben die Teilnehmer meines Mitarbeiterseminars, ohne deren tatkräftige Unterstützung und stetigen Ansporn das Buch so schnell nicht fertig geworden wäre.

Bielefeld, im Juli 1991 *Haimo Schack*

Aus dem Vorwort zur 1. Auflage

Der großen Zahl an Grundriss- und Lehrbuchreihen eine neue hinzuzufügen mag überflüssig erscheinen. Indessen soll die Reihe, deren erster Band hiermit vorgelegt wird, einen speziellen Zweck mit eigenständigen Methoden verfolgen: Es geht darum, dem Studenten (hauptsächlich den ersten und mittleren Semestern) eine einführende Darstellung, den älteren Semestern eine Wiederholungsmöglichkeit zur Verfügung zu stellen, die bewusst darauf verzichtet, die ganze Stofffülle vorzutragen, sondern sich auf Schwerpunkte beschränkt. Die dargestellten Gegenstände sind daher vorzüglich unter pädagogischen Gesichtspunkten ausgewählt: Besonderes Gewicht ist auf die Institute gelegt, deren Kenntnis für ein fruchtbares Studium und für das Examen erforderlich, deren Verständnis Voraussetzung zur methodischen eigenen Arbeit der Studenten ist und die in die moderne Problematik einführen. In diesem Umfang ist auch vertieftes Eindringen angestrebt. Die zusammenfassenden Kapitel geben einen Überblick über die nicht näher behandelten Rechtseinrichtungen.

Dem pädagogischen Zweck ist auch die Darstellungsweise angepasst: Sie geht vom Fall aus und kehrt zu ihm ständig zurück, hat aber, da unser Recht kein „Fallrecht" ist, ständig die Entfaltung des Rechtssystems und der dogmatischen Zusammenhänge zum Ziel. Dementsprechend folgen die einzelnen Paragraphen nicht dem „Fallaufbau"; wohl aber ist, um den Studenten frühzeitig (die Übungen beginnen im zweiten Semester) mit der Methode der Fallbearbeitung und des Klausuraufbaus vertraut zu machen, den meisten Paragraphen eine Skizze des klausurmäßigen Aufbaus des Einleitungsfalles angefügt.

Wenn so die Fallösung einen erheblichen Raum einnimmt, bleibt der Fall Einführungs- und Anschauungsmaterial, also ein Hilfsmittel für die das Rechtssystem entfaltende Darstellung. Eine Fallsammlung wollen die „Schwerpunkte" nicht sein; die Klausurskizzen und die Lehre der Fallbearbeitung sind als Bestandteile einer Einführung verstanden.

Die Paragraphen mit zusammenfassendem Überblick können einen wesentlich höheren Abstraktionsgrad der Darstellung wagen, zumal es erforderlich ist, frühzeitig den jungen Juristen an diese Arbeits- und Denkweise zu gewöhnen. Diese Überblicke sollen zugleich ein Hilfsmittel zur Wiederholung und zur Selbstkontrolle des Wissens und des Verständnisses sein.

Den Zwecken der Reihe entspricht es, dass die Auseinandersetzung mit Literatur und Rechtsprechung selten und knapper als in den üblichen Lehrbüchern bleibt, wenn auch mE die Nachweise ausreichen, um ein vertieftes Studium anzuschließen. Dieses auch und gerade mit dem „großen, klassischen Lehrbuch" anzuregen, ist ein weiteres Ziel der Reihe.

Münster, im März 1969 *Harry Westermann*

Inhaltsverzeichnis

		Rn	Seite
Vorwort			V
Aus dem Vorwort zur 6. Auflage (1991)			VI
Aus dem Vorwort zur 1. Auflage			VII
Abkürzungsverzeichnis			XIII
Lern- und Literaturhinweise			XVII

Teil I
Die Rechtssubjekte

		Rn	Seite
§ 1	**Begriff, regelmäßiger Beginn und Vorverlegung der Rechtsfähigkeit**	1	1
	I. Begriff der Rechtsfähigkeit	2	1
	II. Vorverlegung der Rechtsfähigkeit	8	2
§ 2	**Ende der Rechtsfähigkeit. Todeserklärung. Verjährung. Vollmacht über den Tod hinaus**	17	5
	I. Ende der Rechtsfähigkeit	18	5
	II. Todeserklärung	23	7
	III. Verjährung	29	8
	IV. Vollmacht über den Tod hinaus	37	9
§ 3	**Das subjektive Recht. Handlungs- und Deliktsfähigkeit. Erwerb und Verteidigung subjektiver Rechte**	43	11
	I. Objektives und subjektives Recht	44	11
	II. Handlungsfähigkeit, Arten der Handlung	52	14
	III. Schutz und Grenzen der subjektiven Rechte	55	15
§ 4	**Schutz der Person. Das allgemeine Persönlichkeitsrecht**	58	18
	I. Schutz durch §§ 823, 12 BGB, § 22 KUG	59	18
	II. Das allgemeine Persönlichkeitsrecht	63	19
§ 5	**Begriff und Arten der juristischen Person des Privatrechts. Erwerb der Rechtsfähigkeit**	70	21
	I. Begriff und Arten der juristischen Person	71	21
	II. Erwerb der Rechtsfähigkeit	87	26
§ 6	**Haftungsverhältnisse beim rechtsfähigen und beim nichtrechtsfähigen Verein. Vorverein. Rechtfertigungsgründe**	102	31
	I. Haftung für rechtsgeschäftliche Verbindlichkeiten	103	31
	II. Haftung des Vereins aus unerlaubter Handlung	112	33

III. Der nichtrechtsfähige Verein im Zivilprozess 124 36
IV. Das Verhältnis Vorverein – eingetragener Verein 125 36

§ 7 Das Recht der natürlichen und der juristischen Person (Zusammenfassung) 127 37

Teil II
Die Rechtsobjekte

§ 8 Rechtsobjekte. Objektverbindungen: Bestandteile, Zubehör. Unternehmen als Rechtsobjekt 147 42
I. Begriff und Arten des Rechtsobjekts 148 42
II. Objektverbindungen 156 44
III. Das Unternehmen als Einheit 171 49
IV. Pfändung von Zubehör F175 50

Teil III
Die Willenserklärung

§ 9 Begriffe Rechtsgeschäft, Vertrag, Willenserklärung. Vertragsschluss. Rechtsgeschäfte des beschränkt Geschäftsfähigen. Gefälligkeitsverhältnis 176 51
I. Rechtsgeschäft, Vertrag, Willenserklärung 177 51
II. Der Abschluss von Verträgen (Angebot und Annahme) 180 52
III. Das Wirksamwerden von Willenserklärungen (Abgabe und Zugang) 184 54
IV. Geschäftsfähigkeit als Voraussetzung für die Gültigkeit einer Willenserklärung 190 58
V. Gefälligkeitsverhältnis 196 61

§ 10 Auslegung. Inhalts- und Erklärungsirrtum. Anfechtung. Ersatz des negativen Interesses 201 65
I. Auslegung 202 65
II. Anfechtung nach § 119 .... 215 68

§ 11 Irrtum bei Verfügungsgeschäften und bei konkludenten Willenserklärungen. Abstraktionsprinzip 231 73
I. Irrtum bei Verfügungsgeschäften 232 74
II. Irrtum bei konkludenten Willenserklärungen 243 77

§ 12 Nichtigkeit nach §§ 134, 138. Anfechtung nach §§ 119 II, 123 .... 251 80
I. Nichtigkeit des sittenwidrigen und wucherischen Geschäfts ... 252 80
II. Anfechtung nach § 123 .... 268 84
III. Anfechtung wegen Eigenschaftsirrtums 278 87
IV. Konkurrenzen 285 88

§ 13 Scheingeschäft. Teilnichtigkeit. Veräußerungsverbot. Formbedürftigkeit von Willenserklärungen	293	91
I. Scheingeschäft	295	91
II. Teilnichtigkeit	301	92
III. Veräußerungsverbot	307	94
IV. Formbedürftigkeit von Willenserklärungen	316	95
§ 14 Allgemeine Geschäftsbedingungen (AGB)	331	99
I. AGB als Mittel zur Bestimmung des Vertragsinhalts	332	99
II. Begriff der AGB	343	102
III. Einbeziehung von AGB	346	103
IV. Auslegung von AGB	351	104
V. Inhaltskontrolle von AGB	355	105
VI. Rechtsfolgen unwirksamer AGB	362	107
§ 15 Schweigen als Willenserklärung. Kaufmännisches Bestätigungsschreiben	368	109
I. Schweigen als Willenserklärung	369	109
II. Schweigen auf ein kaufmännisches Bestätigungsschreiben	373	110
III. Anfechtung des Schweigens	382	112
§ 16 Diskriminierungsverbote. Allgemeines Gleichbehandlungsgesetz (AGG)	387	113
I. Vertragsfreiheit zur Diskriminierung?	388	113
II. Verbotene Benachteiligungen	390	114
III. Rechtsfolgen verbotener Diskriminierung	393	116
§ 17 Ergänzende Zusammenfassung der Rechtsgeschäftslehre	397	118
I. Begriff, Bedeutung und Arten des Rechtsgeschäfts	397	118
II. Auslegung	411	120
III. Geschäftsfähigkeit als Voraussetzung der Willenserklärung	415	121
IV. Die Formbedürftigkeit der Willenserklärung	424	123
V. Nichtigkeit wegen des Inhalts des Rechtsgeschäfts	427	124
VI. Das Recht der Willensmängel	435	125
VII. Bedingung und Befristung	451	127
VIII. Die Behandlung Allgemeiner Geschäftsbedingungen	453	128

Teil IV
Die Willenserklärung für andere

§ 18 Stellvertretung: Bevollmächtigung. Handeln im Namen des Vertretenen. Wirkung der Vertretung	458	129
I. Die Bevollmächtigung	459	129
II. Handeln im Namen des Vertretenen	470	131
III. Die Wirkung der Vertretung	477	133

IV. Vertretung ohne Vertretungsmacht	484	135
§ 19 Form der Bevollmächtigung. Umfang der Vertretungsmacht. Erlöschen der Vollmacht. Schutz des guten Glaubens an die Vertretungsmacht	488	136
I. Form der Bevollmächtigung	489	136
II. Umfang der Vertretungsmacht und Geschäftsführungsbefugnis	493	138
III. Erlöschen der Vollmacht	505	141
IV. Schutz des guten Glaubens an die Vertretungsmacht	511	142
§ 20 Verfügung eines Nichtberechtigten. Schuldrechtliche Geschäfte in eigenem Namen für andere	521	145
I. Verfügung über fremde Gegenstände in eigenem und in fremdem Namen	522	145
II. Schuldrechtliche Geschäfte in eigenem Namen für andere	530	147
§ 21 Die Willenserklärung für andere (Zusammenfassung)	534	149
I. Stellvertretung	534	149
II. Einwilligung und Genehmigung	545	151
§ 22 Methode der Fallbearbeitung	547	151
I. Gründe für eine besondere Methode der Fallbearbeitung	547	151
II. Die Lösung des Falles	550	152
III. Die schriftliche Darstellung	579	158
Sachverzeichnis		163

Abkürzungsverzeichnis

aA	anderer Ansicht
aaO	am angegebenen Ort
abl.	ablehnend
AcP	Archiv für die civilistische Praxis
AEUV	Vertrag über die Arbeitsweise der Europäischen Union
aF	alte Fassung
AG	Aktiengesellschaft; Amtsgericht
AGB	Allgemeine Geschäftsbedingungen
AGG	Allgemeines Gleichbehandlungsgesetz
AktG	Aktiengesetz
Alt.	Alternative
Anm.	Anmerkung
Art.	Artikel
Aufl.	Auflage
BAG	Bundesarbeitsgericht
BayObLG	Bayerisches Oberstes Landesgericht
Bd.	Band
BeurkG	Beurkundungsgesetz
BGB	Bürgerliches Gesetzbuch
BGBl	Bundesgesetzblatt
BGH	Bundesgerichtshof
BGHZ	Entscheidungen des Bundesgerichtshofes in Zivilsachen
BRAO	Bundesrechtsanwaltsordnung
BTDr	Bundestagsdrucksache
BVerfG	Bundesverfassungsgericht
BVerfGE	Entscheidungen des Bundesverfassungsgerichts
BVerwGE	Entscheidungen des Bundesverwaltungsgerichts
bzw	beziehungsweise
cic	culpa in contrahendo
DSGVO	Datenschutz-Grundverordnung (EU) 2016/679
eGbR	eingetragene Gesellschaft bürgerlichen Rechts
Einl.	Einleitung
EMRK	Europäische Konvention zum Schutze der Menschenrechte und Grundfreiheiten vom 4.11.1950
ErbbauRG	Gesetz über das Erbbaurecht
EU-ABl	Amtsblatt der Europäischen Union (vor 1.2.2003: EG-ABl)
eV	eingetragener Verein
f, ff	folgende
FamFG	Gesetz über das Verfahren in Familiensachen und in den Angelegenheiten der freiwilligen Gerichtsbarkeit
FS	Festschrift

GBO	Grundbuchordnung
GbR	Gesellschaft bürgerlichen Rechts
GenG	Gesetz betreffend die Erwerbs- und Wirtschaftsgenossenschaften
GG	Grundgesetz
GmbHG	Gesetz betreffend die Gesellschaften mit beschränkter Haftung
GRUR	Gewerblicher Rechtsschutz und Urheberrecht
GWB	Gesetz gegen Wettbewerbsbeschränkungen
HGB	Handelsgesetzbuch
hL, hM	herrschende Lehre, herrschende Meinung
Hrsg.	Herausgeber
idR	in der Regel
InsO	Insolvenzordnung
iSv	im Sinne von
iVm	in Verbindung mit
JA	Juristische Arbeitsblätter
JGG	Jugendgerichtsgesetz
JR	Juristische Rundschau
JURA	Juristische Ausbildung
JuS	Juristische Schulung
JZ	Juristenzeitung
KG	Kammergericht; Kommanditgesellschaft
KUG	Gesetz betreffend das Urheberrecht an Werken der bildenden Künste und der Photographie von 1907
KUR	Kunst und Recht, Journal für Kunstrecht
LG	Landgericht
MDR	Monatsschrift für Deutsches Recht
mE	meines Erachtens
MMR	MultiMedia und Recht
mwN	mit weiteren Nachweisen
Nachw.	Nachweise
nF	neue Fassung
NJW	Neue Juristische Wochenschrift
NJW-RR	NJW-Rechtsprechungs-Report Zivilrecht
Nr	Nummer
OHG	Offene Handelsgesellschaft
OLG	Oberlandesgericht
PartGG	Gesetz über Partnerschaftsgesellschaften Angehöriger Freier Berufe
PatG	Patentgesetz
pFV	positive Forderungsverletzung
RabelsZ	Rabels Zeitschrift für ausländisches und internationales Privatrecht
RGZ	Entscheidungen des Reichsgerichts in Zivilsachen
Rn	Randnummer

S., s.	Seite, siehe
StGB	Strafgesetzbuch
StVG	Straßenverkehrsgesetz
Tz	Textzahl (in Urteilen)
ua	unter anderem
UKlaG	Unterlassungsklagengesetz
UrhG	Gesetz über Urheberrecht und verwandte Schutzrechte
UStG	Umsatzsteuergesetz
usw	und so weiter
uU	unter Umständen
UWG	Gesetz gegen den unlauteren Wettbewerb
VerschG	Verschollenheitsgesetz
vgl	vergleiche
WBVG	Wohn- und Betreuungsvertragsgesetz vom 29.7.2009
WEG	Gesetz über das Wohnungseigentum
WM	Wertpapier-Mitteilungen
zB	zum Beispiel
ZIP	Zeitschrift für Wirtschaftsrecht
ZPO	Zivilprozessordnung
zT	zum Teil
ZVG	Gesetz über die Zwangsversteigerung und Zwangsverwaltung

Lern- und Literaturhinweise

I. Lehrbücher zum Allgemeinen Teil

Bork	*Bork*, Allgemeiner Teil des BGB, 4. Aufl. 2016
Brox/Walker	*Brox/Walker*, Allgemeiner Teil des BGB, 46. Aufl. 2022
Faust	*Faust*, Bürgerliches Gesetzbuch Allgemeiner Teil, 6 Aufl. 2018
Flume	*Flume*, Allgemeiner Teil des Bürgerlichen Rechts,; Band I/2 Die juristische Person 1983; Band II Das Rechtsgeschäft, 3. Aufl. 1979 = 4. Aufl. 1992
Hübner	*Hübner, Heinz*, Allgemeiner Teil des BGB, 2. Aufl. 1996
Köhler	*Köhler, Helmut*, BGB Allgemeiner Teil, 45. Aufl. 2021
Leipold	*Leipold*, BGB I Einführung und Allgemeiner Teil, 11. Aufl. 2022
Medicus/Petersen	*Medicus/Petersen*, Allgemeiner Teil des BGB, 11. Aufl 2016
Neuner	*Neuner*, Allgemeiner Teil des Bürgerlichen Rechts, 12. Aufl. 2020
von Tuhr	*von Tuhr, Andreas*, Der Allgemeine Teil des Deutschen Bürgerlichen Rechts, Band I 1910, II/1 1914, II/2 1918 (ND 1957)

II. Kommentare

Bamberger/Roth	*Bamberger/Roth/Hau/Poseck*, Kommentar zum BGB, 4 Aufl. Band I, 2019
Erman	*Erman*, Handkommentar zum BGB, 2 Bände, 16. Aufl. 2020
Grüneberg	*Grüneberg* (ex *Palandt*), BGB, 82. Aufl. 2023
Handkommentar	*Schulze, Reiner* u.a., BGB Handkommentar, 11. Aufl. 2022
Jauernig	*Jauernig* (Hrsg.), BGB, 18. Aufl. 2021
MüKo	Münchener Kommentar zum BGB, 9. Aufl. Band I, 2021
Staudinger	*Staudinger*, Kommentar zum BGB, insbes. §§ 90–124 und §§ 130-133 (Neubearb. 2021); §§ 125-129 (2017); §§ 134–138 (2021); §§ 139–163 (2020); §§ 164–240 (2019)

III. Ferner

Armbrüster	*Armbrüster*, Examinatorium BGB AT, 2. Aufl. 2015
Bitter/Röder	*Bitter/Röder*, BGB Allgemeiner Teil, 5. Aufl. 2020
Boecken	*Boecken*, BGB Allgemeiner Teil, 3. Aufl. 2019
Brehm	*Brehm*, Allgemeiner Teil des BGB, 6. Aufl. 2008
Fezer/Obergfell	*Fezer/Obergfell*, Klausurenkurs zum BGB Allgemeiner Teil, 11. Aufl. 2022
Fritzsche	*Fritzsche*, Fälle zum BGB Allgemeiner Teil, 6. Aufl. 2016
Gottwald/Würdinger	*Gottwald/Würdinger*, Examens-Repetitorium BGB Allgemeiner Teil, 5. Aufl. 2020
Köhler	*Köhler, Helmut*, BGB Allgemeiner Teil (Prüfe dein Wissen), 29. Aufl. 2021
Leenen/Häublein	*Leenen/Häublein*, BGB Allgemeiner Teil, 3. Aufl. 2021
Lindacher/Hau	*Lindacher/Hau*, Fälle zum Allgemeinen Teil des BGB, 5. Aufl. 2010

Löwisch/Neumann	*Löwisch/Neumann*, Allgemeiner Teil des BGB (Einführung und Rechtsgeschäftslehre), 7. Aufl. 2004
Marburger	*Marburger*, Klausurenkurs im BGB Allgemeiner Teil, 8. Aufl. 2004
Riehm	*Riehm*, Examinatorium BGB Allgemeiner Teil, 2015
Schiemann	*Schiemann*, Das Rechtsgeschäft, in: Staudinger, Eckpfeiler des Zivilrechts, 2020, S. 171–254
Schwab/Löhnig	*Schwab/Löhnig*, Einführung in das Zivilrecht, 20. Aufl. 2016
Stadler	*Stadler*, Allgemeiner Teil des BGB (Grundriss), 20. Aufl. 2020
Teichmann	*Teichmann*, BGB Allgemeiner Teil Einführung, 2021
Wertenbruch	*Wertenbruch*, BGB Allgemeiner Teil, 5. Aufl. 2021

IV. Entscheidungssammlungen

Durantaye/Stieper	*de la Durantaye/Stieper,* Casebook BGB Allgemeiner Teil, 2. Aufl. 2023 (25 Fälle)
Schack/Ackmann	*Schack/Ackmann*, Das Bürgerliche Recht in 100 Leitentscheidungen, 7. Aufl. 2018 (Arbeitsbuch, mit Anregungen zur Vertiefung)

Teil I

Die Rechtssubjekte

§ 1 Begriff, regelmäßiger Beginn und Vorverlegung der Rechtsfähigkeit

Fall 1: Der 52-jährige G wird am 3.1.2022 bei einem von B verschuldeten Verkehrsunfall getötet. G hatte ein hohes Einkommen, aber kein Vermögen. Die Tochter T des G bringt am 28.12.2022 das Kind K zur Welt. T und ihr Ehemann sind einkommens- und vermögenslos. 1

1. Kann K von B Unterhalt verlangen?
2. Welche Ansprüche hätte K, wenn er schwer missgebildet geboren worden wäre und die Missbildung darauf zurückginge, dass der Arzt A die T einer Röntgentherapie unterzogen hat, die angesichts der ihm bekannten Schwangerschaft unbedingt hätte unterbleiben müssen?

(Lösungsskizze: Rn 16)

I. Begriff der Rechtsfähigkeit

Zum Unterhalt des K sind in erster Linie seine Eltern verpflichtet, § 1601. Aber sie haben nichts; folglich brauchen sie auch nicht zu zahlen, § 1603. Lebte der Großvater G noch, dann müsste er K unterhalten, §§ 1601, 1606 II, 1607 I. 2

1. K könnte gegen B einen Anspruch aus unerlaubter Handlung haben. Aber B hat nicht in die Rechte des K eingegriffen, die § 823 I als absolut geschützte Rechtsgüter aufzählt. B hat den G verletzt, folglich ist G „der andere", dem B aus § 823 verpflichtet ist. (Es heißt nicht: „Wer einen anderen verletzt, ist jedem anderen zum Ersatz verpflichtet".) Dem K ist aber durch den von B verschuldeten Tod des G der Unterhaltsanspruch verlorengegangen. In solchen Fällen hilft § 844 II. Hier ist die Tötung eines Unterhaltspflichtigen der Tatbestand, der dem Unterhaltsberechtigten einen Schadensersatzanspruch gibt; sein Schaden ist der Verlust des Unterhaltsanspruchs. 3

2. Der Anspruch aus § 844 II setzt aber voraus, dass der Unterhaltsberechtigte als Zuordnungssubjekt des Unterhaltsanspruchs und des Schadensersatzanspruchs im Augenblick der Schadenszufügung existierte. 4

Die Eigenschaft einer Person, Zuordnungssubjekt sein zu können, nennt man Rechtsfähigkeit. Rechtsfähig ist, wer Träger von Rechten und Pflichten sein kann. Ob jemand tatsächlich Rechte hat, spielt keine Rolle, genauso wenig ob er durch eigene Handlungen Rechte und Pflichten erwerben kann. Rechtsfähigkeit und Handlungsfähigkeit (s. unten Rn 52 f) sind streng zu trennen. Rechte und Pflichten können auch ein noch nicht handlungsfähiges Neugeborenes treffen: Es hat Unterhaltsansprüche; es kann einen Unfall erleiden, aus dem ihm Schadensersatzansprüche erwachsen; es kann Erbe werden, den Nachlassverbindlichkeiten treffen, §§ 1922, 1967.

1 Alle §§ ohne Gesetzesbezeichnung sind solche des BGB.

5 Die Rechtsfähigkeit ist einer der wichtigsten Grundbegriffe des Rechts, und zwar nicht nur des Privatrechts: Nur Rechtsfähige können am Rechtsleben teilnehmen. Wenn sie selbst nicht handlungsfähig sind, handelt für sie ihr Vertreter (bzw bei juristischen Personen deren Organ, s. unten Rn 116). Was nicht rechtsfähig ist, ist Rechtsobjekt, mag es auch als solches nicht nur Gegenstand von Rechten, sondern auch selbst rechtlich geschützt sein, wie zB Tiere oder Kulturdenkmäler; niemals jedoch kann es selbst Subjekt von Rechten oder Pflichten sein.

Rechtsfähig ist der Mensch, und zwar jeder Mensch. Mit anderen Worten: Rechtsfähigkeit und Menschsein sind untrennbar (vgl *Ernst Wolf*, in Wolf/Naujoks, Anfang und Ende der Rechtsfähigkeit des Menschen 1955, S. 50, 82 ff; *M. Lehmann*, Der Begriff der Rechtsfähigkeit, AcP 2007, 225, 234). Doch erscheint es nicht ausgeschlossen, dass in Zukunft auch selbstlernenden Robotern zumindest eine teilweise Rechtsfähigkeit zugestanden wird. (Vgl *Konertz/Schönhof*, Das technische Phänomen „Künstliche Intelligenz“ im allgemeinen Zivilrecht 2020, S. 77 ff, 112 ff; *Biggen*, Vertragsschluss im Internet der Dinge 2022, S. 48 ff)

6 3. Der Satz von der Rechtsfähigkeit des Menschen ist dem BGB so selbstverständlich, dass es ihn nirgends ausdrücklich erwähnt, sondern nur in § 1 den Beginn der Rechtsfähigkeit „mit der Vollendung der Geburt“, also mit dem vollständigen Austritt des Kindes aus dem Mutterleib. Die genaue Bestimmung des Zeitpunktes ist erforderlich, weil es verschiedene rechtliche Möglichkeiten gibt, den Beginn des Menschseins und damit der Rechtsfähigkeit zu fixieren. So hätte das Gesetz die Rechtsfähigkeit später, aber auch früher, zB mit der Zeugung oder dem Beginn der Geburt beginnen lassen können.

Das spanische Recht etwa verlangt, dass das Kind eine menschliche Gestalt und 24 Stunden gelebt haben muss, Art. 30 Código Civil. Wichtig wird das Hinausschieben der Rechtsfähigkeit für die Erbfolge, wenn die Mutter bei der Geburt stirbt; vgl § 1923 I.

7 § 1 BGB hat sich mit der Vollendung der Geburt für einen klaren, leicht feststellbaren Zeitpunkt entschieden. Das bedeutet im Übrigen aber keine Wertentscheidung gegen das erst werdende Leben. Aus § 1 lässt sich keineswegs folgern, dass der Erzeugte vor Vollendung der Geburt schutzlos sein soll.

II. Vorverlegung der Rechtsfähigkeit

8 1. Deshalb ist es möglich, auch den schon Erzeugten als geschütztes Subjekt anzuerkennen. Das hat das Gesetz nicht allgemein mit dem Satz „**nasciturus** pro iam nato habetur“ getan, sondern nur im Rahmen einzelner Tatbestände, zB in §§ 844 II 2, 1923 II. In diesen Fällen gilt der Erzeugte unter der Voraussetzung, dass er später lebend geboren wird, als rechtsfähig. Dass der werdende Mensch ebenfalls schutzwürdig und -bedürftig ist, wird auch durch § 218 StGB anerkannt: Das sich im Mutterleib entwickelnde Leben steht als selbstständiges Rechtsgut unter dem Schutz der Verfassung, Art. 2 II 1, Art. 1 I GG (BVerfGE 39, 1).

9 Ob in diesen Fällen der Erzeugte nur für bestimmte Rechte rechtsfähig ist, es im Übrigen aber bei § 1 bleibt (also Teilrechtsfähigkeit), oder ob der Sachverhalt Anlass ist, die Rechtsfähigkeit schlechthin zu gewähren, mag dahingestellt bleiben. (Für Teilrechtsfähigkeit in diesen und anderen Fällen *Fabricius*, Relativität der Rechtsfähigkeit 1963, S. 111 ff.) Entscheidend ist das Schutzbedürfnis des nasciturus, nicht die Deduktion aus einem wie auch immer gearteten Begriff der Rechtsfähigkeit (vgl unten Rn 13). Bei der juristischen Person wäre es angesichts der Entstehung

der Rechtsfähigkeit durch Staatsakt (s. unten Rn 73) eher denkbar, die Rechtsfähigkeit auf einen bestimmten Wirkungskreis zu begrenzen und Geschäfte ultra vires der juristischen Person nicht zuzurechnen; doch hat der deutsche Gesetzgeber diese Möglichkeit im Privatrecht nicht gewählt.

Streitig ist, ob unter Erzeugung die Befruchtung (Verschmelzung einer Ei- mit einer Samenzelle) zu verstehen ist oder aber die Einnistung der befruchteten Eizelle (= Nidation 12 Tage nach der Befruchtung). Für das Strafrecht hat § 218 I 2 StGB diese Zweifelsfrage beantwortet. Das hindert indes das Zivilrecht nicht, den Beginn des menschlichen Lebens früher anzusetzen und die Befruchtung als Beginn des Menschseins zu behandeln. **10**

Aus dem Nebeneinander der medizinisch-naturwissenschaftlichen und der juristischen Begriffe folgt die Möglichkeit oder gar die Notwendigkeit, einem Begriff in verschiedenen Zusammenhängen einen unterschiedlichen Inhalt zu geben (Relativität der Begriffsbestimmung). Für § 1 BGB und § 218 StGB können durchaus also unterschiedliche Zeitpunkte maßgeblich sein.

Der Wortlaut des § 844 II 2 setzt, wie auch §§ 1810 nF, 1923 II, voraus, dass der Geschädigte bereits erzeugt ist. Eine noch weitere Vorverlegung auf die Zeit vor der Erzeugung, um einem später Geborenen aus einem ihm nachteiligen Ereignis Ersatzansprüche zu gewähren, ließe sich nur im Wege einer Analogie zu § 844 II 2 bewerkstelligen (zum nondum conceptus im Privatrecht instruktiv *Neuner* JuS 2019, 1 ff). Indes fehlt es hierfür an einer planwidrigen Lücke: Der Gesetzgeber des BGB hat den Antrag, die Vorschrift zugunsten noch nicht erzeugter Unterhaltsberechtigter zu erweitern, ausdrücklich abgelehnt (Protokolle S. 2821 f = *Mugdan* II 1109). Die Tötung des Großvaters vor der Zeugung seines Enkelkindes muss von diesem als Schicksal hingenommen werden. Es ist nicht Aufgabe der Rechtsordnung, jede Unbill mit Schadensersatzansprüchen auszugleichen. **11**

Im **Fall 1** kann daher K von B keinen Unterhalt fordern. Wohl aber kann T für sich Schadensersatz von B für den ihr entgangenen Unterhaltsanspruch gegen G verlangen, wenn weder sie selbst noch ihr Ehemann (§ 1608) ihren Lebensbedarf bestreiten können.

2. In der **Fallabwandlung** wurde K als Embryo durch die unsachgemäße Bestrahlung unmittelbar verletzt. Die Anwendung des § 823 I (Rechtswidrigkeit und Verschulden des Arztes liegen vor) ist insofern problematisch, als K bei der Schädigung noch nicht rechtsfähig, also noch kein „anderer" iSv § 823 I, war und weil eine den Schutz vorverlegende Vorschrift wie § 844 II 2 oder § 1923 II in § 823 fehlt. Jedoch ist die körperliche Unversehrtheit des Embryos nicht weniger schutzwürdig als die des schon Geborenen. **12**

„Die Leibesfrucht ist dazu bestimmt, als Mensch ins Leben zu treten; sie und das später geborene Kind sind identische Wesen, eine naturgegebene Tatsache, der das Haftungsrecht Rechnung tragen muss. Verletzungen der Leibesfrucht werden daher jedenfalls mit der Vollendung der Geburt zu einer Verletzung der Gesundheit des Menschen, für die der Schädiger gemäß § 823 BGB Ersatz leisten muss." (BGHZ 58, 48, 51). Vgl auch BGHZ 93, 351: Schockschaden der Mutter.

Wenn danach § 1 dem Schutz des Kindes im Mutterleib nicht entgegensteht, bleibt die Frage, ob § 823 anwendbar ist, wenn der nasciturus bereits vom Augenblick der Zeugung an krank ist. Kompliziert macht diesen Fall weniger die Vorverlegung der Rechtsfähigkeit als vielmehr der Schadensbegriff. **13**

Beispiel (BGHZ 8, 243): Ein Arzt hatte die Mutter vor der Empfängnis schuldhaft durch eine Übertragung von Blut eines Lueskranken infiziert. Das Kind wurde daraufhin mit Lues (Syphilis) geboren. Der BGH gab der Schadensersatzklage des Kindes aus §§ 823, 253 II (nF) statt. Dem steht letztlich nicht entgegen, dass es niemals gesund gewesen ist. Denn Art. 2 II 1 GG schützt das Recht auf körperliche Unversehrtheit. Der nach § 823 zu ersetzende Schaden besteht deshalb in der Differenz zu dem natürlichen Gesundheitszustand, wie er ohne das schädigende Verhalten des Arztes vorgelegen hätte. Das Schrifttum stimmt dem BGH im Ergebnis zu; *Medicus/Petersen*[11] Rn 1049 mwN; *Neuner*[12] § 11 Rn 14.

F14 Schwieriger sind die Fälle, die unter dem Schlagwort „wrongful life" erörtert werden. **Beispiel** (BGHZ 86, 240 = *Schack/Ackmann*[7] Nr 63): Ein Frauenarzt hatte schuldhaft nicht erkannt, dass die schwangere Mutter an Röteln erkrankt war. Daraufhin unterblieb ein zulässiger (vgl § 218a IV StGB) Schwangerschaftsabbruch, und das Kind wurde mit schwersten Behinderungen geboren. Der BGH weist die Schadensersatzklage des Kindes ab (aaO 250 ff). Weder gebe es eine Pflicht zur Abtreibung, noch besitze das Kind einen Anspruch auf seine Nichtexistenz: „Der Mensch hat grundsätzlich sein Leben so hinzunehmen, wie es von der Natur gestaltet ist, und hat keinen Anspruch auf seine Verhütung oder Vernichtung durch andere" (aaO 254). Die Differenz zwischen Leben (als Behinderter) und Nichtleben entzieht sich einer Bewertung in Geld. Solange seine Eltern leben, bietet ein Schadensersatzanspruch gegenüber dem Unterhaltsanspruch des Kindes gegen seine Eltern auch keine entscheidenden Vorteile. Anders nach deren Tod. Insoweit wäre durchaus zu erwägen, den Arzt zumindest zur Zahlung des behinderungsbedingten Mehrbedarfs zu verpflichten, bevor man das Kind der Sozialhilfe überantwortet. Für Ersteres *Deutsch*, Anm. JZ 1983, 451 f.

Den BGH schreckt auch noch eine andere Vorstellung (BGHZ 86, 240, 255): Würde man Ansprüche wegen „wrongful life" akzeptieren, müsste man dann nicht auch dem mit einer vererblichen Krankheit geborenen Kind Schadenersatzansprüche gegen seine Eltern gewähren, weil sie die Zeugung nicht unterlassen haben, obwohl sie die Erbkrankheit kannten? (So in der Tat *Heldrich* JZ 1965, 593, 599; MüKo-*Gitter*[3] § 1 Rn 37 [1993], sogar bei fahrlässigem Verhalten der Eltern!) Gleich wie man die Schadensproblematik entscheidet, muss man hier doch die freie Entscheidung der Eltern respektieren.

15 Die Beispiele zeigen im Übrigen, wie wohltuend die formelle Bestimmung der Rechtsfähigkeit ist: Wie missgestaltet und behindert K auch sein mag, er ist rechtsfähig. Seine Rechtsfähigkeit hängt ausschließlich von seinem Menschsein ab, ohne Rücksicht auf seine Eigenschaften oder Leistungsfähigkeit. Dieser Grundsatz, der für das BGB so selbstverständlich ist, dass es ihn nicht ausspricht, bedeutet einen großen Fortschritt gegenüber älteren Rechtsordnungen, die die Rechtsfähigkeit von der Herkunft (Staats-, Familien-, Stammesangehörigkeit) oder bestimmten Eigenschaften (Wehrfähigkeit) des Menschen abhängig machten.

16 **Lösungsskizze zu Fall 1 (Rn 1):** Der Fall bietet keine Aufbauschwierigkeiten; die obige Darstellung ist im Wesentlichen schon wie eine Klausur aufgebaut. In einer Klausur müsste nur alles „Belehrende" aus den Ausführungen gestrichen werden. Eine knappe Gliederung sähe etwa wie folgt aus:

I. Gefragt ist nur nach Ansprüchen des K gegen B. Zunächst sind die Anspruchsgrundlagen zu suchen.
   1. Anspruch des K aus § 823 I? Hier ist keines der absoluten Rechte verletzt worden, deshalb kein Anspruch aus § 823.
   2. Anspruch aus § 823 iVm § 844 II?
      a) Schuldhafte Tötung des G durch B, § 823 I.
      b) Hypothetische Unterhaltspflicht des G gegenüber K, § 844 II 1.
      c) Jedoch K ist im Zeitpunkt der Tötung des Unterhaltsverpflichteten G nicht rechtsfähig, § 1. Als mögliche Ausnahme ist § 844 II 2 zu untersuchen. Die Vorschrift setzt voraus, dass der Unterhaltsberechtigte zu diesem Zeitpunkt bereits erzeugt ist. Deren analoge Anwendung zugunsten des noch nicht einmal Erzeugten scheidet aus.
   3. Für den Anspruch aus § 7 iVm § 10 II 2 StVG gilt das Gleiche wie unter 2.

II. Anspruch des K gegen A aus § 823?
   1. Ist „ein anderer" verletzt? Auf die Geburt kann insoweit nicht abgestellt werden, da K schon krank geboren ist.

2. Aber K war erzeugt. Die Möglichkeit der Gleichstellung des Erzeugten mit dem Geborenen zeigen §§ 844 II 2, 1923 II. In § 823 fehlt eine solche Vorschrift, aber eine Analogie ist hier möglich und geboten.
3. Die übrigen Voraussetzungen sind gegeben (im Einzelnen zu prüfen und darzustellen, vor allem die Kausalität und das Verschulden des A).

§ 2 Ende der Rechtsfähigkeit. Todeserklärung. Verjährung. Vollmacht über den Tod hinaus

Fall 2: V ist am 15.12.2022 gestorben; ein Testament hatte er nicht errichtet. Gesetzliche Erben sind entweder sein Sohn S oder die Schwester B des V. S war Matrose auf einem Schiff, das am 12.12.2018 untergegangen ist. Seitdem fehlt von S jede Spur. 17

V war Inhaber eines Unternehmens, das mit Landmaschinen handelte. Am 31.12.2021 hatte er das Unternehmen aufgegeben. V hatte dem Landwirt K am 10.6.2019 einen Mähdrescher verkauft. Zwischen V und K ist streitig, ob V aus diesem Vertrag noch einen Kaufpreisanspruch gegen K in Höhe von 20 000 € hat.

V hatte seinem Freund F Vollmacht erteilt, alle Angelegenheiten für ihn zu erledigen. Welche Maßnahmen sind notwendig oder empfehlenswert, um die Forderung zu realisieren?

(Lösungsskizze: Rn 42)

I. Ende der Rechtsfähigkeit

1. Falls die Forderung gegen K besteht, stand sie dem V zu. Allerdings endete mit dem Tode des V dessen Rechtsfähigkeit. Eine dem § 1 entsprechende Regelung des Zeitpunkts, in welchem die Rechtsfähigkeit eines Menschen endet, fehlt. Der Tod erschien dem Gesetzgeber als das selbstverständliche und eindeutige Ende der Rechtsfähigkeit. 18

Indes haben die Fortschritte der Medizin den **Todesbegriff** zweifelhaft werden lassen. Die frühere Vorstellung vom Herztod (Stillstand der Atmung und des Kreislaufs) hat dem Gehirntod (Nulllinie im EEG) Platz gemacht (vgl Laufs/Katzenmeier/*V. Lipp*, Arztrecht[8] 2021, VI Rn 18; MüKo-*Leipold* XI[9] 2022, § 1922 Rn 12 f mwN).

Die Mediziner vermögen nicht nur Wiederbelebungen nach einem Herzstillstand durchzuführen, sondern auch die Herz- und Kreislauffunktionen nach einem Gehirntod künstlich aufrechtzuerhalten. Letzteres ist vor allem für die Durchführung von Organtransplantationen wichtig. Den Gehirntod für maßgeblich erklärt auch § 3 II Nr 2 des TransplantationsG idF vom 4.9.2007 (BGBl I 2206).

Gelegentlich wird, wie bis zur 5. Auflage von *Harry Westermann*, vorgeschlagen, den Todesbegriff in einen Handlungs- und einen Feststellungsbegriff aufzuspalten. Im ersten Fall gehe es darum, ob Hilfsmaßnahmen eingestellt oder unterlassen werden dürfen, ob Eingriffe in die körperliche Integrität (zB zum Zweck der Organtransplantation) erlaubt sind, im zweiten Fall um die zeitliche Fixierung ex post eines unzweifelhaft eingetretenen Todes (zB zum Zweck der Erbscheinserteilung). Im ersten Fall wollte *Westermann* einen möglichst späten Todesbegriff, definiert durch den Gehirntod, zugrunde legen, im zweiten Fall an dem herkömmlichen Todesbegriff festhalten. Für eine Aufspaltung auch *Medicus/Petersen*[11] Rn 1052; MüKo-*Spickhoff*[9] § 1 Rn 21 ff. Eine Auf- 19 spaltung des Todesbegriffs trägt jedoch nichts zur Rechtsklarheit bei. Weder lässt sich der Herztod leichter feststellen, noch muss er früher eintreten als der Gehirntod. Es wäre auch nicht einzusehen, weshalb die Ärzte mit dem künstlichen Hinausschieben des Herztodes zugleich den Erbfall sollten hinausschieben dürfen. An dem Gehirntod als einheitlichem Todesbegriff ist deshalb festzuhalten. Vgl §§ 3 I Nr 2, 5 I 2 TransplantationsG und *Deutsch* NJW 1998, 777, 778.

20 Dass der Mensch mit dem Tode aufhört zu existieren und deshalb seine Rechtsfähigkeit verliert, bedeutet nicht, dass nicht schutzwürdige Persönlichkeitswerte seinen Tod überdauern könnten; vgl *Schack*, Weiterleben nach dem Tode – juristisch betrachtet, JZ 1989, 609 ff und (wie lange?) JZ 2019, 864 ff.

21 2. Dem Wegfall des Rechtssubjekts durch Tod trägt das Gesetz im **Erbrecht** Rechnung. Alle Rechte und Pflichten des Verstorbenen (= Erblassers) gehen im Augenblick des Todes automatisch, dh ohne besondere Übertragungshandlungen, gemäß § 1922 I auf den oder die Erben über. Im Wege der Gesamtnachfolge tritt der Erbe automatisch bezüglich des gesamten Vermögens an die Stelle des Erblassers (Universalsukzession). Das Gegenstück zur Gesamtnachfolge ist die Einzelnachfolge, bei der nur *ein* spezieller Vermögensgegenstand durch eine besondere Übertragungshandlung vom bisherigen Rechtsträger auf ein anderes Rechtssubjekt übertragen wird (Singularsukzession). Für die Übertragungshandlung sieht das Gesetz je nach Art des zu übertragenden Gegenstandes besondere Formen vor; vgl § 398 für die Abtretung von Forderungen; §§ 929 ff für die Eigentumsübertragung an beweglichen Sachen; §§ 873 ff für die Übertragung von Rechten an Grundstücken, für das Grundeigentum vgl auch § 925.

Eine solche Einzelübertragung läge vor, falls V die Forderung gegen K auf einen anderen, etwa den Übernehmer seines Handelsgeschäfts, übertragen hätte. Selbst wenn der Inhaber sein gesamtes Unternehmen veräußert, liegt nämlich keine Gesamtnachfolge, sondern eine Summe von Einzelnachfolgen in die zum Unternehmen gehörenden Gegenstände vor.

22 Gesamtnachfolge gibt es nur, wo das Gesetz sie ausdrücklich angeordnet hat, wie für den Erbfall, § 1922 (gleichgestellt ist der Anfall des Vereinsvermögens an den Fiskus, § 46); Vermögensübertragung bei Eintritt der allgemeinen Gütergemeinschaft, § 1416 II; Verschmelzung von Gesellschaften, § 20 I Nr. 1 UmwandlungsG. Soll eine Vermögenseinheit auf ein anderes Rechtssubjekt übergehen, ohne dass ein Tatbestand der Gesamtnachfolge gegeben ist, dann muss jeder einzelne Vermögensgegenstand in der für ihn maßgebenden Form übertragen werden. Das kann sehr umständlich und kostspielig sein.

Beispiele: Der Hofeigentümer will seinen Hof auf seinen künftigen Erben unter Lebenden übertragen. Zu dem Hof als Wirtschaftseinheit gehören die Grundstücke (und Gebäude als deren wesentliche Bestandteile), Vorräte (zB Saatgut, Futter für das Vieh), Inventar (Geräte, Maschinen), Vieh.

Oder: Der Inhaber einer Maschinenfabrik verkauft das Unternehmen. Zu der Wirtschaftseinheit gehören Grundstücke mit Gebäuden, Maschinen, Patente, Geschäftsgeheimnisse, Forderungen, laufende Verträge, in die der Übernehmer des Unternehmens eintreten soll, usw. Vgl unten **Fall 8** (Rn 147).

Im **Fall 2** ist die eventuelle Forderung des V gegen den K also im Wege der Gesamtnachfolge auf den Erben des V übergegangen.

II. Todeserklärung

Gesetzlicher Erbe des V ist S, § 1924, falls er am 15.12.2022 noch gelebt hat, § 1923 I. Er schließt dann B, die in der zweiten Erbfolgeordnung steht, § 1925, von der Erbfolge aus, § 1930. Nun ist nicht sicher, dass S gestorben ist, wenn auch sein Tod sehr wahrscheinlich ist. B kann also, wenn sie die Erbschaft nach V in Anspruch nehmen will, nicht beweisen, dass S vorverstorben ist. Auch der Erfolg eines Handelns für S hinge davon ab, ob S noch lebt. Angesichts der Unsicherheit über das Schicksal des S findet sich also niemand, der die Forderung geltend machen kann. **23**

1. In solchen Fällen der Unsicherheit über Leben und Tod einer Person spricht man von **Verschollenheit**. Das Verschollenheitsgesetz vom 15.1.1951 (BGBl I 63) ermöglicht es, einen Verschollenen für tot zu erklären. Man unterscheidet die allgemeine Verschollenheit, § 3, und die Verschollenheit in besonderen Gefahrenfällen. Im **Fall 2** ist der Tatbestand der Seeverschollenheit des § 5 erfüllt. **24**

Die Verschollenheit ändert an der Rechtsfähigkeit des Verschollenen nichts; sie erlaubt nur, den S für tot zu erklären. Das geschieht durch Gerichtsbeschluss im Aufgebotsverfahren (öffentliche Aufforderung an den Verschollenen und an alle, die Auskunft geben können, sich zu melden) gemäß §§ 13 ff VerschG.

2. Die **Todeserklärung schafft eine Vermutung**, dass der für tot Erklärte in dem im Beschluss festgelegten Zeitpunkt gestorben ist, § 9 VerschG. Für die Seeverschollenheit wird als Todeszeitpunkt der Untergang des Schiffes vermutet, § 9. Die Todeserklärung wird also als Todeszeitpunkt des S den 12.12.2018 annehmen. Die Todeserklärung beendet die Rechtsfähigkeit nicht. Einen solchen Erfolg kann der Gerichtsbeschluss nicht herbeiführen. Denn die Rechtsfähigkeit kann einem Menschen nicht entzogen werden. **25**

Anders früher durch den bürgerlichen Tod als Strafe oder den Klostertod beim Eintritt in ein Kloster. Einen Lebenden seiner Rechtsfähigkeit zu berauben wäre heute mit Art. 1 I GG unvereinbar.

Die Rechtsfähigkeit des für tot Erklärten endet also ausschließlich mit seinem wirklichen Tod. Ist er vor dem im Beschluss festgelegten Zeitpunkt gestorben, dann endet sie vorher; hat er den Zeitpunkt überlebt, so ändert der Beschluss an der Rechtsfähigkeit und an der materiellen Rechtslage nichts. Jedoch löst die durch die Todeserklärung geschaffene Vermutung bis zu ihrer Widerlegung Rechtswirkungen aus. **26**

Also kann B nach der Todeserklärung des S die Erbschaft als gesetzliche Erbin in Anspruch nehmen. Sollte S jedoch wider Erwarten zurückkehren, dann kann er selbstverständlich die Herausgabe seines „Nachlasses" von B fordern; vgl §§ 2018, 2031.

3. Mit **Vermutungen** arbeitet das Gesetz auch sonst. Es gibt widerlegliche Vermutungen (so außer §§ 9 ff VerschG zB §§ 891, 1006) und unwiderlegliche (so zB §§ 545, 892, 1566, 2365 f). Unwiderlegliche Vermutungen dienen vor allem dazu, denjenigen zu schützen, der im Vertrauen auf den Vermutungstatbestand durch Rechtsgeschäft etwas erwerben will; typisch hierfür sind §§ 892, 2366. **27**

Daneben gibt es noch die **Fiktionen**. Eine Fiktion liegt vor, wenn an einen bestimmten Tatbestand die Rechtsfolge eines anderen, in casu nicht gegebenen Tatbestandes geknüpft wird. Charakteristisch für eine Fiktion ist meist das Wort „gilt". Vgl zB § 891 (Vermutung) mit § 1923 II (Fiktion): Im Fall der §§ 891, 892 kann das Grundbuch richtig oder unrichtig sein. In § 1923 II dagegen steht fest, dass das Kind zur Zeit des Erbfalls noch nicht lebte; die Rechtslage soll aber so sein, als ob das **28**

Kind schon geboren wäre. Die Fiktion behandelt also zwei ungleiche Tatbestände bewusst gleich, indem sie dieselbe Rechtsfolge anordnet. Mit dieser Gesetzestechnik erspart sich der Gesetzgeber, ähnlich wie bei einer Verweisung, eine selbstständige Regelung. Vgl *Larenz*, Methodenlehre[6] 1991, S. 262 ff; *Köhler*[45] § 3 Rn 16.

III. Verjährung

29 Wird S für tot erklärt, dann steht mit dem Erbrecht der B auch fest, dass sie Gläubigerin der evtl. Forderung gegen K geworden ist. Angesichts des Zeitablaufs seit Entstehen der streitigen Forderung hat B ein Interesse daran zu verhindern, dass die Forderung verjährt, vgl § 194.

30 1. Verjährung bedeutet nicht das Erlöschen der Forderung. Die Verjährung gewährt dem Schuldner nur ein bloßes **Leistungsverweigerungsrecht**, § 214 I. Wenn er diese Einrede erhebt, kann der Schuldner nicht mehr zur Leistung gezwungen werden. Wohl aber darf sie der Gläubiger behalten, wenn sie der Schuldner ungeachtet der Verjährung bewirkt hat, § 214 II (vgl § 813 I). Auch ist der Gläubiger einer verjährten Forderung nicht gehindert, sich aus einem Sicherungsrecht zu befriedigen (§ 216 II 2 ausdrücklich auch für den Eigentumsvorbehalt!); vgl auch § 215. Im Gegensatz zur Einrede führt eine Einwendung dazu, dass das mit der Einwendung behaftete Recht gar nicht erst entsteht oder aber untergeht (s. unten Rn 573 f).

31 Die Verjährung ist als bloße Einrede streng zu unterscheiden vom Erlöschen eines Rechts infolge des Ablaufs einer **Ausschlussfrist**, der zu einer rechtsvernichtenden Einwendung führt. Das in Unkenntnis einer abgelaufenen Ausschlussfrist Geleistete kann gemäß § 812 I 1, 1. Alt. (Leistungskondiktion) zurückgefordert werden. Ausschlussfristen dienen der Rechtssicherheit. Das Gesetz verwendet sie vor allem, um die Ausübung einseitiger Gestaltungsrechte zeitlich zu begrenzen, zB §§ 121, 124 (s. unten Rn 233), §§ 626 II 1, 314 III; vgl auch §§ 864, 1002. Besondere Beschleunigungsmittel sind die Rechtsverluste bei Versäumung der gemäß § 377 HGB gebotenen unverzüglichen Untersuchung und Rüge gekaufter Handelsware.

32 2. Grundsätzlich unterliegen alle Ansprüche der Verjährung, § 194 I (verfehlt der Ende 2021 eingefügte § 194 II Nr 1; vgl *Piekenbrock* JZ 2022, 124, 127). Die Verjährung tritt nach Ablauf der **Verjährungsfrist** ein. Die regelmäßige Verjährungsfrist beträgt seit 2002 nur noch drei Jahre, § 195. In einer Reihe von Fällen jedoch verjähren die Forderungen schneller, zB in zwei Jahren (§§ 438 I Nr 3, 476 II, 634a I Nr 1), oder später, zB §§ 196, 197. Die kurze regelmäßige und noch kürzere Fristen (zB § 548 I, § 11 I UWG) hat das Gesetz gewählt, damit schneller Rechtssicherheit und Rechtsfrieden eintreten. Die Gläubiger werden dadurch angehalten, ihre Forderungen zu einer Zeit geltend zu machen, zu der dem Schuldner die Verteidigung besser möglich ist; auch soll er nicht jede Quittung 30 Jahre lang aufbewahren müssen (wenngleich das wegen § 216 II 2 ratsam ist, wenn die Kaufsache unter Eigentumsvorbehalt geliefert wurde!). Für den Kaufpreisanspruch gilt die dreijährige Verjährungsfrist des § 195.

33 Für den Beginn der Verjährungsfrist kumuliert § 199 I ein objektives und ein subjektives Merkmal: den Schluss des Kalenderjahres, in welchem der Anspruch entstanden ist (Nr 1), und die Kenntnis des Gläubigers von den anspruchsbegründenden Tatsachen und der Person des Schuldners (Nr 2). Obergrenzen setzen § 199 II-IV. Wichtige Spezialregelungen sind §§ 438, 634a iVm § 200 (von § 199 abweichender Fristbeginn!).

Im **Fall 2** ist die Forderung im Laufe des Jahres 2019 entstanden, und der ursprüngliche Gläubiger V kannte auch die Forderung und die Person seines Schuldners. Damit wäre mit Ablauf des 31.12.2022 Verjährung eingetreten.

Die Forderung könnte also verjährt sein, bevor B ihr Erbrecht durchsetzen kann. Vor der Todeserklärung des S könnte B auch nicht mit Erfolg eine die Verjährung hemmende Klage erheben, § 204 I Nr 1, da B ihr Erbrecht und damit ihre Gläubigerstellung nicht nachweisen kann. Hier hilft § 211, der die Verjährungsfrist nicht ablaufen lässt, bevor der Erbe die Erbschaft angenommen hat.

3. Zugunsten des Gläubigers wirken die Hemmung der Verjährung und die Ablaufhemmung. Während der **Hemmung** läuft die Frist nicht, nach Aufhören der Hemmung läuft sie unter Anrechnung der bisher abgelaufenen Zeit weiter, § 209. Die Verjährung ist gehemmt in den Fällen der §§ 203–208. Bei der **Ablaufhemmung** tritt die Verjährung nicht vor Ablauf von 6 Monaten nach dem Eintritt eines bestimmten Ereignisses ein, vgl §§ 210, 211. **34**

Eine **Unterbrechung** der Verjährung kennt das BGB seit dem 1.1.2002 unter der Bezeichnung „Neubeginn der Verjährung" nur noch in § 212, wenn nach einem Anerkenntnis des Schuldners oder einer Vollstreckungshandlung des Gläubigers eine neue Verjährungsfrist zu laufen beginnt. **35**

Gemäß § 211, auf den sich B im **Fall 2** vielleicht berufen könnte, läuft die Verjährung eines zu einem Nachlass gehörenden oder gegen ihn gerichteten Anspruchs nicht vor 6 Monaten nach Annahme der Erbschaft oder nach Eintritt einer Möglichkeit, den Nachlass zu vertreten, ab. Diesbezüglich hatte der Gesetzgeber an Testamentsvollstreckung und Nachlasspflegschaft gedacht (vgl §§ 2212 f, 1960). Bezüglich einer Vollmacht über den Tod hinaus ist mE zu unterscheiden: Die Gläubiger des Erblassers müssen davor geschützt werden, dass ihre Ansprüche infolge der ihnen unbekannten und auch nur schwer feststellbaren postmortalen Vollmacht verjähren; deshalb muss die Verjährung ihrer Ansprüche gegen den Nachlass gehemmt sein. Dagegen hat der Erblasser, indem er die Vollmacht über den Tod hinaus erteilt hat, den Bevollmächtigten als Interessenvertreter der Erben gewollt. Dieser wird regelmäßig auch in der Lage sein, deren Interessen wahrzunehmen. Daraus folgt, dass im Falle einer postmortalen Vollmacht der Ablauf der Verjährung zum Nachlass gehörender Ansprüche nicht gehemmt wird. **F36**

IV. Vollmacht über den Tod hinaus

Unabhängig davon, ob im **Fall 2** die Gefahr, dass die Forderung verjährt, durch § 211 gebannt ist, kann es empfehlenswert sein, die Forderung bald geltend zu machen. So könnten zB die Beweisschwierigkeiten größer, die Zahlungsfähigkeit des K zweifelhaft werden, oder das Geld wäre nutzbringend anzulegen. Das führt zu der Frage, ob F aufgrund der ihm von V erteilten Vollmacht die Forderung nach dessen Tod einziehen kann. **37**

1. Der Bevollmächtigte kann für den Vollmachtgeber mit der Wirkung handeln, dass alle Folgen des Handelns unmittelbar und ausschließlich den Vertretenen treffen, § 164 (Einzelheiten unten Rn 459 ff). Das setzt voraus, dass der Vertretene als Zurechnungssubjekt rechtsfähig ist. V ist aber nicht mehr rechtsfähig; folglich kann F ihn auch nicht mehr vertreten. Es gibt auch **keine Verlängerung der Rechtsfähigkeit** über den Tod hinaus, an die man vielleicht analog zu deren Vorverlegung auf die Zeit zwischen Zeugung und Vollendung der Geburt denken könnte (vgl oben Rn 8). Eine pränatale Rechtsfähig- **38**

keit reicht maximal bis zur Zeugung zurück. Eine postmortale Rechtsfähigkeit wäre dagegen in die Zukunft offen; solche juristischen Gespenster würde die Rechtsordnung nicht wieder los.

39 Der Satz vom Ende der Rechtsfähigkeit mit dem Tod gilt ausnahmslos. Die Behandlung der **Leiche** stellt keine Ausnahme dar: Auch wenn man die Leiche zutreffend als „Rückstand der Persönlichkeit" versteht, bedeutet das nicht, dass sie weiterhin ein Rechtssubjekt wäre. Diese Kennzeichnung soll nur deutlich machen, dass die Leiche keine Sache ist, an der Verfügungsrechte Dritter bestehen könnten, dass über das Schicksal seiner Leiche vielmehr der Verstorbene selbst (auch formlos) bestimmen kann. Im Übrigen ist die Leiche Gegenstand des Totensorgerechts der nächsten Angehörigen (also nicht der Erben als solcher). Auch wenn die Leiche statt als Rückstand der Persönlichkeit als herrenlose Sache bezeichnet wird, ist anerkannt, dass an ihr kein Eigentum begründet werden kann. (Zum Ganzen *Staudinger/Stieper* § 90 Rn 27 ff, 39 f, 48 mwN.) Anderes gilt nur für Mumien und für befugt entnommene Organe, bevor sie in einen anderen Körper eingefügt werden. Bis dahin werden sie noch vom Persönlichkeitsrecht des Organspenders erfasst. Auf das allgemeine Persönlichkeitsrecht, und nicht auf eine Verletzung des Körpers, hätte BGHZ 124, 52 für den Schmerzensgeldanspruch wegen schuldhafter Vernichtung kryokonservierten Spermas abstellen müssen (hierzu *Taupitz* NJW 1995, 745 ff).

40 Der von Verfassungs wegen gebotene wirksame Schutz der Menschenwürde und der freien Entfaltung der Persönlichkeit zu Lebzeiten (Art. 1 I, 2 I GG) verlangt auch einen **Persönlichkeitsschutz Verstorbener**; ausführlich *Schack*, Das Persönlichkeitsrecht der Urheber und ausübenden Künstler nach dem Tode, GRUR 1985, 352, 355. Auch nach dem Ende der Rechtsfähigkeit durch den Tod lässt die Rechtsprechung deshalb das allgemeine Persönlichkeitsrecht (s. unten Rn 63 ff) des Verstorbenen eine gewisse Zeit lang fortwirken; vgl BGHZ 50, 133 und BVerfGE 30, 173 (Mephisto); BGHZ 107, 384 (Emil Nolde) = JZ 1990, 37 mit Anm. *Schack*. Das postmortale Persönlichkeitsrecht machen die Angehörigen nicht als eigenes Recht geltend, sondern als fremdes Recht treuhänderisch im Interesse des Verstorbenen (vgl *Schack* GRUR 1985, 360 f; BGHZ 165, 203, 206: Wahrnehmungsberechtigte). Eine bedenkliche Kommerzialisierung des allgemeinen Persönlichkeitsrechts befördert BGHZ 143, 214 – Marlene Dietrich (= GRUR 2000, 709 mit zust. Anm. *G. Wagner* 717 = JZ 2000, 1056 mit abl. Anm. *Schack*), wenn den Erben wegen der Verletzung vermögenswerter Bestandteile des allgemeinen Persönlichkeitsrechts auch Schadensersatzansprüche zugestanden werden (von BGHZ 169, 193 – kinski-klaus.de = JZ 2007, 364 m. Anm. *Schack*, analog § 22 Satz 3 KUG begrenzt auf 10 Jahre post mortem).

41 2. Von der ausgeschlossenen Verlängerung der Rechtsfähigkeit über den Tod hinaus zu unterscheiden ist die Wirksamkeit von Willenserklärungen des Verstorbenen für die Zeit nach seinem Tod. Typisch hierfür ist die letztwillige Verfügung (Testament), mit der der Erblasser seinen Erben bestimmen kann, § 1937.

Hierher gehört auch die Vollmacht, die den Tod des Vollmachtgebers überdauern soll. Der Vertreter vertritt dann die Erben, nicht den Verstorbenen. Aus §§ 168 Satz 1, 672 folgt, dass die Vollmacht über den Tod des Vollmachtgebers hinaus wirkt, wenn er nichts anderes bestimmt hat. Der Bevollmächtigte hat nach dem Tod des Vollmachtgebers den Willen der Erben als der neuen Auftraggeber (§ 1922 I) zu beachten. Doch bleibt die postmortale Vollmacht, solange sie nicht widerrufen wird, nach hM den Interessen des Erblassers verpflichtet und damit ein bedenkliches Instrument, erbrechtliche Bindungen und Formvorschriften zu umgehen.

Vgl BGH NJW 1995, 250; *Hübner*[2] Rn 1268 ff; mit *Flume* II[3] § 51, 5; *Medicus/Petersen*, Bürgerliches Recht[28] 2021, Rn 399. In der Praxis häufig und für die Erben besonders gefährlich sind Bankaufträge zugunsten Dritter auf den Todesfall, wenn man mit der hM (zB BGH NJW 1975, 382 = *Schack/Ackmann*[7] Nr 100) von einem Vorrang des § 331 I vor § 2301 ausgeht.

Derartige Überlegungen begrenzen die Möglichkeit des F im **Fall 2** nicht: Die Geltendmachung der Forderung liegt im Interesse des Erben und entspricht auch dessen mutmaßlichem Willen. F könnte also aufgrund der ihm von V erteilten Vollmacht schon vor Klärung der Erbfolge für den Erben die Forderung gegen K geltend machen.

Lösungsskizze zu Fall 2 (Rn 17): 42

1. Um die drohende Verjährung zu hemmen, ist es notwendig oder wenn man § 211 (entgegen oben Rn 36) im vorliegenden Fall eingreifen lässt, zumindest empfehlenswert, die Forderung des V einzuklagen.
2. Die Klage muss vom „Berechtigten" erhoben werden (§ 209 I aF in § 204 I Nr 1 nF nicht mehr ausdrücklich hervorgehoben). Nach seinem Tod ist V nicht mehr Forderungsinhaber. Berechtigt ist jetzt der Erbe.
   a) Unsicherheit über die Erbenstellung von S oder B, weil S verschollen ist.
   b) Die Todeserklärung des S schafft eine Vermutung, die es der B erlaubt, die Forderung als Erbin geltend zu machen.
3. Der berechtigte Forderungsinhaber kann sich bei Geltendmachung der Forderung vertreten lassen.
   a) Dem F ist von V Vollmacht erteilt worden.
   b) Die Vollmacht wirkt über den Tod des V hinaus. F ist deshalb Stellvertreter des Erben, für den er die Forderung geltend machen kann.

§ 3 Das subjektive Recht. Handlungs- und Deliktsfähigkeit. Erwerb und Verteidigung subjektiver Rechte

Fall 3: Der 14-jährige A ist „Chef" einer Bande von Kindern, die aus Langeweile auch schon mal Erwachsene ärgert. Eines Tages verabreden die Kinder als „Mutprobe", Passanten aus einem Versteck heraus mit Eiern und Tomaten zu bewerfen. Die 83-jährige F wird alsbald von A und dem sechsjährigen B getroffen. Ihr Mantel und ihr neuer Hut sind verschmutzt, der Hut lässt sich nicht mehr reinigen. Der rüstige Rentner R, der alles beobachtet hat, stellt die Kinder zur Rede und verpasst A und B zur Strafe ein paar kräftige Ohrfeigen. 43

1. F hatte für den Hut 100 € bezahlt. Kann sie das Geld von den Kindern ersetzt verlangen?
2. B hat nach der Ohrfeige eine geschwollene Backe und eine kleine Platzwunde; er leidet zudem unter Kopfschmerzen und Übelkeit. Können seine Eltern von R Schmerzensgeld für B verlangen? **(Lösungsskizze: Rn 57)**

I. Objektives und subjektives Recht

1. Rechtsfähigkeit bedeutet die Fähigkeit eines jeden Menschen, Träger von Rechten (und Pflichten) zu sein (s. oben Rn 4). Diese einer Person zukommenden Rechte bezeichnet man als subjektive Rechte. Ob und mit welchem Inhalt ein subjektives Recht besteht, sagt das **objektive Recht** als die Summe aller Rechtsnormen, zu denen Gesetze, Verordnungen, Satzungen, aber auch das ungeschriebene Gewohnheitsrecht gehören (vgl Art. 2 EGBGB). Das objektive Recht schafft **Rechtsverhältnisse**, das sind rechtlich geregelte Beziehungen zwischen Personen (Schuldverhältnisse, Familienrechtsverhältnisse) oder zwischen einer Person und einer Sache (vgl indes auch *Neuner*[12] § 19 Rn 6). 44

Schuldverhältnisse im Sinne einer komplexen Einheit von Rechten und Pflichten werden entweder durch Rechtsgeschäft (in aller Regel einen Vertrag) oder unmittelbar durch das Gesetz begründet, dann spricht man von gesetzlichen Schuldverhältnissen. So muss, wer eines der in § 823 I genannten Rechte eines anderen widerrechtlich und schuldhaft verletzt, diesem Schadensersatz leisten. Hier haben A und B das Eigentum, ein subjektives Recht, der F verletzt mit der Folge, dass der F ein Schadensersatzanspruch, dh wiederum ein subjektives Recht aus dem gesetzlichen Schuldverhältnis des § 823 I, zustehen könnte.

45 2. Das **subjektive Recht** stellt also nur einen personenbezogenen Ausschnitt aus dem objektiven Recht dar. Die Erscheinungsformen des subjektiven Rechts sind sehr vielfältig. So sind das Recht auf körperliche Unversehrtheit, das Persönlichkeitsrecht und das Eigentum (§ 903) ebenso subjektive Rechte, wie etwa die Rechte des Käufers einer mangelhaften Sache (§ 437) oder das Auskunftsrecht des Aktionärs gegenüber dem Vorstand einer Aktiengesellschaft (§ 131 AktG). Diese Beispiele zeigen bereits, dass es eine allgemeine, inhaltliche Definition des subjektiven Rechts nicht geben kann. Das subjektive Recht ist vielmehr eine Denkfigur, mit der die Rechtsordnung die Handlungsfreiheit der selbstbestimmten Persönlichkeit gewährleisten will. So hat *Bernhard Windscheid* (1817–1892) das subjektive Recht als „von der Rechtsordnung verliehene Willensmacht" bezeichnet. Subjektive Rechte ermöglichen damit die Selbstbestimmung und Selbstverantwortung des Individuums. Allerdings geht es kaum jemals um unbeschränkte „Macht" des Einzelnen. Der Gesetzgeber verleiht subjektive Rechte vielmehr nur zur Befriedigung schutzwürdiger Interessen. Deshalb bedarf das subjektive Recht einer normativen Ergänzung im Sinne eines „rechtlich geschützten Interesses" (*Rudolf von Ihering*, 1818–1892). Subjektive Rechte werden deshalb ausdrücklich oder immanent durch die Rechte anderer beschränkt; vgl §§ 903 Satz 1, 906 BGB, Art. 14 II GG. Behält man diese Sozialbindung im Auge, dann ist das subjektive Recht in einer liberal-individualistischen Rechtsordnung im ausgehenden 19. Jh genauso wie heute von zentraler Bedeutung.

46 3. Jede Einteilung der subjektiven Rechte (vgl etwa *Neuner*[12] § 20 Rn 14 ff) ist in gewissem Grade willkürlich, schärft jedoch den Blick für Gemeinsamkeiten wie Unterschiede, etwa hinsichtlich der Übertragbarkeit der Rechte oder hinsichtlich des Kreises ihrer Adressaten.

a) Zum Schutz der Selbstbestimmung und Achtung der Person werden jedem Menschen **Persönlichkeitsrechte** zuerkannt (näher unten **Fall 4**). Diese Rechte sind höchstpersönlich, dh nicht von der Person ihres Trägers ablösbar, also auch nicht übertragbar. Als *absolute* Rechte sind die Persönlichkeitsrechte von jedermann zu respektieren.

b) Gegenüber jedermann wirken auch die **Herrschaftsrechte**, die dem Rechtsinhaber erlauben, Dritte von der Nutzung des Gegenstandes auszuschließen, auf den sich das Recht bezieht (Ausschließlichkeitsrecht). Herrschaftsrechte können bestehen an Sachen (sog. dingliche Rechte), also an körperlichen Gegenständen wie einem Buch oder einem Schmuckstück, aber auch an Immaterialgütern (vgl das Recht des Urhebers gemäß §§ 11 ff, 2 UrhG) und an Rechten (zB Nießbrauch an Rechten, §§ 1068 ff). Das wichtigste Herrschaftsrecht an Sachen ist das Eigentum. Dieses subjektive Recht der F ist im **Fall 3** verletzt worden.

47 c) Eine weitere Gruppe subjektiver Rechte bilden die **Ansprüche**. Ansprüche wirken **relativ**, dh nur gegenüber ganz bestimmten Personen. Sie beinhalten das Recht der einen Person, von einer anderen ein Tun oder Unterlassen zu verlangen (§ 194 I). Die meisten Ansprüche entstehen aus Schuldverhältnissen, zB aufgrund eines Vertrages oder einer unerlaubten Handlung. Solche Ansprüche nennt man **Forderungen**, vgl § 241 I. Ansprü-

che können aber auch als Folge der Verletzung eines Herrschaftsrechts, etwa des Eigentums, entstehen, wie der Herausgabeanspruch des Eigentümers gegenüber dem Besitzer gemäß § 985 (sog. **dinglicher** Anspruch). Allen Ansprüchen gemeinsam ist, dass sie keine sonstigen Rechte iSv § 823 I darstellen, da sie nur relativ zwischen einzelnen Personen wirken, also nicht mit absoluter Wirkung gegenüber jedermann ausgestattet sind.

d) Inhalt eines subjektiven Rechts kann auch sein, dass der Berechtigte ein Rechtsverhältnis einseitig gestalten, insbesondere beenden kann. Solche **Gestaltungsrechte** sind zB das Anfechtungsrecht wegen Irrtums (§§ 119 ff, 142 I) und das Kündigungsrecht etwa in §§ 542 ff, 626. Auch Gegenrechte, wie zB die Aufrechnungsbefugnis (vgl §§ 388 f), gehören hierher. 48

e) Zu den subjektiven Rechten zählen auch Mitwirkungs- und Stimmrechte etwa eines Vereinsmitglieds oder eines Aktionärs. Manche Rechte, wie vor allem die elterliche Sorge als „die Pflicht und das Recht, für das minderjährige Kind zu sorgen" (§§ 1626, 1631), zeichnen sich durch eine starke gleichzeitige Pflichtenbindung aus. Hier erweist der Kindesherausgabeanspruch in § 1632 I deutlich das subjektive Recht als eine bloße juristische Denkform.

Neben den subjektiven Privatrechten gibt es auch sog. **subjektiv-öffentliche Rechte**. Enthalten Erstere die Befugnisse des Einzelnen gegenüber anderen Bürgern, so sichern Letztere, allen voran die Grundrechte des Grundgesetzes, vornehmlich die Rechte des Bürgers gegenüber dem Staat. Zwischen dem subjektiv-öffentlichen Recht und dem subjektiven Privatrecht gibt es keine starre Trennlinie, sie beeinflussen sich vielmehr gegenseitig. Auch untereinander können sich die Bürger bei der rechtlichen Beurteilung ihrer Angelegenheiten auf die grundlegenden Wertentscheidungen der Verfassung, vor allem auf die Grundrechte, berufen. So müssen bei der rechtlichen Bewertung von ehrverletzenden Äußerungen auch die Grundrechte der Meinungs- und der Kunstfreiheit (Art. 5 I und III GG) des Äußernden berücksichtigt werden (grundlegend BVerfGE 7, 198). Insoweit besteht eine **Drittwirkung der Grundrechte**, die in das Zivilrecht vor allem über die Generalklauseln der §§ 138, 242, 826 einfließen (vgl BVerfG JZ 2018, 930 Tz 32 ff: Stadionverbot; *Kingreen/Poscher*, Grundrechte. Staatsrecht II[37] 2021, Rn 260 ff; und zu Art. 3 III GG BGH NJW 2012, 1725, 1727: Hausverbot für NPD-Vorsitzenden). 49

4. Der **Erwerb** subjektiver Rechte kann originär oder derivativ stattfinden. Ein abgeleiteter **(derivativer)** Erwerb liegt vor, wenn das Recht von einem Rechtsvorgänger erworben wird, wenn dieser das Recht zB auf den Rechtsnachfolger überträgt. Hauptfälle sind die Übereignung von Sachen gemäß §§ 873 ff, 929 ff und die Abtretung von Forderungen gemäß § 398 durch den Zedenten (Altgläubiger) an den Zessionar (Neugläubiger). Zu einer Rechtsnachfolge kommt es auch im Erbfall, §§ 1922, 1967 (Universalsukzession, s. oben Rn 21). 50

Dagegen ist im Falle des **originären** Erwerbs die subjektive Rechtsposition nicht von einem Rechtsvorgänger abgeleitet, sondern das Recht entsteht erst mit dem Erwerb. Wichtige Beispiele hierfür sind §§ 946 ff. So wird bei der Verarbeitung gemäß § 950 I der Verarbeitende Eigentümer der neu hergestellten Sache ohne Rücksicht auf das Eigentum an den Ausgangsmaterialien. Andere Beispiele für einen originären Rechtserwerb sind die Aneignung einer herrenlosen beweglichen Sache (§ 958), aber auch die Begründung einer Forderung durch Abschluss eines Vertrages (§§ 311 I, 241).

5. Das **Erlöschen** subjektiver Rechte kann sich aus vielerlei Tatbeständen ergeben, etwa aus Verzicht und Erlass (§ 397). Andere Rechte wie die Gestaltungsrechte verbrauchen sich durch ihre Ausübung oder sie erlöschen durch Fristablauf. So kann etwa eine 51

Kündigung wirksam nur einmal und nur binnen bestimmter Frist erfolgen. Herrschaftsrechte verliert der Rechtsinhaber mit Untergang des Gegenstandes, aber auch wenn dieser auf einen Dritten übertragen wird. Bisweilen entsteht mit dem Untergang eines Gegenstandes auch ein neues subjektives Recht, zB ein deliktischer Ersatzanspruch. Dieser ist mit dem Herrschaftsrecht nicht identisch, er tritt lediglich an dessen Stelle. Forderungen erlöschen mit ihrer Erfüllung (§ 362). Einige Rechte, wie der Nießbrauch (§ 1061), enden mit dem Tod des Rechtsträgers, andere nach Ablauf bestimmter Schutzfristen, wie das Urheberrecht 70 Jahre nach dem Tode des Urhebers (§ 64 UrhG).

II. Handlungsfähigkeit, Arten der Handlung

52 Neben der Verletzung des Eigentums setzt ein Schadensersatzanspruch der F gegen A und B weiter voraus, dass die Kinder rechtlich für ihr Verhalten verantwortlich gemacht werden können. Hier kommt eine Verpflichtung zur Zahlung von 100 € aufgrund des Deliktstatbestandes von § 823 I in Betracht. Da A und B noch nicht erwachsen sind, ist fraglich, ob sie durch ihr Handeln Rechtsfolgen auslösen können.

1. **Handlungsfähigkeit** bedeutet, durch eigene Handlungen Rechte und Pflichten begründen, sich rechtserheblich verhalten zu können. Ist eine Person, zB ein Neugeborenes, nicht handlungsfähig, dann können andere für sie handeln. Das ist notwendig, damit das Rechtssubjekt am Rechtsverkehr überhaupt teilnehmen kann (s. oben Rn 5). Der allgemeine Begriff der Handlungsfähigkeit kommt im Gesetz nicht vor. Das BGB unterscheidet nur nach Art der jeweiligen Handlung besondere Handlungsfähigkeiten, so zB für das rechtsgeschäftliche Handeln die Geschäftsfähigkeit (sie entscheidet, ob und unter welchen Bedingungen Kinder Verträge schließen können, vgl §§ 104 ff und unten Rn 190 ff) und die Deliktsfähigkeit als Voraussetzung der Verantwortlichkeit für unerlaubtes Verhalten (Tun oder Unterlassen), hier für die Haftung von A und B aus Delikt gemäß § 823.

53 2. Die Aufgliederung der Handlungsfähigkeit in Teilbegriffe beruht darauf, dass einem Menschen nur solches Verhalten, insbesondere eines mit Haftungsfolgen, zugerechnet werden darf, das er steuern und in seiner rechtlichen Bedeutung erkennen konnte. Diese Zurechnungsvoraussetzungen sind verschieden, je nachdem ob es sich um ein Rechtsgeschäft, um eine unerlaubte Handlung oder um ein erlaubtes, tatsächliches Tun (einen Realakt) handelt. Auf dieser Grundlage unterscheidet das BGB die **Geschäftsfähigkeit** (= Fähigkeit, durch eigene Willenserklärungen Rechte und Pflichten begründen zu können) von der **Deliktsfähigkeit** (= Fähigkeit, durch eigenes tatsächliches Verhalten Pflichten zu begründen). Von der Willens- und Erkenntnisfähigkeit unabhängig ist die Fähigkeit, Realakte zu bewirken. Beim Realakt kommt es nur auf den tatsächlichen Erfolg an: Auch ein Geisteskranker kann ein Kunstwerk schaffen (vgl § 7 UrhG), auch ein Kind einen Schatz finden (§ 984).

Die Handlungsfähigkeit ist danach eng mit den **Handlungsarten** verknüpft. In der Theorie unterscheidet man juristische Tatsachen (zB Geburt, Tod) von **juristischen Handlungen** im Sinne eines äußeren, vom natürlichen Willen getragenen Verhaltens. Letztere lassen sich in Willenserklärungen (bei denen die Rechtsfolge eintritt, *weil* sie der Erklärende will) und in andere Rechtshandlungen unterteilen, bei denen die Rechtsfolge ohne Rücksicht auf den Willen eintritt; hierunter fallen geschäftsähnliche Handlungen (s. unten Rn 178a), Realakte und unerlaubte Handlungen (vgl *Hübner*[2] Rn 577 ff).

Das BGB verlangt für das (aus mindestens einer Willenserklärung bestehende) Rechtsgeschäft ein höheres Maß an Einsicht als für die deliktische Verantwortlichkeit: Es fällt schwerer, das Für und Wider eines Vertragsschlusses abzuwägen, als Erlaubtes von Unerlaubtem zu trennen.

3. Ob F gegen A und B einen Schadensersatzanspruch wegen des zerstörten Hutes hat, **54**
hängt somit davon ab, ob A und B deliktsfähig sind. Der sechsjährige B ist aus § 823 I nicht zum Schadensersatz verpflichtet, weil er gemäß § 828 I **deliktsunfähig** (verschuldensunfähig) ist und jegliche Anhaltspunkte für den Ausnahmetatbestand des § 829 fehlen. Die Altersgrenze in § 828 I von sieben Jahren ist starr; auf die individuelle Einsichtsfähigkeit des B kommt es hier nicht an.

A als Vierzehnjähriger ist dagegen gemäß § 828 III **bedingt deliktsfähig**. Hier kommt es darauf an, ob A im Augenblick der Handlung die Einsicht besaß Unrecht zu tun und dafür Verantwortung tragen zu müssen. (Umstritten ist, ob dazu noch die Fähigkeit kommen muss, dieser Einsicht entsprechend zu handeln; verneinend BGH NJW-RR 2005, 327, 328.) Im Gegensatz zu den abstrakt-generellen Regeln des § 828 I und der §§ 106 ff für die Geschäftsfähigkeit, bei der das Gesetz auf die individuellen Eigenschaften des nicht Vollgeschäftsfähigen ebenso wenig Rücksicht nimmt wie auf die Art und Schwierigkeit des Geschäfts (s. unten Rn 190), stellt § 828 III auf die konkrete Person und die einzelne Handlung ab, wenn es um die Verantwortlichkeit für unerlaubtes Verhalten geht. Eine andere Frage ist, ob man einen einsichtsfähigen Minderjährigen allein deshalb stets der unbegrenzten deliktischen Haftung aus §§ 823, 249 unterwerfen darf (zu diesem Problem *Goecke* NJW 1999, 2305 ff).

Im Allgemeinen ist einem Vierzehnjährigen bewusst, dass er Unrecht tut, wenn er Erwachsene mit Gegenständen bewirft. Dass A die Erwachsenen ärgern wollte und aus einem Versteck heraus handelte, zeigt gerade, dass ihm das Unrecht seines Verhaltens bewusst war. Da A widerrechtlich und vorsätzlich gehandelt hat, muss er der F die Kosten für den neuen Hut ersetzen.

Neben der aus § 823 I kommt auch eine Haftung (wiederum nur) des A aus § 823 II iVm § 303 StGB in Betracht. Für § 823 II müssen sämtliche Voraussetzungen des Schutzgesetzes erfüllt sein. Bei strafrechtlichen Schutzgesetzen wie § 303 StGB muss der Schädiger deshalb auch **strafmündig** sein; vgl § 19 StGB, §§ 1, 3 JGG. Neben einer erhöhten Altersgrenze (14 anstatt 7 Jahre bei der Deliktsfähigkeit in § 828 I) gilt auch insoweit ein individueller Maßstab: Der Jugendliche muss die nötige Reife haben, „das Unrecht der Tat einzusehen und nach dieser Einsicht zu handeln", § 3 Satz 1 JGG.

III. Schutz und Grenzen der subjektiven Rechte

1. Regelmäßig werden die subjektiven Rechte Einzelner von den übrigen Mitgliedern **55**
der Rechtsgemeinschaft respektiert. Wenn es zu einem Streit kommt, wenn etwa bezweifelt wird, ob das von einer Person geltend gemachte Recht ihr überhaupt zusteht, kann ein Gericht zur Entscheidung der Streitsache angerufen werden. Die gerichtliche Entscheidung ist nötigenfalls mit staatlichen Zwangsmitteln (insbesondere durch den Gerichtsvollzieher) durchsetzbar. Das Erkenntnisverfahren vor den Gerichten dient ebenso wie das Verfahren der Zwangsvollstreckung dem Rechtsfrieden. Die Menschen dürfen ihr vermeintliches Recht grundsätzlich nicht selbst in die Hand nehmen, das würde allzu schnell auf ein „Recht des Stärkeren" hinauslaufen. Das Gewaltmonopol hat

deshalb der Staat. Das BGB erlaubt dem Rechtsträger nur in ganz engen Grenzen, seine Rechte unmittelbar zu verteidigen und dabei in fremde Rechtsgüter einzugreifen, wenn staatliche Hilfe nicht rechtzeitig erlangt werden kann (Selbsthilfe, § 229; großzügiger § 562b I).

Erlaubt ist die **Notwehr** zur Verteidigung eigener subjektiver Rechte gegenüber einem „gegenwärtigen rechtswidrigen Angriff" (§ 227), der (im Unterschied zum defensiven Notstand in § 228 nicht von einer Sache, sondern) stets von einem Menschen ausgehen muss (zu den wichtigsten Rechtfertigungsgründen s. unten Rn 113 ff). Unter denselben engen Voraussetzungen ist auch eine fremdnützige Notwehr (Nothilfe) zulässig. Das ist aber keineswegs ein Freibrief für selbsternannte Polizisten.

Im **Fall 3** haben die Ohrfeigen des R bei B zu Schwellungen im Gesicht und zu einer Platzwunde geführt, ihn also in Körper und Gesundheit verletzt. Ein Anspruch des B auf Schmerzensgeld (§§ 823 I, 823 II iVm § 223 StGB, § 253 II) scheidet trotzdem aus, wenn R durch Nothilfe gerechtfertigt war. Nothilfe setzt gemäß § 227 voraus, dass R einen *gegenwärtigen* Angriff auf F abgewehrt hat. Zwar haben A und B das Eigentum der F beschädigt, doch war der Angriff längst abgeschlossen, als R die beiden zur Rede stellte. Die nachträglichen Ohrfeigen sind somit durch Nothilfe nicht gerechtfertigt. R hatte den fremden Kindern gegenüber auch kein Züchtigungsrecht (§ 1631 II gibt den Kindern sogar gegen ihre Eltern ein Recht auf gewaltfreie Erziehung). Das Verhalten des R war deshalb widerrechtlich.

56 2. Die durch ein subjektives Recht dem Einzelnen vermittelte Rechtsmacht wird häufig begrenzt durch besondere Bestimmungen (für das Eigentum vgl §§ 903 ff), aber auch durch das allgemeine **Verbot rechtsmissbräuchlichen Verhaltens**. So ist eine Rechtsausübung verboten, wenn der Rechtsinhaber mit ihr ausschließlich beabsichtigt, einem anderen Schaden zuzufügen, § 226. Da eine derart eng gefasste **Schikane** kaum jemals vorkommt, haben Rechtsprechung und Lehre schon früh ein allgemeines Verbot treu- und sittenwidriger Rechtsausübung aus §§ 242, 826 hergeleitet, das systematisch in den Allgemeinen Teil (Buch 1) des BGB gehört. Die Wertungen, die diese Generalklauseln dem Rechtsanwender abverlangen, sind gerade in Grenzfällen schwer zu treffen. Die nötige Rechtssicherheit will man durch Bildung von Fallgruppen erreichen. Zu den vielfältigen Erscheinungsformen unzulässiger Rechtsausübung und der Verwirkungstatbestände vgl *Grüneberg*[82] § 242 Rn 42 ff und 97 ff.

Unzulässige Rechtsausübung liegt zB vor, wenn jemand etwas fordert, was er gleich wieder zurückgeben müsste (Einwand des dolo agit qui petit quod statim redditurus esset). **Verwirkung** als ein Sonderfall des Verbots des venire contra factum proprium liegt vor, „wenn der Berechtigte ein Recht längere Zeit nicht geltend macht, obwohl er dazu in der Lage wäre, und der Verpflichtete sich mit Rücksicht auf das gesamte Verhalten des Berechtigten darauf eingerichtet hat, dass dieser sein Recht auch in Zukunft nicht geltend machen werde" (BGHZ 84, 280, 281). Stets müssen zum Zeitablauf also besondere Umstände hinzutreten.

57 **Lösungsskizze zu Fall 3 (Rn 43):**

A. Ansprüche der F auf Zahlung von 100 €

I. Anspruch aus § 823 I gegen A

1. A hat den Hut der F beschädigt, also deren Eigentum als ein von § 823 I geschütztes absolutes subjektives Recht verletzt.
2. Rechtfertigungsgründe für A sind nicht ersichtlich.

3. Verschulden: Für die Deliktsfähigkeit des 14-jährigen A gilt § 828 III. Danach hatte A die nötige Einsichtsfähigkeit, das Bewerfen fremder Personen mit Eiern und Tomaten als Unrecht zu erkennen.
4. Rechtsfolge von § 823 I ist die Pflicht zur Leistung von Schadensersatz, den §§ 249 ff näher regeln. Gemäß § 249 II 1 kann F als eine Form der Naturalrestitution den Geldbetrag verlangen, den sie für den Kauf eines gleichwertigen neuen Hutes aufwenden muss, hier also 100 €.

II. Anspruch aus § 823 II iVm § 303 StGB gegen A

1. § 303 StGB ist Schutzgesetz iSv § 823 II.
2. A hat den strafrechtlichen Tatbestand erfüllt, insbesondere vorsätzlich gehandelt.
3. Verschulden: Die Deliktsfähigkeit richtet sich wiederum nach § 828 III, doch muss A auch strafmündig sein, § 19 StGB, §§ 1, 3 JGG. Auch diese Voraussetzung ist hier erfüllt.

III. Anspruch aus § 826 gegen A

A handelte objektiv sittenwidrig, vorsätzlich und hatte auch die für § 828 III erforderliche Einsicht in die Verwerflichkeit seines Tuns.

IV. Ansprüche gegen B aus Delikt

Aufbau der Tatbestände von §§ 823 I und II, 826 wie vor, im Ergebnis aber wegen mangelnder Delikts- und Straffähigkeit des B (§ 828 I) kein Anspruch der F gegen ihn.

B. Anspruch des B gegen R auf Zahlung von Schmerzensgeld

I. Anspruch aus §§ 823 I, 253 II

1. R hat durch die Ohrfeigen das subjektive Recht des B auf körperliche Unversehrtheit, also Körper und Gesundheit als von § 823 I geschützte Rechtsgüter, verletzt.
2. R kann sich weder auf Nothilfe zugunsten der F als Rechtfertigungsgrund berufen (§ 227), da der Angriff auf F bereits beendet war, noch stand dem R ein Züchtigungsrecht gegenüber B zu. Also handelte R rechtswidrig.
3. R handelte vorsätzlich.
4. R ist zur Zahlung eines Schmerzensgeldes an B, vertreten durch die Eltern (§§ 1626, 1629 I), verpflichtet. Bei der Festlegung der Höhe der „billigen Entschädigung in Geld" (§ 253 II) ist auch zu berücksichtigen, dass erst das rechtswidrige Vorverhalten des B den R zu seiner Tat veranlasst hat. Angemessen erscheinen maximal 500 €.

II. Anspruch aus § 823 II iVm § 223 StGB, § 253 II

R, der durch die Ohrfeigen eine vorsätzliche Körperverletzung iSv § 223 StGB begangen hat, mithin ein Schutzgesetz iSv § 823 II widerrechtlich und schuldhaft verletzt hat, ist auch aufgrund dieses Deliktstatbestandes zur Zahlung eines angemessenen Schmerzensgeldes an B verpflichtet.

III. Anspruch aus §§ 826, 253 II ist ebenfalls gegeben.

Dabei ist unerheblich, ob R sich der Sittenwidrigkeit seines Verhaltens bewusst war.

§ 4 Schutz der Person. Das allgemeine Persönlichkeitsrecht

58 **Fall 4:** A hat mit dem Teleobjektiv am Strand von Sylt die bekannte Filmschauspielerin F im Evakostüm fotografiert. Das vergrößerte Bild hängt, für jeden Besucher deutlich sichtbar, in der Wohnung des A. F verlangt von A die Herausgabe oder die Vernichtung des Bildes oder zumindest, dass A es verschlossen hält.

I. Schutz durch §§ 823, 12 BGB, § 22 KUG

59 1. § 823 I schafft einen für die Entfaltung der Person elementaren Schutzbereich, indem er die lebenswichtigen Rechtsgüter absolut, dh gegenüber jedermann schützt.

In eines der in § 823 I aufgezählten Rechtsgüter hat A im **Fall 4** nicht eingegriffen. A könnte jedoch das allgemeine Persönlichkeitsrecht der F verletzt haben, das als sonstiges Recht iSv § 823 I geschützt wird (s. unten Rn 64). F kann aber das konkrete Begehren nicht auf § 823 stützen, da § 823 nach seinem Wortlaut nur Schadensersatz gewährt, darunter fällt aber das Begehren der F nicht (vgl unten Rn 68 f).

60 2. Das in § 12 besonders gewährte **Namensrecht** schützt die Person davor, dass ein anderer ihr das Recht zur Führung ihres Namens bestreitet oder unbefugt ihren Namen gebraucht. Der Name ist nicht nur Kennzeichen der Person, sondern auch Teil ihrer Persönlichkeit. Über den Namen soll auch das Identitätsinteresse des Einzelnen geschützt und verhindert werden, dass jemand durch die Benutzung des fremden Namens nicht bestehende Beziehungen zum Namensträger vorspiegelt.

F61 Namensschutz genießen auch die juristischen Personen des öffentlichen (OLG Karlsruhe NJW-RR 1986, 588; NJW 1991, 1487: Universitätswappen und -siegel) und des Privatrechts, ebenso die OHG, KG, nichtrechtsfähige Vereine (RGZ 78, 101: Gesangverein Germania) und andere Personenvereinigungen. Den Namensschutz politischer Parteien regelt § 4 ParteienG. Im Handelsrecht tritt neben den bürgerlichen Namensschutz (§ 12 BGB) der handelsrechtliche Firmenschutz (§ 37 HGB). Die **Firma** ist der Name, dessen sich der Kaufmann im Handelsverkehr bedient, § 17 HGB. Die Firma und andere geschäftliche Bezeichnungen werden zusätzlich vor Verwechslungsgefahr und Rufausbeutung geschützt durch §§ 5, 15 MarkenG.

62 3. A hat jedoch im **Fall 4** das Namensrecht der F, auch wenn die Besucher sie sogleich wiedererkennen, nicht verletzt. Berührt ist hier vielmehr das **Recht am eigenen Bild**. Dieses besondere Persönlichkeitsrecht ist (systematisch verfehlt, nur historisch zu erklären) nicht in § 823 I geregelt, sondern in §§ 22 ff Kunsturhebergesetz (KUG) und damit über § 823 II (Schutzgesetz, auch iVm § 201a StGB) deliktisch geschützt. Es steht keineswegs nur Künstlern, sondern jedermann zu. § 22 KUG anerkennt jedoch kein umfassendes Recht am eigenen Bild, sondern beschränkt den Schutz auf bestimmt bezeichnete Tatbestände. Hiernach kann die abgebildete Person nur die Verbreitung und öffentliche Zurschaustellung ihres Bildnisses verbieten. Dieses besondere Persönlichkeitsrecht will die Person also nur davor schützen, dass sie gegen ihren Willen ins Licht der Öffentlichkeit gezerrt wird. Vgl die zusätzlichen Einschränkungen im Informationsinteresse der Öf-

fentlichkeit für Bildnisse aus dem Bereich der Zeitgeschichte (§ 23 I Nr 1 KUG) und im „höheren Interesse der Kunst" (Nr 4).

Da A das Bild weder verbreitet noch öffentlich zur Schau gestellt hat, kann F aufgrund des Rechts am eigenen Bild nicht gegen A vorgehen. Auch § 201a StGB greift hier nicht, weil F sich bei der Herstellung der Aufnahme nicht in einem geschützten Raum befunden hat.

II. Das allgemeine Persönlichkeitsrecht

1. Diskutiert wird ein allgemeines Persönlichkeitsrecht schon seit über 100 Jahren, doch hat es die Rechtsprechung erst 1954 unter dem Eindruck von Art. 1, 2 GG anerkannt. **63**

Grundlegend BGHZ 13, 334 (Leserbrief); BVerfGE 34, 269 (Soraya). Vgl MüKo-*Rixecker*[9] Anhang zu § 12; *Hubmann*, Persönlichkeitsrecht[2], 2. Aufl. 1967. Speziell zum Recht am eigenen Bild BGHZ 20, 345 (Paul Dahlke); zu dem schon lange anerkannten Urheberpersönlichkeitsrecht RGZ 79, 397 (Felseneiland mit Sirenen); *Schack*, Urheber- und Urhebervertragsrecht[10] 2021, Rn 368 ff und §§ 12–14 UrhG.

Das allgemeine Persönlichkeitsrecht soll die Person in allen ihren Ausstrahlungen und ihrer Intimsphäre schützen. Seine Problematik besteht darin, dass die Konturen dieses Rechts nicht so klar und nicht mit der „Warnwirkung" für Dritte abgegrenzt sind, wie das bei den anderen in § 823 ausdrücklich genannten absoluten Rechtsgütern der Fall ist. Diese Rechtsgüter sind von jedem Dritten zu respektieren, ohne dass (vorbehaltlich besonderer Rechtfertigungsgründe, s. unten Rn 113) eine Abwägung zwischen den Interessen des Geschützten und des Eingreifenden stattfinden müsste. Körper, Gesundheit, Freiheit, Eigentum können nicht verletzt werden, ohne dass der Handelnde eine ihm erkennbare Schranke durchbricht. Im Gegensatz dazu muss beim Persönlichkeitsrecht (als einem so genannten Rahmenrecht) die Rechtswidrigkeit positiv festgestellt und hierbei zwischen diesem und anderen ebenfalls grundrechtlich geschützten Werten abgewogen werden, insbesondere gegenüber dem Grundrecht auf kritische Meinungsäußerung und der Kunstfreiheit. Wie schwer das im Einzelfall ist, belegen zahlreiche Gerichtsentscheidungen, zB BVerfG NJW 1987, 2661 (Karikatur von Franz Josef Strauß); BGHZ 84, 237 = NJW 1983, 1194 mit Anm. *Zechlin* (satirisches Gedicht); und der Mephisto-Fall (s. oben Rn 40, auch zum postmortalen Persönlichkeitsrecht). **64**

Die für das Persönlichkeitsrecht charakteristische Abwägung fällt im **Fall 4** leicht. Das ungefragte Fotografieren einer Person als Bildmotiv (vgl § 23 I Nr 2 und 3 KUG!) bedeutet grundsätzlich eine Persönlichkeitsverletzung (OLG Hamm JZ 1988, 308 mit Anm. *Helle*; *Dasch*, Die Einwilligung zum Eingriff in das Recht am eigenen Bild, 1990, S. 24 mwN). Das gilt ganz besonders für heimliche und Nacktaufnahmen (vgl BGHZ 207, 163 = JZ 2016, 903 mit Anm. *Götting*: Besitz von Nacktfotos nach Ende der intimen Beziehung). A hat auch kein anerkennenswertes Gegeninteresse, das etwa bei zu Beweiszwecken angefertigten Fotos vorliegen kann. Selbst wenn das Bild künstlerische Qualitäten (§ 2 I Nr 5 UrhG) besitzen sollte, kann A für sich auch nicht die Kunstfreiheit ins Feld führen, da das Interesse der F an der Wahrung ihrer Intimsphäre Vorrang hat (vgl § 23 II KUG). **65**

Bereits das Herstellen des Bildnisses erfüllt den Tatbestand (zwar nicht des § 22 KUG, aber) der Verletzung des allgemeinen Persönlichkeitsrechts der F (vgl BGHZ 207, 163 Tz 31). Gleiches gilt für das (wenn auch nichtöffentliche) Zurschaustellen des Bildes durch A. Darüber hinaus handelt es sich beim Herstellen des Bildnisses um eine von Art. 6 I DSGVO nicht gedeckte Verarbeitung personenbezogener Daten (vgl Art. 4 Nr 2 und den Löschungsanspruch in Art. 17 I lit. c und d DSGVO).

66 2. Zu untersuchen bleibt, welche konkreten **Ansprüche** der F zustehen. Mit gewöhnlichen Schadensersatzansprüchen aus § 823 ist ihr nicht zu helfen, da sie keinen Vermögensschaden nachweisen kann; auch wird der Schaden nicht dadurch beseitigt, dass A die weitere Ausstellung des Bildes unterlässt.

Um Verletzungen des allgemeinen Persönlichkeitsrechts angemessen sanktionieren zu können, setzt sich die Rechtsprechung deshalb rechtsfortbildend über den engen Wortlaut des § 253 hinweg und gewährt einen Schadensersatz in Geld für den immateriellen Schaden (erstmals im Herrenreiterfall BGHZ 26, 349; gebilligt von BVerfGE 34, 269; lesenswert auch der Ginsengfall BGHZ 35, 363). Hier jedoch verlangt F kein Schmerzensgeld (zu dessen Bemessung bei der Veröffentlichung eines „oben ohne"-Fotos in einer Zeitschrift OLG Oldenburg NJW 1989, 400). F will vielmehr für die Zukunft ein bestimmtes Verhalten des A erzwingen.

67 Der Abwehr eingetretener und künftiger Störungen dienen **Beseitigungs- und Unterlassungsansprüche**, die von der Existenz eines Schadens und vom Verschulden des Störers unabhängig sind. Derartige Abwehransprüche sieht § 1004 zum Schutz des Eigentums vor (sog. actio negatoria); ebenso für bestimmte andere Rechte zB § 12 BGB, § 37 II 1 HGB, § 97 I 1 UrhG. Dieser Rechtsgedanke lässt sich auch für andere absolut geschützte Rechtsgüter dienstbar machen, die nicht weniger schutzwürdig sind als das Eigentum. Zum Schutz aller Rechtsgüter des § 823 sind deshalb analog § 1004 (sog. quasinegatorische) Beseitigungs- und Unterlassungsansprüche anerkannt, die insbesondere für den Persönlichkeitsschutz von zentraler Bedeutung sind (BGHZ 91, 233, 239).

68 Der *Unterlassungsanspruch* ist begründet, wenn künftige Störungen zu befürchten sind, § 1004 I 2 (Wiederholungsgefahr), darüber hinaus aber auch, wenn eine Störung erstmals ernsthaft droht (vorbeugende Unterlassungsklage; ausdrücklich zB § 97 I 2 UrhG). Mit dem Urteil werden für den Fall der Zuwiderhandlung Geld- und Haftstrafen angedroht, § 890 ZPO.

Mit dem Unterlassungsanspruch könnte F erreichen, dass dem A untersagt wird, das Bild anderen Personen zugänglich zu machen. Es wird allerdings nicht einfach sein, dieses Verlangen so genau zu bezeichnen, dass dem prozessualen Gebot eines bestimmten (vollstreckungstauglichen) Klageantrags, § 253 II Nr 2 ZPO, genügt wird.

69 Der daneben bestehende *Beseitigungs*anspruch bezweckt, die Störungsquelle zu verstopfen (vgl BGHZ 97, 231, 236 f). Das ist nicht zu verwechseln mit dem verschuldensabhängigen Anspruch auf Ersatz eines endgültig eingetretenen Schadens! Vgl *Westermann/Gursky/Eickmann*, Sachenrecht[8] 2011, § 35 Rn 18.

Damit könnte F die Vernichtung des rechtswidrig hergestellten Bildes und des Negatives erreichen, nicht aber deren Herausgabe. Der Beseitigungsanspruch reicht nur soweit, wie zur Beseitigung der Störung unbedingt nötig (BGHZ 107, 384, 393 – Emil Nolde).

§ 5 Begriff und Arten der juristischen Person des Privatrechts. Erwerb der Rechtsfähigkeit

Fall 5: Zehn Hoteliers und Gastwirte der Stadt S wollen sich zusammenschließen, um den Fremdenverkehr nachdrücklich zu fördern. Der Zusammenschluss soll für den Besuch der Stadt werben und alle Gewerbetreibenden unentgeltlich in sämtlichen den Fremdenverkehr betreffenden Fragen beraten. Als seinen Beitrag verspricht der Hotelier H, der Vereinigung ein kleines, sonst kaum nutzbares Eckgrundstück zu übereignen, auf dem eine Werbewand aufgestellt und ein kleines Holzgebäude errichtet werden sollen. Dort will man die Geschäftsräume der Vereinigung, insbesondere einen Hotelnachweis und eine Servicestelle für die Besucher unterbringen. 70

1. Welche Form ist für den Zusammenschluss zweckmäßig?
2. Was gilt, wenn H sich weigert, das Grundstück zu übereignen, weil seine Verpflichtung nur in der privatschriftlichen Satzungsurkunde der Vereinigung enthalten ist?
3. Welche Bedeutung hätte es für den Zusammenschluss, falls er zu diesem Zeitpunkt schon als Verein in das Vereinsregister eingetragen wäre?

I. Begriff und Arten der juristischen Person

1. Als Art des Zusammenschlusses kommen der Verein des BGB, die GmbH, die Genossenschaft, theoretisch auch die Aktiengesellschaft und die BGB-Gesellschaft in Betracht. Die erste Frage geht dahin, ob der **Zusammenschluss eine selbstständige Rechtsperson** werden, also die Form einer juristischen Person gewählt werden soll. In diesem Fall erhält der Verein eine eigene Rechtspersönlichkeit; er selbst ist Träger der Rechte und Pflichten, die unmittelbar auf den Verein bezogen werden. Im anderen Fall, dh einem Zusammenschluss ohne eigene Rechtspersönlichkeit, sind Träger der Rechte und Pflichten grundsätzlich die zusammengeschlossenen Personen in ihrer Eigenschaft als Mitglieder des Zusammenschlusses („Gemeinschaft zur gesamten Hand", s. unten Rn 137 f). Die wichtigsten solcher Zusammenschlüsse sind die BGB-Gesellschaft (GbR, §§ 705 ff), OHG und KG (§§ 105 ff, 161 ff HGB), die für Freiberufler gedachte Partnerschaftsgesellschaft (zum PartGG vom 25.7.1994 und zur beschränkten Berufshaftung in § 8 IV PartGG vgl *Römermann* NJW 2013, 2305 ff) und der nichtrechtsfähige Verein, für den § 54 derzeit noch grundsätzlich auf das Recht der BGB-Gesellschaft verweist (s. unten Rn 106 f). 71

Die juristische Person ist eine Zusammenfassung von Personen (oder im Fall der selbstständigen Stiftung als „mitgliederloser juristischer Person", § 80 I 1 nF, von zweckgebundenem Vermögen) zu einer Organisation, der die Rechtsordnung Rechtsfähigkeit verliehen hat. Personenzusammenschlüsse sind alle Arten der Vereine. Hierhin gehören der rechtsfähige Verein des BGB, und zwar der „nichtwirtschaftliche" (sog. Idealverein) des § 21 und der „wirtschaftliche" Verein des § 22. Auch die Aktiengesellschaft, die GmbH und die Genossenschaft sind in diesem Sinne Vereine, nämlich vom Mitgliederwechsel unabhängige Personenvereinigungen mit körperschaftlicher Verfassung und selbstständigem Auftreten im Rechtsverkehr. Körperschaftliche Verfassung bedeutet: Vorstand als Geschäftsführungs- und Vertretungsorgan, Mitgliederversammlung als Willensbildungsorgan (guter Überblick bei *A. Grundmann/Terner*, Vereinsrecht, JA 2002, 689 ff). 72

Die **Rechtsfähigkeit der juristischen Person** beruht auf einem Staatsakt, dessen Voraussetzungen für jede der abschließend aufgezählten Arten juristischer Personen (eV, 73

AG, GmbH usw) nach ihren jeweiligen Aufgaben gesetzlich festgelegt sind (Typenzwang, s. unten Rn 87 ff).

Das bedeutet im **Fall 5**, dass sich die Beteiligten, wenn sie einen rechtsfähigen Zusammenschluss wollen, der vom Gesetz vorgesehenen Form bedienen und den konstitutiven Staatsakt veranlassen müssen.

74 Auch wenn die Rechtsfähigkeit der juristischen Person vor allem für deren Auftreten im Rechtsverkehr praktisch wichtig ist, sollte sie doch in ihrer Bedeutung nicht überschätzt werden. Für das Innenleben des Zusammenschlusses ist es wichtiger, ob er eine körperschaftliche oder gesellschaftsrechtliche Struktur im engeren Sinne hat; und das ist von der eigenen Rechtsfähigkeit des Zusammenschlusses unabhängig. So können die Mitglieder im Einzelfall Personengesellschaften körperschaftsähnlich (zB Publikums-KG) und Kapitalgesellschaften, insbesondere eine GmbH, wie eine Personengesellschaft ausgestalten. Auch das Nebeneinander von rechtsfähigen und nichtrechtsfähigen Vereinen, die grundsätzlich gleichbehandelt werden, zeigt, dass die Rechtsfähigkeit im täglichen Leben so ausschlaggebend nicht ist, soweit sie nicht das Gesetz für bestimmte Fälle zwingend vorschreibt.

Zur Haftung s. unten Rn 106 ff – Im **Fall 5** ist es etwa für den Ein- und Austritt von Mitgliedern gleichgültig, ob der Verein rechtsfähig ist oder nicht. Insbesondere hat der Ausscheidende in beiden Fällen keinen Abfindungsanspruch. Auch die Organisation (Vorstand, Mitgliederversammlung) ist dieselbe. Im Grundbuch kann als Grundstückseigentümer bislang jedoch nur der eingetragene (= rechtsfähige) Verein (eV) eingetragen werden (s. unten Rn 83 f).

75 Die Frage nach dem **Wesen der juristischen Person** gehört zu den Kernfragen der Rechtstheorie. Sie ist schwierig, da es nicht um die theoretische Erfassung der Rechtsfähigkeit einer bestimmten Form der juristischen Person (zB des eV, der AG) geht, sondern weil das Wesen der juristischen Person schlechthin erklärt werden soll. Das zwingt angesichts der Vielzahl der Formen, vom eV bis zur Stiftung und zu juristischen Personen des öffentlichen Rechts (Körperschaften, Anstalten, Stiftungen), zu einer stark abstrahierenden und deshalb schwierigen Begriffsbestimmung. Unmittelbar praktische Bedeutung hat die Antwort auf diese Frage nicht, da §§ 31, 89 die Haftung der juristischen Person positiv regeln. Auf die zahlreichen Erklärungsversuche muss und kann hier deshalb nicht näher eingegangen werden. (Ausführlich zB *Flume* I/2, S. 1–31; Überblick bei *Hübner*[2] Rn 92.)

Ausgangspunkt ist die Rechtsfähigkeit der natürlichen Person, des Menschen (vgl die Überschrift vor § 1 BGB). So gesehen ist die juristische Person etwas Unnatürliches, Künstliches, vom Gesetzgeber willkürlich Geschaffenes (*Savigny*, System des heutigen römischen Rechts, Bd. II, Berlin 1840, S. 236 ff). Dieser sog. Fiktionstheorie gegenüber steht die Theorie der realen Verbandspersönlichkeit (entwickelt von *Otto von Gierke*, ausführlich in: Das Deutsche Genossenschaftsrecht, Bd. I-IV, Berlin 1868–1913). Nach ihr ist der Verband ein geistiger Organismus mit eigenem Verbandswillen und dem Menschen als natürlichem Organismus gleichzustellen. Doch überzeichnen beide Theorien: Die juristische Person ist deutlich mehr als eine bloße Fiktion (multinationale Unternehmen zB sind durchaus real!), aber auch wiederum nicht real iSv ethisch einer natürlichen Person gleichwertig (vgl Art. 19 III GG). Letztlich kann man deshalb nur die rechtstechnische Natur der juristischen Person betonen. Juristische Personen sind, soweit sie nicht, wie beispielsweise die Staaten und die Kirchen (vgl Art. 140 GG iVm Art. 137 IV und V WRV), historisch gewachsen sind, „Zweckschöpfung des Gesetzgebers“. Erst ein positiver Rechtssatz verleiht einer Organisation Rechtssubjektsqualität. Wesentlich sind also die Organisation und der Rechtssatz;

76 2. In engem Zusammenhang mit der Frage nach der Rechtsfähigkeit steht die nach der **Haftung der am Zusammenschluss beteiligten Personen** für die Verbindlichkeiten, die für den Zusammenschluss begründet werden.

Ist die Personenvereinigung **rechtsfähig**, dann ist sie selbst Träger der für sie begründeten Verbindlichkeiten. Die am Zusammenschluss beteiligten Personen haften als solche grundsätzlich nicht, es sei denn, sie haben eine selbstständige persönliche Haftung (zB als Bürge, § 765) übernommen oder aber eine Gesetzesnorm sieht eine ergänzende Haftung der Mitglieder der juristischen Person vor. Im Vereinsrecht, im Recht der GmbH und der Aktiengesellschaft gibt es eine solche Norm nicht. Wohl aber besteht bei der Genossenschaft eine sog. Nachschusspflicht, die in der Insolvenz der Genossenschaft bewirkt, dass die Genossen Nachschüsse an die Genossenschaft leisten müssen, die dann zur Befriedigung der Gläubiger verwandt werden, vgl §§ 105 ff GenG.

Das Fehlen einer persönlichen Haftung der Mitglieder einer juristischen Person garantiert 77
ihnen für den Fall der Insolvenz der juristischen Person, dass sie zwar ihre Einlage, nicht aber ihr Privatvermögen verlieren können. Die Gläubiger der juristischen Person können also nur auf deren (begrenztes!) Vermögen zugreifen. Dieser „Haftungsschirm" ist besonders wirkungsvoll, wenn mit nur geringem Kapital ausgestattete Kapitalgesellschaften (AG, GmbH, s. unten Rn 84), womöglich gestützt auf die wirtschaftliche Kraft und das Ansehen ihrer Gesellschafter, ein umfangreiches Handelsunternehmen betreiben.

Das gesetzliche Mindestkapital von 25 000 € bei der GmbH und 50 000 € bei der AG besagt nicht viel. Für die GmbH wurden 1980 die „kapitalersetzenden Gesellschafterdarlehen" dem haftenden Kapital gleichgestellt, §§ 32a, 32b aF GmbHG, heute § 39 InsO.

Das hat dazu geführt, auch ohne gesetzliche Anordnung nach einer **Durchgriffshaftung** 78
zu suchen, mit deren Hilfe die vermögens- und haftungsmäßige Trennung der juristischen Person und ihrer Mitglieder (= Gesellschafter) aufgehoben, der Haftungsschirm durchstoßen werden soll („piercing the corporate veil"). Wenn es zum Durchgriff kommt, haften die Gesellschafter für alle Verbindlichkeiten der Gesellschaft, nicht nur für rechtsgeschäftliche. Die relativ größte Bedeutung hat die Durchgriffshaftung für die GmbH, vor allem für die Einmann-GmbH, deren einziger Gesellschafter wiederum eine juristische Person sein kann; der BGH hat sie aber auch unter ganz besonderen Umständen für den eV zugelassen (BGHZ 54, 222; zur restriktiven Praxis vgl BGHZ 175, 12, 18 ff – Kolpingwerk).

Will man die juristische Person nicht in ihrem Kern aushöhlen, dann muss, soviel ist sicher, die Durchgriffshaftung auf seltene Ausnahmefälle beschränkt bleiben. Im Übrigen sind die Konstruktion einer solchen Durchgriffshaftung und – wichtiger – ihre Voraussetzungen heftig umstritten (vgl MüKo-*Leuschner*[9] vor § 21 Rn 56 ff). Aus dem Begriff der juristischen Person lässt sich kein Entscheidungsmaßstab entwickeln. Eine einheitliche konstruktive Grundlage für alle Arten der juristischen Person und für alle Fälle dürfte es kaum geben. Es wird vielmehr immer auf alle Umstände des Einzelfalles ankommen; hilfreich kann die Bildung von Fallgruppen sein.

Der BGH hat sich ebenfalls zu keiner bestimmten Konstruktion bekannt. Er wendet eine 79
Generalklausel an, die Elemente des Missbrauchs und des funktionswidrigen Gebrauchs berücksichtigt, letztlich aber entscheidend auf Treu und Glauben abstellt:

„Eine Ausnahme muss jedoch dann gelten, wenn die Anwendung dieses Grundsatzes [der Trennung von juristischer Person und ihren Mitgliedern] zu Ergebnissen führen würde, die mit Treu und Glauben nicht in Einklang stehen, und wenn die Ausnutzung der rechtlichen Verschiedenheit zwischen der juristischen Person und den hinter ihr stehenden natürlichen Personen einen Rechtsmissbrauch bedeutet. Es ist Aufgabe des Richters, einem treuwidrigen Verhalten der hinter der juristischen Person stehenden natürlichen Personen entgegenzutreten und die juristische Konstruktion hintanzusetzen, wenn die Wirklichkeiten des Lebens, die wirtschaftlichen Bedürfnisse und die Macht der Tatsachen eine solche Handhabung gebieten", BGHZ 54, 222, 224. Nie ist ein einzelnes Kriterium (zB Einmann-Gesellschaft als Konzernspitze; Sphärenvermischung; Unterkapitalisierung) alleinentscheidend; stets kommt es unter dem beherrschenden Gesichtspunkt von Treu und Glauben auf alle Umstände an (BGH NJW 1974, 1371, 1372 mwN). – Die frühere Fallgruppe des existenzvernichtenden Eingriffs versteht der BGH heute nicht mehr als Durchgriffsaußenhaftung, sondern gestützt auf § 826 als eine Innenhaftung gegenüber der Gesellschaft (BGHZ 173, 246, 252 – Trihotel).

F80 Der Haftungsdurchgriff ist nicht der einzige Fall, in welchem die Trennung der Rechtssubjektivität von juristischer Person und ihren Gesellschaftern durchbrochen wird. Dafür kann auch in anderen Situationen ein Bedürfnis bestehen, zB bei der Berechnung des Schadens des verletzten Gesellschafters bei Schädigung der Einmann-Gesellschaft; vgl BGH NJW 1977, 1283.

81 Der **nicht rechtsfähige Zusammenschluss** als solcher kann nicht Träger von Verbindlichkeiten sein, sondern letztlich nur die zusammengeschlossenen Personen. Ausgangspunkt ist hier also die persönliche Haftung der Mitglieder der Vereinigung. Jedoch kann es sein, dass besondere Gründe die Haftung jeder Einzelperson auf ihren Anteil am Vermögen der Vereinigung beschränken. Das führt dann praktisch dazu, dass bezüglich der Haftung zwischen rechtsfähigen und nichtrechtsfähigen Vereinigungen kein Unterschied mehr besteht. Eine solche Haftungsbegrenzung muss jedoch stets besonders begründet werden. Die Rechtsprechung ist zu einer solchen Haftungsbeschränkung vor allem beim nichtrechtsfähigen Idealverein gelangt (s. unten Rn 108).

82 Wie bei den Pflichten, so ist es auch bei den Rechten: Der rechtsfähige Zusammenschluss ist selbst Träger der ihm zustehenden Rechte. Seine Mitglieder treten zu diesen Rechten in Beziehung nur über ihre Mitgliedschaft; im Übrigen sind die der juristischen Person zustehenden Rechte für sie fremde Rechte. Damit erweist sich die juristische Person als ein selbstständiges, von ihren Mitgliedern getrenntes Rechtssubjekt.

Wird im **Fall 5** die Vereinigung rechtsfähig und wird ihr das Grundstück übereignet, dann ist diese selbst Eigentümerin des Grundstücks. Für ihre Mitglieder ist das Grundstück ein fremdes, ihre Beziehung zu ihm wird nur durch die Tatsache ihrer Mitgliedschaft vermittelt. Das gilt ebenso für alle anderen Rechte und Pflichten, zB aus Anstellungsverträgen, Verträgen über Werbemaßnahmen usw.

82a Ein Zwitter ist die „rechtsfähige Personengesellschaft", § 14 II (eingefügt 2000), die von der Rechtsordnung „mit der Fähigkeit ausgestattet ist, Rechte zu erwerben und Verbindlichkeiten einzugehen". In diesem Sinne rechtsfähig sind die OHG und KG (§§ 124/105 II nF, 161 II HGB), die Europäische Wirtschaftliche Interessenvereinigung (EWIV), die Partnerschaftsgesellschaft (§ 7 PartGG) und nach BGHZ 146, 341 (2001) auch die Außengesellschaft bürgerlichen Rechts und die Wohnungseigentümergemeinschaft (§ 9a I WEG). Hier ist Träger der Verbindlichkeiten die Personenvereinigung als solche, die im eigenen Namen klagen und verklagt werden kann. Die Mitglieder haften für die Schulden der Personengesellschaft allenfalls akzessorisch (vgl § 126 nF HGB, § 9a IV 1 WEG). Juristische Personen sind diese Personengesellschaften dennoch nicht (vgl BGHZ 146, 341, 347; *M. Lehmann* AcP 2007, 225, 240 ff), auch wenn der BGH sie praktisch wie solche behandelt.

83 3. Soll der Zusammenschluss Eigentümer eines **Grundstücks** werden, bietet sich die Form des rechtsfähigen Zusammenschlusses an. Denn sonst müssten nach bisher geltendem Recht die Mitglieder, und zwar alle, im Grundbuch als Eigentümer zur gesamten

Hand eingetragen werden. Das aber wäre sehr umständlich und bei einem Zusammenschluss mit größerer Mitgliederzahl und häufigem Mitgliederwechsel praktisch kaum durchführbar. Auch die Außengesellschaft bürgerlichen Rechts (GbR) ist trotz der ihr vom BGH zuerkannten Rechtsfähigkeit kaum ein geeigneter Träger von Grundstücksrechten. Während OHG und KG ein hohes Maß an Registerpublizität aufweisen (vgl §§ 106, 162 HGB), führt eine GbR (§§ 705 ff BGB) oft nicht einmal einen Namen, unter dem sie im Grundbuch eingetragen werden könnte. Und selbst wenn sie einen Namen führt, kann sie diesen jederzeit ändern, ohne dass dies dem Rechtsverkehr erkennbar werden müssste. Nachdem BGHZ 179, 102 dessenungeachtet eine GbR für grundbuchfähig erklärt hat, müssen seit § 47 II GBO idF von 2009 stets auch alle oft sehr zahlreichen Gesellschafter eingetragen werden (BGHZ 189, 274, 277). (Den Gutglaubensschutz des Grundbuchs stellt insoweit § 899a BGB sicher; vgl *Scherer* NJW 2009, 3063 ff.)

Das Problem hat der Gesetzgeber ab dem 1.1.2024 (s. unten Rn 106a) mit der Neufassung von § 47 II GBO gelöst: Danach kann eine im Gesellschaftsregister eingetragene GbR (eGbR, vgl § 719 I nF) auch im Grundbuch als Eigentümerin eingetragen werden. Änderungen im Gesellschafterbestand ergeben sich dann nur noch aus dem zentral geführten Gesellschaftsregister. **83a**

Da im **Fall 5** eine größere Mitgliederzahl dem Zusammenschluss beitreten will und auch mit einem Mitgliederwechsel gerechnet werden muss (der eine oder andere sonstige Gewerbetreibende wird beitreten, jetzige Mitglieder werden bei Aufgabe des Gewerbes austreten wollen) und der Zusammenschluss auch nach außen als Einheit auftreten, insbesondere ein Grundstück erwerben soll, kommt praktisch nur die Form einer rechtsfähigen Vereinigung in Betracht, und zwar in erster Linie der rechtsfähige BGB-Verein.

Zu denken ist auch an die **Form der GmbH**. Die GmbH muss kein Handelsunternehmen oder sonstiges Gewerbe betreiben, sie ist vielmehr insofern zweckneutral, als sie jeden erlaubten Zweck verfolgen kann. Praktisch wird allerdings die GmbH in erster Linie zur Verfolgung gewerblicher Ziele eingesetzt. In unserem Fall empfiehlt sich die GmbH als Rechtsform weniger, weil sie als **Kapitalgesellschaft** etwas schwerfällig ist. Die GmbH hat ein bestimmtes Stammkapital (das ist eine Ziffer, in deren Höhe im Interesse der Gläubiger Werte des Gesellschaftsvermögens gebunden werden, deshalb darf das Stammkapital nicht ausgezahlt werden, § 30 GmbHG) von grundsätzlich mindestens 25 000 € (§ 5 I GmbHG), das anteilig von den Gesellschaftern gehalten wird. Die Mitgliedschaft kann erworben und verloren werden nur über Erwerb oder Verlust eines solchen Geschäftsanteils, dh eines Anteils am Stammkapital. Ein beliebiger Mitgliederwechsel ist bei der GmbH also nicht möglich. Vielmehr kann ein an der Gründung nicht Beteiligter nur dadurch Mitglied (= Gesellschafter) der GmbH werden, dass er einen Anteil am Stammkapital von einem der bisherigen Gesellschafter erwirbt oder das Stammkapital erhöht wird. Der Gründungsvertrag der GmbH bedarf der notariellen Form, auch jede Übertragung eines Geschäftsanteils muss notariell beurkundet werden; §§ 2, 15 III GmbHG. Aus diesen praktischen Gründen wird im **Fall 5** die GmbH-Form ausscheiden. **84**

Um mit der englischen Private Limited Company konkurrieren zu können, verzichtet § 5a GmbHG seit dem 1.11.2008 bei einer „Unternehmergesellschaft (haftungsbeschränkt)" auf ein Mindeststammkapital (zu dieser abgespeckten Version einer GmbH vgl *Hucke/Holfter* JuS 2010, 861 ff).

Theoretisch könnte für den Zusammenschluss auch die **Form der AG** gewählt werden. Die AG ist wie die GmbH zweckneutral und ebenfalls eine Kapitalgesellschaft, bei der das Grundkapital mindestens 50 000 € beträgt (§ 7 AktG), bei einer europäischen Akti- **85** engesellschaft (SE, Societas Europaea) mindestens 120 000 €. Den Gesellschaftern entsprechen bei der AG die Aktionäre.

Im **Fall 5** scheidet die AG-Form ebenfalls aus praktischen Gründen aus, ganz abgesehen davon, dass das Mindestkapital von 50 000 € nur schwer aufzubringen sein dürfte.

86 Die **Genossenschaft** hat wie der Verein eine flexible Mitgliederzahl, also sind Ein- und Austritt möglich. Die Genossenschaft muss im Gegensatz zur AG und GmbH darauf gerichtet sein, „den Erwerb oder die Wirtschaft ihrer Mitglieder oder deren soziale oder kulturelle Belange durch gemeinschaftlichen Geschäftsbetrieb zu fördern“, § 1 I GenG idF von 2006.

Wenn ausschließlich an Fremdenverkehr interessierte Gewerbetreibende Mitglieder des Zusammenschlusses werden und der Zusammenschluss geschäftlich tätig werden soll, wäre die Genossenschaftsform zulässig. Sie kann sogar besonders geeignet sein, wenn der wirtschaftliche Geschäftsbetrieb es ausschließt, dass der Zusammenschluss im Vereinsregister eingetragen wird (s. unten Rn 92). Sonst kommt aber praktisch nur die Form des BGB-Vereins in Betracht.

II. Erwerb der Rechtsfähigkeit

87 1. Für den Erwerb der Rechtsfähigkeit bietet das BGB zwei Wege, nämlich den der Eintragung ins Vereinsregister, § 21, und den der Verleihung gemäß § 22. In beiden Fällen entsteht die Rechtsfähigkeit also nicht automatisch, sondern nur als Folge eines Staatsaktes. Der Staat erkennt nicht nur feststellend an, dass der Verein rechtsfähig ist, sondern schafft die Rechtsfähigkeit durch den **konstitutiven Staatsakt**. Der Unterschied wird deutlich, wenn man die Begründung der Rechtsfähigkeit der juristischen Person mit dem Beginn der Rechtsfähigkeit bei der natürlichen Person vergleicht: Der Mensch ist automatisch mit seiner Geburt rechtsfähig; wird er hinterher ins Personenstandsregister eingetragen, so ist das nur eine feststellende Beurkundung; die Rechtsfähigkeit wird nicht etwa dadurch in Frage gestellt, dass die Eintragung unterbleibt oder gelöscht wird. Die Rechtsfähigkeit der juristischen Person dagegen entsteht erst mit dem Staatsakt. Ohne den konstitutiven, dh rechtsbegründenden Staatsakt kann der Zusammenschluss als nichtrechtsfähiger vorhanden sein, die eigene Rechtspersönlichkeit erwirbt er aber erst durch den Staatsakt.

88 2. Allgemeines Prinzip des deutschen Rechts ist also, dass die privatrechtlichen Vereinigungen Rechtsfähigkeit durch **Eintragung in ein Register** erwerben. Beim Verein ist es das Vereinsregister, bei der Aktiengesellschaft und der GmbH das Handelsregister, bei der Genossenschaft das Genossenschaftsregister, das im Grunde genommen ein auf die Genossenschaften beschränktes Handelsregister ist. Hinzu kommt ab dem 1.1.2024 die fakultative Eintragung einer GbR im Gesellschaftsregister (oben Rn 83a).

Neben den rechtsbegründenden Eintragungen gibt es solche, die einen ohne Registereintragung eingetretenen Erfolg dokumentieren. Die Eintragung ist dann nur Offenlegungsmittel, nicht Teil des Rechtsänderungsvorgangs; man nennt sie dann deklaratorisch (rechtserklärend). Nur deklaratorisch ist zB die Eintragung einer Änderung des Vereinsvorstandes nach § 67. Die Organstellung einschließlich der Vertretungsmacht des neuen Vorstandes entsteht bereits mit der Wahl und nicht erst mit der Eintragung.

89 Das Nebeneinander von **konstitutiven und deklaratorischen Registereintragungen** gibt es auch im Grundbuch und bei sonstigen Eintragungen im Handelsregister. Die Ein-

tragung der rechtsgeschäftlichen Änderung im Liegenschaftsrecht ist nach § 873 konstitutiv; sie führt zusammen mit der Einigung den Rechtserfolg erst herbei. Lässt sich dagegen der Erbe, der gemäß § 1922 mit dem Erbfall automatisch Eigentümer geworden ist, im Grundbuch eintragen, so ist die Eintragung deklaratorisch, sie stellt nur die wahre, außerhalb des Grundbuches eingetretene Rechtslage fest. Die Handelsregistereintragung eines Kaufmanns, der ein Handelsgewerbe nach § 1 HGB betreibt, ist deklaratorisch. Dagegen wird im Falle des § 2 HGB („Kannkaufmann") die Kaufmannseigenschaft erst durch die Eintragung begründet, ist hier also konstitutiv. Die Prokura wiederum entsteht mit der Erklärung des Geschäftsinhabers, die Eintragung ist also nur deklaratorisch, vgl §§ 48, 53 HGB.

Das Gesetz wählt die konstitutive Eintragung, wenn es ohne die staatliche Mitwirkung den Rechtserfolg nicht eintreten lassen will, die deklaratorische, wenn es ihm lediglich darauf ankommt, die eingetretene Rechtsfolge für alle interessierten Dritten ersichtlich zu machen. Oft ist die deklaratorische Eintragung nicht in das Belieben der Beteiligten gestellt, sondern das Gesetz zwingt sie, den eingetretenen Rechtserfolg ins Register eintragen zu lassen; vgl zB § 29 HGB.

3. Die Abhängigkeit der Entstehung der Rechtsfähigkeit von dem konstitutiven Staats- **90**
akt führt dazu, dass die zusammenschlusswilligen Bürger vom Staat abhängig werden. Diese Einschränkung der Vereinigungsfreiheit scheint auf den ersten Blick gegen Art. 9 I GG zu verstoßen. Doch garantiert dieses Grundrecht kein System der freien Körperschaftsbildung. Denn der Staat darf auf eine Mitwirkung bei der Entstehung juristischer Personen nicht völlig verzichten, da eine juristische Person, die wie eine natürliche mit eigenen Rechten und Pflichten im Rechtsleben steht, zu vielen Dritten in Beziehung treten kann. Vornehmlich deren Interessen sollen durch die Mitwirkung des Staates gesichert werden. Den Konflikt zwischen Rechtssicherheit und ungehinderter Vereinigungsfreiheit hat das geltende Recht dadurch gelöst, dass es den Erwerb der Rechtsfähigkeit zwar von einem konstitutiven Staatsakt abhängig macht, diesen Staatsakt aber nicht in das Ermessen der Behörde stellt, dem Bürger vielmehr einen Anspruch auf die konstitutive Eintragung gibt. Der Anspruch entsteht, wenn die abstrakt im Gesetz festgelegten Voraussetzungen erfüllt sind. Dann muss der Staat die Rechtsfähigkeit durch die Eintragung im Register herbeiführen. Dieses so genannte **Normativsystem** liegt der Entstehung der meisten juristischen Personen des Privatrechts zugrunde, nämlich der des nichtwirtschaftlichen Vereins in § 21, der Stiftung in § 80 II, der AG, der GmbH und der Genossenschaft. Das Normativsystem ist eine Synthese des Freiheits- und Ordnungsprinzips. Zum Ganzen vgl *H. Westermann*, Der konstitutive und deklaratorische Hoheitsakt als Tatbestand des Zivilrechts, FS Michaelis 1972, S. 337–353.

Daneben kennt das BGB in § 22 noch das **Konzessionssystem** für wirtschaftliche Verei- **91**
ne. Hier steht die Verleihung der Rechtsfähigkeit im – allerdings pflichtgemäßen – Ermessen der genehmigenden Behörde. Vereine des § 22 sind selten, ein Beispiel ist die Verwertungsgesellschaft GEMA. Wenn die Mitglieder der Vereinigung wirtschaftliche Zwecke verfolgen wollen, wird sie die Behörde vorrangig auf eine der Rechtsformen des Handelsrechts (AG, GmbH, Genossenschaft) verweisen.

4. Nach dem Normativsystem ist zu entscheiden, ob im **Fall 5** der Verein eingetragen **92**
werden kann. Die erste Voraussetzung ist, dass er „**nicht auf einen wirtschaftlichen Geschäftsbetrieb gerichtet** ist". Nun könnte man annehmen, dass hieran die Eintragung des Vereins scheitern muss, da der Verein den Gewerbebetrieb seiner Mitglieder unterstützen soll; letztlich kommt ja der gesteigerte Fremdenverkehr den Gaststätten zugute.

Die Rechtsprechung lässt aber zu Recht nicht entscheiden, ob letzten Endes ein geschäftlicher Vorteil erstrebt wird, sondern sie nimmt einen wirtschaftlichen Geschäftsbetrieb nur an, wenn der Verein selbst mit Gewinnerzielungsabsicht am Rechtsverkehr teilnimmt, wobei es dann gleichgültig ist, ob der Gewinn für den Verein selbst oder für die Mitglieder erzielt werden soll.

93 Ein interessanter Fall ist BGHZ 45, 395: Taxiunternehmen schlossen sich zu einem Verein (Funkzentrale) zusammen, der den Kunden die Wagen vermitteln sollte. Auch wenn die Benutzer für die Vermittlung an den Verein kein Entgelt zahlten, der Verein insofern also nicht am allgemeinen Rechtsverkehr teilnehmen sollte, trat er als Hilfsmittel der Mitgliederunternehmen dauernd und planmäßig in Rechtsbeziehungen zu Dritten; er war danach kein Idealverein iSv § 21. (Ebenso für einen Eigentümer-Verein, der eine Hausmeisterwohnung verwalten sollte, OLG Frankfurt/M NJW-RR 2006, 1698.) Im Unterschied dazu verfolgt der Fremdenverkehrsverein im **Fall 5** primär ideelle Zwecke, er will selbst keine unternehmerische Tätigkeit entfalten.

Maßgebend für die Abgrenzung ist letztlich, dass man Vereine, die in größerem Ausmaß am allgemeinen Rechtsverkehr teilnehmen, den Normen des Handelsgesellschaftsrechts unterwerfen will, die durch die Bindung des Kapitals, die Pflichten und Haftung der Organe usw stärker als das Vereinsrecht die Interessen Dritter und auch der Mitglieder berücksichtigen.

94 Die Abgrenzung ist problematisch geworden, denkt man an die Millionenumsätze der Profifußballvereine. Sie stehen in solchem Maße im Wirtschaftsleben (Gehälter für Spieler, Trainer; Transfergeschäfte; Einnahmen durch Kartenverkauf, Werbung), dass sie eigentlich dem Handelsgesellschaftsrecht (Buchführungspflicht, Haftung) unterworfen werden müssten. Die Praxis indes duldet die Form des eV, wohl weil die Form der Handelsgesellschaft insbesondere angesichts des wechselnden Mitgliederbestandes der Fußballvereine nicht recht passt, und nimmt dabei Lücken beim Gläubigerschutz in Kauf. Inzwischen allerdings haben sich nach Borussia Dortmund (als GmbH & Co KGaA, vgl §§ 278 ff AktG) etliche Fußballvereine der 1. Bundesliga als GmbH oder Aktiengesellschaft konstituiert.

Bei Fußballvereinen wird das **Nebenzweckprivileg**, demzufolge eine untergeordnete wirtschaftliche Betätigung dem Idealverein nicht schadet, arg strapaziert; der Schwanz wackelt mit dem Hund. Wo es nicht um Sport geht, ist die Praxis rigoroser (zB OLG Celle NJW 2022, 555 – Dorfkneipe; OLG Düsseldorf NJW 1983, 2574 – Scientology Center, s. unten Rn 135). Kritik am Nebenzweckprivileg üben auch *Medicus/Petersen*[11] Rn 1112; *K. Schmidt*, Der bürgerlich-rechtliche Verein mit wirtschaftlicher Tätigkeit, AcP 182 (1982) 1, 26 ff; *Soergel/Hadding*, BGB I[13] 2000, § 21 Rn 33 ff. Unschädlich ist eine Ausgliederung der Wirtschaftstätigkeit auf ein rechtlich selbstständiges Tochterunternehmen (BGHZ 85, 84: ADAC-Rechtsschutzversicherungs-AG), weil dessen Gläubiger dann durch dessen Rechtsform ausreichend geschützt sind.

95 5. Danach ist im **Fall 5** der Verein kein wirtschaftlicher. Er kann eingetragen werden, wenn er die übrigen Voraussetzungen der §§ 55 ff erfüllt. Hierzu gehört insbesondere eine von mindestens sieben Mitgliedern unterzeichnete Satzung, deren Vereinszweck nicht gegen die guten Sitten verstoßen darf (vgl LG Bonn NJW-RR 1995, 1515 – „Schwarze Männer" zur Eintreibung von Schulden). Die **Organisation** des Vereins ist insofern vom Gesetz zwingend vorgeschrieben, als er über einen Vorstand und eine Mitgliederversammlung verfügen muss, §§ 26, 32. Der Vorstand ist Geschäftsführungs- und Vertretungsorgan, die Mitgliederversammlung das oberste Willensbildungsorgan des Vereins. Von diesen wenigen zwingenden Voraussetzungen abgesehen ist die Organisation dem einzelnen Verein freigestellt, vgl § 40.

Zwischen dem Verein und dem Mitglied besteht das Mitgliedschaftsverhältnis, das grundsätzlich für jedes Mitglied gleich ist; es ist aber nicht ausgeschlossen, dass mit Einverständnis der Mitglieder einzelne Mitglieder unterschiedlich behandelt werden. Das führt dazu, dass diese Mitglieder dann Sonderpflichten oder – in der Praxis häufiger – Sonderrechte haben. Das **Gleichbehandlungsgebot** gilt auch für die praktisch wichtigste Pflicht des Mitglieds, die Beitragspflicht. Ob und welche **Beiträge** zu leisten sind, bestimmt die Satzung, vgl § 58 Nr 2. Mit Zustimmung des Betroffenen können auch ungleiche Beiträge festgesetzt werden. **96**

Im **Fall 5** kann die Pflicht des H, dem Verein das Grundstück zu übereignen (Frage 2), eine ausschließlich den H treffende Beitragspflicht sein. Es ist aber auch möglich, dass H sich durch ein selbstständiges Rechtsgeschäft zur Übereignung des Grundstücks verpflichtet. Die Aufnahme der Verpflichtung des H in die Satzung und die Bezeichnung als Beitrag deuten darauf hin, dass eine Beitragspflicht begründet worden ist.

6. Die Vereinbarung, einen Verein zu gründen (ein mehrseitiger Vertrag), ist **formlos gültig** (vgl aber § 59). Ein Formzwang kann sich aber insofern ergeben, als H verpflichtet werden soll, das Grundstück zu übereignen. § 311b I fordert für jedes Verpflichtungsgeschäft über ein Grundstück, gleich ob Kaufvertrag oder Gründungsvertrag eines Vereins, zwingend die notarielle Beurkundung. Wenn die Satzung und die Zustimmungserklärung des H nur in einer privatrechtlichen Urkunde festgelegt sind, ist die Form des § 311b I nicht erfüllt. Der Formmangel führt zur Nichtigkeit des Vertrages, § 125 Satz 1 (s. unten Rn 325 ff). Die Gründungsurkunde reicht also nicht aus, um H zur Übereignung des Grundstücks zu zwingen. **97**

7. Dieser Teil der Gründungsvereinbarung ist also nichtig. Möglicherweise ist wegen dieser **Teilnichtigkeit** der gesamte Gründungsakt nichtig. Nach § 139 ist im Zweifel mit dem Teil auch das gesamte Rechtsgeschäft nichtig (s. unten Rn 301 ff). Danach wäre hier die gesamte Gründungsvereinbarung nichtig. Indes kann der Verein praktisch seine Zwecke auch erreichen, wenn er das Grundstück nicht erhält. § 139 stellt auf den Willen der Parteien ab. Es muss also ermittelt werden, wie die Parteien sich verhalten hätten, wenn sie die Teilnichtigkeit gekannt hätten. Meist kann ein tatsächlicher Wille der Parteien nicht festgestellt werden. Dann kommt es auf den vermutlichen Willen an, darauf, was die Parteien vernünftigerweise gewollt hätten. Die insoweit objektivierte Würdigung hat insbesondere die im Vertrag gewählte Interessengestaltung zu berücksichtigen (vgl *Flume* II[3] § 32, 5). Die Rechtsprechung neigt dazu, den Maßstab des § 139 noch stärker zu objektivieren, falls die Eigenart des Geschäfts dessen Aufrechterhaltung, wie zB bei Vereinssatzungen im Interesse der übrigen Vereinsmitglieder, besonders nahelegt; vgl BGHZ 47, 172, 179. Es kommt danach entscheidend darauf an, ob der Vereinszweck auch mit dem verbleibenden Teil der Satzung erreicht werden kann. **98**

Hiervon kann man in Fall 5 im Zweifel ausgehen. Wenn allerdings die Werbetätigkeit des Vereins sinnvollerweise nur auf dem Grundstück des H ausgeübt werden kann, könnte das auch vom objektiven Standpunkt aus zur Gesamtnichtigkeit führen.

Ist Teilnichtigkeit gegeben, bleiben davon die übrigen Teile der Satzung und die Vereinsgründung unberührt. Steht die nichtige Verpflichtung des H, das Grundstück einzubringen, mit anderen Teilen der Vereinssatzung im Ausgleichsverhältnis (sind etwa besondere Rechte oder Beitragsfreiheit eingeräumt), dann entfallen auch diese Teile.

99 8. Unterstellt, die Teilnichtigkeit hätte (entgegen Rn 98) zur Gesamtnichtigkeit geführt, dann fehlt es für die Vereinsgründung an der Satzung; auch die Eintragung kann die Satzung und den Gründungsvertrag nicht ersetzen. Erst der privatrechtliche Teil und der Hoheitsakt zusammen führen den Rechtserfolg, die Rechtsfähigkeit des Vereins, herbei; der konstitutive Staatsakt allein kann das nicht bewirken.

Die Eintragung des Vereins nach § 21 ist also, wie zB auch eine Grundbucheintragung nach § 873, nur ein Teil des rechtsändernden Tatbestandes, da Rechtsfolgen nur im Zusammenwirken mit dem privatrechtlichen Teil eintreten. Den Parteien wird damit, auch wenn der Staat im Ordnungsinteresse durch eine konstitutive Registereintragung an der Rechtsänderung mitwirkt, nichts gegen ihren Willen aufgedrängt, die Privatautonomie bleibt gewahrt.

100 Im **Fall 5** stellt sich dann aber die Frage 3, ob entgegen der erfolgten Eintragung im Vereinsregister wirklich zu keiner Zeit ein rechtsfähiges Gebilde „Verein" bestanden hat. Auch bei einer fehlerhaften Vereinsgründung besteht ein Bedürfnis des Rechtsverkehrs an Rechtssicherheit, das es rechtfertigen kann, den Verein solange als rechtsfähig zu behandeln, wie er noch im Vereinsregister eingetragen ist. Der Verein müsste dann liquidiert, die Eintragung gelöscht werden, und erst danach wäre das Rechtssubjekt endgültig verschwunden. So verfährt die heute hM (vgl RGZ 81, 206; *Staudinger/Weick*, Bearb. 2005, § 21 Rn 26 ff). Insoweit wirkt die Eintragung konstitutiv, auch wenn wesentliche Eintragungsvoraussetzungen fehlen. Der Verein behält solange seine Rechtsfähigkeit, bis er gemäß § 395 I FamFG im Register gelöscht wird. Die Löschung, die wie die Entziehung der Rechtsfähigkeit nur für die Zukunft wirkt, führt dann zur Liquidation des Vereins nach §§ 45 ff.

101 Das ist eine Besonderheit derjenigen konstitutiven Registereintragungen, die eine juristische Person entstehen lassen. Für die sonstigen konstitutiven Eintragungen, vor allem für die nach § 873 im Grundbuch, bleibt es bei der Abhängigkeit des Rechtserfolges von der Wirksamkeit der beiden Tatbestandsteile Einigung und Eintragung; hier werden gutgläubige Dritte aber durch besondere Rechtsscheinsvorschriften geschützt, vgl § 892. An einer § 892 entsprechenden Vorschrift fehlt es für das Vereinsregister (vgl indes zur Vertretungsmacht §§ 68, 70 und unten Rn 513). Hierin liegt der Grund, weshalb ein Verein nach vollzogener Eintragung trotz Fehlens wesentlicher Eintragungsvoraussetzungen vorläufig rechtsfähig ist; der Sache nach wird das Vereinsregister um den fehlenden Gutglaubensschutz ergänzt. Die Institution des eingetragenen Vereins und des Vereinsregisters sollen für den Rechtsverkehr klarstellen, dass ein Verein als juristische Person existiert. Der Verein wird erst eingetragen, nachdem die Eintragungsvoraussetzungen amtlich geprüft worden sind. Daher müssen sich außenstehende Dritte auf die einmal erfolgte Eintragung auch verlassen können. Außerdem ist es von Vorteil, dass die Frage der Existenz des Vereins als juristische Person ausschließlich durch den Registerrichter im Löschungsverfahren, also mit Wirkung gegenüber jedermann, entschieden werden kann.

§ 6 Haftungsverhältnisse beim rechtsfähigen und beim nichtrechtsfähigen Verein. Vorverein. Rechtfertigungsgründe

Fall 6: Der Wanderclub C hat ein in einem Wald gelegenes Grundstück gepachtet und mit einem Blockhaus bebaut. Der Handwerker H hat Dacharbeiten ausgeführt, für die er noch nicht bezahlt ist. 102

Da häufig Personen unbefugt in das Grundstück und auch in das Haus eindringen, legt das Vorstandsmitglied V Selbstschüsse. Als P unter dem Dach vor einem starken Gewitter Schutz sucht, wird er durch einen der Selbstschüsse verletzt.

1. Gegen wen haben H und P Ansprüche, wenn
   a) der Verein im Vereinsregister eingetragen ist?
   b) es sich um einen nichtrechtsfähigen Verein handelt?
2. Welche Ansprüche hätte P, wenn die Eintragung vom Verein beschlossen war, als der Unfall passierte, der Verein aber erst einige Tage später eingetragen worden ist?

I. Haftung für rechtsgeschäftliche Verbindlichkeiten

Für rechtsgeschäftliche Verbindlichkeiten haftet, wer die Willenserklärung abgegeben 103
oder in wessen Namen der Vertreter gehandelt hat. Haftung setzt Rechtssubjektivität voraus. Deshalb ist es für die Person des dem H Verpflichteten entscheidend, ob der Verein rechtsfähig ist oder nicht.

1. Der rechtsfähige Verein ist als juristische Person Träger der in seinem Namen be- 104
gründeten Rechte und Pflichten. Hat der Vorstand als vertretungsberechtigtes Organ (§ 26 I 2) die Dacharbeiten für den Verein bestellt, dann muss der Verein und nur der Verein zahlen; weder die Mitglieder noch die Handelnden haften persönlich. Dass die Mitglieder für die Schulden „ihrer" juristischen Person nicht haften, ist allgemeiner Grundsatz für alle juristischen Personen. Es bedarf schon einer besonderen gesetzlichen Anordnung, wenn die Mitglieder haften sollen; so zB für die Genossenschaft kraft der Nachschusspflicht in §§ 105 ff GenG und vereinzelt im Recht der AG und der GmbH, vgl die Rückgewährpflichten in § 62 AktG und § 31 GmbHG. Nur für seltene Ausnahmefälle hat der BGH die sog. Durchgriffshaftung auf die Mitglieder entwickelt (s. oben Rn 78 f).

2. Ist der Wanderclub nicht eingetragen, so kann er keine juristische Person sein, son- 105
dern nur entweder ein nichtrechtsfähiger Verein oder eine BGB-Gesellschaft (§§ 705 ff; s. oben Rn 82a).

a) Der **Verein** ist durch seine Unabhängigkeit von einem Mitgliederwechsel, durch die körperschaftliche Verfassung und durch sein Auftreten nach außen als selbstständige Einheit (Handeln unter eigenem Namen) gekennzeichnet. Die **Gesellschaft** dagegen ist stärker auf die Person ihrer Mitglieder abgestellt (vgl insbes. §§ 723, 727 aF mit §§ 723, 740a nF); für sie handeln die Gesellschafter, vgl §§ 709, 714 aF/§§ 715, 720 nF. Die individuellen Gestaltungsmöglichkeiten beim nichtrechtsfähigen Verein wie bei der BGB-Gesellschaft erlauben fließende Übergänge (vgl insbes. §§ 710, 736 aF); entsprechend schwierig kann die Abgrenzung im Einzelfall sein.

Im **Fall 6** liegt ein Verein vor: Es ist vom Vorstand die Rede, die Errichtung eines eigenen Hauses spricht für eine größere Mitgliederzahl. Ein- und Austritt von Mitgliedern sollen nach der Lebenserfahrung in solchen Fällen für den Zusammenschluss ohne Bedeutung sein.

106 b) § 54 Satz 1 regelt den **nichtrechtsfähigen Verein** durch eine Verweisung auf das Recht der BGB-Gesellschaft, obwohl dem BGB-Gesetzgeber klar war, dass die §§ 705 ff für den Verein nicht oder nur schlecht passen. Der Gesetzgeber wollte den nichtrechtsfähigen Verein bewusst benachteiligen, um ihn zu veranlassen, seine Eintragung zu betreiben und sich dadurch staatlicher Kontrolle zu unterwerfen. (§ 61 II aF gab damals der Behörde noch ein Einspruchsrecht gegen die Eintragung politischer, sozialpolitischer und religiöser Vereine!) Doch haben sich die Hoffnungen des BGB-Gesetzgebers nicht erfüllt. So betrachtet die Rechtsprechung die Verweisung in § 54 als „weitgehend überholt" (BGH NJW 1979, 2304, 2305) und hat sie praktisch in ihr Gegenteil verkehrt. Heute ist § 54 so zu lesen: „Auf nichtrechtsfähige Vereine ist das Recht des rechtsfähigen Vereins entsprechend anzuwenden, soweit nicht zwingende Vorschriften auf die Rechtsfähigkeit des Zusammenschlusses abstellen." (Vgl BGHZ 50, 325, 328 f; *Grüneberg/Ellenberger*[82] § 54 Rn 1). Seitdem der BGH die Außengesellschaft bürgerlichen Rechts als rechts- und parteifähig behandelt (BGHZ 146, 341, s. oben Rn 82a), bewirkt die Verweisung in § 54 Satz 1 im Ergebnis, dass auch der nichtrechtsfähige Verein rechtsfähig und auch parteifähig (s. unten Rn 124) ist.

106a **Ab dem 1.1.2024** (mit Inkrafttreten des Gesetzes zur Modernisierung des Personengesellschaftsrechts (MoPeG, vom 10.8.2021, BGBl I 3436; zu ihm *Bachmann* NJW 2021, 3073 ff) behandelt § 54 I 1 nF Vereine ohne Rechtspersönlichkeit wie rechtsfähige Vereine, Nur wenn jene auf einen wirtschaftlichen Geschäftsbetrieb gerichtet sind, beruft § 54 I 2 nF die Vorschriften des Gesellschaftsrechts, dh je nach Umfang der Geschäftstätigkeit der GbR oder OHG.

107 c) Wenn nach bisher geltendem Recht der nichtrechtsfähige Verein wie die Außen-GbR selbst Träger von Rechten und Pflichten sein kann, haftet für in seinem Namen eingegangene Verbindlichkeiten also in erster Linie das Vereinsvermögen. Ob daneben eine persönliche **Haftung der Mitglieder** besteht, hängt davon ab, inwieweit man über die Verweisung in § 54 Satz 1 die für die BGB-Gesellschaften geltenden §§ 709, 714, 427 anwendet.

Danach könnte V als „geschäftsführender Gesellschafter" iSv § 709 im Zweifel alle Gesellschafter vertreten, § 714, und sie durch Rechtsgeschäft verpflichten, § 164. In dem Vertrag mit H haben sich die Gesellschafter zu einer teilbaren Leistung (Zahlung des Werklohns) verpflichtet; sie würden daher nach § 427 als Gesamtschuldner haften. H könnte also von jedem Vereinsmitglied den ganzen Betrag fordern, bis er insgesamt das volle Entgelt erhalten hat, § 421.

108 Früher wurde dieses für die Mitglieder eines nichtrechtsfähigen Vereins bedrohliche Ergebnis dadurch vermieden, dass man die Vertretungsmacht der geschäftsführenden Gesellschafter und damit die Haftung der Vereinsmitglieder auch ohne eine ausdrückliche Satzungsbestimmung als stillschweigend und für den Vertragspartner erkennbar auf das Vereinsvermögen beschränkt ansah (BGH NJW 1979, 2304, 2306).

Die heute hM lehnt die Anwendung der §§ 709, 714, 427 auf den nichtrechtsfähigen Verein insgesamt ab, weil eine persönliche Mitverpflichtung der Mitglieder für Verbindlichkeiten des (rechtsfähigen!) Vereins nicht zu dessen körperschaftlicher Verfassung passe und die volle persönliche Haftung des Handelnden in § 54 Satz 2 ausreiche (*Staudinger/Schwennike*, Bearb. 2019, § 54 Rn 97 ff; vgl *Grüneberg/Ellenberger*[82] § 54 Rn 12). Dass es sich hierbei um Gewohnheitsrecht contra legem handelt, zeigt sich überdeutlich in der Deliktshaftung (s. unten Rn 121 f).

Die Haftungsbeschränkung gilt als Regelfall aber *nur* für den *nichtwirtschaftlichen* nichtrechtsfähigen Verein. Denn für den wirtschaftlichen Verein ist in Anbetracht der Gläubigerinteressen und der Gewinnerzielungsabsicht der Mitglieder die gesamtschuldnerische unbeschränkte Haftung in Annäherung an die OHG (vgl § 128 aF/§126 nF HGB) vollauf angemessen (vgl BGHZ 22, 240, 244; *Medicus/Petersen*[11] Rn 1155). Ebenso künftig § 54 I 2 nF BGB. **109**

Danach kann H aus dem Vertrag mit dem Wanderclub keine Ansprüche gegen die Mitglieder persönlich auf Zahlung herleiten. Jedes Mitglied muss lediglich dulden, dass in das Vereinsvermögen vollstreckt wird. Zur Geltendmachung der Haftung des nichtrechtsfähigen Vereins s. unten Rn 123. **110**

3. Im Interesse der Gläubiger ordnet § 54 II nF wie bisher die **persönliche Haftung des Handelnden** an, und zwar ohne Rücksicht darauf, ob er Mitglied des nichtrechtsfähigen Vereins oder zu dessen Vertretung berechtigt ist oder nicht (BGH NJW-RR 2003, 165). **111**

Diese Haftung kann nur durch ausdrückliche Vereinbarung zwischen dem Handelnden und dem Dritten ausgeschlossen werden. § 54 II nF macht das Handeln für einen nichtrechtsfähigen Verein zu einem riskanten Geschäft. Derjenige, der die Dacharbeiten bei H namens des Wanderclubs bestellt hat, haftet dem H für den Werklohn. Der Handelnde wird also alles daran setzen, damit der Verein die eingegangene Verpflichtung erfüllt, um nicht selbst zahlen zu müssen.

II. Haftung des Vereins aus unerlaubter Handlung

Die Haftung des Vereins gegenüber P hängt in erster Linie von der Rechtmäßigkeit oder Rechtswidrigkeit der Handlung des V ab. Insoweit decken sich die Voraussetzungen der Haftung des Vereins mit derjenigen des V. Zunächst ist daher die Haftung des V zu untersuchen. **112**

1. P könnte gegen V, der die Selbstschüsse gelegt hat, einen Schadensersatzanspruch aus § 823 I haben. V hat durch positives Tun eine Ursache gesetzt, die adäquat kausal zur Körperverletzung und damit zum Schaden des P geführt hat. Diese Verletzung eines absoluten Rechtes müsste rechtswidrig gewesen sein. Grundsätzlich ist jeder Eingriff in einen fremden Rechtskreis rechtswidrig, es sei denn, dem Handelnden steht ein besonderer Rechtfertigungsgrund zur Seite. Die wichtigsten zivilrechtlichen **Rechtfertigungsgründe** sind die Notwehr (§ 227), der defensive (§ 228) und der aggressive Notstand (§ 904), die Selbsthilfe (§§ 229 ff) und die Einwilligung des Verletzten. **113**

Notwehr definiert § 227 II als „diejenige Verteidigung, welche erforderlich ist, um einen gegenwärtigen rechtswidrigen Angriff von sich oder einem anderen abzuwenden." Im letzteren Fall spricht man von Nothilfe. **114**

Als P das Grundstück des Wanderclubs betrat, um unter dem Hausdach Schutz zu suchen, griff er in das Besitzrecht ein, das dem Club an seinem Haus zustand. Der darin liegende Angriff auf ein fremdes Rechtsgut war an sich rechtswidrig; der Rechtfertigungsgrund einer Einwilligung des Besitzers lag, wie sich aus der Selbstschussanlage eindeutig ergibt, nicht vor. Unerheblich ist, ob P an das Vorliegen einer Einwilligung glaubte. Die irrtümliche Annahme eines Rechtfertigungsgrundes vermag nicht die objektive Rechtswidrigkeit, sondern allenfalls das Verschulden auszuschließen, wenn der Irrtum nicht auf Fahrlässigkeit beruhte. Das Betreten des Grundstücks durch P könnte aber nach § 904 Satz 1 gerechtfertigt sein. Der Gewitterregen kann eine Gefahr für die Gesundheit des P oder für sein Eigentum (Kleidung) sein. Kann er sich dieser Gefahr nicht ohne einen Eingriff in fremdes Eigentum entziehen, dann ist der Eingriff in das Besitzrecht des Wanderclubs „notwendig" im Sinne des § 904. Da für einen Schaden des Wanderclubs nichts ersichtlich ist, erübrigt sich hier die von § 904 geforderte Abwägung, und die Handlung des P ist gerechtfertigt. Gegen sie ist daher Notwehr nicht möglich.

Nur für den Fall, dass das Eindringen des P in das Grundstück mangels einer Gefahr nicht nach § 904 gerechtfertigt war, ist zusätzlich zu prüfen, ob das Legen der Selbstschüsse durch V wegen Notwehr gerechtfertigt war.

115 Die Verteidigungshandlung des V aktualisiert sich infolge der automatischen Wirkung der Selbstschussanlage erst im Zeitpunkt des rechtswidrigen Angriffs durch P auf das Besitzrecht des Clubs, so dass der Angriff im Augenblick der effektiven Verteidigung auch gegenwärtig war. **Erforderlich** ist jedoch nur das geringste der wirksamen Mittel, die dem Angegriffenen zu Gebote stehen (vgl in einer Strafsache BGH NJW 1989, 3027). Anders als §§ 228, 904 fordert § 227 keine Güterabwägung (Verhältnismäßigkeit) zwischen dem verteidigten Rechtsgut und dem durch die Notwehr drohenden Schaden. Das Recht braucht dem Unrecht nicht zu weichen. Eine äußerste Grenze kann nur das der Rechtsordnung immanente Verbot des Rechtsmissbrauchs ziehen (§ 242, vgl *Dilcher*, FS Heinz Hübner 1984, S. 443, 453 ff. Keine Hilfe bietet dagegen Art. 2 IIa EMRK; vgl MüKo-*Grothe*[9] § 227 Rn 17). So darf zB ein gelähmter Greis auf die Kinder, die seine Kirschen klauen, auch dann nicht schießen, wenn das für ihn das einzige wirksame Mittel zur Verteidigung seines Eigentums sein sollte.

Im **Fall 6** ist zweifelhaft, ob die Selbstschussanlage erforderlich war, um den ungestörten Besitz an dem Blockhaus zu verteidigen. Gewöhnlich reichen zur Abwehr der befürchteten Angriffe Warnschilder aus. Selbstschüsse, die nicht auf die Eigenart und Stärke des einzelnen Angriffs abgestellt werden können, wird man überhaupt nur dann als erforderliche Verteidigungsmaßnahme ansehen können, wenn mit schwersten Angriffen zu rechnen ist und kein anderes Mittel zur Verfügung steht. Vgl hierzu OLG Braunschweig MDR 1947, 205, 206 (elektrische Anlage zum Schutz eines Pfirsichbaumes; wegen fahrlässiger Tötung verurteilt); *Erman/E. Wagner*[16] § 227 Rn 11.

Das Verhalten des V war deshalb nicht durch Notwehr gerechtfertigt. Da er das auch erkennen konnte, handelte er fahrlässig. Also ist V dem P nach § 823 I zum Ersatz des entstandenen Schadens verpflichtet. Ob dem P daneben Schadensersatzansprüche gegen den Verein zustehen, ist vor allem dann von Interesse, wenn V insolvent ist und die gegen ihn gerichteten Ansprüche deshalb praktisch wertlos sind.

116 2. Der Verein (die juristische Person) kann nur durch Organe handeln. Deren zum Schadensersatz verpflichtende Handlungen muss sich der Verein deshalb als eigene zurechnen lassen, das ist die so genannte **Organhaftung** des § 31. Im Gegensatz zu § 831 I 1 (Haftung des Geschäftsherrn für Verrichtungsgehilfen) ist § 31 keine Anspruchsgrundlage, sondern wie § 278 (Haftung des Schuldners für seine gesetzlichen Vertreter und Erfüllungsgehilfen) eine reine Zurechnungsnorm. Einen Entlastungsbeweis

(Exkulpation) wie in § 831 I 2 kennt § 31 nicht. Für das Verhalten seiner Organe kann sich der Verein ebenso wenig freizeichnen wie ein Mensch (Organtheorie, vgl BGHZ 98, 148, 151 f).

Neben § 31 bleibt für eine Anwendung von § 278 kein Raum (umstritten; aA *Medicus/Petersen*[11] Rn 1135). Das Organ handelt nicht wie ein Vertreter für einen anderen (Vertretertheorie), sondern das Verhalten des Organs *ist* das des Vereins (*Beuthien*, Gibt es eine organschaftliche Stellvertretung?, NJW 1999, 1142, 1144). Der Streit zwischen der Organ- und der Vertretertheorie ist angesichts § 31 weitgehend überholt. Eine Rolle spielen mag er noch bei einem Haftungsausschluss für vorsätzliches Verhalten nach § 278 Satz 2. **117**

Die Organhaftung gilt nicht nur für den Vorstand juristischer Personen (auch des öffentlichen Rechts, § 89), sondern auch für die „verfassungsmäßig berufenen Vertreter", so genannte **Repräsentanten** (vgl BGHZ 49, 19, 21 für den Filialleiter einer Bank-GmbH). **118**

a) § 31 steht in dem Abschnitt über den **rechtsfähigen Verein**. Danach ist die Anwendung dieser Vorschrift nicht zweifelhaft, wenn der Verein im Vereinsregister eingetragen ist. Da V die unerlaubte Handlung in Ausführung der ihm zustehenden Verrichtungen begangen hat, ist der Verein dem P gegenüber zum Schadensersatz verpflichtet. „In Ausführung der Verrichtung" handelt das Vorstandsmitglied, wenn die Handlung mit seiner Geschäftsführung für den Verein in sachlichem und nicht nur zufälligem örtlichen und zeitlichen Zusammenhang steht (entsprechend die Abgrenzung in § 831). Dass der Vorstand auch gegenüber dem Verein nicht so handeln *durfte*, ist insoweit bedeutungslos. **119**

Dem P haftet also nicht nur V persönlich aus § 823 (oben 1), sondern auch der Verein gemäß §§ 823, 31. Im Außenverhältnis haften V und der Verein als Gesamtschuldner, § 840 I. Im Innenverhältnis trifft die Haftung den V allein (§ 840 II analog; vgl *Soergel/Hadding*, BGB I[13] 2000, § 31 Rn 28), dh der Verein kann, wenn er von P in Anspruch genommen wird, bei V vollen Regress nehmen (426), es sei denn, dass die Voraussetzungen für eine Haftungsfreistellung ehrenamtlich tätiger Vorstandsmitglieder in § 31a erfüllt sind (entsprechend seit 2013 § 31b für einfache Vereinsmitglieder).

Ein Anspruch gegen die Vereinsmitglieder besteht bei dieser Sachlage nicht. Das Vorstandsmitglied ist Organ des Vereins und nicht etwa Verrichtungsgehilfe der Mitglieder persönlich. (Organstellung in § 31 und Weisungsgebundenheit in § 831 schließen einander aus; vgl BGH NJW 2021, 1669 Tz 34 – Dieselfall.) Die Rechtsfähigkeit des Vereins wirkt hier also als Haftungsschirm zugunsten der Mitglieder. **120**

b) Wenn der Verein nicht eingetragen ist, ist er kein selbstständiges Rechtssubjekt. Ob man **§ 31 auf den nichtrechtsfähigen Verein analog anwenden** darf, hängt vom Zweck der Vorschrift ab. An die Rechtsfähigkeit ist die Organhaftung des § 31 denknotwendig nicht gebunden. So hat zB BGH NJW 1952, 538 auch die OHG, obwohl sie nicht rechtsfähig ist, für zum Schadensersatz verpflichtende unerlaubte Handlungen ihrer geschäftsführenden Gesellschafter nach § 31 haften lassen. Heute (nach BGHZ 146, 341) wird § 31 analog sogar auch auf die BGB-Gesellschaft angewandt (BGHZ 172, 169, 172 – Anwaltssozietät). **121**

Die Alternative zu § 31 wäre eine Haftung aller Mitglieder des nichtrechtsfähigen Vereins aus § 831, für die sich früher das RG ausgesprochen hatte. Danach müsste jedes Mitglied für das schadenstiftende Vereinsorgan den Entlastungsbeweis des § 831 I 2 führen. Das aber ist bei einem größeren Verein (anders ggf bei einer BGB-Gesellschaft) weder praktikabel noch angemessen: Das einzelne Vereinsmitglied kann dem Vorstand keine Weisungen erteilen und ihn auch kaum überwachen.

122 Nach heute ganz überwiegender Auffassung ist § 31 daher auf den nichtrechtsfähigen Verein analog anzuwenden (so ab 1.1.2024 ausdrücklich § 54 I 1 nF). Damit wird der nichtrechtsfähige Verein genauso gestellt wie der rechtsfähige (s. oben Rn 106 ff). Sein gesamtes Vermögen ist dem Gläubigerzugriff ausgesetzt, nicht aber das Vermögen der Mitglieder. Haftung des nichtrechtsfähigen Vereins bedeutet danach die Haftung seiner Mitglieder nur mit ihrem gesamthänderisch gebundenen (Vereins)Vermögen.

Der Wanderclub ist dem P also auch dann zum Schadensersatz verpflichtet, wenn der Verein nicht im Vereinsregister eingetragen ist. Daneben haftet V dem P für sein rechtswidriges schuldhaftes Handeln persönlich nach § 823.

123 Für andere kraft Gesetzes entstandene Verpflichtungen haftet der Verein in dem obengenannten Sinne, soweit die Haftungsvoraussetzungen für das Gesamthandsvermögen erfüllt sind. Leistet zB jemand ohne Rechtsgrund an einen nichtrechtsfähigen Verein, dann kann er die Rückgabe aus dem Vereinsvermögen nach § 812 fordern. (Die Haftungsbeschränkung folgt hier spätestens aus § 818 III.)

III. Der nichtrechtsfähige Verein im Zivilprozess

124 Der Rechtsfähigkeit entspricht im Prozess die **Parteifähigkeit**, dh die Fähigkeit, als Partei (Kläger oder Beklagter) vor Gericht auftreten zu können. Parteifähig ist nach § 50 I ZPO nur, wer rechtsfähig ist. Danach wäre der nichtrechtsfähige Verein also nicht parteifähig. Die bewusste Benachteiligung des nichtrechtsfähigen Vereins durch den Gesetzgeber (s. oben Rn 106) ging so weit, dass jener über 100 Jahre lang nur *passiv* parteifähig war, dh er konnte unter seinem Namen verklagt werden, aber nicht selbst als Kläger auftreten. Seit 2009 hat § 50 II ZPO endlich den nichtrechtsfähigen dem rechtsfähigen Verein gleichgestellt und ihm die volle **aktive und passive** Parteifähigkeit gewährt. Mit Wirkung vom 1.1.2024 wurde § 50 II ZPO gestrichen; seitdem gilt schlicht „Parteifähig ist, wer rechtsfähig ist". Das gilt für den Verein ohne Rechtspersönlichkeit kraft der Verweisung in § 54 I nF BGB und für die Außen-GbR kraft § 705 II nF.

IV. Das Verhältnis Vorverein – eingetragener Verein

125 1. Die Haftung des eingetragenen Vereins für die vor dem Erwerb der Rechtsfähigkeit für den Vorverein begründeten Verbindlichkeiten hängt von dem Verhältnis des nichtrechtsfähigen Vereins zum rechtsfähigen Verein ab. Heute herrscht die Einheitstheorie. Danach sind **Vorverein** und eingetragener Verein identisch. Die Körperschaft besteht als solche schon vor der Eintragung des noch nicht rechtsfähigen Vereins. Auch die Organe (Mitgliederversammlung und Vorstand) sind schon vorhanden, ebenso ein vom Vermögen der einzelnen Mitglieder getrenntes Vereinsvermögen, das ein dem Vereinszweck gewidmetes Sondervermögen bildet und allen Mitgliedern zur gesamten Hand zusteht, solange der Verein nicht rechtsfähig ist. Hier wegen Fehlens einer gesetzlich angeordneten Gesamtnachfolge eine Einzelübertragung dieses vorhandenen Vermögens auf den rechtsfähigen Verein zu fordern, wäre unnötiger Formalismus. Das dem nichtrechtsfähigen Verein zustehende Vermögen geht vielmehr mit der Eintragung des Vereins automatisch auf den rechtsfähigen Verein über. Gleiches gilt für die Schulden des Vereins, ohne dass es einer Schuldübernahme (§§ 414, 415) bedürfte (vgl *Grüneberg/Ellenberger*[82]

§ 21 Rn 12 mwN). Schutzwürdige Interessen späterer Gläubiger des rechtsfähigen Vereins stehen dem nicht entgegen, weil beim Verein im Gegensatz zu den Kapitalgesellschaften kein Haftungsvermögen gebildet wird, das der Sicherung der Gläubiger dienen soll.

Also kann P von dem neu entstandenen rechtsfähigen Verein Schadensersatz aus §§ 823, 31 verlangen.

2. Eine andere Frage ist, ob mit der Eintragung des Vereins die persönliche Haftung aus § 54 II nF desjenigen, der zuvor für den nichtrechtsfähigen Verein gehandelt hat, erlischt. Der BGH hat im Parallelfall der Vor-GmbH die Gründungsgesellschafter nur beschränkt haften lassen (BGHZ 80, 182; vgl § 11 II GmbHG). Eine solche überholende Haftungsbefreiung ist fragwürdig (vgl *Flume* I/2, S. 164). Wer für eine (noch) nicht existente Person Verbindlichkeiten eingeht, ist (entgegen *Medicus/Petersen*[11] Rn 1113) nicht schutzwürdig. Der für den Vorverein Handelnde mag seine Haftung durch Vertrag beschränken, außerdem bleibt ihm der Rückgriffsanspruch gegen den Verein. **126**

§ 7 Das Recht der natürlichen und der juristischen Person (Zusammenfassung)

1. Die natürliche und die juristische Person sind die **einzigen Rechtssubjekte**. Ihr Kennzeichen ist die **Rechtsfähigkeit**, dh die Fähigkeit, selbst Träger von Rechten und Pflichten zu sein. **127**

2. Der einheitliche Begriff der Rechtsfähigkeit von natürlichen und juristischen Personen darf nicht vergessen machen, dass die Rechtsfähigkeit der natürlichen Person im **Menschsein**, nicht in irgendwelchen besonderen Eigenschaften oder Fähigkeiten, begründet ist (oben Rn 5, 15). Die Rechtsfähigkeit folgt aus der Würde des Menschen; der Rechtssatz erkennt die Rechtsfähigkeit nur an, verleiht sie aber nicht. **128**

Einen gewissen Spielraum hat der Gesetzgeber beim **Beginn der Rechtsfähigkeit** der natürlichen Person. So hat sich § 1 BGB aus Gründen der Praktikabilität für die Vollendung der Geburt entschieden. In einzelnen Fällen wird, um einem besonderen Schutzbedürfnis nachzukommen, die Rechtsfähigkeit vorverlegt, ein Erzeugter (nasciturus) schon vor Vollendung der Geburt so behandelt, als wäre er bereits geboren (zB §§ 844 II 2, 1923 II; oben Rn 8). **129**

Mit dem Tod **endet** der Mensch und damit auch seine Rechtsfähigkeit, ohne dass das Gesetz das ausdrücklich anordnen müsste. Auch den Zeitpunkt des Todes als Ende der Rechtsfähigkeit lässt das Gesetz offen. Mit dem Tod fällt das Rechtssubjekt fort. An dessen Stelle tritt automatisch der Erbe. Im Wege der **Gesamtrechtsnachfolge** gehen alle Rechte und Pflichten auf den Erben über, ohne dass es irgendeiner Übertragungshandlung oder auch nur der Kenntnis des Erben bedürfte (oben Rn 21). Eine der Vorverlegung der Rechtsfähigkeit zugunsten des Erzeugten entsprechende **Verlängerung der Rechtsfähigkeit** über den Tod hinaus gibt es nicht, wohl aber können Willenserklärungen des Verstorbenen über seinen Tod hinaus derart wirken, dass die Rechtsfolgen beim Erben eintreten (oben Rn 41). **130**

131 Da das Menschsein nur mit dem Tod endet, ist der Tod der einzige Beendigungsgrund der Rechtsfähigkeit; insbesondere kann sie nicht durch Staatsakt entzogen werden. Die **Todeserklärung** nach dem VerschollenheitsG begründet nur eine widerlegliche Vermutung für den Tod und seinen Zeitpunkt (bis dahin Lebensvermutung), beendet als solche aber die Rechtsfähigkeit nicht (oben Rn 26).

132 3. **Die juristische Person** ist eine Zusammenfassung von Personen (natürlichen oder juristischen) oder Vermögensgegenständen zu einer Organisation, der die Rechtsordnung eigene Rechtspersönlichkeit verliehen hat. Die eigene Rechtsfähigkeit ist Begriffsmerkmal der juristischen Person und unterscheidet sie von anderen Zusammenschlüssen. Im Gegensatz zur natürlichen Person beruht die Rechtsfähigkeit der juristischen Person auf einem **konstitutiven** (rechtsbegründenden) **Staatsakt**. Abgesehen von einigen althergebrachten juristischen Personen des **öffentlichen** Rechts, wie dem Staat, Kirchen und Gemeinden (oben Rn 75), entsteht die juristische Person des öffentlichen Rechts durch einen Staatsakt, der grundsätzlich allein den Zusammenschluss und dessen Rechtsfähigkeit bewirkt, während bei der juristischen Person des **privaten** Rechts die Rechtsfähigkeit auf dem Zusammenspiel von konstitutivem Staatsakt und privatrechtlichem Gründungsakt beruht (oben Rn 99).

133 Ob der Staat einem Zusammenschluss Rechtsfähigkeit verleiht, steht grundsätzlich in seinem Ermessen. Um dem Bürger aber die Freiheit zu einem rechtsfähigen Zusammenschluss zu gewähren, sind die Voraussetzungen, unter denen der konstitutive Staatsakt erfolgen muss, generell und abstrakt bestimmt. Die Voraussetzungen sind so gefasst, dass die juristische Person jeweils die ihrem Zweck entsprechenden Einrichtungen auch und gerade im Interesse Dritter (des Rechtsverkehrs) besitzen muss. Das **Normativsystem** ist damit eine Synthese von Vereinigungsfreiheit und Ordnungsfunktion des Rechts (oben Rn 90).

Die juristische Person des Privatrechts entsteht mit Eintragung im Vereins-, Handels- bzw Genossenschaftsregister. Diese Eintragungen sind Hoheitsakte der freiwilligen Gerichtsbarkeit.[1] Der unterschiedliche Eintragungsort weist darauf hin, dass der eV des § 21 als nichtwirtschaftlicher Verein (= Idealverein, oben Rn 92 ff) bürgerlich-rechtlich konzipiert ist, während die handelsrechtlichen Typen auf die Besonderheiten des Geschäftslebens abgestellt sind. Das Normativsystem trägt diesen funktionellen Unterschieden Rechnung.

134 Der wirtschaftliche Verein des § 22 erhält Rechtsfähigkeit durch Verwaltungsakt, auf den kein Rechtsanspruch, wohl aber ein Anspruch auf ermessensfehlerfreie Entscheidung, besteht. Der Versicherungsverein auf Gegenseitigkeit (VVaG) als Unterfall des wirtschaftlichen Vereins wird mit Genehmigung, die gleichzeitig die Erlaubnis zum Versicherungsbetrieb darstellt, rechtsfähig, § 15 VAG.

135 So wie der Staat die Rechtsfähigkeit schafft, kann er sie auch beenden. Die Rechtsfähigkeit juristischer Personen endet durch Auflösung des Vereins, Eröffnung des Insolvenzverfahrens oder durch Entziehung der Rechtsfähigkeit, s. §§ 41 ff BGB (zu § 43 aF [heute § 395 FamFG] vgl BVerwGE 105, 313 = NJW 1998, 1166 mit Anm. *K. Schmidt* 1124 – Scientology; BGHZ 175, 12, 19 f – Kolpingwerk).

---

1 Freiwillige und streitige Gerichtsbarkeit sind begrifflich nicht leicht abzugrenzen. Zur freiwilligen Gerichtsbarkeit gehören die mehr fürsorgenden Tätigkeiten der Gerichte (zB in Vormundschafts- und Nachlasssachen) und die Registersachen (zB Grundbuch, Vereins- und Handelsregister), vgl §§ 271 ff FamFG. Demgegenüber erfolgt die Streitentscheidung durch die Gerichte im kontradiktorischen Verfahren nach der ZPO.

4. Als Kennzeichen der hier nicht näher zu behandelnden **juristischen Personen des öffentlichen Rechts** wird man, wenn nicht die Gründung, so doch die Anerkennung als Träger öffentlicher Aufgaben durch Hoheitsakt ansehen müssen. Man unterscheidet Körperschaften, Anstalten und Stiftungen des öffentlichen Rechts, vgl § 89. Anders als bei privaten Vereinen (für sie gilt die negative Koalitionsfreiheit des Art. 9 GG), gibt es bei Körperschaften (= Personenzusammenschlüssen) des öffentlichen Rechts auch automatische oder erzwungene Mitgliedschaft (BVerfGE 38, 281, 297 mwN, zB in der Anwalts- oder Handwerkskammer). Neben Personenvereinigungen gibt es Zusammenfassungen von zweckgebundenen Vermögensgegenständen; das sind im Privatrecht die Stiftungen und im öffentlichen Recht neben den Stiftungen auch die Anstalten. F136

Die juristische Person des öffentlichen Rechts lebt grundsätzlich nach öffentlichem Recht. Ihre Rechtsfähigkeit ermöglicht es ihr, auch privatrechtliche Rechte und Pflichten zu haben. Sie unterliegt, soweit sie fiskalisch (Gegensatz: hoheitlich) handelt, dem privaten Haftungsrecht der §§ 89, 31, 831. Sie haftet für hoheitliches Handeln ihrer „Beamten“ über § 839 gemäß Art. 34 GG. Die Einzelheiten gehören ins Staatshaftungsrecht.

5. Den juristischen Personen stehen die Gesellschaften des BGB, §§ 705 ff, sowie die OHG und KG (§§ 105 ff, §§ 161 ff HGB) als **Personenzusammenschlüsse** gegenüber. Bei ihnen sind nach der ursprünglichen Konzeption des Gesetzes die Gesellschafter Träger aller auf die Gesellschaft bezogenen Rechte und Pflichten. Das Gesellschaftsvermögen ist den Gesellschaftern in ihrer Gesamtheit zugeordnet. Sie sind gesamthänderisch Träger des Vermögens, dh jeder Gesellschafter ist Träger der zum Gesellschaftsvermögen gehörenden Rechte, zugleich aber in seiner Herrschaftmacht durch die der übrigen Gesellschafter beschränkt. 137

Heute hingegen wird bei den „rechtsfähigen Personengesellschaften“ iSv § 14 II die Gesellschaft selbst als Vermögensträger angesehen. so für die Außen-GbR ausdrücklich § 713 nF (damit erübrigt sich hier die Rechtsfigur einer Gesamthand; vgl *Bachmann* NJW 2021, 3073, 3075). Anders für die Innen-GbR § 740 I nF. Die Rechtsordnung kann also die Einheit der Gesellschaft unterschiedlich stark betonen und so die Gesellschaft praktisch mehr oder weniger der juristischen Person annähern, wie das sehr weitgehend, vor allem für die OHG und KG durch § 124 aF/§ 105 II nF HGB und für die BGB-Gesellschaft durch BGHZ 146, 341 geschehen ist (s. oben Rn 82a) und künftig durch § 705 II nF. 138

Die Praxis hat den nichtrechtsfähigen Verein entgegen der ursprünglichen Absicht des Gesetzgebers faktisch dem rechtsfähigen gleichgestellt (oben Rn 103, 121 f). Das wirkt sich vor allem in der Haftung aus.

Im Einzelnen gilt für die **Haftung** folgendes: Die Rechtsfähigkeit der juristischen Person bedeutet, dass sie selbst Subjekt der Pflicht ist, ungeachtet möglicher besonderer Haftungsanordnungen zu Lasten der Mitglieder. Das Gleiche gilt für die „rechtsfähigen Personengesellschaften“, bei denen ggf eine akzessorische Haftung auch der Gesellschafter besteht, wie zB bei der OHG (§126 nF HGB) und der Außen-GbR (§ 721 nF). Dagegen haften bei nichtrechtsfähigen Zusammenschlüssen, wie etwa einer Innen-GbR, die Mitglieder für die „Verbindlichkeiten des Zusammenschlusses“ persönlich und gesamtschuldnerisch (§§ 709, 714, 427 aF). 139

6. Keine Voraussetzung der Rechtsfähigkeit ist die (regelmäßig mit ihr einhergehende) **Handlungsfähigkeit**, dh die Fähigkeit, durch eigene Handlung Rechte und Pflichten **erwerben** zu können (oben Rn 4 f). Bei der natürlichen Person (auf sie ist der Begriff ei- 140

gentlich bezogen) ist die Handlungsfähigkeit ein Zurechnungsproblem. Es geht darum, für welche Handlungen die natürliche Person verantwortlich gemacht werden kann. Insoweit sind die Entwicklung des Menschen (Jugendlichkeit) und evtl. anomale Geisteszustände erheblich. Damit zusammen hängt die Aufgliederung des theoretisch einheitlichen Begriffs der Handlungsfähigkeit in die Geschäfts- und die Deliktsfähigkeit und in die natürliche Fähigkeit, Realakte setzen zu können (oben Rn 52 f).

141 Von der **Geschäftsfähigkeit** hängt es ab, ob der Mensch durch eigene Willenserklärungen Rechte und Pflichten erwerben kann. Man unterscheidet die Geschäftsunfähigkeit, die beschränkte Geschäftsfähigkeit und die volle Geschäftsfähigkeit. Maßgebend sind in erster Linie Altersstufen. Bis zur Vollendung des 7. Lebensjahres ist das Kind geschäftsunfähig, § 104 Nr 1; anschließend ist der Minderjährige bis zur Vollendung des 18. Lebensjahres, unabhängig von seiner individuellen geistigen Entwicklung, beschränkt geschäftsfähig, § 106. Der beschränkt Geschäftsfähige kann nur Willenserklärungen bestimmter Art abgeben, vgl §§ 107–113. Geistige Störungen führen unter den Voraussetzungen des § 104 Nr 2 zur Geschäftsunfähigkeit (vgl BGH NJW 1996, 918, 919). Vorübergehende Störungen (zB Volltrunkenheit) fallen nicht unter § 104 Nr 2, lassen aber nach § 105 II die Willenserklärung nichtig werden. Die Folgen von § 104 Nr 2 und § 105 treten automatisch ein, ohne dass es auf die Erkennbarkeit für den Empfänger der Willenserklärung ankommt. Der gute Glaube an die Geschäftsfähigkeit des Erklärenden wird nicht geschützt. Doch trägt, wer sich auf Geschäftsunfähigkeit beruft, die Beweislast für das Vorliegen dieses Ausnahmefalls (BGHZ 198, 381, 387).

142 Zusammen mit der **Entmündigung** als konstitutivem Hoheitsakt sind durch das BetreuungsG 1992 auch die §§ 6, 104 Nr 3, 114 f abgeschafft worden (hierzu *Taupitz* JuS 1992, 9 ff). Die Entmündigung wegen Geisteskrankheit führte zur Geschäftsunfähigkeit, § 104 Nr 3; die wegen Geistesschwäche, Verschwendungs-, Trunk- oder Rauschgiftsucht zur beschränkten Geschäftsfähigkeit, § 114 aF. Diese Regelung hatte den Vorzug der Rechtsklarheit, konnte jedoch die Entmündigten im Einzelfall in ihrer Handlungsfreiheit stärker beschneiden, als es zu ihrem Schutz geboten war. Heute erhält ein Volljähriger, der „auf Grund einer Krankheit oder Behinderung „seine Angelegenheiten ganz oder teilweise rechtlich nicht besorgen“ kann, einen rechtlichen Betreuer (§ 1814 I nF) als Vertreter, § 1823 nF. Der Betreute bleibt daneben voll geschäftsfähig, sofern nicht zu seinem Schutz das Betreuungsgericht ausdrücklich einen Einwilligungsvorbehalt angeordnet hat, § 1825 I nF (vgl BGH NJW 2017, 890 f). Nur in diesem Fall gelten §§ 108–113 analog (s. unten Rn 192 ff); vgl auch § 1825 III nF.

Seit dem 1.8.2002 kann sogar ein geschäftsunfähiger Volljähriger in begrenztem Umfang gemäß § 105a selbstständig am Rechtsverkehr teilnehmen (unten Rn 193a). Darüber hinaus hat das BVerfG (NJW 2003, 1382) einem Geschäftsunfähigen unter Rückgriff auf eine partielle Geschäftsfähigkeit entgegen § 1304 die Eheschließung eröffnet.

143 § 104 Nr 1 und 2 suchen die Geschäftsunfähigkeit möglichst klar abzugrenzen. Doch kann einen Geistesschwachen in der §§ 104 Nr 2, 105 II benachbarten Grauzone die uneingeschränkte volle Geschäftsfähigkeit hart treffen. Die Rechtsprechung erkennt zwar eine auf einen bestimmten Lebenskreis bezogene, so genannte partielle Geschäftsunfähigkeit an (BGHZ 30, 112; Hauptbeispiel ist der Querulantenwahn). Dagegen wird es überwiegend abgelehnt, nach dem Schwierigkeitsgrad des Geschäfts zu unterscheiden, also zB die Geschäftsfähigkeit eines Geistesschwachen für einfache Geschäfte des täglichen Lebens zu bejahen, für schwierige Geschäfte aber zu verneinen (sog. relative Geschäftsunfähigkeit). Hier soll es nur die Alternative zwischen Geschäftsunfähigkeit und voller Geschäftsfähigkeit geben (vgl BGH NJW 1970, 1680, 1681; OLG Saarbrücken NJW-RR 2019, 772 Tz 19; *Flume* II[3] § 13, 5).

Von der **Deliktsfähigheit** hängt es ab, ob sich jemand durch eine unerlaubte Handlung schadensersatzpflichtig machen kann. Während das Gesetz die Geschäftsfähigkeit im Interesse des Rechtsverkehrs anhand klarer und generalisierender Merkmale bestimmt, stellt es für die Deliktsfähigkeit wesentlich enger auf individuelle Einsichtsfähigkeit des Minderjährigen ab (oben Rn 54, unten Rn 190). Bei *Realakten* entfällt eine besondere Handlungsfähigkeit als Zurechnungsvoraussetzung, da allein der Erfolg des Handelns zählt (oben Rn 53). 144

Die **juristische** Person ist durch ihre Organe handlungsfähig, deren Vertretungsmacht über die Zurechnung von Willenserklärungen entscheidet. Die Verantwortlichkeit der juristischen Person für unerlaubte Handlungen ergibt sich aus der Organhaftung und der Haftung für Verrichtungsgehilfen (oben Rn 116). 145

7. Die **Person ist umfassend geschützt**. Das grundsätzliche Verbot, in ihre absolut geschützten Rechtsgüter einzugreifen, findet seinen deutlichsten Ausdruck in § 823 I (oben Rn 59), aber zB auch im Namensrecht des § 12 und im Recht am eigenen Bild (oben Rn 60 ff). Die Praxis hat diesen Schutz durch Anerkennung eines auf Art. 1, 2 I GG gestützten **allgemeinen Persönlichkeitsrechts**, dessen Verletzung (über § 253 hinausgehend) durch Gewährung von „Schmerzensgeld" sanktioniert wird, wesentlich erweitert. Das allgemeine Persönlichkeitsrecht ist jedoch, anders als die übrigen in § 823 aufgezählten Rechtsgüter, nicht so klar und selbstverständlich abgegrenzt, sondern ein offener Tatbestand (Rahmenrecht), da mit ihm typischerweise Freiheitsrechte anderer kollidieren. Deshalb lässt sich erst nach einer umfassenden Interessenabwägung feststellen, ob das beeinträchtigte allgemeine Persönlichkeitsrecht im Einzelfall auch verletzt worden ist (oben Rn 64 f). 146

Teil II

Die Rechtsobjekte

§ 8 Rechtsobjekte. Objektverbindungen: Bestandteile, Zubehör. Unternehmen als Rechtsobjekt

147 **Fall 8:** U betreibt eine Zementfabrik. In der Nähe seines Fabrikgrundstücks liegt ein Steinbruch des E, in welchem U aufgrund einer Grunddienstbarkeit Kalksteine abbaut. Der Nachbar N hat die Überfahrt zu dem Grundstück gestattet. Ein weiterer Steinbruch gehört dem U. In jedem der Steinbrüche arbeitet ein Bagger, ein Bohrgerät wird abwechselnd an beiden Orten eingesetzt. Lastwagen bringen den Kalkstein aus den Steinbrüchen in die Fabrik und den Zement zu den Kunden.

Kann U das ganze Unternehmen als Einheit veräußern?

I. Begriff und Arten des Rechtsobjekts

148 1. Die Zementfabrik „mit allem, was dazugehört", mag eine wirtschaftliche Einheit sein; aber das heißt noch nicht, dass es sich bei ihr um einen Gegenstand im Rechtssinne handelt, der als Einheit veräußert werden könnte.

Veräußerung ist Übertragung des Eigentums, also Verfügung im Gegensatz zum Verpflichtungsgeschäft, etwa einem Kaufvertrag. Die Übereignung als dingliches Rechtsgeschäft ist von dem zugrundeliegenden Schuldverhältnis strikt zu trennen (Trennungsprinzip) und im Interesse der Rechtssicherheit abstrakt ausgestaltet, dh Mängel im Grundgeschäft (der causa) lassen die Wirksamkeit der Übereignung unberührt (Abstraktionsprinzip; s. unten Rn 237 f). Die sachenrechtliche Zuordnung jedes einzelnen Rechtsobjekts muss auch für am Rechtsgeschäft unbeteiligte Dritte möglichst eindeutig sein. Das dingliche Rechtsgeschäft muss daher bestimmt, dh auf einen konkreten Gegenstand bezogen sein (Spezialitätsprinzip). Während ein Schuldverhältnis, das nur zwischen den Parteien wirkt (§ 241), problemlos eine Vielzahl von Gegenständen betreffen kann, erfordert deren Übertragung so viele Verfügungsgeschäfte, wie Gegenstände da sind, selbst wenn – äußerlich gesehen – alle Geschäfte in einem Akt vorgenommen werden können.

U kann also „die Zementfabrik" mit allem, was dazugehört, als Ganzes verkaufen (vgl § 433). Ob er auch mit einem Rechtsgeschäft über das Ganze verfügen kann, hängt davon ab, ob das Unternehmen ein Gegenstand im Rechtssinne ist. Andernfalls sind so viele Verfügungsgeschäfte erforderlich, wie Gegenstände da sind. Dabei unterscheiden sich die Verfügungsgeschäfte nach der Art der Gegenstände, so gelten für bewegliche Sachen §§ 929 ff, für Grundstücke §§ 873 ff, und Forderungen werden nach § 398 abgetreten.

149 2. § 90 definiert den „Gegenstand" nicht, setzt den Begriff vielmehr voraus. **Gegenstand** oder Rechtsobjekt ist der Gegenbegriff zum Rechtssubjekt. Rechtsobjekt ist alles, was vom Menschen beherrschbar ist und ihm von der Rechtsordnung zugeordnet werden

kann. Es reicht für die Rechtsobjektqualität aus, dass in irgendeiner Form Beherrschung und Zuordnung möglich sind. So ist zB der Hase auf dem Feld als herrenloses Tier ebenso ein Rechtsobjekt wie die „Berliner Luft“ in der Dose oder der elektrische Strom in der Leitung.

Daran, dass **Tiere** Rechtsobjekte sind, kann auch § 90a idF des Gesetzes „zur Verbesserung der Rechtsstellung des Tieres im bürgerlichen Recht“ vom 20.8.1990 (BGBl I 1762) nichts ändern. Auch wenn Tiere keine „Sachen“ mehr sein sollen (§ 90a Satz 1), bleiben sie doch Sachen (Satz 3), mögen auf Tiere auch besondere Schutzvorschriften anwendbar sein (§§ 251 II 2, 903 Satz 2; § 811c ZPO; TierschutzG). Vgl die Glosse von *K. Schmidt*, Sind Hunde Plastiktüten?, JZ 1989, 790. **150**

Die Rechtsobjekte können körperlicher oder unkörperlicher (immaterieller) Art sein. Körperliche Gegenstände bezeichnet man als **Sachen**, § 90. Die Unterscheidung zwischen beweglichen und unbeweglichen Sachen (Grundstücken) ist vor allem für die Übereignung wichtig, vgl §§ 929 ff für bewegliche Sachen mit § 873 für Grundstücke. Den Grundstücken gleich stehen die grundstücksgleichen Rechte, zB das Erbbaurecht als das vererbliche und veräußerliche Recht, ein Gebäude auf einem fremden Grundstück zu haben (vgl §§ 1, 11 ErbbauRG). **151**

Im Schuldrecht von gewisser Bedeutung (zB für § 650 I 3 oder für die Art des Schadensersatzes in §§ 249 I, 251 I) ist die Definition von **vertretbaren** Sachen in § 91. Ob eine Sache vertretbar, also durch eine gleiche ersetzbar, ist, bestimmt sich rein *objektiv* nach der Verkehrsanschauung. Unvertretbare Sachen sind zB ein Ölgemälde, ein Maßanzug und grundsätzlich alle gebrauchten Sachen. Vertretbare Sachen sind etwa ein Ei, ein (neuer) Grüneberg. Vertretbare Sache ist keineswegs gleichbedeutend mit einer Gattungsschuld (§ 243): Ob diese oder eine auf das konkrete Einzelstück bezogene Stückschuld (Speziesschuld) vorliegt, können die Vertragspartner frei vereinbaren, zB dieses konkrete Kleid von der Stange (vertretbare Sache) kaufen (Spezieskauf). **F152**

Zu den **verbrauchbaren** Sachen in § 92 I gehören vor allem Nahrungsmittel und Geldscheine, aber auch zur Veräußerung bestimmte Handelsware nach § 92 II. Vom Verbrauch als Substanzverzehr zu unterscheiden ist der Gebrauch einer Sache; vgl § 598 mit §§ 607 I, 700 I. **F153**

Unabhängig von der Zweckbestimmung ist alles, was körperlich selbstständig, dh räumlich begrenzt ist, eine selbstständige Sache. **154**

Folglich ist jede Maschine, jeder Lastwagen, jedes Grundstück (die Grundstücksgrenze muss, anders als bei beweglichen Sachen „künstlich“ gesetzt werden), jeder zur Zementherstellung bestimmte Gegenstand, kurz jede Sache, „die zum Unternehmen gehört“, ein selbstständiges Rechtsobjekt. Die Wirtschaftseinheit „Unternehmen“ zerfällt juristisch also in eine große Zahl selbstständiger Rechtsobjekte.

3. **Rechte sind ebenfalls Rechtsobjekte**, weil auch sie zugeordnet und grundsätzlich auch übertragen werden können. Der Eigentümer einer Sache hat eine ganz ähnliche Stellung wie der Inhaber eines Rechts, zB der Gläubiger einer Forderung. **155**

Der Gläubiger U kann eine Forderung aus dem Verkauf von Zement abtreten oder verpfänden (vgl §§ 398, 1273, 1279) oder seine Grunddienstbarkeit aufgeben (vgl § 875). Er kann auch sein Patent einem anderen übertragen oder ihm eine Lizenz einräumen, die zur Nutzung der patentierten Erfindung berechtigt (vgl § 15 I, II PatG).

Rechtsobjekte sind nicht nur die absoluten, sondern auch die relativen Rechte. *Absolute* Rechte wirken gegen jedermann. Musterbeispiel ist das Sacheigentum, § 903. Doch muss das absolute keineswegs immer ein *dingliches* (= aus dem Sacheigentum fließendes) Recht sein. Absolute Rechte sind zB auch die Immaterialgüterrechte, wie das Patent und das Urheberrecht. *Relative* Rechte wirken hingegen nur zwischen dem Berechtigten und dem Verpflichteten; dritte Personen geht diese Beziehung – die Forderung – nichts an.

So ist die Grunddienstbarkeit (§ 1018) ein dingliches Recht, das U auch gegen einen Dritten, der ihn im Abbau stört, oder gegen einen Erwerber des Grundstücks geltend machen kann. Hat dagegen N dem U die Überfahrt gestattet, ohne ihm eine Dienstbarkeit einzuräumen, dann wirkt das Recht des U als schuldrechtliches nur relativ, dh nur gegenüber N als Verpflichtetem. Veräußert N das Grundstück, so kann U vom Erwerber Duldung der Überfahrt nicht mehr fordern. Die Relativität des Rechts ändert aber nichts an seiner Eigenschaft als Rechtsobjekt.

II. Objektverbindungen

156 Nun gibt es rechtliche Instrumente, die Rechtsobjekte miteinander verbinden, sei es zu *einem* Rechtsobjekt, sei es, dass die selbstständig bleibenden Rechtsobjekte in einer loseren oder festeren Einheit zusammengefasst werden. Hauptzweck dieser Instrumente ist, die wirtschaftliche Zusammengehörigkeit von Rechtsobjekten rechtlich mit Folgen auszustatten. Wenn sich auf diese Weise „alles, was zum Unternehmen gehört", zu *einem* Rechtsobjekt zusammenfassen ließe, wäre ein einheitliches Veräußerungsgeschäft möglich.

157 1. Die engste Zusammenfassung von Rechtsobjekten ist die zu **Bestandteilen** *einer* Sache, insbesondere eines Grundstückes.

Die Zementfabrik als Gebäude ist Bestandteil des Grundstücks. Das Gebäude hat Fenster, Türen; Maschinen sind (fest oder lose) eingebaut. Die Bagger haben auswechselbare Teile.

Den Bestandteilsbegriff definiert das BGB nicht, wohl aber die zusätzlichen Erfordernisse des wesentlichen Bestandteils in §§ 93 ff (s. unten Rn 159 ff). Bestandteil ist nach allgemeinem Sprachgebrauch ein Teil einer körperlichen Einheit (= Sache), eine nicht selbstständige Sache. Eine feste Verbindung spricht nach der Verkehrsanschauung für die Bestandteilseigenschaft der Teile, ist jedoch nicht zwingend erforderlich. Auch die Batterie und die Glühbirne sind Bestandteile einer Taschenlampe. Letztlich entscheidet die wirtschaftliche Betrachtungsweise (BGHZ 191, 285, 288).

Danach sind zB die Reifen Bestandteile des Lastwagens, nicht aber die Reserveteile der Maschine im Materiallager (sie können Zubehör sein, s. unten Rn 173), ebenso wenig die im Steinbruch gewonnenen, noch auf dem Grundstück lagernden Steine (sie sind Früchte, § 99 I, s. unten Rn 170).

158 Die Bestandteile einer Sache teilen grundsätzlich deren Schicksal, dh rechtliche Veränderungen erfassen jeweils die Sache mit allen ihren Bestandteilen, so beispielsweise die Übereignung eines Werkzeugkastens alle in ihm enthaltenen Werkzeuge und Schrauben. Doch bleiben die einfachen Bestandteile sonderrechtsfähig, so dass es möglich ist, sie von der rechtlichen Veränderung auszunehmen. Das setzt aber voraus, dass der Vorgang (insbes. das Verfügungsgeschäft) entsprechend beschränkt wird.

159 2. Anders ist das bei den **wesentlichen Bestandteilen**, die nach § 93 nicht Gegenstand besonderer (dinglicher) Rechte sein können.

Da das Gebäude wesentlicher Bestandteil des Grundstücks ist (§ 94 I), kann das Grundstück nicht ohne das Gebäude, das Gebäude nicht ohne das Grundstück veräußert werden. Wohl aber könnte eine Maschine, solange sie kein wesentlicher, sondern nur ein einfacher Bestandteil ist, vom Eigentumsübergang des Grundstücks ausgenommen werden. Verpflichtungsgeschäfte über wesentliche Bestandteile sind möglich: Ein Gebäude kann auf Abbruch verkauft werden; die durch den Abbruch gewonnenen Gegenstände können aber erst übereignet werden, wenn sie aus dem Gebäude und damit aus dem Grundstück herausgelöst, also selbstständige bewegliche Sachen geworden sind.

§ 93 verhindert, dass ein wesentlicher Bestandteil ohne Trennung von der Sache selbstständiger Gegenstand eines dinglichen Rechts, insbesondere des Eigentums, werden kann. Ergänzend hierzu stellen §§ 946 ff sicher, dass bei Einfügung eines bis dahin selbstständigen Gegenstandes in eine Sache als wesentlicher Bestandteil einheitliches Eigentum entsteht. Wesentliche Bestandteile von Grundstücken werden Eigentum des Grundstückseigentümers, § 946, dh das Eigentum an dem ehemals selbstständigen Gegenstand erlischt.

Die Eigenschaft als wesentlicher Bestandteil kann nach der allgemeinen Vorschrift des § 93 oder nach der speziellen für Grundstücke gemäß § 94 begründet sein. § 93 stellt nicht, wie die Bezeichnung „wesentlich" vermuten lassen könnte, auf die das „Wesen" der Sache ausmachenden Bestandteile ab, sondern allein darauf, ob die Trennung den abgetrennten oder den übrigen Teil zerstören oder im Wert erheblich mindern würde. § 93 schützt den (nicht unbedingt in der Sache als ganzer, sondern) in ihren Teilen verkörperten wirtschaftlichen Wert. 160

So ist der Vergaser eines Autos kein wesentlicher Bestandteil, da er beliebig ausgewechselt werden kann. Dasselbe gilt für den Motor eines Serien-Kfz, ohne dass es darauf ankommt, dass ein Auto ohne Motor „kein Auto" ist: Die Sache als Einheit ist eben nicht geschützt (vgl BGHZ 61, 80; 191, 285, 290). Dagegen hält BGHZ 26, 225 den serienmäßigen Schiffsmotor analog § 94 II für einen wesentlichen Bestandteil des Motorschiffes. Wesentliche Bestandteile sind auch die Steine eines Hauses oder die Tapete im Zimmer, da sie bei der Trennung zerstört würden. – Aufgrund der gebotenen wirtschaftlichen Betrachtung gelten geringfügige Bestandteile, die in der Sache völlig aufgegangen sind, wie zB Schrauben in einem Motor, auch dann als wesentliche Bestandteile, wenn sie ohne Substanzverletzung (aber wirtschaftlich völlig sinnlos) wieder herausgenommen werden könnten; vgl BGH NJW 1956, 788, 789 = *Schack/Ackmann*[7] Nr 75 (insoweit nicht in BGHZ 20, 159; gleichlautend in BGHZ 20, 154, 157 f).

Praktisch geht es bei der Frage, ob ein Bestandteil ein wesentlicher ist, fast immer um die Interessen verschiedener Kreditgeber. Wäre etwa der Austauschmotor wesentlicher Bestandteil, dann würde mit dem Einbau dessen bisheriger Eigentümer sein Eigentum verlieren, vgl §§ 93, 947. Das wäre vor allem für den Verkäufer fatal, der den Motor unter Eigentumsvorbehalt (dh unter der aufschiebenden Bedingung der vollständigen Kaufpreiszahlung; vgl §§ 929, 158 I, 449 I) veräußert hat, wie etwa im Fall BGHZ 61, 80. Im Interesse der Warenkreditgeber liegt deshalb eine enge Auslegung des Begriffs des wesentlichen Bestandteils. 161

Im Gegensatz hierzu bevorzugt § 94 den Realkreditgeber (Gelddarlehensgeber), indem für Grundstücke die wesentlichen Bestandteile beträchtlich weiter als in § 93 gefasst werden. Nach § 94 werden alle fest verbundenen Sachen, vor allem also Gebäude, **wesentliche Bestandteile des Grundstücks**. Es ist ausgeschlossen, dass das Grundstück Bestandteil des Gebäudes oder Grundstück und Gebäude Teil einer übergeordneten Einheit werden. Anders ausgedrückt: Sacheinheit ist allein das Grundstück mit allen seinen wesentlichen Bestandteilen. Da „Gegenstand des dinglichen Rechts" das Grundstück ist, ge- 162 hen die Gebäude usw rechtlich in dem Grundstück auf, selbst wenn sie erheblich wertvoller als das Grundstück sein sollten. Das schafft Klarheit, vor allem in Verbindung mit dem Grundbuch: Der Erwerber des Grundstücks und potentielle Kreditgeber wissen, woran sie sind.

§ 94 I 1 verlangt eine **feste Verbindung**, die jedoch nicht unauflöslich sein muss. Wesentlich ist der Bestandteil nur, wenn er sich nur unter seiner Zerstörung oder unverhältnismäßigen Kosten vom Grundstück entfernen ließe. So kann zB eine wertvolle Werkzeugmaschine, selbst wenn sie im Boden einbetoniert ist, bloß einfacher Bestandteil sein (BGH JZ 1987, 675, 676 für einen Dampfkessel); damit bleibt dem Lieferanten der Maschine der Eigentumsvorbehalt als sein einziges Kreditsicherungsmittel erhalten. Positiv angeordnet ist die Bestandteilseigenschaft von Pflanzen und Bäumen in § 94 I 2.

163 Von besonderer Bedeutung ist, dass § 94 II die **„zur Herstellung des Gebäudes eingefügten Sachen"** zu wesentlichen Bestandteilen erklärt, ohne dass es auf eine feste Verbindung iSv § 94 oder auf die Voraussetzungen des § 93 ankommt. Für § 94 II ist entscheidend, ob das Gebäude nach seiner Art und Zweckbestimmung auch ohne den betreffenden Bestandteil nach der Verkehrsanschauung als „fertig" betrachtet würde oder nicht. Leitgedanke ist der Schutz des Gebäudes als wirtschaftliche Einheit. So ist etwa die Heizungsanlage in unseren Breitengraden ein wesentlicher Bestandteil eines Wohnhauses (ebenso für das Notstromaggregat eines größeren Hotels BGH NJW 1987, 3178). Umstritten ist die Eigenschaft einer Einbauküche als wesentlicher Bestandteil eines Eigenheims, hier kann es durchaus regionale Unterschiede in der Verkehrsanschauung geben (vgl BGH NJW-RR 1990, 586, 587, in casu bloß als Zubehör angesehen, s. unten Rn 169). Auch die Glocken einer Kapelle hat BGH NJW 1984, 2277, 2278 nicht als wesentlichen Bestandteil angesehen.

Im **Fall 8** sind danach die Maschinen, die speziell für das Gebäude konstruiert worden sind oder für die das Gebäude errichtet worden ist, wesentliche Bestandteile des Gebäudes und damit des Grundstückes.

F164 § 94 I schützt die Wirtschaftseinheit „Grundstück", § 94 II die des Gebäudes. Die beiden Zielsetzungen kollidieren im Fall des Überbaus, § 912, wenn ein Teil des Gebäudes über die Grenze gebaut worden ist. Muss der Eigentümer des Nachbargrundstücks den Überbau nicht dulden, dann lässt BGH NJW 1985, 789, 790 f die wirtschaftliche Einheit des Gebäudes zurücktreten (Vertikalteilung): Der Überbau ist nicht nach §§ 93, 94 II wesentlicher Bestandteil des Gebäudes, sondern nach § 94 I des (Nachbar)Grundstücks.

165 3. Die Ausnahmevorschrift des § 95 für sogenannte **Scheinbestandteile** ist auf Grundstücke beschränkt (BGHZ 231, 310 Tz 41 – Module einer Photovoltaikanlage). § 95 verhindert schlechthin, dass die dort genannten Sachen zu Bestandteilen werden. **Vorübergehend** ist die Sache eingefügt, wenn der Einfügende die Verbindung vor Ende der natürlichen Lebensdauer der Sache wieder lösen will. § 95 I 1 wird vor allem bei Miet- und Pachtverhältnissen praktisch. Hingegen meint § 95 I 2 mit dem Recht, in dessen Ausübung der Gegenstand eingefügt ist, ein dingliches Recht an dem Grundstück, also zB Erbbaurecht, Nießbrauch.

Scheinbestandteile sind zB Baubuden, die Treibhäuser eines Pächters, die Pflanzen in einer Baumschule, unter Umständen auch Windkraftanlagen (BGH NJW 2017, 2099) und sogar ein Westwall-Bunker, weil er nur zu einem vorübergehenden Zweck errichtet worden sei (BGH NJW 1956, 1273). Scheinbestandteil des Grundstücks analog § 95 I 2 ist auch der zu duldende Überbau (BGHZ 41, 177, 179). Vgl *Stieper*, Die Scheinbestandteile 2002.

Die unter § 95 fallenden Sachen sind überhaupt keine Bestandteile, sondern völlig selbstständige bewegliche Sachen. Für die Übereignung von Scheinbestandteilen gelten die Vorschriften über bewegliche Sachen der §§ 929 ff, und nicht etwa § 873. Auch die Hypothek erstreckt sich nicht auf sie. Zur problematischen Umwandlung von wesentlichen in Scheinbestandteile durch deren Übereignung analog § 929 Satz 2 vgl BGHZ 165, 184 ff (Versorgungsleitung in einem Straßengrundstück).

Was die Rechtsfigur des Bestandteils „als Klammer um eine Wirtschaftseinheit" leisten kann, macht **Fall 8** deutlich: Das Fabrikgrundstück ist mit den Gebäuden und den fest eingebauten Maschinen (also nicht die Lastwagen, Bagger usw), mit den Bäumen und den Sträuchern also mit allen seinen wesentlichen Bestandteilen, eine rechtliche Einheit. Einschließlich seiner einfachen Bestandteile kann das Grundstück als Einheit veräußert werden. Darüber hinaus leistet die Rechtsfigur des Bestandteils jedoch nichts, um die wirtschaftliche Unternehmenseinheit rechtlich anzuerkennen. 166

4. Das zum Unternehmen gehörende Steinbruchgrundstück des U ist eine selbstständige Sache, also kein Bestandteil. Es kann als unbewegliche Sache auch kein Zubehör des Fabrikgrundstücks sein (vgl unten Rn 169). Die wirtschaftliche Zusammengehörigkeit der beiden Grundstücke findet also keinen rechtlichen Ausdruck. 167

Sind alle zum Fabrikgrundstück gehörenden Flächen unter einer Nummer im Grundbuch eingetragen, dann bilden sie ein Grundstück, andernfalls so viele Grundstücke, wie Nummern im Bestandsverzeichnis des Grundbuchblatts eingetragen sind. Immerhin kann U seine beiden Grundstücke vereinigen, indem er sie unter einer laufenden Nummer im Grundbuch eintragen lässt, § 890 I (dazu § 5 GBO), oder er könnte den Steinbruch durch Zuschreibung, § 890 II, zum Bestandteil des Fabrikgrundstücks machen. Doch bedeutet das keine starke Klammer, weil die Einheit jederzeit wieder gelöst werden kann (Abschreibung). Zum Grundstücksbegriff vgl *H.P. Westermann/Staudinger*, Schwerpunkte BGB SachenR[13] 2017, Rn 347 ff.

5. Auf besondere Weise ist die Grunddienstbarkeit am Grundstück des E mit dem Fabrikgrundstück verbunden. Sie ist ein **subjektiv-dingliches Recht**, § 1018, das § 96 zum Bestandteil des herrschenden Grundstücks erklärt. F168

Die Grunddienstbarkeit als beschränktes dingliches Recht belastet das Grundstück des E. Ihre Verbindung mit dem Fabrikgrundstück des U bedeutet, dass der *jeweilige* Eigentümer des Fabrikgrundstücks auch der Berechtigte der Grunddienstbarkeit ist. Das Eigentum am Fabrikgrundstück bestimmt den Inhaber der Grunddienstbarkeit, also das Rechtssubjekt. Daher erklärt sich der Ausdruck „subjektiv-dinglich": Ein dinglicher Tatbestand, nämlich das Eigentum am Fabrikgrundstück, bestimmt das Rechtssubjekt der Grunddienstbarkeit. (Die Unterscheidung subjektiv-dinglicher von subjektiv-persönlichen Rechten wird besonders deutlich bei der Reallast in §§ 1105 und 1110 f und beim Vorkaufsrecht in § 1094.)

Die von § 96 angeordnete Verbindung von Recht und Grundstück bringt zum Ausdruck, dass das subjektiv-dingliche Recht der Bewirtschaftung eines bestimmten Grundstücks dient oder sinnvoll nur zusammen mit diesem Grundstück ausgenutzt werden kann. Außer der Grunddienstbarkeit des § 1018 gibt es noch andere subjektiv-dingliche Rechte: die Reallast, § 1105 II; das dingliche Vorkaufsrecht, § 1094 II; Überbau- und Notwegrenten sind stets subjektiv-dingliche Rechte, vgl §§ 913, 917.

Im **Fall 8** ist das Recht am Steinbruch des E als Grunddienstbarkeit bezeichnet, „herrschendes Grundstück" ist das Fabrikgrundstück. Dessen jeweiliger Eigentümer ist also berechtigt, die Kalksteine zu gewinnen. Das Überfahrtsrecht am Grundstück des N ist dagegen keine Grunddienstbarkeit, weil es nicht im Grundbuch eingetragen ist. Das Recht beruht lediglich auf einer schuldrechtlichen Vereinbarung zwischen U und N. Somit steht es in keinem Objektzusammenhang mit dem Fabrikgrundstück oder der Grunddienstbarkeit. Das Überfahrtsrecht müsste also, wenn U das Unternehmen veräußern will, besonders abgetreten oder für den Erwerber neu begründet werden.

169 6. Eine losere Form der Verbindung von Rechtsobjekten bewirkt die Eigenschaft einer Sache als **Zubehör**, § 97. Der wirtschaftliche Nutzungszusammenhang von Hauptsache und Zubehör wird anerkannt, aber nur mit verhältnismäßig geringen Rechtsfolgen ausgestattet. Die Hauptsache kann ein Grundstück oder eine bewegliche Sache, aber kein Recht sein. Nur bewegliche Sachen, nicht Grundstücke oder Rechte, können Zubehör sein. Was alles „dem wirtschaftlichen Zweck der Hauptsache zu dienen bestimmt" ist, richtet sich nach der Verkehrsanschauung, § 97 I 2 (vgl BGH NJW 2009, 1078 für die Einbauküche eines Mieters). Beispiele für Zubehör nennt § 98.

Die Zubehörstücke bleiben sonderrechtsfähig, sie müssen also nicht unbedingt im Eigentum desjenigen stehen, dem die Hauptsache gehört (vgl § 926 I, II; §§ 1120 ff iVm §§ 90 II, 55 II ZVG). Folge der Zubehöreigenschaft ist, dass Verpflichtungen bezüglich der Hauptsache im Zweifel (also nur Auslegungshilfe!) auch für ihr Zubehör gelten, § 311c; dass Grundstückszubehör mit dem Grundstück übereignet wird, § 926; und dass für die Grundpfandrechte (Hypothek, Grund- und Rentenschulden) auch das Zubehör des Grundstücks haftet, §§ 1120 ff. Zur Zwangsvollstreckung in Zubehör s. unten Rn 175.

Durch die Zubehöreigenschaft ist im **Fall 8** ein Teil der Sachen, die nicht Bestandteile sind (Zubehöreigenschaft setzt selbstständige Sachen voraus, Bestandteile sind unselbstständige Sachteile), mit anderen verbunden: Die Maschinen, die nicht Bestandteile des Grundstücks sind, sind Zubehör; ebenso die Lastwagen. Auch wenn sie weite Fahrten machen, stehen sie doch immer noch in einem ihrer Nutzung entsprechenden räumlichen Verhältnis zum Fabrikgrundstück des U.

170 7. **Nutzungen** sind die Früchte und die Gebrauchsvorteile einer Sache bzw eines Rechtes, § 100. Keine (nach §§ 951, 818 I herauszugebenden) Nutzungen sind der substanzverzehrende Verbrauch oder die Verarbeitung der Sache, wie zB die Verwurstung der berühmten Jungbullen (BGHZ 55, 176 = *Schack/Ackmann*[7] Nr 77).

Nutzungen können Gegenstand selbstständiger Ansprüche sein, etwa in §§ 818 I, 987 f oder in §§ 581, 1030. Selbstständige Rechtsobjekte sind insbesondere die Früchte: Sachfrüchte § 99 I (das Hühnerei); Rechtsfrüchte § 99 II (die Dividende einer Aktie), auch mittelbare Sach- (Pachtzinsen) oder Rechtsfrüchte (Patentlizenzgebühren), § 99 III. Mit ihrer Trennung werden die Früchte vom Schicksal der sie erzeugenden Hauptsache unabhängig (vgl zum Eigentumserwerb an Erzeugnissen §§ 953 ff; zum fortbestehenden Haftungsverband §§ 1120 ff). Sachfrüchte können uU nach den allgemeinen Regeln zum Zubehör werden (zB Saatgut gemäß § 98 Nr 2) oder zu wesentlichen Bestandteilen (zB der Ableger von Pflanzen mit dem Einpflanzen, § 94 I 2).

Früchte sind als Ausbeute der Steinbrüche auch die dort gewonnenen Kalksteine, und zwar Sachfrüchte hinsichtlich des Steinbruchs des U und Rechtsfrüchte (§§ 99 II, 1018) hinsichtlich des mit der Grunddienstbarkeit des U belasteten Steinbruchs des E. Soweit U den Kalkstein selbst zur Weiterverarbeitung auf seinem Fabrikgrundstück verwendet, könnte er zu dessen Zubehör werden. Dies wird jedoch mit der Begründung verneint, die Rohstoffe seien gegenüber dem Grundstück gleichwertig, dienten ihm nicht (RGZ 86, 326, 328; *Staudinger/Stieper*, Bearb. 2021[8], § 97 Rn 16 mwN).

III. Das Unternehmen als Einheit

Auch die rechtlichen Instrumente der Bestandteil- und Zubehöreigenschaft bewirken noch nicht die wirtschaftliche Einheit der „Zementfabrik“. Sie löst sich – von den Rechtsobjekten her gesehen – in eine Anzahl miteinander verbundener (Bestandteile) oder lose zugeordneter (Zubehör) Rechtsobjekte auf. Das legt die Frage nahe, ob es einen Unternehmensbegriff gibt, der als rechtlich relevante Zusammenfassung die Einheit des Unternehmens sichert, insbesondere eine einheitliche Veräußerung zulässt oder gar die einzelnen Objekte zwingend zu einer rechtlichen Einheit werden lässt. 171

Beispiel: U kauft als Ersatz für eine veraltete Maschine eine für das Unternehmen unbedingt notwendige neue Maschine unter Eigentumsvorbehalt. Da er die Raten nicht zahlt, droht der Verkäufer, die Maschine wegzunehmen. Würde die Unternehmenseinheit als rechtlich relevant anerkannt, dann könnte der Eigentumsvorbehalt mit Einfügung der Maschine in das Unternehmen möglicherweise untergehen, so wie es geschieht, wenn ein unter Eigentumsvorbehalt gelieferter Gegenstand wesentlicher Bestandteil eines Grundstücks wird (s. oben Rn 161). Jedoch ist das Unternehmen als Ganzes keine Sache, ihm fehlt die dafür erforderliche Körperlichkeit, die zusammenfassend und begrenzend wirkt. Das Unternehmen ist auch kein einheitliches Recht. Ein Unternehmensbegriff als sachenrechtlich relevante Einheit lässt sich auch nicht mittels Analogie aus dem geltenden Recht entwickeln. Wohl aber kann das Unternehmen als Ganzes Gegenstand schuldrechtlicher Geschäfte sein (s. oben Rn 148), auch ist es über das Recht am eingerichteten und ausgeübten Gewerbebetrieb durch § 823 I geschützt (vgl dazu BGHZ 29, 65 = *Schack/Ackmann*[7] Nr 60). 172

Nur vereinzelt sind zu Sonderzwecken Wirtschaftseinheiten rechtlich zusammengefasst worden. Das wichtigste Beispiel ist der Hof im Sinne der Höfegesetzgebung als erbrechtliche Einheit.

Da das Unternehmen kein selbstständiges Rechtsobjekt und folglich keine Sache ist, kann es weder Bestandteile noch Zubehör haben. Die Bagger und das Bohrgerät sind daher nicht Zubehör des Unternehmens. Wohl aber lässt sich der Standpunkt vertreten, dass analog § 98 betriebsbezogene Sachen Zubehör desjenigen Grundstücks sind, das „den Kern des Betriebes“ bildet. Das führt zum Begriff des „betriebsbezogenen Zubehörstücks“. 173

Danach können die Betriebsmittel Zubehör des Fabrikgrundstücks sein, vorausgesetzt das Grundstück ist der „betriebstechnische Mittelpunkt“ (BGHZ 85, 234, 237 ff für den Fuhrpark eines Speditionsunternehmens verneinend; ebenso für ein Bauunternehmen BGHZ 124, 380, 393).

Im **Fall 8** sind also zB die Bagger, das Bohrgerät und die Lastwagen Zubehör des Fabrikgrundstücks, denn letztlich sollen diese Geräte dem Betrieb als Ganzem dienen, dessen Kern das Fabrikgrundstück ist.

Hier ging es nur um die Frage, ob das Unternehmen ein einheitliches Rechtsobjekt ist. Der Unternehmensbegriff hat auf vielerlei Gebieten – mit zT anderer Sinngebung – große Bedeutung, zB im Arbeits- und Wirtschaftsrecht, im Konzernrecht (vgl §§ 15 ff AktG) und im Wettbewerbsrecht. Das „Unternehmen“ ist ein Beispiel dafür, dass ein Begriff, 174 ohne dass er durch Zusätze oder sonstwie sprachlich verändert wird, unterschiedlichen Inhalt haben kann, je nachdem, in welchem Funktionszusammenhang er gebraucht wird.

IV. Pfändung von Zubehör

F175 Die Pfändung von Zubehörstücken könnte den Betriebsablauf gefährden oder gar stilllegen. Deshalb verbietet § 865 II ZPO, Grundstückszubehör zu pfänden; dieses wird vielmehr der Zwangsvollstreckung in das Grundstück vorbehalten. Auch hier sieht der Gesetzgeber wieder nur das Grundstück als schützenswerte Wirtschaftseinheit. Für andere Einheiten gilt dieses Pfändungsverbot nicht; danach könnte zB einem Zirkusunternehmer das Zelt gepfändet werden, auch wenn sein Unternehmen damit zum Erliegen käme (vgl aber § 811 I Nr 1 lit. b ZPO). § 865 II ZPO schützt in erster Linie die Grundpfandgläubiger, mittelbar auch die wirtschaftliche Einheit von Grundstück und Zubehör. § 865 II ZPO ist deshalb auch anzuwenden, wenn das Grundstück nicht mit Grundpfandrechten belastet ist. Für Früchte gilt das Pfändungsverbot nicht, § 865 II 2 ZPO (vgl oben Rn 170).

Teil III

Die Willenserklärung

§ 9 Begriffe Rechtsgeschäft, Vertrag, Willenserklärung. Vertragsschluss. Rechtsgeschäfte des beschränkt Geschäftsfähigen. Gefälligkeitsverhältnis

Fall 9: Dem Gesellen G fällt am Freitag um 9 Uhr ein, dass er vergessen hat, seinen Lottoschein abzugeben. Da er selbst vor Schließung der Annahmestelle keine Gelegenheit mehr dazu haben wird, bietet er dem 16-jährigen Auszubildenden A 5 € dafür, dass er den Lottoschein für ihn zur Annahmestelle bringt. A verspricht, den Auftrag in seiner Mittagspause auszuführen. Als er nach einem hastigen Mittagessen gegen Ende der Mittagspause bei dem ungeduldigen G erscheint, händigt dieser den Lottoschein gerade dem 19-jährigen B aus. Dem A erklärt G, er habe nicht mehr mit seinem Erscheinen gerechnet und betraue auch lieber den älteren B mit dieser Aufgabe. A, der nach der ganzen Hetze wenigstens die 5 € verdienen will, besteht darauf, den Lottoschein selbst zur Annahmestelle zu bringen. Der verärgerte G hält dem entgegen, dass ihre Vereinbarung vom Vormittag wegen der Minderjährigkeit des A ohnehin unwirksam sei. Zu Recht? 176

Abwandlung: G bittet seinen Arbeitskollegen F, der gerade seine Nachtschicht beendet hat, den Lottoschein für ihn zur Annahmestelle zu bringen. F ist darüber wenig erfreut, will G aber nicht vor den Kopf stoßen und erklärt sich bereit, ihm diesen Gefallen zu tun. F nimmt den ausgefüllten Schein und das nötige Geld in Empfang, vergisst dann aber, den Schein abzugeben. Kann G, der sechs Richtige angekreuzt hatte, von F den entgangenen Lottogewinn ersetzt verlangen? **(Lösungsskizze: Rn 200)**

I. Rechtsgeschäft, Vertrag, Willenserklärung

Ein Vergütungsanspruch des A gegen G kann sich nur aus einem Vertrag ergeben. Der **Vertrag** ist ein Rechtsgeschäft, an dessen Abschluss (mindestens) zwei Personen beteiligt sind, die durch ihre übereinstimmenden Willenserklärungen bestimmte Rechtsfolgen herbeiführen wollen. 177

Ein Vertrag, der aus zwei Willenserklärungen besteht, ist ein sog **zweiseitiges Rechtsgeschäft**. Hierzu zählen auch solche Rechtsgeschäfte, die, wie grundsätzlich die Übereignung (§ 929 Satz 1), aus zwei Willenserklärungen (Einigung) und einem Realakt (Übergabe) zusammengesetzt sind. Zu den **mehrseitigen Rechtsgeschäften** gehört insbesondere die Gründung einer Gesellschaft oder eines Vereins durch mehrere Personen. Es gibt auch **einseitige Rechtsgeschäfte**, die nur aus einer Willenserklärung bestehen, wie zB die Auslobung (§ 657), Kündigung, Anfechtung und das Testament.

Notwendiger Bestandteil eines jeden Rechtsgeschäfts ist also mindestens eine **Willenserklärung**, dh eine auf die Herbeiführung von Rechtsfolgen gerichtete private Willensäußerung (zu deren Voraussetzungen im Einzelnen s. unten Rn 203 ff). Die große Bedeutung der Willenserklärung resultiert aus dem das BGB beherrschenden **Grundsatz der** 178

Privatautonomie. Das Gesetz gewährt dem Einzelnen die Rechtsmacht, seine Lebensverhältnisse eigenverantwortlich zu regeln. Die Willenserklärung ist das zentrale Instrument der privatautonomen (selbstverantwortlichen) Teilnahme am Rechtsverkehr. Der Einzelne kann Rechtsfolgen dadurch herbeiführen, dass er sie als gewollt erklärt.

178a Hierdurch unterscheidet sich die Willenserklärung von **geschäftsähnlichen Handlungen**. An diese Willensäußerungen und Mitteilungen knüpft das Gesetz Rechtsfolgen ohne Rücksicht darauf, ob der Äußernde sie gewollt hat. Beispiele für geschäftsähnliche Handlungen sind Mahnungen und Fristsetzungen (etwa §§ 281 I 1, 286 I 1, 323 I), die Mängelrüge (§ 377 I HGB), Aufforderungen (§§ 108 II, 177 II) und Mitteilungen (zB § 661a, BGHZ 165, 172, 179; *Stieper*, Anfechtbarkeit von Gewinnzusagen, NJW 2013, 2849 ff).

179 Der Einzelne kann grundsätzlich frei entscheiden, ob und mit wem er einen Vertrag schließen will (**Abschlussfreiheit**). Auch in der inhaltlichen Ausgestaltung ihres Vertrages sind die Beteiligten frei (**Inhaltsfreiheit**), vgl § 311 I. Diese **Vertragsfreiheit** ist ebenfalls eine Erscheinungsform der Privatautonomie. Haben die Beteiligten einen wirksamen Vertrag geschlossen, dann sind sie aufgrund ihrer übereinstimmenden Willenserklärungen zur Einhaltung und Erfüllung des Vertrages verpflichtet (pacta sunt servanda).

Durch die Vereinbarung vom Vormittag könnten G und A einen Vertrag geschlossen haben, durch den A zur Abgabe des Lottoscheins und G zur Entrichtung der vereinbarten Vergütung verpflichtet worden sind. A könnte dann auf Erfüllung der Absprache bestehen. Sein Zahlungsanspruch ergäbe sich unmittelbar aus dem Vertrag. Eine ausdrückliche *gesetzliche* Anspruchsgrundlage, wie sie für die wichtigsten Vertragstypen, zB in § 433 I 1, II für den Kaufvertrag, vorgesehen ist, ist nicht erforderlich. Infolge ihrer Gestaltungsfreiheit sind die Parteien nicht an die gesetzlich geregelten Vertragstypen gebunden. Auch aus *atypischen Verträgen* können daher vertragliche Erfüllungsansprüche erwachsen (vgl § 311 I). Es ist also zu prüfen, ob G und A einen wirksamen Vertrag geschlossen haben.

II. Der Abschluss von Verträgen (Angebot und Annahme)

180 Die gesetzliche Regelung des Vertragsschlusses beschränkt sich auf die wenigen Bestimmungen der §§ 145 ff, aus denen sich die beiden Grundvoraussetzungen eines wirksamen Vertrages nur mittelbar ergeben. Ein Vertragsschluss setzt zwei wirksame, inhaltlich übereinstimmende Willenserklärungen der Vertragspartner voraus. Da die Initiative zum Vertragsschluss meist von einem der Beteiligten ausgeht, werden die Willenserklärungen im Gesetz als Antrag (oft auch Angebot genannt) und Annahme bezeichnet.

1. Das **Angebot** zum Vertragsschluss muss inhaltlich so bestimmt bzw bestimmbar sein, dass die Annahme des Angebots durch ein schlichtes „Ja" des anderen erfolgen kann. Der potentielle Vertragspartner muss also dem Angebot (eventuell im Zusammenhang mit anderen erkennbaren Umständen) alle wesentlichen Punkte des Vertrages entnehmen können. Bestimmbar sein müssen deshalb insbesondere der Vertragsgegenstand, die jeweiligen Leistungspflichten der Parteien und der Adressat des Angebots (essentialia negotii).

181 Indes kann sich ein Angebot auch an die Allgemeinheit richten, wie das etwa bei der Aufstellung von Warenautomaten häufig der Fall ist. Bei derartigen Angeboten ist stets genau zu prüfen, ob der Antragende den für eine Willenserklärung erforderlichen Rechtsbindungswillen hat. Denn an ein rechtswirksames Angebot ist der Antragende gemäß

§ 145 gebunden; der Vertragsschluss hängt dann nur noch von der Annahme des Angebots durch den Empfänger ab. Durch ein bindendes Angebot an die Allgemeinheit würde daher der Antragende die Möglichkeit verlieren, sich seinen Vertragspartner auszusuchen.

So für Internet-Auktionen BGHZ 149, 129, 134 ff – ricardo.de = *Schack/Ackmann*[7] Nr 3; BGHZ 211, 331 Tz 19 ff, 34 – Shill Bidding (eBay): Deshalb liegt keine Versteigerung iSv § 156 vor und das Widerrufsrecht des Verbrauchers in § 312g greift! Zur Konstruktion des Vertragsschlusses über eine *aufschiebend* bedingte Annahme *Stieper* MMR 2015, 627 f (eBay). Instruktiv zu Scheingeboten *Linardatos* JURA 2015, 1339 ff, und zum Rückzug von Geboten *Brox/Walker*[46] § 8 Rn 9.

Entspricht eine so weitgehende einseitige Bindung objektiv nicht dem zum Ausdruck gebrachten Willen des Antragenden, dann ist sein Angebot nur als eine rechtlich unverbindliche **invitatio ad offerendum** auszulegen. Durch eine solche Aufforderung sollen die Adressaten angeregt werden, ihrerseits ein Vertragsangebot zu machen. Geschieht das, dann steht es dem Auffordernden frei, ob er dieses von ihm veranlasste Angebot annehmen will oder nicht. Beispiele für solche invitationes ad offerendum sind Warenangebote in Katalogen und Werbeprospekten, die Ausstellung von Waren im Schaufenster unter Angabe des Preises, die Präsentation von Waren im Internet (vgl BGHZ 195, 126, 130 – Flugbuchung im Internet).

Der Antragende kann auch die Gebundenheit an seinen Antrag ausdrücklich oder stillschweigend ausschließen. Die Bedeutung von Klauseln wie „Angebot freibleibend" oder „ohne obligo" ist durch Auslegung im Einzelfall zu ermitteln. Ein solches Angebot kann eine bloße invitatio ad offerendum sein, aber auch ein Angebot darstellen, das selbst nach seiner Annahme noch unverzüglich widerrufen werden kann; vgl BGH NJW 1984, 1885 = *Schack/Ackmann*[7] Nr 2; *Grüneberg/Ellenberger*[82] § 145 Rn 4. **181a**

2. Durch die **Annahme** bringt der Adressat des Angebots sein Einverständnis mit dem angebotenen Vertragsschluss zum Ausdruck. Angebot und Annahme müssen daher mit Bezug aufeinander abgegeben werden und inhaltlich einander entsprechen, vgl §§ 150 II, 154, 155 (zum Dissens s. unten Rn 214). Aus der Abschlussfreiheit folgt, dass der Adressat des Angebots grundsätzlich frei über dessen Annahme oder Ablehnung entscheiden kann. Insbesondere bindet ihn die im elektronischen Geschäftsverkehr in § 312i I 1 Nr 3 vorgeschriebene Bestätigung des Zugangs der Angebotserklärung noch nicht (fraglich für eine „Auftragsbestätigung" OLG Düsseldorf NJW-RR 2016, 1073, 1075 f). Für die Annahmeerklärung von Verbrauchern im elektronischen Geschäftsverkehr schreibt § 312j III die Betätigung einer gesonderten Schaltfläche „zahlungspflichtig bestellen" oder eine ähnlich eindeutige Formulierung vor (s. unten Rn 252 aE). **182**

Eine Abschlusspflicht kann sich ausnahmsweise aus einer Selbstbindung des Annehmenden durch einen entsprechenden Vorvertrag ergeben. Ferner unterliegen Versorgungsträger wie Eisenbahn, Post oder Energieversorgungsunternehmen nicht selten kraft besonderer Gesetzesvorschriften einem **Kontrahierungszwang** (Nachweise bei *Medicus/Lorenz*, SchuldR I Allg. Teil[22] 2021, § 10 Rn 2). Einen solchen Abschlusszwang verneint BGH WM 1994, 1670, 1672 für Spielbanken, da sie keinem lebenswichtigen schützenswerten Bedürfnis dienen.

Sehr weitreichende Einschränkungen der Abschlussfreiheit ergeben sich aus dem Allgemeinen Gleichbehandlungsgesetz (AGG) vom 14.8.2006; zu ihm unten **Fall 16**.

3. Lehnt der Adressat eines Vertragsangebots die Annahme ab, dann erlischt das Angebot gemäß § 146. Als Ablehnung des Antrages gilt nach § 150 II auch eine **Annahme unter Änderungen** (vgl BGH NJW 2014, 2100, fragwürdig). Sie bringt also das ursprüngliche Angebot zum Erlöschen, stellt zugleich aber ein neues Angebot dar, das der andere nun seinerseits annehmen oder ablehnen kann. **182a**

Gleiches gilt gemäß §§ 146, 150 I für eine **verspätete Annahme** (vgl BGH NJW 2010, 2873 = JuS 2010, 1106 Anm. *Faust*). Wann eine Annahme verspätet ist, regeln die §§ 147–149. Hat der Antragende eine Frist für die Annahme bestimmt, so ist diese maßgeblich (§ 148), wenn nicht, gilt die gesetzliche Regelung des § 147 (beachte § 149).

Im **Fall 9** hat G dem A 5 € versprochen, wenn dieser den Lottoschein für ihn abgibt. Damit hat G ein Angebot auf Abschluss eines entgeltlichen Besorgungsvertrages gemacht. Der potentielle Vertragspartner sowie die beiderseitigen Leistungspflichten sind hinreichend bestimmt. Es bestehen auch keine Anhaltspunkte dafür, dass dem G der Rechtsbindungswillen gefehlt hätte. Dieses Angebot hat A auch, wie von § 147 I 1 gefordert, unverzüglich angenommen.

Dennoch wäre es nicht zu einem wirksamen Vertragsschluss gekommen, wenn auch nur eine der inhaltlich übereinstimmenden, mit Bezug aufeinander abgegebenen Willenserklärungen unwirksam sein sollte.

183 4. Heute so gut wie ausgestorben ist eine von *Haupt* 1941 begründete Lehre, die als Entstehungsgrund vertraglicher Verpflichtungen neben der Willenserklärung das sogenannte „faktische" oder **„sozialtypische Verhalten"** anerkennen wollte. An die Stelle von Angebot und Annahme als Willenserklärungen sollte das tatsächliche Verhalten, die **tatsächliche Inanspruchnahme der Leistung**, treten. Als Anwendungsfälle dieser Lehre hatte man vor allem an Massengeschäfte des täglichen Lebens gedacht wie die Benutzung öffentlicher Verkehrsmittel (näher 6. Aufl. Rn 50–53; vgl BGHZ 21, 319 – Hamburger Parkplatzfall). Doch besteht kein Anlass, die klassische Rechtsgeschäftslehre über Bord zu werfen, da sie auch Massengeschäfte des täglichen Lebens zureichend erfasst. Denn regelmäßig liegt in der Inanspruchnahme einer Versorgungsleistung zugleich eine auf den Abschluss eines Vertrages gerichtete schlüssige Willenserklärung (BGH JZ 2020, 577 Tz 13 mit Anm. *Beater* – Bereitstellung eines Parkplatzes als Realofferte). Diesen Erklärungswert seines schlüssigen Verhaltens kann der Erklärende auch nicht dadurch beseitigen, dass er ausdrücklich erklärt, das Erklärte nicht zu wollen; eine solche protestatio facto contraria ist grundsätzlich unbeachtlich.

Problematisch sind minderjährige **Schwarzfahrer**. Scheitert deren vertragliche Verpflichtung an §§ 104, 106 ff, dann darf auch das „sozialtypische Verhalten" nicht zu einem vertraglichen Anspruch auf die Gegenleistung führen. Von Versorgungsunternehmen kann man, wie von jedem anderen auch, verlangen, dass sie das Risiko fehlender Geschäftsfähigkeit ihres Geschäftspartners tragen. Vgl AG Bergheim NJW-RR 2000, 202, 203 mwN; *Weth* JuS 1998, 795 ff, 798; *Harder* NJW 1990, 857, 860; mit der Gegenposition von *Stacke* NJW 1991, 875. – Meist lassen sich billige Ergebnisse wiederum mit den herkömmlichen Mitteln des BGB erzielen, zB über das Deliktsrecht (wenn ein Schaden vorliegt!) und das Bereicherungsrecht, vgl BGHZ 55, 128 = *Schack/Ackmann*[7] Nr 54 – Flugreisefall (jedoch im Hinblick auf den Minderjährigenschutz ebenfalls fragwürdig).

III. Das Wirksamwerden von Willenserklärungen (Abgabe und Zugang)

184 1. Die Willenserklärung besteht aus zwei Elementen, dem (inneren) Willen und der (äußeren) Erklärung. Das Gesetz lässt nicht jede Willenserklärung sogleich mit der Äußerung des Willens wirksam werden, sondern unterscheidet danach, ob die jeweilige Erklärung an eine andere Person gerichtet **(empfangsbedürftig)** ist oder nicht. Nur die seltenen nichtempfangsbedürftigen Willenserklärungen (zB §§ 657, 2247) sind mit ihrer erkennbaren Äußerung sogleich auch wirksam. Empfangsbedürftige Willenserklärungen

werden dagegen strengeren Wirksamkeitsvoraussetzungen unterworfen, um zu gewährleisten, dass der Erklärungsempfänger die Erklärung zur Kenntnis nehmen und sich auf die durch sie geschaffene Rechtslage einstellen kann.

Da sich die auf einen Vertragsschluss zielenden Willenserklärungen jeweils an einen anderen, den potentiellen Vertragspartner richten, sind sowohl der Antrag als auch die Annahme empfangsbedürftige Willenserklärungen.

Aus vielerlei Gründen kann es geschehen, dass eine Willenserklärung vom Empfänger fehlerhaft, verspätet oder gar nicht zur Kenntnis genommen wird. Eine schriftliche Kündigungserklärung wird zB irrtümlich nicht an den Empfänger abgeschickt, sie geht auf dem Postweg verloren, sie kommt verspätet beim Empfänger an, sie kommt zwar rechtzeitig beim Empfänger an, dieser ist aber verreist und kann sie deshalb nicht zur Kenntnis nehmen. Die Entscheidung über das Wirksamwerden der Willenserklärung bestimmt nun den Zeitpunkt, in welchem die Rechtsfolgen der Willenserklärung eintreten, gleich was später mit der Erklärung geschieht. Ab diesem Zeitpunkt ist der Erklärende an die Erklärung gebunden (vgl § 145) und muss der Erklärungsempfänger ihre Rechtsfolgen gegen sich gelten lassen. Dieser Zeitpunkt ist insbesondere für die Einhaltung von Kündigungsfristen wichtig.

2. Unterscheiden muss man zunächst die Abgabe der Willenserklärung von ihrem Zugang, ferner mündliche von verkörperten (schriftlichen) Willenserklärungen (vgl *Wertenbruch* JuS 2020, 481 ff). Die **Abgabe** als Wirksamkeitsvoraussetzung einer jeden Willenserklärung liegt vor, wenn der Erklärende sie willentlich in den Verkehr gebracht hat, die Erklärung ihm also nicht etwa abhanden gekommen ist (vgl *Meyer* JuS 2017, 960 ff). **185**

Auf den Zeitpunkt der Abgabe, nicht des Zugangs, kommt es vor allem für solche Wirksamkeitsvoraussetzungen an, die unmittelbar die Person des Erklärenden betreffen, zB für dessen Rechts- und Geschäftsfähigkeit (§ 130 II) sowie für das Bestehen von Willensmängeln (§ 119 I) oder von Kenntnis (§ 442 I 1; BGHZ = NJW 2022, 2843 Tz 15).

3. Der **Zugang** bestimmt demgegenüber den Zeitpunkt, in welchem die empfangsbedürftige Erklärung wirksam und damit rechtlich bindend wird. Ändert der Erklärende nach Abgabe der Erklärung seinen Willen, dann kann er deren Wirksamwerden gemäß § 130 I 2 durch deren **Widerruf** verhindern, vorausgesetzt, der Widerruf geht dem Empfänger vor oder zumindest gleichzeitig mit der widerrufenen Willenserklärung zu. Nach dem Zugang der Willenserklärung ist der Erklärende gebunden, darf der Empfänger also auf die Wirksamkeit der Erklärung vertrauen. **186**

Auch wenn der Empfänger den später zugegangenen Widerruf tatsächlich früher als die widerrufene Erklärung zur Kenntnis genommen, also noch kein Vertrauen investiert hat, bleibt die Willenserklärung nach hM wirksam (RGZ 91, 60, 93; *Medicus/Petersen*[11] Rn 300; aA *Hübner*[2] Rn 737). Demgegenüber ist im Anwendungsbereich des Wiener UN-Übereinkommens vom 11.4.1980 über Verträge über den internationalen Warenkauf (CISG) gemäß Art. 16 I ein Widerruf grundsätzlich möglich, wenn er „dem Empfänger zugeht, bevor dieser eine Annahmeerklärung abgesandt hat".

a) Das Gesetz beschränkt sich in § 130 I 1 auf die Feststellung, dass die einem **abwesenden Empfänger** gegenüber abzugebende Willenserklärung erst mit Zugang bei diesem wirksam wird (zur wichtigen Ausnahme des § 151 s. unten Rn 243). Die Voraussetzungen eines wirksamen Zugangs nennt das Gesetz jedoch nicht. Nach hM ist eine Willenserklärung zugegangen, wenn sie derart in den Herrschaftsbereich des Empfängers gelangt ist, dass unter gewöhnlichen Umständen mit seiner Kenntnisnahme gerechnet werden kann (BGHZ 67, 271, 275). Abgestellt wird also nur auf die zumutbare Möglichkeit der Kenntnisnahme. Ist der Empfänger im konkreten Fall aufgrund besonderer persönlicher Umstände (die nicht verschuldet sein müssen) daran gehindert, die Erklärung tatsächlich zur Kenntnis zu nehmen, so ist das sein Risiko; die Willenserklärung ist trotzdem zugegangen und wirksam, also zB selbst dann, wenn sie im Herrschaftsbereich des Empfängers verloren gegangen ist.

Befindet sich andererseits die Willenserklärung zwar im räumlichen Herrschaftsbereich des Empfängers, ist aber mit einer Kenntnisnahme objektiv nicht zu rechnen (zB Einwurf eines Kündigungsschreibens in den Hausbriefkasten um 21 Uhr), dann ist die Erklärung erst in dem Zeitpunkt zugegangen und wirksam, in welchem mit der Kenntnisnahme gerechnet werden kann, im Beispiel also erst am nächsten Werktag nach Abschluss der lokalen Postzustellung (es sei denn, der Empfänger hätte ausnahmsweise bereits um 22 Uhr in den Briefkasten geschaut) vgl BAG JZ 2020, 47 f mit Anm. *Foerste*; und die Kritik an der damit verbundenen Rechtsunsicherheit von *Bachmann*, in FS Singer 2021, S. 45 ff. Im unternehmerischen Geschäftsverkehr ist der BGH unerträglich streng, wenn er den Zugang – und damit eine grundsätzlich bindende Willenserklärung – bereits in dem Monat bejaht, in dem die E-Mail auf dem Mailserver des Empfängers abrufbereit zur Verfügung gestellt wird (BGHZ = NJW 2022, 3791 Tz 19 mit abl. Anm. *Bachmann*).

186a Entsprechend gehen elektronisch übermittelte (zu unterscheiden von automatisierten Willenserklärungen, zu ihnen *D. Paulus* JuS 2019, 960 ff) Willenserklärungen grundsätzlich erst am Folgetag zu, da „unter gewöhnlichen Umständen" (§ 312i I 2) der Empfänger, wenn er kein Geschäftsmann ist, seine Mailbox nicht häufiger als einmal täglich zu leeren pflegt. Voraussetzung ist jedoch, dass der Empfänger seine Mailbox als Empfangsvorrichtung auch für rechtsgeschäftliche Erklärungen und nicht nur für private Korrespondenz gewidmet hat (MüKo-*Einsele*[9] § 130 Rn 18). Anhänge von E-Mails ihm unbekannter Absender muss der Empfänger wegen der Virengefahr nicht öffnen (OLG Hamm NJW 2022, 1822).

187 b) Gleiches gilt für den Zugang **schriftlicher Erklärungen unter Anwesenden**. Die Erklärung ist also zugegangen, wenn sie in den räumlichen Machtbereich des Empfängers gelangt ist und dieser in zumutbarer Weise von ihr Kenntnis nehmen kann. Das ist in aller Regel im Moment der Aushändigung der schriftlichen Erklärung an den Empfänger der Fall.

Umstritten ist, unter welchen Voraussetzungen dem anwesenden Empfänger eine **mündliche** Erklärung zugeht. **Beispiel:** V macht telefonisch ein Kaufangebot über 200, K versteht 100 und sagt „einverstanden". Eine Ansicht lässt es wie sonst ausreichen, dass die Erklärung so deutlich geäußert worden ist, dass der Empfänger sie unter normalen Umständen vernehmen konnte, der Erklärende also damit rechnen durfte, dass der Empfänger die Erklärung richtig verstanden hat (*Brox/Walker*[46] § 7 Rn 21; *Bork*[4] Rn 631). Die Gegenansicht bejaht den Zugang erst, wenn der Empfänger die Erklärung tatsächlich akustisch richtig verstanden hat, **Vernehmungstheorie** (*Neuner*[12] § 33 Rn 28, 30). Danach ist das Angebot des V über 200 nicht zugegangen, also nicht wirksam geworden. (So entsteht eine dem Dissens vergleichbare Situation; vgl unten Rn 214.) Die objektive Vernehmbarkeit allein genügt der Vernehmungstheorie wegen der Flüchtigkeit einer mündlichen Erklärung nicht, denn der Empfänger hat hier nicht die Möglichkeit, sich durch wiederholtes und genaues Lesen sichere Kenntnis vom Inhalt der Erklärung zu verschaffen.

Damit trifft den Erklärenden das Risiko, dass der Empfänger die Erklärung infolge Unachtsamkeit oder Schwerhörigkeit nicht richtig verstanden hat. Das ist insbesondere dann hart, wenn der Empfänger aus Eitelkeit oder um seine Unsicherheit zu verbergen, nicht zu erkennen gibt, dass er die Erklärung nicht oder nicht richtig vernommen hat, der Erklärende deshalb von einer Nachfrage absieht und auf die Wirksamkeit der Erklärung vertraut. Noch härter wäre es aber für den Erklärungsempfänger, wenn dieser die unverstandene fremde Erklärung voll gegen sich gelten lassen müsste (*Hübner*[2] Rn 735). Insbesondere bei einseitigen Rechtsgeschäften wäre es unerträglich, den Erklärungsempfänger an eine Erklärung zu binden, die er nicht verstanden hat und auch nicht anfechten kann. Dem Erklärenden hilft man am besten mit einem Schadensersatzanspruch wegen Verschuldens bei Vertragsverhandlungen, wenn der Empfänger zB auf seine Schwerhörigkeit schuldhaft nicht hingewiesen hat. Ein solcher Anspruch aus culpa in contrahendo (§§ 280 I, 311 II, 241 II) gewährt jedoch nur das negative Interesse (vgl unten Rn 226).

Für den Zugang fernmündlicher oder unmittelbar im Online-Dialog abgegebener Willenserklärungen gilt das Gleiche wie bei mündlichen Erklärungen unter Anwesenden, vgl § 147 I 2 (anders bei Aufzeichnung auf einem Anrufbeantworter).

c) Ob eine Willenserklärung im Rechtssinne zugegangen ist, beruht letztlich also auf **188**
einer Abwägung der Interessen von Erklärendem und Erklärungsempfänger und einer entsprechenden Risikoverteilung. Jeder soll grundsätzlich die Nachteile tragen, die auf Umständen in seiner Herrschaftssphäre beruhen, gleich ob ihn hieran ein Verschulden trifft oder nicht. Vgl zum Zugang eines Telefax BGH JZ 1995, 628; von E-Mails *Mankowski* NJW 2004, 1901 ff (Anscheinsbeweis kraft elektronischer Eingangsbestätigung).

Entsprechend sind **Zugangshindernisse** zu beurteilen, wenn also der Zugang der Willenserklärung vom Empfänger vereitelt oder verzögert wird. Hier muss im Einzelfall bestimmt werden, wem das Misslingen des Zugangs anzulasten ist (vgl *Soergel/Hefermehl*, BGB I[13] 2000, § 130 Rn 24 ff; *Weiler* JuS 2005, 788, 792 f).

Verweigert zB der Empfänger die Annahme eines Kündigungsbriefes wegen dessen unzureichender Frankierung, so ist der fehlende Zugang dem Erklärenden anzulasten, die Kündigung also nicht wirksam. Wer in Erwartung einer Kündigung seinen Briefkasten abmontiert, muss, auch wenn der Brief infolgedessen zurückgeht, die Kündigung gegen sich gelten lassen, so als wäre sie rechtzeitig zugegangen (§ 242, Rechtsgedanke des § 162 I). In diesem Sinne arglistig handelt noch nicht, wer es unterlässt, ein Einschreiben auf der Post abzuholen. Der Benachrichtigungsschein der Post ersetzt nicht den Zugang des Einschreibebriefs, so dass der Erklärende einen erneuten Zustellversuch unternehmen muss (BGHZ 137, 205, 209; *Franzen*, Zugang und Zugangshindernisse bei eingeschriebenen Briefsendungen, JuS 1999, 429 ff). Bewirkt wird der Zugang jedoch durch das seit 1997 bekannte „Einwurf-Einschreiben", dessen Einwurf der Postmitarbeiter urkundlich bestätigt (BGHZ 212, 104 Tz 25; *Ante* NJW 2020, 3487 ff). Will der Absender sichergehen, kann er die Willenserklärung auch durch einen Gerichtsvollzieher gemäß § 132 I zustellen lassen.

d) § 131 regelt den Sonderfall des Wirksamwerdens einer Willenserklärung, die gegen- **189**
über einem Geschäftsunfähigen (Abs. 1) oder gegenüber einem beschränkt Geschäftsfähigen (Abs. 2) abgegeben wird. Hierzu *Boemke/Schönfelder* JuS 2013, 3 ff.

G hat sein Angebot gegenüber dem anwesenden A abgegeben. Zugegangen ist diese mündliche Erklärung nach der herrschenden Vernehmungstheorie nur, wenn der Erklärungsempfänger sie akustisch richtig verstanden hat. Daran bestehen hier keine Zweifel, so dass der Streit um die Voraussetzungen des Zugangs mündlicher Erklärungen hier dahinstehen kann. A ist aber mit 16 Jahren gemäß §§ 2, 106 nur beschränkt geschäftsfähig. Das kann nicht nur Auswirkungen auf die Wirksamkeit der *von ihm* abgegebenen Willenserklärung haben (dazu unten IV), sondern es kann auch das Wirksamwerden der *ihm gegenüber* abgegebenen Erklärung hindern. Gemäß § 131 wird die einem beschränkt Geschäftsfähigen gegenüber abgegebene Willenserklärung grundsätzlich erst wirksam, wenn sie dessen gesetzlichem Vertreter zugeht. Der Zugang beim beschränkt Geschäftsfähigen reicht allerdings gemäß § 131 II 2 aus, wenn die Erklärung ihm lediglich einen rechtlichen Vorteil bringt.

Die Eltern als gesetzliche Vertreter des A haben hier zu keinem Zeitpunkt von dem Angebot des G Kenntnis erlangt. Dieses Angebot ist daher nur wirksam geworden, wenn es für A ausschließlich rechtlich vorteilhaft war. Durch das Angebot wurde nur der Antragende G rechtlich gebunden, § 145. A hatte die freie Wahl, das Angebot anzunehmen oder abzulehnen. Das Vertragsangebot war für ihn daher ausschließlich rechtlich vorteilhaft, so dass die Willenserklärung des G gemäß § 131 II 2 schon mit Zugang bei A wirksam geworden ist. G konnte sich daher von seinem am Vormittag zugegangenen Angebot nicht mehr am Mittag durch einen Widerruf nach § 130 I 2 einseitig lösen.

IV. Geschäftsfähigkeit als Voraussetzung für die Gültigkeit einer Willenserklärung

190 1. Unwirksam könnte jedoch die Annahmeerklärung des A sein, weil A mit 16 Jahren noch nicht voll geschäftsfähig ist. **Geschäftsfähigkeit** bedeutet die Fähigkeit, Rechtsgeschäfte selbst wirksam vornehmen zu können. Während rechtsfähig jede Person ist, erkennt das Gesetz die Geschäftsfähigkeit nur solchen Personen zu, die über ein Mindestmaß an Urteilsvermögen verfügen. Personen, die aufgrund ihres Alters, Krankheit oder sonstiger Gebrechen die rechtlichen Folgen ihrer Erklärungen nicht einzuschätzen vermögen, sollen durch Vorenthaltung der vollen Geschäftsfähigkeit davor geschützt werden, sich selbst durch Eingehen rechtlicher Bindungen zu schädigen.

Anders als bei der individuell bestimmten bedingten Deliktsfähigkeit (s. oben Rn 54) hat das Gesetz die Zurechnungsvoraussetzungen für rechtsgeschäftliches Verhalten abstrakt-generell fixiert: Die volle Geschäftsfähigkeit, die grundsätzlich Gültigkeitsvoraussetzung einer jeden Willenserklärung ist, tritt – ohne Rücksicht auf die Art der Willenserklärung und die konkrete Einsichtsfähigkeit des Erklärenden – mit Vollendung des 18. Lebensjahres ein. Ein Minderjähriger, der das siebte, aber noch nicht das 18. Lebensjahr vollendet hat, ist nur beschränkt geschäftsfähig (§§ 2, 106).

Nach Abschaffung der Entmündigung bleiben betreuungsbedürftige Volljährige, anders als früher nach § 114 aF, voll geschäftsfähig; s. oben Rn 142.

191 Während **Geschäftsunfähige** selbst überhaupt keine wirksamen Rechtsgeschäfte vornehmen können, weil ihre Willenserklärungen unheilbar nichtig sind, §§ 104, 105 I (Ausnahmen § 105a und § 4 II WBVG, hierzu *Wedemann*, Die Geschäftsunfähigkeit, JURA 2010, 587, 590 ff, und in AcP 2009, 668, 679 ff), kann der **beschränkt Geschäftsfähige** in gewissem Umfang (§§ 107–113) selbst am Rechtsverkehr teilnehmen. Im Gegensatz zum Geschäftsunfähigen ist der beschränkt Geschäftsfähige also nicht völlig auf seinen gesetzlichen Vertreter (idR seine Eltern, § 1629 I) angewiesen. Er kann vor allem solche Willenserklärungen ohne dessen Zustimmung wirksam abgeben, durch die er **lediglich** einen **rechtlichen Vorteil** erlangt, § 107. Allerdings wird diese Voraussetzung im Interesse des Minderjährigenschutzes sehr eng ausgelegt. Ist mit der Willenserklärung auch nur der geringste rechtliche Nachteil verbunden, so bedarf es der Zustimmung des gesetzlichen Vertreters. Danach ist auch ein wirtschaftlich sehr günstiges Geschäft, zB der Kauf eines neuwertigen Fahrrades für 50 €, nicht lediglich rechtlich vorteilhaft, weil nämlich der Minderjährige durch den Kaufvertrag zur Zahlung des Kaufpreises verpflichtet wird.

Mögliche rechtliche Nachteile sind für das Verpflichtungs- und das Verfügungsgeschäft getrennt zu untersuchen. So ist eine Grundstücksschenkung unter Rücktrittsvorbehalt nicht lediglich rechtlich vorteilhaft; anders die Auflassung, selbst wenn das Grundstück mit Grundpfandrechten belastet ist (BGHZ 161, 170, 174 f). Wenn sich die nachteiligen Rechtsfolgen, wie bei einer Schenkung von Wohnungseigentum, erst aus dem dinglichen Geschäft ergeben (vgl § 10 I WEG), gilt § 107 nur für die Übereignung (BGHZ 187, 119), ohne dass § 181 letzter Halbsatz hier greifen könnte. **F191a**

Auch die Erfüllung eines dem beschränkt Geschäftsfähigen zustehenden Anspruchs ist für ihn mit rechtlichen Nachteilen verbunden, weil durch die Erfüllung sein Anspruch erlischt (§ 362 I). Schuldbefreiend kann eine Leistung an den Minderjährigen daher nur sein, wenn er ausnahmsweise (zB §§ 112, 113) selbst empfangszuständig ist (BGHZ 205, 90 Tz 15 mwN).

2. Für Willenserklärungen, die nicht lediglich rechtlich vorteilhaft sind, benötigt der beschränkt Geschäftsfähige die Einwilligung seines gesetzlichen Vertreters, § 107. **Einwilligung** ist nach der Legaldefinition des § 183 Satz 1 die im Voraus erteilte Zustimmung während die nachträgliche Zustimmung als **Genehmigung** bezeichnet wird (§ 184 I). Gemäß § 182 I kann die Zustimmung gegenüber dem beschränkt Geschäftsfähigen wie gegenüber dessen Vertragspartner erklärt werden. Sie kann, wie jede Willenserklärung, ausdrücklich oder konkludent erfolgen (s. unten Rn 244 ff). Die Einwilligung kann sich auf ein ganz bestimmtes Rechtsgeschäft beschränken, sie kann aber auch eine Vielzahl von Rechtsgeschäften erfassen (sog. generelle Einwilligung). Ein unbeschränkter Generalkonsens für sämtliche Rechtsgeschäfte ist jedoch unzulässig, da er den beschränkt Geschäftsfähigen jeglichen Schutzes berauben würde. **192**

Als Fall einer konkludenten Einwilligung durch Mittelüberlassung lässt sich der **Taschengeldparagraf** § 110 auffassen (vgl aber MüKo-*Spickhoff*[9] § 110 Rn 3). Hiernach gilt der von einem Minderjährigen geschlossene Vertrag als von Anfang an wirksam, wenn der Minderjährige die vertragsgemäße Leistung mit Mitteln bewirkt, die ihm von seinem Vertreter oder von einem Dritten mit Zustimmung des Vertreters zum Zwecke der Vertragserfüllung oder zur freien Verfügung überlassen worden sind. Diese Vorschrift will es dem gesetzlichen Vertreter ermöglichen, dem Minderjährigen aus erzieherischen Gründen eine begrenzte wirtschaftliche Selbstständigkeit einzuräumen. Zum Schutz des Minderjährigen wird das Geschäft allerdings erst (rückwirkend) wirksam, wenn er seine vertragsgemäße Leistung mit den ihm überlassenen Mitteln tatsächlich bewirkt *hat* (§ 362 I). Solange der Minderjährige noch nicht vollständig erfüllt hat, bei Ratenzahlung also bis zur Zahlung der letzten Rate, bleibt das Geschäft gemäß § 108 von der Zustimmung des gesetzlichen Vertreters abhängig. **193**

Bei § 110 und ähnlich bei § 105a (für geringwertige Geschäfte des täglichen Lebens, die von geschäftsunfähigen Volljährigen vorgenommen worden sind; hierzu *Heim* JuS 2003, 141 ff) ist also ganz ausnahmsweise die Wirksamkeit des Verpflichtungsgeschäfts durch dessen Erfüllung bedingt. Vgl auch die Heilung formnichtiger Rechtsgeschäfte (unten Rn 326), dort tritt die Heilung jedoch nur ex nunc ein! **193a**

3. Hat der beschränkt Geschäftsfähige einen Vertrag ohne die erforderliche Einwilligung seines gesetzlichen Vertreters geschlossen und liegen auch die Voraussetzungen des § 110 nicht vor, dann hängt die Wirksamkeit des Vertrages von der Genehmigung des gesetzlichen Vertreters ab, § 108 I. Der **schwebend unwirksame Vertrag** wird im Falle der Genehmigung rückwirkend (ex tunc) wirksam (§ 184 I), im Falle der Verweigerung der Genehmigung endgültig unwirksam. Ob der gesetzliche Vertreter die Genehmigung erteilt oder nicht, steht ganz in seinem Belieben. Selbst wenn der Vertrag dem be- **194**

schränkt Geschäftsfähigen nützt, hat der Vertragspartner keinen Anspruch darauf, dass der gesetzliche Vertreter die Genehmigung erteilt.

Der Vertragspartner des Minderjährigen kann sich auch nicht mit Erfolg darauf berufen, er habe die Minderjährigkeit nicht gekannt und nicht erkennen können, ebenso wenig wie er in dem guten Glauben daran geschützt wird, der Minderjährige leiste das Entgelt aus Beträgen, die ihm zur freien Verfügung überlassen worden sind. Das Gesetz bürdet das Risiko des Fehlschlagens eines Geschäftes wegen fehlender Geschäftsfähigkeit voll dem anderen Vertragspartner auf. Es gibt keinen Schutz des guten Glaubens an die Geschäftsfähigkeit.

194a Immerhin berücksichtigt § 108 II das Interesse des Vertragspartners, den ihm lästigen Schwebezustand zu beenden. Fordert er den gesetzlichen Vertreter zur Erklärung über die Genehmigung auf, dann kann die Genehmigung (abweichend von § 182 I) nur noch dem Vertragspartner gegenüber erklärt werden, und eventuell vorher gegenüber dem Minderjährigen abgegebene Erklärungen werden ungültig (§ 108 II 1). Erfolgt die Genehmigung nicht innerhalb von zwei Wochen, so gilt sie als verweigert, § 108 II 2 (parallele Regelungen in §§ 177 II 2, 1366 III 2).

Auch kann der Vertragspartner, wenn er die Minderjährigkeit nicht kannte, seine Willenserklärung bis zur Genehmigung des schwebend unwirksamen Vertrages widerrufen, § 109. Der Vertragspartner kann den **Widerruf** (abweichend von § 131 II) auch gegenüber dem Minderjährigen erklären.

194b Während also ohne die erforderliche Einwilligung geschlossene Verträge durch Genehmigung des gesetzlichen Vertreters wirksam werden können, sind **einseitige** Rechtsgeschäfte, die der beschränkt Geschäftsfähige ohne die erforderliche Einwilligung vorgenommen hat, gemäß § 111 endgültig unwirksam. Die von § 108 abweichende Behandlung einseitiger Rechtsgeschäfte erklärt sich aus dem Bedürfnis des Geschäftspartners nach Rechtssicherheit. Die ihm unangenehme schwebende Unwirksamkeit des Vertrages hat er sich selbst zuzuschreiben, denn er brauchte den Vertrag mit dem Minderjährigen nicht zu schließen. Das einseitige Rechtsgeschäft des Minderjährigen wird dem Erklärungsempfänger dagegen „aufgezwungen", deshalb soll er hier vor der mit einer schwebenden Unwirksamkeit verbundenen Rechtsunsicherheit bewahrt werden.

195 4. Insgesamt ist die gesetzliche Regelung der beschränkten Geschäftsfähigkeit von dem Bemühen geprägt, den Minderjährigen vor nachteiligen rechtlichen Folgen seines Handelns zu schützen, ihm aber auch ein seiner wachsenden Einsichtsfähigkeit angepasstes selbstständiges rechtsgeschäftliches Handeln zu ermöglichen. Den Umfang der rechtlichen Selbstständigkeit bestimmen die gesetzlichen Vertreter (die Eltern) durch ihre Einwilligung, insbesondere durch Gewährung von Taschengeld.

Die in §§ 112, 113 geregelten Fälle der Teilgeschäftsfähigkeit haben nach der 1975 erfolgten Herabsetzung des Volljährigkeitsalters von 21 auf 18 Jahre ihre praktische Bedeutung weitgehend verloren. Zum Schutz des Minderjährigen vor seinem gesetzlichen Vertreter durch § 1629a s. unten Rn 423.

Durch die Annahme des Angebots des G verpflichtet sich A, den Lottoschein zur Annahmestelle zu bringen. G hat damit (wenn die Annahme wirksam ist) einen entsprechenden Erfüllungsanspruch gegen A und könnte bei Nichterfüllung Schadensersatz verlangen. Die Annahmeerklärung ist für A also nicht lediglich rechtlich vorteilhaft. Die gemäß § 107 erforderliche Einwilligung der Eltern liegt nicht vor. Eine Wirksamkeit des Vertrages nach § 110 kommt hier nicht in Betracht. Der Vertrag ist also gemäß § 108 I schwebend unwirksam. Die vertragliche Bindung des A hängt damit von der Genehmigung seiner Eltern ab. Die schwebende Unwirksamkeit des

Vertrages hindert jedoch nicht die rechtsgeschäftliche Bindung des G. Auch § 109 gibt ihm hier kein Widerrufsrecht, weil er die Minderjährigkeit des A kannte und A auch nicht der Wahrheit zuwider die Einwilligung seines gesetzlichen Vertreters behauptet hat. G kann sich also der Bindung an sein Angebot nicht durch den Hinweis auf die beschränkte Geschäftsfähigkeit des A entziehen; vielmehr muss G gemäß § 108 II vorgehen.

Zur **Abwandlung**: G verlangt von F den Schaden ersetzt, der ihm dadurch entstanden ist, dass F die versprochene Leistung, nämlich die Abgabe des Lottoscheins, nicht erbracht hat. Dieser Schadensersatzanspruch ist nur begründet, wenn F infolge der Vereinbarung mit G zur Leistung rechtlich verpflichtet war. Zweifel an dem rechtsgeschäftlichen (Rechtsfolgen begründenden) Charakter der Vereinbarung ergeben sich daraus, dass F dem G nur einen Gefallen tun wollte und hierfür keine Gegenleistung erhalten sollte.

V. Gefälligkeitsverhältnis

1. Allein aus der Unentgeltlichkeit folgt keineswegs, dass es sich bei dem Leistungsver- **196**
sprechen nur um die rechtlich unverbindliche Zusage einer reinen Gefälligkeit handeln muss. Es gibt nämlich eine ganze Reihe voll wirksamer **Gefälligkeitsverträge**, in denen sich ein Vertragspartner einseitig rechtsgeschäftlich verpflichtet, eine unentgeltliche Leistung zu erbringen. Hierher gehören die Schenkung (§ 516), Leihe (§ 598), unentgeltliche Verwahrung (§ 688) und auch der Auftrag (§ 662, mit der Einschränkung des § 670).

Demgegenüber fehlt der auf eine *Rechts*folge gerichtete Wille bei aus **reiner Gefälligkeit** abgegebenen Erklärungen im bloß gesellschaftlichen Bereich (vgl BGH NJW 1992, 498). Eine Verabredung zum Spaziergang, eine Einladung zum Abendessen binden den Einladenden nicht, auch wenn der Adressat ausdrücklich zugestimmt hat. Der Erklärende kann weder zur Erfüllung gezwungen werden, noch ist er zum Schadensersatz verpflichtet, wenn er die Verabredung platzen lässt.

Gewisse Rechtswirkungen können dagegen **Gefälligkeitsverhältnisse** entfalten. Zwar bestehen bei ihnen, anders als bei den echten Gefälligkeits*verträgen*, keine (Primär-)Leistungspflichten, möglicherweise aber vertragsähnliche Schutz- und Sorgfaltspflichten, deren Verletzung Schadensersatzansprüche begründen kann (§ 241 II, s. unten Rn 197a).

Die Abgrenzung zum rechtsverbindlichen Schuldverhältnis ist nicht immer einfach (Ein- **196a**
zelfälle bei *Grüneberg*[82] vor § 241 Rn 8 f; LG Offenburg NJW-RR 2022, 1036 – Verwahrung). Nicht nur Gefälligkeitsverträge, sondern auch Gefälligkeitsverhältnisse setzen nach hM voraus, dass sich die Beteiligten, wenn auch eingeschränkt, rechtlich binden wollten. Indizien für einen Rechtsbindungswillen sind die erkennbare wirtschaftliche und rechtliche Bedeutung für den Begünstigten, der Wert der dem anderen anvertrauten Rechtsgüter, auch ein mögliches Eigeninteresse des Leistenden (vgl BGHZ 206, 254 Tz 8 = *Schack/Ackmann*[7] Nr 16: Gefälligkeitsfahrt). Anhand solcher Indizien ist zu prüfen, ob sich der Gefällige zur Erbringung der Hauptleistung verpflichten oder nur Schutz- und Sorgfaltspflichten übernehmen oder sich überhaupt nicht rechtlich binden wollte.

Ein solcher Rechtsbindungswille ist, da er kaum je objektiv erklärt wird, weitgehend fiktiv (kritisch daher *Flume* II[3] § 7, 7; *Medicus/Petersen*[11] Rn 191). Letztlich entscheiden über das Ob und den Umfang der rechtlichen Bindung die Interessenlage und objektive Billigkeitskriterien. Die Auslegung unterstellt als gewollt, was vernünftige Parteien in Anbetracht der konkreten Umstände vereinbart hätten. Das zeigt deutlich der Lottofall des BGH NJW 1974, 1705, hierzu *Plander* AcP 176 (1976), 425 ff.

G und F haben sich weder ausdrücklich noch stillschweigend zur Rechtsverbindlichkeit ihrer Vereinbarung geäußert. Deshalb ist auf den mutmaßlichen Parteiwillen abzustellen. F hatte keinerlei Eigeninteresse an der zugesagten Leistung, sondern im Gegenteil nur Unannehmlichkeiten. Auch die wirtschaftliche Bedeutung der Zusage hat sich erst im Nachhinein ergeben. Angesichts der geringen Chance eines Lottogewinns hätte G dem F den Lottoschein wohl auch mitgegeben, wenn dieser seine Haftung ausdrücklich ausgeschlossen hätte. Dagegen kann man vernünftigerweise nicht davon ausgehen, dass F eine rechtsgeschäftliche Verpflichtung mit einem potentiell existenzgefährdenden Risiko übernehmen wollte, nur um G eine Bitte nicht abschlagen zu müssen. Eine derartige Haftung ist, wenn der Rechtsbindungswille nicht zweifelsfrei erklärt worden ist, unzumutbar. Mangels Rechtsbindungswillens scheidet hier deshalb ein Gefälligkeitsvertrag (Auftrag) aus, ebenso eine Haftung aus einem Gefälligkeitsverhältnis (ebenso BGH NJW 1974, 1705).

197 2. Das Gefälligkeitsverhältnis ist kein vertragliches Schuldverhältnis. Der Gefällige ist nicht zur Erfüllung seiner Zusage und deshalb auch nicht zu Schadensersatz wegen Nichterfüllung verpflichtet. Das schließt aber nicht eine Haftung desjenigen aus, der trotz Nichtbestehens einer Rechtspflicht die Gefälligkeit erbringt und hierbei Schutz- und Sorgfaltspflichten verletzt. Ein Gefälligkeitsverhältnis begründet, ähnlich wie ein Vertragsverhältnis, ein Vertrauensverhältnis zwischen den Beteiligten. Wer sich eine Gefälligkeit zusagen lässt, setzt oft eigene Rechtsgüter der Einwirkung des anderen aus in dem Vertrauen, dass dieser sich sorgfältig verhält und alles unterlässt, was den Begünstigten schädigen könnte.

Wer sich von einem anderen aus Gefälligkeit im Wagen mitnehmen lässt, vertraut darauf, dass dieser nicht durch riskante Fahrweise Leib oder Leben seiner Mitfahrer gefährdet. Oder die Mutter überlässt ihre Kinder der Aufsicht ihrer Nachbarin in dem Vertrauen, dass diese ihnen keine Streichhölzer zum Spielen gibt.

Im Rahmen dieser auf besonderem Vertrauen basierenden Sonderbeziehung bestehen Schutz- und Sorgfaltspflichten, die über die allgemeine, gegenüber jedermann bestehende Pflicht, die Rechte anderer zu achten (§§ 823 ff), hinausgehen. Auf die Einhaltung dieser Sorgfaltspflichten besteht zwar grundsätzlich kein klagbarer Anspruch. Werden sie aber bei Ausführung der Gefälligkeit verletzt, dann ist der daraus entstehende Schaden zu ersetzen (*Schwerdtner* NJW 1971, 1673, 1674 ff). Die vertragsähnliche Haftung im Rahmen von Gefälligkeitsverhältnissen beruht letztlich also auf dem bei Ausführung der Gefälligkeit in Anspruch genommenen Vertrauen.

Diese Situation ähnelt damit dem vertragsähnlichen Vertrauensverhältnis, das vor Abschluss eines Vertrages entsteht. Die Verletzung vorvertraglicher Pflichten begründet die heute in §§ 280 I, 311 II, 241 II kodifizierte Haftung aus **culpa in contrahendo** (cic) wegen Verschuldens bei Vertragsverhandlungen. Schadensersatzansprüche im Gefälligkeitsverhältnis lassen sich daher auf §§ 280 I, 311 II analog als Anspruchsgrundlage stützen (vgl AG Lingen NJW-RR 2010, 757, 758: Regress gegen einen Stadionbesucher wegen der durch sein Verhalten ausgelösten Vereinsstrafe).

Dieser Grund für die vertragsähnliche Haftung erklärt auch, weshalb bei **reinen Gefälligkeiten**, anders als im Rahmen von Gefälligkeitsverhältnissen, nur deliktisch gehaftet wird. Bleibt die Beziehung zwischen dem Begünstigten und dem Gefälligen so anonym oder oberflächlich, dass kein Vertrauensverhältnis entsteht, dann ist auch kein Gefälligkeitsverhältnis zustande gekommen. Für eine vertragsähnliche Haftung des Gefälligen besteht dann kein Anlass.

197a Verglichen mit dem Deliktsrecht hat ein Anspruch aus cic wegen Verletzung von Sorgfaltspflichten aus dem **Gefälligkeitsverhältnis** zwei entscheidende Vorteile: Zum einen setzt er nicht die Verletzung eines der in § 823 I genannten absoluten Rechte voraus, sondern schützt auch vor reinenVermögensschäden. Zum anderen haftet der Schuldner für das Verschulden von Hilfspersonen nach § 278, also ohne die Möglichkeit des Entlastungsbeweises gemäß § 831 I 2. Im Gefälligkeitsverhältnis wird somit zwar nicht das positive (Primär)Leistungsinteresse, wohl aber das negative Integritätsinteresse (§ 241 II) geschützt.

3. Problematisch ist der Haftungsmaßstab bei der Ausführung von Gefälligkeiten. 198
Grundsätzlich haftet jedermann vertraglich wie deliktisch für Vorsatz und jedwede, auch die leichteste Fahrlässigkeit (§ 276). **Haftungsmilderungen** sieht das Gesetz für einzelne Gefälligkeitsverträge vor, doch ist das Bild uneinheitlich: Mal haftet der unentgeltlich Handelnde nur für Vorsatz und grobe Fahrlässigkeit (§§31a, 31b, 521, 599), mal für eigenübliche Sorgfalt (§ 690, vgl § 277 und im Familienrecht §§ 1359, 1664 I), mal privilegiert ihn das Gesetz überhaupt nicht, so vor allem den Beauftragten in § 662 (und nach Streichung von § 708 aF auch den Gesellschafter einer GbR). Soweit das Gesetz eine Haftungsmilderung für Verträge vorsieht, muss diese erst recht für entsprechende Gefälligkeitsverhältnisse gelten (vgl *Medicus/Petersen*[11] Rn 188 f; verfehlt BGH NJW 1992, 2474, 2475: Reitpferd).

Eine andere Frage ist, ob die Haftungsmilderung nur für vertragliche Ansprüche gilt oder ob sie, wie meist, auch auf die deliktische Haftung durchschlägt.

Diese Überlegungen helfen aber beim Auftrag und damit in **Fall 9** nicht weiter. Für die Annahme einer gesetzlichen Haftungsmilderung für alle Gefälligkeitsverhältnisse (vgl *Flume* II[3] § 7, 6; *Hoffmann* AcP [1967] 394, 406) reicht die Analogiebasis nicht aus, vgl auch LG Mainz NJW 1988, 2116, 2117.

Denken ließe sich auch an die vertragliche Vereinbarung eines Haftungsausschlusses. 199
Doch wären entsprechende stillschweigende Willenserklärungen in aller Regel pure Fiktion: Wer bei Begründung des Gefälligkeitsverhältnisses keine Willenserklärung abgibt, der erklärt erst recht keinen rechtsgeschäftlichen Haftungsverzicht. Vielmehr liegt den Partnern der Gedanke an eine vertragliche Regelung unvorhergesehener Haftungssituationen meist fern. Deshalb steht auch eine ergänzende Vertragsauslegung (vgl BGH NJW 1980, 1681, 1682: Probefahrt) auf schwachen Füßen.

Vor allem bei einer Gefälligkeitsfahrt widerspräche ein Haftungsverzicht typischerweise sogar den Interessen beider Partner, denn der Geschädigte würde dadurch seinen Anspruch gegen die Kfz-Haftpflichtversicherung des Schädigers einbüßen. Ihm wird man kaum unterstellen dürfen, dass ihm sein Schadensfreiheitsrabatt wichtiger als das Wohlergehen desjenigen ist, dem er eine Gefälligkeit erweisen will.

Dadurch, dass im **Fall 9** F den Lottoschein des G nicht zur Annahmestelle gebracht hat, wird das Integritätsinteresse des G nicht berührt. F hat hierdurch nicht Schutz- oder Sorgfaltspflichten verletzt, sondern lediglich die zugesagte Gefälligkeit nicht ausgeführt. Selbst wenn man hier ein Gefälligkeitsverhältnis annehmen wollte (dazu oben Rn 196), hat G deshalb keinen Anspruch gegen F auf Ersatz des entgangenen Lottogewinns.

Lösungsskizze zu Fall 9 (Rn 176): 200

A. Ausgangsfall

Als Grundlage für einen Anspruch des A gegen G auf Vergütung in Höhe von 5 € kommen § 675 I (entgeltliche Geschäftsbesorgung), § 611 I (Dienstvertrag) oder § 631 I (Werkvertrag) in Betracht. Hier kann die nicht einfache Abgrenzung dahinstehen. Haben

A und G einen wirksamen Vertrag geschlossen, dann folgt aus ihm der Vergütungsanspruch des A unabhängig davon, welchem gesetzlichen Vertragstyp die Absprache zuzuordnen ist.

I. Angebot des G
1. Abgabe und Zugang der Willenserklärung
a) Wille, einen inhaltlich bestimmten Vertrag mit A zu schließen
b) Erklärung dieses Willens
c) Abgabe der Willenserklärung
d) Zugang bei A
aa) Das an A gerichtete Angebot wird als empfangsbedürftige Willenserklärung erst mit dem Zugang beim Empfänger wirksam (vgl § 130 I). Der Streit um die Voraussetzungen des Zugangs von mündlichen Erklärungen beim anwesenden Empfänger kann dahinstehen, da A die Erklärung des G akustisch richtig verstanden hat, die Erklärung also auch nach der strengeren Vernehmungstheorie zugegangen ist.
bb) Erklärungsempfänger A ist als Minderjähriger nur beschränkt geschäftsfähig (§§ 2, 106). Grundsätzlich ist deshalb gemäß § 131 II 1, I Zugang beim gesetzlichen Vertreter erforderlich. Hier genügt gemäß § 131 II 2, 1. Alt. Zugang bei A, da ein Vertragsangebot für dessen Empfänger lediglich rechtlich vorteilhaft ist.
2. Widerruf des Angebots
a) Nach § 130 I 2: Zugegangen war das Angebot dem A schon am Morgen. Der Widerruf in der Mittagspause war somit verspätet und konnte das Wirksamwerden des Angebots nicht mehr verhindern.
b) Ein Widerrufsrecht nach § 109 I scheitert in jedem Fall daran, dass G die Minderjährigkeit des A und das Fehlen der Einwilligung der gesetzlichen Vertreter (der Eltern) gekannt hat, § 109 II.

II. Annahme des A
1. Abgabe und Zugang der Willenserklärung
a) Wille, das konkrete Vertragsangebot des G anzunehmen
b)-d) wie oben I.1, unproblematisch, deshalb nur kurz festzustellen.
2. Wirksamkeit der Willenserklärung gemäß § 107
a) Durch die Annahme des Vertragsangebots würde sich der minderjährige A zur Abgabe des Lottoscheins verpflichten, so dass diese Willenserklärung für ihn nicht lediglich rechtlich vorteilhaft ist.
b) Eine Einwilligung seiner gesetzlichen Vertreter lag nicht vor. Die Annahmeerklärung des A war somit nicht wirksam. Auch eine Wirksamkeit des Vertrages gemäß § 110 kommt hier nicht in Betracht. Der Vertrag ist also gemäß § 108 I bis zur Genehmigung durch die Eltern des A schwebend unwirksam. Folglich ist noch kein Vergütungsanspruch des A entstanden, doch ist G weiterhin an sein Angebot gebunden. G kann sich dieser Verpflichtung nicht unter Hinweis auf die Minderjährigkeit des A entziehen.

B. Abwandlung: Anspruch des G gegen F auf Ersatz des entgangenen Lottogewinns

I. Schadensersatzanspruch wegen Nichterfüllung des Auftrags, §§ 280 I, III, 283, 275 I, 662
Abgrenzung zwischen Auftrag als Gefälligkeitsvertrag und einem Gefälligkeitsverhältnis: G und F wollten keine rechtliche Pflicht des F zur Abgabe des Lottoscheins begründen. Da F also nicht vertraglich zur Erbringung der Leistung verpflichtet war, schuldet er auch keinen Schadensersatz statt der Leistung.

II. Schadensersatz wegen Verletzung von Schutzpflichten aus einem Gefälligkeitsverhältnis, Anspruchsgrundlage culpa in contrahendo
Im Rahmen eines bloßen Gefälligkeitsverhältnisses wird nur das Integritäts-, nicht aber das positive Leistungsinteresse geschützt. Folglich kann G einen durch die blo-

ße Nichterbringung der Gefälligkeit entstandenen Schaden auch dann nicht ersetzt verlangen, wenn zwischen ihm und F ein Gefälligkeitsverhältnis begründet worden ist. G hat folglich keinen Anspruch gegen F auf Ersatz des entgangenen Lottogewinns.

§ 10 Auslegung. Inhalts- und Erklärungsirrtum. Anfechtung. Ersatz des negativen Interesses

Fall 10: In einem Hotel, das in einer Landschaft liegt, die für ihre guten Pfirsiche bekannt ist, stellt der Hotelier H auf jeden Tisch eine Schale mit Pfirsichen und ein Schild „Stück 1 €". Der Gast G, der ein Essen bestehend aus „Spargelsuppe, Rinderbraten und Blumenkohl, Nachtisch" zu 11 € bestellt hat, isst die auf seinem Tisch stehenden zwei Pfirsiche auf. Er weigert sich, 2 € extra für die Pfirsiche zu bezahlen, da er sie für den Nachtisch gehalten habe. 201
1. Muss G bezahlen, wenn er das Schild, das neben der Schale stand, nicht gesehen hat?
2. Welche Ansprüche hat H gegen G, falls ein anderer Gast versehentlich das Schild unter den Tisch gestoßen hätte, bevor sich G an den Tisch gesetzt hat? **(Lösungsskizze: Rn 230)**

I. Auslegung

1. H könnte einen Anspruch auf Bezahlung der Pfirsiche aus Kaufvertrag, § 433 II, haben. Der Vertrag setzt ein Angebot (hier des H) und dessen Annahme (hier durch G) voraus. Liegen, wie hier, keine ausdrücklichen und zweifelsfreien Willenserklärungen vor, dann muss ihr objektiver Erklärungswert durch Auslegung ermittelt werden. 202

H wollte die Pfirsiche nicht als Nachtisch anbieten, sondern als Gegenstand eines neben der Menübestellung zusätzlichen Kaufvertrages. Das ergibt sich aus der Tatsache, dass er das Preisschild neben die Schale gestellt hat. Dieser Wille des H ist auch für jeden objektiven Beobachter als Inhalt seiner Erklärung verständlich. Folglich hat H ein Kaufangebot gemacht. Ein Vertrag ist aber nur zustandegekommen, wenn G das Angebot auch angenommen hat. Das ist wieder eine Frage der Auslegung. Zunächst ist aber festzustellen, ob überhaupt eine gültige Willenserklärung, also ein tauglicher Auslegungsgegenstand, vorliegt.

2. Eine ordnungsgemäße, fehlerfreie Willenserklärung setzt dreierlei voraus: den Handlungswillen, das Erklärungsbewusstsein (auch Erklärungswille genannt) und den Geschäftswillen (auch Rechtsfolgewille genannt). 203

Fehlt dem Handelnden der **Handlungswille**, spricht er zum Beispiel im Schlaf oder unter Hypnose, dann liegt nur der äußere Schein einer Erklärungshandlung vor. Eine solche Handlung löst keinerlei Rechtsfolgen aus; vgl auch § 105 II.

Der Erklärungswille liegt vor, wenn dem Handelnden bewusst ist, dass er irgendeine rechtlich relevante Erklärung abgibt. Der Geschäftswille ist dagegen auf die Herbeiführung der konkreten Rechtsfolge gerichtet. Fehlt der **Geschäftswille**, dh fallen Wille und Erklärung auseinander (s. unten Rn 207), dann ist die Willenserklärung trotzdem wirksam, möglicherweise aber anfechtbar.

204 Problematisch wird es, wenn dem Handelnden, der den äußeren Tatbestand einer Willenserklärung setzt, das **Erklärungsbewusstsein** fehlt, dh wenn er sich nicht bewusst ist, dass seinem Verhalten ein objektiver Erklärungswert zukommt. Hier prallen der Schutz des „Erklärenden" (Willenstheorie) und der Schutz des Erklärungsempfängers (Erklärungstheorie) hart aufeinander. Rechtsgeschäftliche Wirkungen an Erklärungen zu knüpfen, bei deren Abgabe der „Erklärende" sich im außerrechtlichen Bereich glaubte, geht an den Nerv der Privatautonomie, auf der die Rechtsgeschäftslehre beruht (s. oben Rn 178).

Beispiel: A unterschreibt einen Kaufvertrag in dem Glauben, es handele sich um eine Quittung (§ 368). A hat Erklärungsbewusstsein, da die Quittung Beweisfunktion hat, ihre Ausstellung also rechtserheblich ist; ihm fehlt allein der Geschäftswille. Anders, wenn A in der Annahme unterschreibt, es handele sich um ein Glückwunschschreiben, dann fehlt ihm das Bewusstsein, irgendwie rechtserheblich zu handeln. Hierhin gehört auch das Schulbeispiel der Trierer Weinversteigerung, bei der ein Besucher einem Bekannten zuwinkt und nicht weiß, dass er mit dem Heben seiner Hand ein Mehrgebot abgegeben und damit prompt ein Fass Wein ersteigert hat.

205 Für den Erklärungsempfänger macht es keinen Unterschied, ob derjenige, der den objektiven Erklärungstatbestand gesetzt hat, etwas anderes (fehlender Geschäftswille, dann Anfechtung) oder gar nichts will (fehlendes Erklärungsbewusstsein). Das spräche dafür, auch in den Fällen fehlenden Erklärungsbewusstseins eine Willenserklärung anzunehmen und den „Erklärenden" auf die Anfechtung zu verweisen. Diese Lösung kann man als Vertrauenstheorie bezeichnen (vgl *Henrich* RabelsZ 35 [1971] 55, 67): Wem das Erklärungsbewusstsein fehlt, der kann seine Willenserklärung gemäß § 119 I anfechten, muss dann aber ohne Rücksicht auf Verschulden dem Anfechtungsgegner den Vertrauensschaden ersetzen, § 122 I.

Die Gegenansicht (Bewusstseinstheorie) verneint den Tatbestand einer Willenserklärung, gewährt dem Erklärungsgegner aber ebenfalls einen Schadensersatzanspruch, sei es ohne Verschulden (analog §§ 118, 122), sei es nur bei Verschulden des „Erklärenden" (culpa in contrahendo, §§ 280 I, 311 II, 241 II).

206 Der BGH hat sich einer Zwischenlösung angeschlossen, welche die Verkehrsinteressen deutlich bevorzugt. Wenn der Erklärende hätte erkennen und vermeiden können, dass sein Verhalten als Willenserklärung aufgefasst wird **(Zurechnungstheorie)**, liegt eine Willenserklärung vor, von der er sich nur lösen kann, wenn er rechtzeitig die Anfechtung erklärt (BGHZ 91, 324, 330 = *Schack/Ackmann*[7] Nr 1). Der „Erklärende" wird nur insofern geschützt, als eine Willenserklärung nur dann angenommen wird, wenn er fahrlässig gehandelt hat; damit wird im Ergebnis der Schadensersatzanspruch aus § 122 I verschuldensabhängig. Ziemlich lebensfremd ist dagegen das Argument (BGHZ 91, 324, 329 f), dem „Erklärenden" solle durch die Annahme einer Willenserklärung die Wahl gelassen werden, ob er sie gegen sich gelten lassen oder aber anfechten wolle (so auch der Vorwurf von *Canaris* NJW 1984, 2281). Die Gefahr, dass der Erklärende die Anfechtungsfrist des § 121 versäumt, ist groß, verglichen mit der nur theoretischen Chance, versehentlich einen günstigen Vertrag zu schließen; in der Praxis geht es denn auch nur um dem Erklärenden unangenehme Verpflichtungen, wie zB aus einer Bürgschaft, an der BGHZ 91, 324 den Bürgen festgehalten hat, weil dieser nicht rechtzeitig die Anfechtung erklärt hatte.

Wollte G die Pfirsiche als Nachtisch essen, dann wollte er eine vertragliche Leistung des H entgegennehmen und Eigentum erwerben. G handelte also mit Erklärungsbewusstsein; der Weg zur Auslegung ist frei.

3. Die **Auslegung** soll den Erklärungswert der Willenserklärung ermitteln. Mit der Auslegungsregel des § 133 wird das subjektive Willensmoment des Erklärenden betont, mit der (nicht nur für Verträge geltenden) Vorschrift des § 157 das objektivierte Verständnis des Erklärungsempfängers. Gegenstand der Auslegung ist die Willens**erklärung**! Ein innerer Wille, der keinen objektiven Ausdruck gefunden hat, ist unerheblich; vgl § 116 Satz 1. Der (äußere) Erklärungswert kann somit vom (inneren) Geschäftswillen abweichen. **207**

Eine Ausnahme gilt für den Fall, dass beide Vertragspartner übereinstimmend dasselbe gewollt, aber objektiv etwas anderes erklärt haben. Eine solche irrtümliche Falschbezeichnung ist unschädlich, **falsa demonstratio non nocet** (wie im Haakjöringsköd-Fall RGZ 99, 147, 148). Eine unbewusst unrichtige Beurkundung wahrt sogar die Form des § 311b I (BGHZ 87, 150 = *Schack/Ackmann*[7] Nr 5) – anders nur, wenn die Parteien bewusst nicht das beurkunden lassen, was sie wirklich wollen (s. unten Rn 300). **208**

Die Auslegung sucht also nach dem in der Erklärung zum Ausdruck gebrachten Geschäftswillen. Deshalb kommt es bei empfangsbedürftigen Willenserklärungen für deren Auslegung auf den **Empfängerhorizont** an. Die Auslegung bestimmt normativ die Grenzen der Zurechnung. Dem Erklärenden wird zugerechnet, was als sein Wille dem Erklärungsempfänger ersichtlich ist. Es kommt darauf an, wie dieser den erklärten Willen bzw das Verhalten mit Erklärungswert verstehen *durfte*. Mit dem Empfängerhorizont ist das umschrieben, was ein objektiver Beobachter, der alle Umstände kennt, als Wille des Erklärenden annehmen würde. Dabei ist Adressat einer Willenserklärung stets ein Mensch, niemals ein Computersystem (BGHZ 195, 126, 131: Flugbuchung für „noch unbekannt“). **209**

Häufig nehmen Willenserklärungen auf die äußeren Umstände, insbesondere auf die Willenserklärung einer anderen Person Bezug. **210**

Im **Fall 10** spricht das äußere Verhalten des G dafür, dass er die Pfirsiche zusätzlich erwerben wollte. Das Preisschild, das ein objektiver Beobachter mitbewerten würde, zeigt deutlich, dass H die Pfirsiche zu einem selbstständigen Kauf anbieten wollte. Die Erklärung des G (schlüssige = konkludente Willenserklärung durch Verzehr der Pfirsiche) lässt sich nur als wortlose Bezugnahme auf die Erklärung des H verstehen, deckt sich also mit dieser. Danach bedeutet das Verhalten des G, dass er das Kaufangebot annimmt. Ein Kaufvertrag ist also zustandegekommen und G grundsätzlich zur Zahlung des Kaufpreises verpflichtet.

Die **Abwandlung** im **Fall 10** macht deutlich, dass die Auslegung der Willenserklärungen von H und G durch das Zusammenwirken aller Einzelumstände des Falles bestimmt wird. Diese Umstände haben sich in der Zeit zwischen der Handlung des H und der Abgabe der Erklärung des G geändert; das von H auf den Tisch gestellte Preisschild ist hinuntergefallen. Es kommt also darauf an, auf welchen Zeitpunkt für die Auslegung abzustellen ist.

4. Maßgebend für den Inhalt der empfangsbedürftigen Willenserklärung des H ist der Augenblick, in welchem sie dem G zugeht. Über § 130 werden die Risikosphären abgegrenzt: Das Risiko, dass eine Willenserklärung auf dem Wege zu ihrem Empfänger verlorengeht oder verändert wird, trifft bis zu deren Zugang den Erklärenden; nach dem Zugang den Erklärungsempfänger. Richtet zB die Hausangestellte A oder die Ehefrau F als Empfangsbotin (vgl BAG NJW 2011, 2604) die richtig verstandene Erklärung falsch aus, dann geht dieses Risiko zu Lasten des Erklärungsadressaten; umgekehrt geht es zu Lasten des Erklärenden, wenn dieser sich bei der Abgabe der Erklärung eines Boten oder Stellvertreters bedient (vgl *Flume* II[3] § 14, 3 f). **211**

212 Für den Inhalt der Willenserklärung sind also die im Augenblick ihres Zugangs vorliegenden Umstände maßgeblich.

Für den Empfängerhorizont des G bzgl der Erklärung des H könnte das Fehlen des Preisschildes auf dem Tisch des G den Erklärungswert haben, dass die Pfirsiche als Nachtisch bestimmt sind. Dagegen sprechen jedoch andere gewichtige Umstände: Die Schilder auf den anderen Tischen deuten auf das Gegenteil (es sind alle Umstände zu berücksichtigen), und das Angebot wendet sich an alle Gäste, nicht nur an diejenigen, die ein Menü bestellt haben. Es bleibt also dabei, dass H für die Pfirsiche ein Kaufangebot gemacht hat. Unter Berücksichtigung der Schilder auf den übrigen Tischen ist auch der Kaufpreis bestimmt. Das Verhalten des G bedeutet auch ohne das Preisschild auf seinem Tisch für einen objektiven Beobachter die Annahme des Angebots des H.

213 Gleichgültig ist, ob derjenige, der den Tatbestand einer Willenserklärung gesetzt hat, dabei schuldhaft oder schuldlos gehandelt hat. Für die Auslegung kommt es auf das Verständnis des gedachten objektiven Beobachters an, hiernach scheidet das Verschulden des Handelnden als Bewertungsmaßstab aus. Auch die Anfechtung der Willenserklärung erlaubt das Gesetz unabhängig davon, ob sich der Erklärende schuldhaft oder schuldlos geirrt hat (s. unten Rn 226).

Bejaht man als Ergebnis der Auslegung eine wirksame Willenserklärung des G, dh die Annahme des Angebots des H, dann ist die **Abwandlung** in **Fall 10** in jeder Hinsicht ebenso wie der Ausgangsfall zu lösen.

214 5. Wollte man indes das Verhalten des G dahin auslegen, dass seine Willenserklärung die Hinnahme der Pfirsiche als Nachtisch bedeutet, dann läge ein **versteckter Dissens** vor, § 155, dh die Willenserklärungen von H und G wären aneinander vorbeigegangen, deckten sich nicht.

Im Falle eines solchen Dissenses ist kein Vertrag zustande gekommen; auch § 122 gilt nicht. Wer allerdings den Dissens schuldhaft verursacht hat, haftet möglicherweise aus Verschulden bei Vertragsverhandlungen (§§ 280 I, 311 II, 241 II); vgl den Weinsteinsäure-Fall RGZ 104, 265. (Trifft beide Seiten ein Verschulden, dann soll nicht etwa § 122 II, sondern der flexiblere § 254 gelten; BGHZ 99, 101, 109.)

Was die Beteiligten aufgrund des nicht zustandegekommenen Vertrages empfangen haben, ist nach § 812 I 1, 1. Alt. zurückzugewähren (Leistungskondiktion). Für § 812 wie für § 122 ist es gleichgültig, ob G schuldhaft oder schuldlos gehandelt hat, als er den Erklärungstatbestand gesetzt hat.

Erstreckt sich der versteckte Dissens nur auf einen Nebenpunkt, dann hält § 155 den Vertrag im Zweifel aufrecht, wobei die entstandene Lücke durch ergänzende Vertragsauslegung (s. unten Rn 414) geschlossen wird.

II. Anfechtung nach § 119

215 1. Im **Fall 10** hat G das Angebot angenommen, sich dabei jedoch geirrt. G hat erklärt, „Ich nehme ein Angebot zum Kauf an"; er wollte erklären, „Ich nehme die Pfirsiche als Nachtisch". Innerer Wille und objektiver Erklärungswert weichen also voneinander ab. Bei einem solchen **Auseinanderfallen von Wille und Erklärung** erlaubt § 119 I, die Willenserklärung anzufechten mit der Nichtigkeitsfolge des § 142 I.

§ 119 I behandelt den Inhaltsirrtum (1. Alt.) und den Erklärungsirrtum (2. Alt.) in deren Rechtsfolgen gleich. Ein **Inhaltsirrtum** liegt vor, wenn der Erklärende über den Sinn des verwandten Erklärungszeichens irrte, ein **Erklärungsirrtum**, wenn der Erklärende ein anderes als das verwandte Erklärungszeichen verwenden wollte (zB Versprechen, Verschreiben, Verklicken). Da G über den Sinn seines Handelns (= Erklärungszeichen) irrte, ist ein Inhaltsirrtum gegeben; G hat zwar das Erklärungszeichen verwandt, das er verwenden wollte, damit aber inhaltlich etwas anderes erklärt als beabsichtigt.

Auch wer sich verschrieben hat und dies bei Abgabe der Erklärung nicht bemerkt, befindet sich strenggenommen in einem Inhaltsirrtum. Da aber die Rechtsfolgen eines Erklärungs- wie eines Inhaltsirrtums die gleichen sind, ist deren genaue Unterscheidung praktisch müßig.

In einem Inhaltsirrtum befand sich die Konrektorin einer Mädchenrealschule, als sie „25 Gros Rollen Toilettenpapier" bestellte und statt der erwarteten 25 großen Rollen 25 mal 144 = 3600 Rollen angeliefert wurden (LG Hanau NJW 1979, 721, hierzu *Kornblum* JuS 1980, 258).

Irrtum ist das unbewusste Auseinanderfallen von Wille und Erklärung bei deren Abgabe. **216**
Fehlvorstellungen anlässlich der vorangehenden Willensbildung berechtigen dagegen nicht zur Anfechtung, sondern sind als **Motivirrtum** grundsätzlich **unbeachtlich**. Es würde den Geschäftsverkehr unerträglich belasten, wenn die Bestandskraft eines Rechtsgeschäfts davon abhinge, dass sich die nicht zum Bestandteil der Erklärung gewordenen Erwartungen des Erklärenden erfüllen. Wer etwa ein Hochzeitsgeschenk gekauft hat, kann den Kaufvertrag nicht deshalb anfechten, weil die Hochzeit ausfällt.

Ausnahmsweise erklärt das Gesetz einen Motivirrtum für beachtlich, wenn der Erklärende schutzbedürftiger ist als der Erklärungsempfänger, zB in § 2078 II und vor allem in § 123 bei Fehlern in der Willensbildung infolge einer arglistigen Täuschung oder Drohung (s. unten Rn 268). Zum Eigenschaftsirrtum in § 119 II s. unten Rn 278 ff.

Sind *beide* Parteien demselben Motivirrtum erlegen, dann wird man ihn billigerweise beachten **217**
müssen. **Beispiel:** Im Rubelfall (RGZ 105, 406) hatten die Vertragspartner ein Darlehen über 30 000 Rubel auf ihrer Flucht aus Russland auf 7500 Reichsmark umgestellt, weil sie von einem Rubelkurs von 1:4 ausgingen, während er in Wahrheit bei 1:100 lag. Das RG löste diesen Fall noch über einen „erweiterten Inhaltsirrtum". Doch passt hier schon die Anfechtungsfolge des § 122 nicht, denn der Zufall würde darüber entscheiden, welcher der beiden Irrenden anfechten und dem anderen Schadensersatz leisten müsste. Die heute hM löst diesen Fall deshalb nicht über die Anfechtung, sondern über die Störung der Geschäftsgrundlage (§ 313), mit der Folge, dass der Vertrag an die wirklichen Umstände angepasst wird. Im Rubelfall schuldete der Darlehensnehmer also nur 300 RM.

Weder ein Erklärungsirrtum noch eine *gemeinsame* Geschäftsgrundlage, sondern ein unbeachtlicher Motivirrtum ist gegeben, wenn der Verkäufer den auf Anfrage genannten Kaufpreis irrtümlich einer veralteten Preisliste entnommen hat (LG Bremen NJW 1992, 915 mit Anm. *Habersack* JuS 1992, 548). Anders liegen die Dinge, wenn ein von beiden Parteien als maßgeblich betrachtetes Preisschild falsch abgelesen wird.

Unbeachtlich ist auch der **Rechtsfolgenirrtum**. Auch hier irrt der Erklärende nicht über **218**
den Inhalt seiner Erklärung, sondern über die vom Gesetz daran geknüpften Rechtsfolgen. So kann zB der Verkäufer den Kaufvertrag nicht mit der Begründung anfechten, er habe nicht gewusst, dass er für Sach- und Rechtsmängel haften müsse. Auch hier muss das Gesetz im Interesse des Geschäftsverkehrs darauf bestehen, dass der Erklärende an das gebunden bleibt, was er als gewollt erklärt hat.

Die Abgrenzung im Einzelfall kann schwierig sein (vgl BGHZ 177, 62, 66 f; MüKo-*Armbrüster*[9] § 119 Rn 85 ff; *Musielak* JZ 2014, 64 ff; *Neuffer*, Die Anfechtung der Willenserklärung wegen

Rechtsfolgeirrtums, 1991, mit zahlreichen Varianten). So kann ein Rechtsfolgenirrtum zu einem beachtlichen Inhaltsirrtum werden, wenn der Erklärende einen Rechtsbegriff benutzt hat, dem er eine andere als die gesetzliche Bedeutung beigelegt hat. **Beispiel:** Jemand erklärt, eine Sache „mieten“ zu wollen, obwohl er sie nur unentgeltlich leihen will (vgl §§ 535, 598).

219 Ein grundsätzlich unbeachtlicher Motivirrtum ist auch der so genannte **Kalkulationsirrtum** (BGHZ 139, 177, 180 f). Der Bauunternehmer, der ein Angebot über 100 000 € abgibt, kann sich nicht darauf berufen, er habe sich verkalkuliert, als er das Angebot machte. Anders könnte man nur entscheiden, wenn auch die Kalkulation offengelegt und zum Gegenstand der Verhandlungen gemacht worden wäre. In einem solchen Fall wollte das RG den Kalkulationsirrtum als „erweiterten Inhaltsirrtum“ beachten (RGZ 64, 266, 268; so noch OLG München NJW-RR 1990, 1406). Heute lässt sich hier durch Auslegung und über die Störung der Geschäftsgrundlage (§ 313) helfen, vorausgesetzt, die offengelegte Preiskalkulation ist wirklich zur gemeinsamen Geschäftsgrundlage des Vertrages geworden (BGH NJW 1981, 1551, 1552; bei Existenzbedrohung des Anbietenden OLG Düsseldorf NJW-RR 1996, 1419, 1420). Zu den verschiedenen Varianten des Kalkulationsirrtums vgl *Medicus/Petersen*[11] Rn 758 ff; *Waas* JuS 2001, 14 ff.

220 2. Der Irrtum muss für den Erklärenden bestimmend (kausal) gewesen sein, dh ohne den Irrtum hätte der Erklärende seine Erklärung nicht abgegeben. § 119 I lässt es aber bei dieser individuellen Kausalität nicht bewenden, sondern setzt der Anfechtung noch eine objektivierte Schranke insofern, als die „verständige Würdigung des Falles“ über die Beachtlichkeit des Irrtums entscheidet.

221 3. Danach ist der Irrtum des G beachtlich und er kann seine Willenserklärung anfechten. Die irrtümliche Willenserklärung ist nicht etwa von Gesetzes wegen nichtig, sondern nur **anfechtbar**, dh durch Anfechtung vernichtbar. Das Anfechtungsrecht ist ein fristgebundenes (s. unten Rn 233) Gestaltungsrecht, über dessen Ausübung der Erklärende frei entscheiden kann. Automatische Nichtigkeit wäre nur am Platz, wenn das Gesetz der Erklärung schlechthin jede Rechtsfolge versagen will, wie zB in den Fällen der §§ 134, 138. Beim Irrtum geht es hingegen ausschließlich um die Interessen des Irrenden, folglich kann das BGB ihm auch die Entscheidung über den Bestand der Willenserklärung überlassen.

222 Die Anfechtung ist ebenfalls ein Rechtsgeschäft, das aus einer (empfangsbedürftigen, § 143 I) Willenserklärung besteht. Sie ist auf die Vernichtung des anfechtbaren Rechtsgeschäfts gerichtet. Die Erklärung ist formlos gültig. Es reicht aus, dass der Erklärende dem Anfechtungsgegner ersichtlich macht, dass er wegen des Irrtums an seine Willenserklärung nicht mehr gebunden sein will. Das Wort „Anfechtung“ oder einen Anfechtungsgrund muss der Anfechtende nicht nennen, solange nur der Grund dem Anfechtungsgegner erkennbar ist, damit er die Berechtigung der Anfechtung beurteilen und sich gegen sie verteidigen kann. Deshalb ist auch das Nachschieben von Anfechtungsgründen nur innerhalb der Anfechtungsfrist möglich; vgl *Neuner*[12] § 41 Rn 15. Wem gegenüber die Anfechtung zu erklären ist, bestimmt § 143 II–IV.

Im **Fall 10** muss G die Anfechtung seinem Vertragspartner H gegenüber erklären, § 143 II. Wenn G sich unter Berufung auf seinen Irrtum weigert zu zahlen, erklärt er damit konkludent die Anfechtung.

223 4. Die Folge einer wirksamen Anfechtung ist die **rückwirkende Vernichtung** der angefochtenen Willenserklärung, § 142 I. Danach ist die irrtümliche (anfechtbare) Willenserklärung zunächst voll gültig, und sie bleibt es, wenn sie nicht fristgerecht angefochten wird. Ist sie aber angefochten worden, dann hat niemals eine Willenserklärung vorgele-

gen. Das Gesetz arbeitet hier also, anders als in § 108, nicht mit schwebender Unwirksamkeit (s. oben Rn 194), sondern mit der schwebenden Wirksamkeit der irrtümlichen Willenserklärung. Das Rechtsgeschäft, dessen Bestandteil sie ist, ist zunächst gültig und wird mit der Anfechtungserklärung ungültig. § 142 I bezieht hierbei die Ungültigkeit auf den Zeitpunkt der Abgabe der Willenserklärung zurück, die Anfechtung wirkt damit *ex tunc*.

Ganz ausnahmsweise kann der Anfechtende aus Treu und Glauben (§ 242) verpflichtet sein, den Vertrag zu den Bedingungen neu abzuschließen, die er ursprünglich gewollt hatte. Die hL will dagegen in einem solchen Fall schon die Nichtigkeitsfolge des § 142 I nicht eintreten lassen (*Neuner*[12] § 41 Rn 153 f mwN; LG Berlin NJW-RR 2009, 132, 133: eBay-Versteigerung eines Flugzeugs; vgl *Bork*[4] Rn 955).

Die von § 142 I angeordnete Rückwirkung erklärt sich daraus, dass die anfechtbare Willenserklärung zwar gültig, aber doch von Anfang an mit einem Mangel behaftet ist. Wird dieser Mangel geltend gemacht, dann wirkt das auch von Anfang an. Durch diese Rückwirkung ist der Irrende relativ stark geschützt, etwa Eigentümer geblieben. Dieses Schutzes wegen nimmt das Gesetz die praktischen Schwierigkeiten der Rückwirkung in Kauf. **224**

Sind Dauerschuldverhältnisse bereits vor der Anfechtung in Vollzug gesetzt worden, dann ist deren bereicherungsrechtliche Rückabwicklung nicht immer möglich bzw ausreichend. Für solche „fehlerhaften Vertragsverhältnisse" (zB Arbeitsvertrag, Gesellschaft; nicht aber ein Mietvertrag über Geschäftsräume!, BGHZ 178, 16, 27 ff) hat man besondere Regeln entwickelt (vgl BAG NJW 1984, 446, 447; MüKo-*Busche*[9] § 142 Rn 17-20). Vgl auch zur Aufhebung einer Ehe §§ 1314, 1318. **225**

5. Den Anfechtungsgegner, der auf den Bestand der Willenserklärung vertraut hat, schützt § 122. In dieser Vorschrift findet sich der notwendige Ausgleich für die einseitige Berücksichtigung der Interessen des Irrenden, dem § 119 die Anfechtung ohne Rücksicht darauf erlaubt, ob er den Irrtum verschuldet hat oder nicht. Der Preis, den der Anfechtende, ebenfalls unabhängig von seinem Verschulden, für die Anfechtungsmöglichkeit zahlen muss, ist die in § 122 begründete Pflicht zum **Ersatz des Vertrauensschadens**. Die Anfechtungsvoraussetzungen und -folgen einerseits und die Pflicht zum Ersatz des Vertrauensschadens andererseits ergeben eine insgesamt ausgewogene Regelung. **226**

Ersatz des Vertrauensschadens bedeutet, dass der Erklärungsempfänger so gestellt werden muss, als ob die angefochtene Erklärung nicht abgegeben worden wäre. Dieses so genannte **negative Interesse** steht im Gegensatz zum positiven. Die Ersatzpflicht auf das positive Interesse (zB in § 281) geht nämlich dahin, dass der Berechtigte so gestellt werden muss, als ob die Erklärung gültig wäre.

Wäre im **Fall 10** gar nichts geschehen (Formel für das negative Interesse), dann besäße H die Pfirsiche noch. Das negative Interesse ist also gleichbedeutend mit dem Einkaufspreis der Pfirsiche zuzüglich evtl. sonstiger Kosten. Das positive Interesse entspricht dagegen dem Verkaufspreis von 1 € je Pfirsich. Ausnahmsweise können das negative und positive Interesse gleich sein, wenn H nachweisen kann, dass er die Pfirsiche sonst verkauft hätte und jetzt keine Möglichkeit mehr hat, Ersatzware zu beschaffen.

§ 122 I begrenzt das negative Interesse der Höhe nach durch das positive: Der Gläubiger soll nicht besser gestellt werden, als wenn die Erklärung gültig wäre. **227**

Zur Verdeutlichung noch ein **Beispiel**: Ein Hotelier erhält ein Telegramm, mit dem für die Pfingsttage bis einschließlich Pfingstmontag 12 Doppelzimmer von einem Reisebüro bestellt werden. Die

Gäste sollen nach dem Telegramm am Pfingstsonnabend relativ spät eintreffen. Dieses Telegramms wegen weist der Hotelier mehrere Anfragen ab, davon eine, bei denen die Gäste bis Donnerstag bleiben wollten. Hinterher stellt sich heraus, dass nur zwei Doppelzimmer gewünscht wurden. Die Zahl 12 geht auf einen Übermittlungsfehler zurück. Es handelt sich um einen typischen Fall von § 120. Das negative Interesse besteht darin, dass der Hotelier, der die weiteren zehn Zimmer sonst vermietet hätte, jetzt nicht mehr vermieten kann. Das positive Interesse ist aber durch die Vermietung der Zimmer bis zum Pfingstmontag begrenzt. Das weitere Interesse, dass er die anderen Zimmer bis Donnerstag vermietet hätte, ist nicht zu ersetzen, da der Hotelier auch bei Gültigkeit der angefochtenen Erklärung die Gäste, die bis Donnerstag bleiben wollten, hätte abweisen müssen.

228 Das Beispiel zeigt zugleich die **Bedeutung des § 120** als Sonderfall des Erklärungsirrtums (BGH NJW 2005, 976, 977: fehlerhafter Datentransfer). Verändert sich der Inhalt der Willenserklärung zwischen ihrer Abgabe (Aufgabe des Telegramms, Beauftragung eines Erklärungsboten usw) und ihrem Zugang beim Empfänger, dann ist der Inhalt im Augenblick des Zugangs maßgebend (Empfängerhorizont; s. oben Rn 211). Also trägt der Erklärende das Risiko, dass seine Erklärung auf dem Weg zu ihrem Empfänger verstümmelt wird. Zum Ausgleich erlaubt § 120 dem Erklärenden die Anfechtung. § 120 setzt voraus, dass sich der Bote iS des § 119 geirrt hat. Das ist nicht der Fall, wenn der Bote **bewusst** von seinem Auftrag abweicht; er wird damit zu einem Vertreter ohne Vertretungsmacht, der eine eigene (mangels Irrtums nicht anfechtbare) Willenserklärung abgibt (hL; vgl *Neuner*[12] § 41 Rn 40 mit *Medicus/Petersen*[11] Rn 748). Zur Haftung des Vertreters ohne Vertretungsmacht s. unten Rn 475. Zu Lasten desjenigen, der den Boten beauftragt hat, kommt eine Haftung analog § 122 in Betracht.

229 Der Anspruch aus § 122 geht auf Schadensersatz, dh der Anfechtende muss den Zustand in Natur (§ 249) oder in Geld (§ 251) wieder herstellen, der vor Abgabe seiner irrtümlichen Erklärung bestanden hat. Der Anspruch auf Ersatz des Vertrauensschadens ist ausgeschlossen, wenn der Anfechtungsgegner den Anfechtungsgrund kannte oder hätte kennen müssen, dh wenn er fahrlässig war, § 122 II. In jedem Fall schuldet der Anfechtende, der in Durchführung des rückwirkend nichtigen Rechtsgeschäfts etwas erlangt hat, dessen Herausgabe aus ungerechtfertigter Bereicherung (§ 812 I 1, 1. Alt., § 142 I), es sei denn, die Bereicherung ist später gemäß § 818 III weggefallen.

Bis zur Anfechtung seiner Erklärung hat G Eigentum und Besitz an den Pfirsichen aufgrund des Kaufvertrages zu Recht erhalten. Mit der rückwirkenden Vernichtung des Kaufvertrages durch die Anfechtung entfällt der Rechtsgrund. G hätte also die Pfirsiche (bzw deren Wert, § 818 II) als ohne Rechtsgrund erlangt herauszugeben. Hat er sie gegessen, ohne Aufwendungen erspart zu haben (mehr als einen Nachtisch hätte er nicht gegessen!), ist die Bereicherung weggefallen, § 818 III.

230 **Lösungsskizze zu Fall 10 (Rn 201):**

I. Ansprüche des H gegen G auf Zahlung von 2 €
   1. aus Kaufvertrag, § 433 II
      a) Kaufvertrag über die Pfirsiche zustandegekommen? Angebot des H liegt vor. Erklärungswert des Verhaltens des G durch Auslegung zu ermitteln, §§ 133, 157. Nach dem maßgeblichen Empfängerhorizont ist das Verhalten des G als Vertragsannahme zu werten. Kaufpreisanspruch also entstanden.
      b) Der Kaufvertrag und mit ihm der Zahlungsanspruch des H könnte aber durch Anfechtung wieder entfallen sein, § 142 I.
         aa) Anfechtungsgrund: § 119 I, 1. Alt. Inhaltsirrtum. Der Wille des G deckte sich nicht mit dem objektiven Inhalt seiner Erklärung.

bb) Anfechtungserklärung des Anfechtungsberechtigten G gegenüber H, § 143 I und II.

cc) Anfechtungsfrist eingehalten, da Anfechtung unverzüglich erklärt, § 121.

Ergebnis: Kein Kaufpreisanspruch.

2. Schadensersatzanspruch § 122 I?
Wirksame Anfechtung. Der Vertrauensschaden (das negative Interesse) entspricht dem Wert der verzehrten Pfirsiche (maximal 2 €).

3. Bereicherungsanspruch: §§ 812 I 1, 1. Alt., 818 II? (nur knapp, da Anspruch aus § 122 bejaht ist.)
G hat die Pfirsiche durch Leistung des H unmittelbar ohne Rechtsgrund (Rückwirkung der Anfechtung, § 142 I) erlangt. Aber Wegfall der Bereicherung, § 818 III.

II. **Abwandlung:** Ansprüche des H gegen G, wenn das Preisschild vom Tisch gefallen war.

1. aus Kaufvertrag, § 433 II
   a) Wenn das Zustandekommen des Kaufvertrages bejaht wird, löst sich der Fall wie unter I.
   b) Liegen dagegen keine objektiv übereinstimmenden Willenserklärungen vor, so ist Dissens gegeben, dh ein Kaufvertrag nicht zustande gekommen. Dann käme nur in Betracht ein

2. Schadensersatzanspruch wegen Verschuldens bei Vertragsschluss
Verschulden des G am Nichtzustandekommen des Kaufvertrages? Den G trifft kein Verschulden am Herunterfallen des Schildes. Für ihn war auch nach den gesamten Umständen nicht erkennbar, dass die Pfirsiche nicht als Nachtisch im Rahmen des bestellten Menüs gelten sollten (andernfalls hätte die Annahme des Kaufangebots bejaht werden müssen!).

3. Bereicherungsanspruch: § 812 I 1, 1. Alt.
Hier ist der Rechtsgrund nicht erst durch Anfechtung beseitigt worden, sondern er fehlte wegen des Dissenses bereits von Anfang an. Im Übrigen wie unter I 3.

§ 11 Irrtum bei Verfügungsgeschäften und bei konkludenten Willenserklärungen. Abstraktionsprinzip

Fall 11: Der Kunst- und Buchhändler H schickt seinem Kunden und Kollegen K öfter Bücher und alte Stiche zur Ansicht. Die Preise gibt H mit leichten Bleistiftzahlen auf der Innenseite der Buchdeckel oder auf einem kleinen, an die Stiche gehefteten Zettel an. Am 10.2. schickt er dem K ein Buch und einen Stich. Der Preis für den Stich ist auf dem Zettel mit 50 € angegeben. Bei der Preisauszeichnung hatte H sich versehen; er wollte 80 € schreiben. K schenkt den Stich seinem Freund F zum Geburtstag. 231

In das Buch schreibt K seinen Namen. Er hat die etwas undeutliche Preisauszeichnung mit 17 € gelesen; bei einiger Aufmerksamkeit hätte K aber erkennen können, dass 27 € geschrieben stand.

Am 17.2. überweist K dem H 67 €. Als H anlässlich eines Besuches von K im Geschäft des H auf den offenen Betrag von 40 € hinweist und sich die Missverständnisse aufklären, will H zusätzlich 30 € für den Stich oder den Stich zurückhaben. Außerdem fordert er 10 € zusätzlich für das Buch. K will nichts zahlen.

Welche Ansprüche hat H? **(Lösungsskizze: Rn 249 f)**

I. Irrtum bei Verfügungsgeschäften

232 Mit dem Zusenden des **Stiches** hat H dem K ein Angebot zum Abschluss eines Kaufvertrages gemacht. Als Preis ist dabei aus der Sicht des Empfängers K (s. oben Rn 209) ein Betrag von 50 € genannt worden. Dieses Angebot hat K angenommen. Die Annahme liegt entweder im Verschenken des Stichs an F oder in der Überweisung des Geldes an H, je nachdem welcher Vorgang zuerst stattgefunden hat. H wollte aber ein Angebot zu einem Preis von 80 € abgeben. Er hat sich daher bei seinem Angebot geirrt, § 119 I (2. Alt.). H hat die Anfechtung auch rechtzeitig erklärt.

233 1. Im Interesse des Anfechtungsgegners, den die Unsicherheit über den Bestand des Rechtsgeschäftes belastet, setzt § 121 **Anfechtungsfristen**, nach deren Ablauf das Gestaltungsrecht erlischt (**Ausschlussfrist** im Gegensatz zur Verjährungsfrist, deren Ablauf nur eine Einrede, § 214, begründet; s. oben Rn 30). Sobald der Anfechtungsberechtigte seinen Irrtum erkannt hat, muss er die Anfechtung *unverzüglich* erklären, dh ohne schuldhaftes Zögern, § 121 I 1. Für die Anfechtung wegen arglistiger Täuschung gemäß § 123 beträgt die Frist, da der Anfechtungsgegner hier weniger schutzwürdig ist, ein Jahr seit Kenntnis des Anfechtungsberechtigten vom Anfechtungsgrund, § 124 I. Nach Ablauf von zehn Jahren kann die Willenserklärung in keinem Fall mehr angefochten werden, §§ 121 II, 124 III (absolute Frist).

Mit der Anfechtung durch H fällt das Kaufangebot und damit auch der Kaufvertrag zwischen H und K fort. Gleichzeitig mit dem Kaufangebot hat H dem K ein rechtlich selbstständiges Angebot zur Übereignung des Stiches gemacht. Auch dieses Angebot zur Einigung über den Eigentumsübergang (§ 929) hat K angenommen. H hat ihm auch den Besitz an dem Stich übertragen, so dass nach § 929 das Eigentum übergegangen, also eine Verfügung erfolgt ist.

234 2. **Verfügung** bedeutet die Übertragung, Änderung, Belastung oder Aufhebung eines Rechts. Die Verfügung ändert die Rechtslage unmittelbar. Das unterscheidet sie vom Verpflichtungsgeschäft, das die Rechtsinhaberschaft unberührt lässt und nur den Schuldner zu einem Tun oder Unterlassen verpflichtet.

Der Kaufvertrag ändert an der dinglichen Rechtslage nichts, der Stich bleibt dem Verkäufer solange zugeordnet, bis der Gegenstand übereignet ist. Gerät der Verkäufer in Insolvenz, dann fällt der Stich in die Insolvenzmasse, der Käufer kann ihn nicht aussondern, vgl § 47 InsO. Einer Pfändung durch einen Gläubiger des Verkäufers kann sich der Käufer nicht widersetzen, vgl § 771 ZPO. Veräußert der Verkäufer den Stich vor der Übereignung an den Käufer an einen Dritten, so verfügt der Verkäufer als Berechtigter, auf die Gut- oder Bösgläubigkeit des Erwerbers kommt es nicht an.

235 Verfügungsgegenstand ist stets ein subjektives Recht. Der Gegenstand, auf den sich die Verfügung bezieht, kann dabei entweder eine Sache oder ein Recht sein.

Der Erlassvertrag (§ 397) ist Verfügung, weil er die Forderung (= Verfügungsgegenstand) aufhebt. Die Abtretung einer Forderung (§ 398) entspricht der Übereignung beweglicher (§ 929) bzw unbeweglicher Sachen (§§ 873, 925). Ebenso eine Verfügung ist die Verpfändung dieser Gegenstände (§§ 873, 1113 ff für Grundstücke, §§ 1204 ff für bewegliche Sachen, §§ 1273 ff für Rechte).

236 Soweit die Verfügungen im Sachenrecht geregelt sind, bestehen sie aus einem **Doppeltatbestand**: Aus der **Einigung** zwischen dem Verfügenden und dem Erwerber über den Rechtserfolg (vgl §§ 873, 929, 1205) und aus einem **Vollzugsmoment**, das den Rechtserfolg in der für den Verfügungsgegenstand spezifischen Art offenlegen soll. Das ist bei

der Übereignung beweglicher Sachen grundsätzlich deren Übergabe (§ 929 Satz 1), bei der Einräumung von Rechten an Grundstücken die Eintragung im Grundbuch (§§ 873 I, 877; vgl unten **Fall 13**).

Die gesetzliche Regelung der Verfügung beschränkt sich darauf, Voraussetzungen für die Herbeiführung des Erfolges aufzustellen. Dabei ist die Frage, ob ein Rechtsgrund für den Rechtserfolg besteht, insbesondere ob der Verfügende zu der Verfügung verpflichtet ist, nicht einbezogen; vgl den Text der die Verfügung regelnden §§ 397, 398, 873, 929, 1205. Auch die in allen diesen Vorschriften geforderte Einigung bezieht sich nur auf die Herbeiführung des Verfügungserfolges, nicht auf das der Verfügung zugrundeliegende (Kausal)Geschäft. Der Rechtsgrund der Verpflichtung gehört also nicht zum Inhalt des Verfügungsgeschäfts, oder, anders ausgedrückt, die Verfügung ist auch dann wirksam, wenn der Empfänger keinen Anspruch auf den Verfügungserfolg hatte. Das Verfügungsgeschäft ist abstrakt, dh seine Gültigkeit ist unabhängig von der des zugrundeliegenden Verpflichtungsgeschäfts. Dieses **Abstraktionsprinzip** ist für das deutsche Recht charakteristisch. Vgl *Medicus/Petersen*[11] Rn 224 ff; *Westermann*, Sachenrecht[8] 2011, § 3; einführend *Schreiber/Kreutz* JURA 1989, 617–622. **237**

Das Abstraktionsprinzip hat Vor- und Nachteile. Sein großer Vorteil ist, dass es die Feststellung der Eigentumsverhältnisse erleichtert. Den Erwerber muss es nicht kümmern, aufgrund welcher Verpflichtungsgeschäfte der Veräußerer und dessen Rechtsvorgänger den Verfügungsgegenstand erlangt haben. Solange nur das Verfügungsgeschäft zugunsten des Veräußerers wirksam war, erwirbt der Erwerber vom Berechtigten, muss also nicht die besonderen Voraussetzungen eines gutgläubigen Erwerbs vom Nichtberechtigten erfüllen (vgl §§ 932 ff für bewegliche Sachen). Das ist besonders wichtig für Forderungen und Immaterialgüterrechte, bei denen es grundsätzlich keinen gutgläubigen Erwerb gibt, vgl §§ 404 ff. Dem Vorteil des Abstraktionsprinzips für den Rechtsverkehr steht der Nachteil für den Verfügenden gegenüber: Hat er rechtsgrundlos verfügt, dh liegt der Verfügung kein wirksames Verpflichtungsgeschäft zugrunde, dann ist die Verfügung trotzdem wirksam, zB das Eigentum übergegangen. An die Stelle des Herausgabeanspruchs aus § 985 tritt § 812 I 1, 1. Alt. und, falls die Sache inzwischen weiterveräußert worden ist, ein Anspruch nur auf Wertersatz gemäß § 818 II. Auch wenn der Veräußerer einem vorzeitigen Rechtsverlust häufig durch eine bedingte Verfügung vorbeugen kann (vor allem durch einen Eigentumsvorbehalt, § 449), so ist es doch schwer zu rechtfertigen, warum auf einen rechtsgrundlos erworbenen Gegenstand die Gläubiger des Erwerbers und nicht diejenigen des Veräußerers sollen zugreifen dürfen, dem der Gegenstand doch letztlich gebührt (vgl *Kegel*, in FS Mann 1977, S. 57, 82). Rechtspolitisch ist das Abstraktionsprinzip deshalb umstritten. Das ändert jedoch nichts daran, dass es als Grundpfeiler des geltenden Rechts beachtet werden muss, zumal man den durch das Abstraktionsprinzip erreichten Gewinn an Rechtsklarheit nicht unterschätzen darf. **F238**

3. Ist im **Fall 11** auch die **Verfügung anfechtbar**? Das Übereignungsangebot als Teil der Einigung iSv § 929 Satz 1 ist eine Willenserklärung. Auch auf diese sachenrechtlichen Erklärungen finden die Vorschriften des Allgemeinen Teils in §§ 119 ff Anwendung. **239**

Nun hat sich aber H im **Fall 11** bei der Abgabe seiner Übereignungserklärung nicht iSv § 119 I geirrt, da er das Einigungsangebot so abgegeben hat, wie er es abgeben wollte. Der rechtsgeschäftliche Wille, das Eigentum zu übertragen, und die abgegebene Erklärung decken sich. Auch der Anfechtungstatbestand des § 119 II liegt nicht vor: Ob 50 € oder 80 € gefordert werden sollen, ist keine wesentliche Eigenschaft des Stiches; auch der Wert als solcher (im Gegensatz zu den wertbildenden Faktoren) ist keine Eigenschaft der Sache iSv § 119 II (s. unten Rn 282). Der Irrtum über den Preis ist für die Verfügung also unerheblich. Vgl *Grigoleit*, Abstraktion und Willensmängel: die Anfechtbarkeit des Verfügungsgeschäfts, AcP 199 (1999) 379, 396 ff, 403.

240 Nun ist sicher, dass H nur übereignen wollte, weil er den Kaufvertrag, dessen Bestand ihm unzweifelhaft war, erfüllen wollte. Das ist aber unter dem Gesichtspunkt des Irrtums bedeutungslos. Das Anfechtungsrecht des BGB kennzeichnet, dass nur bestimmte Irrtümer zur Anfechtung berechtigen: Erklärungs- und Inhaltsirrtum in § 119 I, Eigenschaftsirrtum in § 119 II, Übermittlungsirrtum in § 120, arglistige Täuschung und Drohung in § 123. Nur die unter einen dieser Tatbestände fallenden Irrtümer sind beachtlich. Der Irrtum im Beweggrund (**Motivirrtum**) gehört nicht dazu. Wie schwer der Motivirrtum auch wiegen mag, darf er den Erklärenden doch grundsätzlich nicht zur Anfechtung berechtigen, will man nicht die Sicherheit des Rechtsverkehrs unerträglich gefährden, der die inneren Motive des Erklärenden nicht erkennen kann und sich für sie auch nicht interessiert (s. oben Rn 216).

Die Vorstellung des Verfügenden, zu der Zuwendung verpflichtet zu sein, ist sicherlich das zentrale Motiv. Da das Gesetz aber den Motivirrtum grundsätzlich nicht beachtet, kann H die dingliche Einigung nicht anfechten.

241 4. Das Ergebnis scheint merkwürdig: Der Kaufvertrag fällt mit der Anfechtung rückwirkend fort, die Übereignung des Stiches, das Verfügungsgeschäft, ist dagegen gültig. Das Fehlen eines Rechtsgrundes für die Übereignung macht die Eigentumsübertragung nicht unwirksam (Folge des Abstraktionsprinzips), wohl aber ist der Stich ohne Rechtsgrund übereignet, folglich § 812 gegeben. Die Abstraktheit der Verfügung (dh deren Unabhängigkeit vom Vorhandensein oder Fehlen eines Rechtsgrundes) bedeutet also nicht, dass der Verfügungsempfänger das ihm Zugewendete trotz fehlenden Rechtsgrundes behalten darf. Zwischen den Beteiligten ändert sich nur die Anspruchsgrundlage (§ 812 statt § 985), mit der die Vermögenslage wieder den materiellrechtlichen Beziehungen der Beteiligten angepasst wird. Die Art des Anspruchs ist weniger im Verhältnis der Beteiligten zueinander als im Verhältnis zu Dritten wichtig.

H hat den Stich ohne Rechtsgrund an K übereignet. K muss den Stich nach § 812 herausgeben und dem H zurückübereignen. Bis dahin ist Eigentümer aber K; in der Insolvenz oder in einer von Dritten betriebenen Zwangsvollstreckung usw kommt es auf das Eigentum des K an; Dritten kann H seinen bloß schuldrechtlichen Bereicherungsanspruch nicht entgegenhalten.

242 5. Die vom Gesetz eindeutig beabsichtigte Abstraktheit der Verfügung schließt nicht aus, dass die Parteien trotzdem versuchen, den Verfügungserfolg vom Vorhandensein eines Rechtsgrundes abhängig zu machen. Zu diesem Zweck können sie die Gültigkeit des Verpflichtungsgeschäfts zur Bedingung (§ 158) der Verfügung machen (unstreitig; Ausnahme § 925 II), oder sie können das Verpflichtungs- und das erfüllende Verfügungsgeschäft zu einer Einheit iSv § 139 zusammenfassen (s. unten Rn 301 ff).

Es liegt nahe, dass die Parteien des Verfügungsgeschäfts den Erfolg nur wollen, weil sie das Verpflichtungsgeschäft erfüllen wollen. H will den Stich übereignen, weil er ihn an K verkauft hat; K will ihn als den Gegenstand des Kaufvertrags erwerben.

Der Wortlaut von § 139 betrifft nur die Ungültigkeit eines Teils eines einheitlichen Rechtsgeschäfts. Verpflichtungsgeschäft und Verfügung sind aber nicht Teile eines Rechtsgeschäfts, sondern zwei rechtlich selbstständige Geschäfte. Sie können indes wirtschaftlich und tatsächlich so eng zusammenhängen, dass § 139 auf diese wirtschaftliche Einheit der formell selbstständigen Geschäfte analog angewandt werden kann. § 139 führt dann dazu, dass im Zweifel die Nichtigkeit des Verpflichtungsgeschäfts die des Verfügungsgeschäfts zur Folge hat. Eine derartige Durchbrechung des Abstraktionsprinzips kraft Parteivereinbarung ist zwar möglich (*Grüneberg/Ellenberger*[82] § 139 Rn 7 mwN; *Eisenhardt* JZ 1991, 271, 277; anders die hL, etwa *Neuner*[12] § 56 Rn 12; *Bork*[4] Rn 488; *Grigoleit* AcP 1999, 413 ff mwN), doch ohne konkrete Anhaltspunkte im Sachverhalt nicht anzunehmen (vgl BGH NJW 1979, 1495, 1496; *Hübner*[2] Rn 658). Es wäre eine unzulässige Umgehung des Abstraktionsprinzips, den Parteien solche Vereinbarungen als stillschweigend gewollt unterzuschieben, nur weil der Auslegende das Abstraktionsprinzip für unsachgemäß hält (s. oben Rn 238).

II. Irrtum bei konkludenten Willenserklärungen

Wenn K in das **Buch** seinen Namen schreibt, will er es damit als sein Eigentum kennzeichnen. Er ist sich auch darüber im Klaren, dass H ihm das Eigentum an dem Buch übertragen will, um damit den Kaufvertrag zu erfüllen, dessen Abschluss H mit der Übersendung des Buches anbietet. Mit dem Einschreiben des Namens in das Buch nimmt K also das Angebot des H zum Kauf und zur Übereignung an. **243**

1. Dass K seinen Willen nicht dem H gegenüber erklärt hat, muss dem Vertragsschluss nicht entgegenstehen. Zwar wird die an Vertragspartner gerichtete Annahmeerklärung als empfangsbedürftige Willenserklärung grundsätzlich erst wirksam, wenn sie dem anderen zugeht, § 130 I 1 (s. oben Rn 186). Eine Ausnahme hiervon macht aber § 151, wenn „eine solche Erklärung nach der Verkehrssitte nicht zu erwarten ist oder der Antragende auf sie verzichtet hat". Fehlt ein schutzbedürftiges Informationsinteresse des Erklärungsempfängers, dann **verzichtet** § 151 zur Erleichterung des Rechtsverkehrs **auf den Zugang der Annahmeerklärung**. Die Annahme muss dann nicht dem Antragenden gegenüber erklärt werden, also nicht die erweiterten Wirksamkeitsvoraussetzungen empfangsbedürftiger Willenserklärungen erfüllen (Abgabe in Richtung auf den Empfänger, Zugang beim Empfänger). Vielmehr wird die Annahme schon mit ihrer erkennbaren Erklärung wirksam. Auf diese, auch stillschweigend mögliche, *Erklärung* verzichtet § 151 jedoch nicht (vgl BGHZ 111, 97, 101). Ausreichend, aber auch erforderlich ist eine äußerlich in Erscheinung tretende Betätigung des Annahmewillens.

Ein solcher Zugangsverzicht liegt hier vor: H will so schnell wie möglich den Kaufvertrag zustande bringen. Sein Interesse geht insbesondere dahin, dass jede Handlung des K, die das Buch entwertet (H könnte das Buch mit dem Namenszug des K nur noch als antiquarisches verkaufen), auch den Vertrag entstehen lässt.

2. Grundsätzlich ist für die Willenserklärung weder eine besondere Form noch eine „ausdrückliche" Erklärung erforderlich. Da das Gesetz jede Form der Willensäußerung ausreichen lässt, ist die **Willenserklärung durch schlüssiges Verhalten** (konkludente Willenserklärung) weit verbreitet. Es muss sich um ein Verhalten handeln, dem aus der Sicht des Empfängers ein objektiver Erklärungswert zukommt, ein Verhalten also, das auf einen bestimmten Rechtsfolgewillen schließen lässt. **244**

K will das Buch als seines kennzeichnen. Über diesen unmittelbaren Zweck seiner Handlung hinaus drückt sie aber zugleich das Einverständnis des K mit dem Angebot des H nicht minder deutlich aus, als wenn K dem H ausdrücklich geschrieben hätte „Ich nehme das Kaufangebot an". Umgekehrt bedeutet die wortlose Rücksendung des Buches die Ablehnung des Angebots (vgl auch § 355 I 3 für den Widerruf eines Verbrauchervertrages).

245 Konkludente Willenserklärungen lässt das Gesetz dort nicht genügen, wo es jeden Zweifel an der Eindeutigkeit der Erklärung ausschalten will. So kann zB die Prokura „nur mittels ausdrücklicher Erklärung erteilt werden", § 48 I HGB. Vgl im elektronischen Geschäftsverkehr mit Verbrauchern § 312j III und für die Einbeziehung von AGB § 305 II Nr 1 und unten Rn 347 f.

246 Der Inhalt der konkludenten Willenserklärung ist durch Auslegung zu bestimmen, für die hier keine Besonderheiten gelten. Sehr oft wird die Auslegung ergeben, dass der Erklärende auf eine andere Willenserklärung Bezug nimmt (vgl oben Rn 210), die damit zum Inhalt seiner konkludenten Willenserklärung wird.

Das Verhalten des K bedeutet, dass er mit dem Angebot des H einverstanden ist. Das Angebot lautete aus der Sicht eines objektiven Beobachters (nicht nach der subjektiven Vorstellung des K!) auf 27 €. Dieses Angebot hat K vollinhaltlich durch schlüssiges Verhalten angenommen. Dass er glaubte, das Angebot des H und damit seine eigene Willenserklärung gingen auf einen Preis von 17 € und dass die Preisauszeichnung etwas undeutlich war, stehen dem nicht entgegen.

K irrte aber über den Inhalt seiner Willenserklärung: Er glaubte, schlüssig die Annahme zu 17 € zu erklären, während der objektive Erklärungswert seines Verhaltens eine Annahme zu 27 € ergibt. K kann also nach § 119 I anfechten.

247 3. Für die konkludente Willenserklärung gilt bezüglich der **Irrtumsanfechtung** nichts Besonderes (anders bei Willenserklärungen durch Schweigen, s. unten Rn 382 ff).

Fraglich ist allerdings, ob eine schlüssige Annahmeerklärung, auf deren Zugang der Anbietende gemäß § 151 verzichtet hat, nicht frei widerruflich ist, mit der Folge, dass es einer Anfechtung nicht bedarf. Für eine solche Widerrufsmöglichkeit könnte § 130 I 2 sprechen, der jedoch nur auf zugangsbedürftige Willenserklärungen zugeschnitten ist. Mit der Annahme durch schlüssiges Verhalten ist der Vertrag jedoch schon bindend und endgültig zustandegekommen (RGZ 102, 370, 372). Auch wenn das Verhalten, von dem der Anbietende nichts weiß, noch keinen Vertrauenstatbestand geschaffen hat, ist eine freie Widerruflichkeit der schlüssigen Annahmeerklärung jedenfalls dann fehl am Platz, wenn der Annehmende bereits in Rechte des Anbietenden eingegriffen hat, wie hier mit der Kennzeichnung des Buches als Eigentum des K.

Hätte K dagegen das Buch, ohne es äußerlich zu kennzeichnen, in die Kartei seiner Bibliothek eingetragen und entsprechend eingestellt, dann hätte er zwar den Annahmewillen geäußert, jedoch keinen Tatbestand zugunsten des H geschaffen, der unbedingt dessen Schutz verlangen würde. Hier wollen manche (entgegen der hM, *Bamberger/Roth/Eckert*[4] § 151 Rn 5 mwN) die freie Widerruflichkeit analog § 130 I 2 zulassen.

248 Vorzugswürdig gegenüber einer solchen Widerrufsmöglichkeit, deren zeitliche Grenzen unscharf bleiben müssen, ist die Lösung über § 122: Der Erklärende muss seine schlüssige Annahme auch im Falle des § 151 nach den allgemeinen Regeln der §§ 119 ff anfechten. Von einem Vertrauensschaden kann allerdings erst die Rede sein, nachdem der Anbietende von der Annahmeerklärung Kenntnis erhalten hat (vgl *Staudinger/Bork* § 151 Rn 23).

Im **Fall 11** hat K das Buch zu einem Zeitpunkt „beschädigt", als H noch nicht wusste, dass der Vertrag bereits zustandegekommen war. Es fehlt hier deshalb an einem Vertrauensschaden des H im technischen Sinne. Dennoch wird man hier dem H analog § 122 einen Schadensersatzanspruch geben müssen, da H darauf vertrauen durfte, dass K ihn nicht schädigen werde. (Ein Anspruch des H gegen K aus § 823 I scheitert daran, dass K ungeachtet seiner Anfechtung des Kaufvertrages Eigentümer geworden ist; und selbst wenn auch die Übereignung nichtig sein sollte, schützt den K § 993 I am Ende.)

Lösungsskizze zu Fall 11 (Rn 231): 249

A. Erster Teil: Ansprüche des H wegen des Stiches

I. Ansprüche gegen K

1. Kaufpreisanspruch § 433 II: Kaufvertrag nur über 50 € zustande gekommen.
2. Herausgabeanspruch § 985: K ist weder unmittelbarer noch mittelbarer Besitzer. § 985 scheidet daher aus, ohne dass hier die Anfechtbarkeit des Verfügungsgeschäftes erörtert werden müsste.
3. Bereicherungsanspruch § 812 I 1, 1. Alt.:
   a) K hat Eigentum und Besitz an dem Stich erlangt;
   b) durch eine Leistung des H, denn H hat den Stich aufgrund eines Kaufvertrages an K übereignen wollen;
   c) ohne Rechtsgrund: Den Kaufvertrag als möglichen Rechtsgrund hat H nach § 119 I erfolgreich angefochten, weil er ein Angebot über 80 € hatte abgeben wollen, tatsächlich aber nur für 50 € angeboten hat. Nach Anfechtung entfällt der Kaufvertrag rückwirkend, § 142 I.
   d) K hat den Stich jedoch an F schenkweise übereignet: Die Bereicherung ist deshalb weggefallen, § 818 III. Verschärfte Haftung des K nach §§ 989, 292, 819 I, 818 IV nicht gegeben, weil K die Anfechtbarkeit (das Versehen des H) nicht erkennen konnte, vgl § 142 II.

II. Ansprüche gegen F

1. Herausgabeanspruch § 985: F ist Besitzer. H Eigentümer? H hat das Eigentum nach § 929 an K verloren. Selbst wenn H die auf Übereignung gerichtete Willenserklärung anfechten könnte, fiele das Eigentum nicht wieder an H, weil F in diesem Fall gutgläubig das Eigentum von K erworben hätte, §§ 929, 932, 142 II. (Da das Ergebnis – Eigentum des F – das Gleiche ist, wäre es falsch, hier breite Ausführungen über die Anfechtungsmöglichkeiten des H und über die Verknüpfung von Verpflichtungs- und Verfügungsgeschäft zu machen.)
2. Herausgabeanspruch § 816 I 2: K hat den Stich an F übereignet. F hat den Stich unentgeltlich erhalten. War K Nichtberechtigter? Ja, wenn die Übereignung von H an K infolge Anfechtung durch H rückwirkend vernichtet worden ist. Hier sind die Frage der Anfechtung des Verfügungsgeschäfts und die mögliche Verknüpfung von Verpflichtungs- und Verfügungsgeschäft zu erörtern. Weil dessen die Anfechtung scheitert, entfällt auch § 816 I 2. In einem solchen Fall greift der
3. Herausgabeanspruch des § 822. H könnte nach § 812 I 1 von K Herausgabe des Stiches verlangen; dieser Anspruch ist jedoch nach § 818 III entfallen (s. oben I 3d), da K nicht mehr bereichert ist, nachdem er den Stich dem F unentgeltlich zugewendet hat. § 822 ist erfüllt.

B. Zweiter Teil: Ansprüche des H gegen K wegen des Buches 250

I. Kaufpreisanspruch § 433 II

1. Angebot des H über 27 €. Die konkludente Annahme des K nimmt auf die Preisauszeichnung Bezug, so dass ein Kaufvertrag zu 27 € zustande gekommen ist. Auf den Zugang der Annahme hat H verzichtet, § 151.
2. Dieser Vertrag kann rückwirkend entfallen sein, sei es durch einen Widerruf der Annahmeerklärung (hier abzulehnen), sei es dadurch, dass K nach § 119 I mit der

Wirkung des § 142 I die Anfechtung erklärt hat, indem er die Zahlung unter Berufung auf eine andere Preisangabe verweigert hat.

II. Schadensersatzanspruch § 122 I: Anfechtung liegt vor. Vertrauensschaden in Fällen von § 151 analog § 122.

III. Herausgabeanspruch § 985: K ist Besitzer. H Eigentümer? H hat das Eigentum nach § 929 an K verloren. Anfechtung der kaufvertraglichen Annahmeerklärung durch K hat nicht die Nichtigkeit der Übereignung zur Folge (Abstraktionsprinzip).

IV. Bereicherungsanspruch § 812 I 1, 1. Alt.: wie oben A I 3a-c. Aus § 818 III folgt hier, dass K das Buch nur Zug um Zug gegen Rückzahlung der von ihm geleisteten 17 € an H zurückübereignen muss.

V. Schadensersatzanspruch § 823 I: scheitert daran, dass K zu dem Zeitpunkt, als er seinen Namen in das Buch schrieb, dessen Eigentümer war, folglich kein Eigentum des H verletzt hat.

§ 12 Nichtigkeit nach §§ 134, 138. Anfechtung nach §§ 119 II, 123

251 **Fall 12:** E hat geerbt; zum Nachlass gehört ein altes Bild. Da E von Bildern nichts versteht, bittet er seinen Freund, den Sammler S, um Auskunft über Qualität und Wert des Bildes. S möchte das Bild gelegentlich billig von E erwerben und sagt ihm wahrheitswidrig, das Bild sei eine mittelmäßige Kopie aus dem 19. Jahrhundert, während es in Wirklichkeit ein Original des 17. Jahrhunderts ist, für das im Kunsthandel 15 000 € zu erzielen sind. E fordert vom Kunsthändler H für das Bild 1000 €. H nimmt das Angebot an, wobei er hofft, dass das Bild aus dem 17. Jh. stammt. Als E dem S von diesem Kaufpreis erzählt, klärt S den E über den wirklichen Wert des Bildes auf.

H hat das Bild inzwischen mehrfach in Kunstzeitschriften annonciert und dafür 500 € aufgewandt.

Kann E das Bild von H zurückfordern? (**Lösungsskizze: Rn 292**)

I. Nichtigkeit des sittenwidrigen und wucherischen Geschäfts

Wenn Kaufvertrag und Übereignung gültig sind, hat H das Bild mit Rechtsgrund zu Eigentum erworben. Für die Ansprüche des E kommt es daher entscheidend auf die Gültigkeit oder Unwirksamkeit der Vereinbarungen zwischen E und H an.

252 1. Die Anfechtung als nachträgliche, vom Willen des Erklärenden abhängige Vernichtung des Rechtsgeschäfts (s. oben Rn 221) ist nur eines der vielfältigen Mittel, mit denen der Gesetzgeber einen Vertragspartner vor ihn unbillig belastenden Rechtsgeschäften schützen kann. So hat man in den letzten Jahren verstärkt Verbrauchern das Recht zugestanden, sich binnen einer Widerrufsfrist von zwei Wochen aus einer vertraglichen Bindung wieder zu lösen. (Dieser Widerruf hat mit dem in § 130 I 2 geregelten vor Zugang der Willenserklärung nichts zu tun! s. oben Rn 186.) Gemäß § 355 I 1 vernichtet der Widerruf des Verbrauchers den schwebend wirksamen Vertrag ex nunc (*Bork*[4] Rn 1814; *St. Lorenz* JuS 2000, 833, 835 ff; anders die Konstruktion der schwebenden Unwirksamkeit

in §§ 108 I, 109 s. oben Rn 194). Die Voraussetzungen und manchmal auch die Rechtsfolgen des Widerrufsrechts sind für die jeweiligen Verbraucherverträge gesondert in §§ 312g, 485, 495, 506, 650l ausgestaltet. Funktional bedeuten diese Widerrufsmöglichkeiten ein einseitig dem Verbraucher zugestandenes Rücktrittsrecht. Einen Vertrauensschaden muss er dabei (anders als nach einer Anfechtung gemäß § 122, s. oben Rn 226) nicht ersetzen.

Vor dem 1.1.2002 waren die Widerrufsrechte in Sondergesetzen geregelt: dem Gesetz über den Widerruf von Haustürgeschäften von 1986, dem VerbraucherkreditG von 1990, dem Teilzeit-WohnrechteG von 1996 und dem FernabsatzG von 2000. Mit diesem Gesetz sind auch die Definitionen des Verbrauchers und des Unternehmers in §§ 13 und 14 ins BGB aufgenommen worden. Mit der Schuldrechtsreform von 2002 sind diese vier Sondergesetze ebenso wie das AGBG formell in das zweite Buch des BGB integriert und 2013 neu gefasst worden (vgl §§ 305 ff, 312 ff, 355 ff, 481 ff, 491 ff/506 f). Übersichtlicher ist die Rechtslage dadurch nicht geworden. Die (zum Teil durch divergierende EU-Richtlinien vorgegebenen) unterschiedlichen Modalitäten und umfangreichen Belehrungspflichten halten jede Menge Fallstricke bereit; vgl die Informationspflichten in Art. 246 ff EGBGB. – Verbraucher werden zusätzlich durch besondere Hinweispflichten gemäß § 312j vor unbedachten Vertragsschlüssen im Internet geschützt, beachte § 312j IV (hierzu *B. Raue* MMR 2012, 438 ff; *Fervers* NJW 2016, 2289 ff).

Einen noch stärkeren Eingriff in die Privatautonomie bedeutet es, wenn das Gesetz bestimmte Rechtsgeschäfte für von Anfang an nichtig erklärt, weil sie gegen ein gesetzliches Verbot verstoßen, § 134. Verbotsgesetze können aus allen Rechtsbereichen, insbesondere aus dem Straf- und Verwaltungsrecht stammen (vgl zB § 40 II KulturgutschutzG vom 31.7.2016, BGBl I 1914, hierzu *Schack* KUR 2018, 112, 113). Ihr durch Auslegung zu ermittelnder Zweck entscheidet darüber, ob und inwieweit ein Verstoß auch die zivilrechtliche Sanktion der Nichtigkeit des Rechtsgeschäfts zur Folge hat (vgl BGHZ 201, 1 Tz 19 = *Schack/Ackmann*[7] Nr 8: Schwarzarbeit; BGHZ 171, 180, 186: Bankgeheimnis). **253**

Ein wegen Gesetzesverstoßes gemäß § 134 oder wegen Sittenwidrigkeit gemäß § 138 nichtiges Rechtsgeschäft äußert keinerlei Rechtswirkungen. Da die Nichtigkeit automatisch eintritt, ist auch für die Anfechtung eines nichtigen Rechtsgeschäfts grundsätzlich kein Raum (zur Lehre von den Doppelwirkungen im Recht s. unten Rn 288). Die kraft Gesetzes eintretende Nichtigkeit des Rechtsgeschäfts geht auch insofern über die Anfechtung hinaus, als es zu ihrer Geltendmachung keiner besonderen Erklärung und auch keiner Frist bedarf; auch § 122 gilt hier nicht. **254**

2. Bei **Wucher** sind das schuldrechtliche Geschäft (zB der Kaufvertrag) *und* die Übereignung nichtig. Das wird daraus gefolgert, dass es in § 138 II heißt: „versprechen" (bezogen auf das schuldrechtliche Geschäft) „oder gewähren lässt" (bezogen auf die Verfügung des Bewucherten, MüKo-*Armbrüster*[9] § 138 Rn 292). **255**

E könnte also das Bild von H nicht nur nach § 812, sondern auch nach § 985 herausverlangen, wenn der Kaufvertrag und die Einigung zwischen E und H wegen Wuchers nichtig sein sollten.

§ 138 II setzt **objektiv** voraus, dass Leistung und Gegenleistung in einem auffälligen Missverhältnis stehen. Vergleichsmaßstab ist der Verkehrswert der Leistungen. Das Übergewicht der einen Leistung über die andere muss erheblich sein. Das ist im **Fall 12** bei einem Verhältnis von 1:15 gegeben. Eine feste Grenze, ab wann ein solches Missverhältnis von Leistung und Gegenleistung vorliegt, gibt es im deutschen Recht nicht. (Anders etwa in Österreich mit der laesio enormis in § 934 ABGB: „Verkürzung über die Hälfte".) **256**

F257 Für Ratenkreditverträge hat die Rechtsprechung gewisse Richtwerte (keine starren Grenzen!) entwickelt, deren Überschreiten regelmäßig zu einem „auffälligen Missverhältnis" und damit zur Sittenwidrigkeit des Darlehensvertrages führt: So genügt ein relativer Zinsunterschied von 100%, wenn also der effektive Vertragszins den marktüblichen Zinssatz um mehr als das Doppelte übersteigt (vgl BGHZ 104, 102, 105), in Hochzinsphasen aber auch ein absoluter Zinsunterschied von 12 Prozentpunkten (BGHZ 110, 336). Stets kommt es auf alle Umstände des Einzelfalls an, insbesondere auf die Höhe des Risikos, das mit der Gegenleistung ausgeglichen werden soll. Zum Wucherverbot vgl *Reifner* JZ 2021, 1017 ff.

Bei Grundstückskaufverträgen sieht die Rechtsprechung ein auffälliges Missverhältnis regelmäßig schon gegeben, wenn der Kaufpreis nur wenig mehr als die Hälfte des Grundstückswertes beträgt; BGH NJW-RR 1991, 589 mwN.

258 Außerdem muss der Wucherer **subjektiv** die Zwangslage, die Unerfahrenheit, den Mangel an Urteilsvermögen oder die erhebliche Willensschwäche des anderen ausgebeutet haben. Der Wucherer muss also nicht nur das auffällige Missverhältnis von Leistung und Gegenleistung, sondern auch die in § 138 II genannten besonderen Umstände auf Seiten des Bewucherten kennen. Das bloße Missverhältnis von Leistung und Gegenleistung ist allein kein Nichtigkeitsgrund, hinzutreten müssen vielmehr ein vorwerfbares Verhalten des Wucherers und eine besondere Situation auf Seiten des Bewucherten. Nicht erforderlich ist hingegen, dass dem sittenwidrig Handelnden die Sittenwidrigkeit auch bewusst ist: Er verdient nicht deshalb Schutz, weil er nicht einmal ein schlechtes Gewissen hat.

Die besonderen Umstände des § 138 sind bei E nicht gegeben. E befindet sich weder in einer Zwangslage noch in einem Zustand erheblicher Willensschwäche. Unter Unerfahrenheit versteht man einen Mangel an allgemeiner Lebens- oder Geschäftserfahrung, etwa wenn einem gerade volljährig gewordenen mittellosen Studenten eine Trockenreinigungsanlage für 41 000 DM aufgeschwatzt wird (BGH NJW 1966, 1451). Die partielle Unerfahrenheit in dem konkreten Geschäft oder der konkreten Branche genügt für § 138 II dagegen nicht (vgl *Staudinger/Sack/Fischinger* § 138 Rn 281). Auch ein Mangel an Urteilsvermögen kommt hier nicht in Betracht, da dieser voraussetzt, dass dem Benachteiligten in erheblichem Maße die Fähigkeit fehlt, sich bei seinem rechtsgeschäftlichen Handeln von vernünftigen Beweggründen leiten zu lassen oder die beiderseitigen Leistungen richtig zu bewerten und gegeneinander abzuwägen (*Grüneberg/Ellenberger*[82] § 138 Rn 72).

259 Ausbeutung verlangt keine besondere Ausbeutungsabsicht oder -handlung. Es reicht aus, dass der Begünstigte das Geschäft in Kenntnis des Missverhältnisses der Leistungen und der subjektiven Voraussetzungen auf Seiten des Bewucherten abschließt. Einer Anwendung von § 138 II steht deshalb nicht entgegen, dass das Vertragsangebot vom Bewucherten ausgegangen ist (BGH NJW 1985, 3006, 3007).

Mit § 138 II deckt sich weitgehend der Straftatbestand des Wuchers in § 291 StGB. Verstößt das Rechtsgeschäft gegen dieses Verbotsgesetz, dann ist es auch gemäß § 134 nichtig.

260 3. Ein wegen des Missverhältnisses von Leistung und Gegenleistung anstößiges Rechtsgeschäft kann, auch wenn zum Wucher die subjektiven Voraussetzungen fehlen, als so genanntes **wucherähnliches Geschäft** sittenwidrig und damit nach § 138 *Abs. 1* nichtig sein. Hier kann nach der Lebenserfahrung aus einem besonders groben Missverhältnis auf die verwerfliche Gesinnung geschlossen werden (BGHZ 146, 298, 301, 303 = *Schack/Ackmann*[7] Nr 9; BGH NJW 2010, 364).

Dass § 138 II eine Spezialvorschrift gegenüber Abs. 1 darstellt, schließt nicht aus, für Fälle, deren Subsumtion unter die Spezialvorschrift am Fehlen einer ihrer Voraussetzungen scheitert, auf die allgemeine Regel zurückzugreifen. Das wäre nur dann unzulässig, wenn die Spezialvorschrift die allgemeine verdrängen sollte; das will § 138 II jedoch ersichtlich nicht.

§ 138 I definiert die **„guten Sitten"** ebenso wenig wie § 826. Es handelt sich vielmehr um eine wertausfüllungsbedürftige Generalklausel. Die Formulierung der Rechtsprechung vom „Anstandsgefühl aller billig und gerecht Denkenden" (vgl schon die Motive II 727 = *Mugdan* II 406, zu § 826) ist nicht viel konkreter, zeigt aber immerhin, dass es nicht auf die Moralvorstellungen der Parteien oder des Richters ankommen soll, sondern auf einen moralischen Mindeststandard, der sich mit den in einer Gesellschaft herrschenden Wertmaßstäben durchaus wandeln kann. 261

Solche Generalklauseln sind nicht ungefährlich, lassen sie sich doch leicht ideologisch aufladen, wie mit dem „gesunden Volksempfinden" und „nationalsozialistischer Weltanschauung" von RGZ 150, 1, 4 (1936). Peinlich die Entgleisung von LG Flensburg NJW 1993, 1866, 1867.

Mit der gebotenen Zurückhaltung gewürdigt werden muss das gesamte Rechtsgeschäft, sein objektiver Inhalt ebenso wie die Beweggründe der Parteien. Viele Rechtsgeschäfte sind, betrachtet man allein ihren Inhalt, neutral, wie zB sämtliche Verfügungsgeschäfte, aber auch der Kauf einer Schusswaffe. Werden derartige Rechtsgeschäfte jedoch in der erkennbaren Absicht vorgenommen, einen Dritten zu schädigen, dann sind sie sittenwidrig und damit nichtig. 262

Eine gewisse Konkretisierung des unbestimmten Rechtsbegriffs „gute Sitten" ermöglicht die Bildung von Fallgruppen. Mit ihnen versucht vor allem die Kommentarliteratur die Vielzahl der entschiedenen Einzelfälle nach angeblich leitenden Gesichtspunkten zu ordnen (zB *Staudinger/Sack/Fischinger* § 138 Rn 326 ff; *Medicus/Petersen*[11] Rn 695 ff). Ganz grob lassen sich drei Fallgruppen unterscheiden: Der Sittenverstoß kann sich gegen den Vertragspartner, gegen einen Dritten oder gegen die Allgemeinheit richten. Zur ersten Fallgruppe gehören Knebelungsverträge (zB Bierbezugsverträge mit einer Laufzeit von mehr als 15–20 Jahren, BGHZ 74, 293, 298), unangemessene Konkurrenzverbote (vgl auch § 90a HGB) und die wucherähnlichen Geschäfte.

Heftig umstritten ist die fragwürdige Praxis mancher Kreditgeber, vermögenslose Familienangehörige des Kreditnehmers zur Übernahme existenzvernichtender Bürgschaften zu veranlassen. Das BVerfG hat hier die Notbremse der Art. 2 I, 20 I GG gezogen, BVerfGE 89, 214 = *Schack/Ackmann*[7] Nr 10; danach BGHZ 125, 206, 212 f, 218 (Obliegenheit der Bank zur Bonitätsprüfung, aber keine Aufklärungspflicht).

Bezweckt das Rechtsgeschäft die Schädigung eines Dritten, dann müssen beide Vertragspartner die tatsächlichen Umstände kennen, aus denen sich der Vorwurf der Sittenwidrigkeit ergibt. Hierher gehören Schmiergeldverträge mit Angestellten des Dritten und andere Fälle einer Verleitung zum Vertragsbruch, ferner dingliche Vermögensverschiebungen, die einen Gläubiger zu Lasten anderer bevorzugen sollen. 263

Verstöße gegen Allgemeininteressen, wie zB beim Kauf eines Radarwarngerätes (BGH NJW 2005, 1490 f), werden meist schon durch besondere Verbotsgesetze und § 134 erfasst. Raum für § 138 I bleibt hier vor allem bei ausländischen Schmuggel- oder Exportverboten, da ausländische Gesetze nicht unter § 134 fallen (BGHZ 59, 82; vgl *Schack*, Kunst und Recht[3] 2017, Rn 558). 264

Die Sittenwidrigkeitsprüfung darf sich nur auf das Rechtsgeschäft als Ergebnis, nicht jedoch auf das Verhalten der Beteiligten erstrecken (*Flume* II[3] § 18, 2a; anders bei § 826). Das ist vor allem wichtig, wenn sich zwischen der Vornahme des Rechtsgeschäfts und dem Zeitpunkt, in welchem es Wirkungen entfalten soll, die Tatsachen oder Wertmaßstä- 265 be geändert haben, zB wenn der Erblasser die zur Erbin eingesetzte Geliebte inzwischen geheiratet hat (heute werden „Mätressentestamente" kaum je noch für sittenwidrig erklärt; vgl *Grüneberg/Ellenberger*[82] § 138 Rn 50). Der Jurist, der glaubt, dass er das „Anstandsgefühl aller billig und gerecht Denkenden" verkörpere, sollte, bevor er seine Sexualmoralvorstellungen verabsolutiert, sich klarmachen, dass über § 138 I nicht die im Rahmen der geltenden Gesetze freie Entfaltung der Persönlichkeit (Art. 2 I GG) verhindert werden darf. Mieten Nichtverheiratete ein Doppelzimmer, dann ist der Mietvertrag wirksam (vgl BGHZ 92, 213, 219; aA noch AG Emden NJW 1975, 1363), ebenso der Pachtvertrag über ein Bordell, solange damit nicht verbotene Formen der Prostitution gefördert werden (BGHZ 63, 365; einen solchen Fall betraf BGH WM 1990, 799, 800). Den Prostitutionsvertrag hat endlich § 1 des Gesetzes vom 20.12.2001 (BGBl I 3983) zur Regelung der Rechtsverhältnisse der Prostituierten vom Verdikt der Sittenwidrigkeit befreit (vgl *A. Bergmann*, Das Rechtsverhältnis zwischen Dirne und Freier, JR 2003, 270 ff). Spätestens das nimmt auch dem Mätressentestament seinen Makel (*Schnabl/Hamelmann* JURA 2009, 161–165 mwN), kann aber auch den Besuch eines Animierlokals merklich verteuern (vgl OLG Schleswig NJW 2005, 225, 226 f, fragwürdig). Aus demselben Grund sind heute einschlägige Kontaktanzeigen grundsätzlich nicht mehr unlauter (BGHZ 168, 314, 318 ff = GRUR 2006, 1042 mit Abb., zu § 3a UWG) und auch Telefonsexverträge nicht mehr sittenwidrig (BGH NJW 2008, 140, 141). Eindeutig sittenwidrig ist dagegen ein Arbeitsvertrag, der die öffentliche Vorführung des Geschlechtsverkehrs zum Inhalt hat (BAG NJW 1976, 1958, hier greifen auch die Regeln über das fehlerhafte Arbeitsverhältnis nicht; vgl oben Rn 225).

Empfängnisverhütung ist, unabhängig von jeder persönlichen Einstellung, nicht sittenwidrig, der Kauf von Präservativen ebenso wenig wie die Einwilligung in eine Sterilisation (BGHZ 67, 48, 50 f). Sittenwidrig dürften dagegen Leihmutterverträge sein, weil sie das Kind zu einer Ware machen, von der sich uU auch die Leihmutter später nicht trennen will (vgl OLG Hamm JZ 1986, 441, 444; aA *Coester-Waltjen* JuS 1987, 193, 195; für eine Analogie zu § 1 ProstG *Majer* NJW 2018, 2294 ff).

266 Für § 138 I macht die hM mit dem Abstraktionsprinzip Ernst (anders bei Abs. 2, s. oben Rn 255). Das Verfügungsgeschäft, das das sittenwidrige Kausalgeschäft erfüllen soll, ist nur sittenwidrig, wenn die Zuwendung selbst anstößig ist.

267 Davon kann im **Fall 12** keine Rede sein. Auch der Kaufvertrag ist hier trotz des großen Wertunterschiedes zwischen Leistung und Gegenleistung nicht gemäß § 138 I sittenwidrig. Denn im Antiquitätenhandel ist „jeder seines Glückes Schmied". Bei der Unsicherheit der Herkunft und des Alters von Bildern muss es nicht grob gegen das Anstandsgefühl aller billig und gerecht Denkenden verstoßen, wenn H das ihm gemachte Angebot annimmt.

II. Anfechtung nach § 123

268 1. § 123 erlaubt die Anfechtung einer Willenserklärung, die aufgrund einer Drohung oder arglistigen Täuschung zustande gekommen ist. Der Schutz des Gesetzes vor äußeren Beeinflussungen der freien Willensbildung des Erklärenden reicht deutlich weiter als in Fällen eines schlichten Irrtums in § 119: Die dem Bedrohten bzw Getäuschten zur Verfügung stehende Anfechtungsfrist ist länger, § 124, und auch eine Schadensersatzpflicht wie nach § 122 trifft ihn nicht.

Täuschung bedeutet das Erregen bzw Aufrechterhalten eines Irrtums, um den Getäuschten zur Abgabe einer Willenserklärung zu veranlassen. Hätte der Getäuschte bei Kenntnis des wahren Sachverhalts die Willenserklärung nicht abgegeben, dann kann er anfechten, selbst wenn das Rechtsgeschäft für ihn nicht nachteilig ist. Anders als § 263 StGB schützt § 123 BGB nicht das Vermögen, sondern primär die Entschließungsfreiheit des Getäuschten. Unerheblich ist auch, ob der Getäuschte dem Irrtum grob fahrlässig erlegen ist; vor dem Gauner wird auch der Dumme geschützt. 269

Das entscheidende Merkmal ist die Arglist. **Arglistig** ist die Täuschung nur, wenn sie vorsätzlich, in Kenntnis der Unrichtigkeit der behaupteten Tatsachen erfolgt ist. Bedingter Vorsatz genügt. So handelt zB ein Gebrauchtwagenverkäufer arglistig, der „ins Blaue hinein" erklärt, der Wagen sei unfallfrei, ohne ihn zuvor untersucht zu haben. 270

Ausnahmsweise kann die Arglist entfallen, wenn die Täuschung nicht rechtswidrig ist (vgl *G. Wagner*, Lügen im Vertragsrecht, in: R. Zimmermann, Störungen der Willensbildung bei Vertragsschluss, 2007, S. 59–102, 65 ff). So darf zB eine Arbeitsuchende auf unzulässige Fragen des Arbeitgebers lügen (zB auf die Frage nach einer bestehenden Schwangerschaft; vgl *Leipold*[11] § 19 Rn 8 f), und ein Straftäter darf sich unter den Voraussetzungen von § 53 BundeszentralregisterG als unbestraft bezeichnen. Hier haben das Geheimhaltungs- und Resozialisierungsinteresse Vorrang.

2. Die arglistige Täuschung kann nicht nur durch positives Tun, sondern auch **durch Unterlassen** geschehen, wenn nämlich der Empfänger der Willenserklärung verpflichtet war, den Irrenden aufzuklären. Besteht eine Rechtspflicht zum Tun, dann steht das Unterlassen dem Handeln gleich. Eine generelle Aufklärungspflicht, den Vertragspartner vor Irrtümern zu bewahren, existiert nicht. Eine Aufklärungspflicht kann sich jedoch im Einzelfall aus den Vertragsverhandlungen ergeben, wenn sie zu einem besonderen Vertrauensverhältnis geführt haben. Streng in die Pflicht nimmt die Rechtsprechung den Verkäufer von Gebrauchtwagen; er muss den Kaufinteressenten ungefragt über Unfallschäden aufklären (BGH NJW 1982, 1386, ausgenommen nur Bagatellschäden). Arglistig handelt auch der Kreditkäufer, der dem Kreditgeber seine völlige Zahlungsunfähigkeit verschweigt (RGZ 69, 13, 15). Zur Arglist im Kunsthandel vgl *Schack*, Kunst und Recht[3] 2017, Rn 398. 271

Eine solche Aufklärungspflicht dürfte im **Fall 12** nicht gegeben sein. Zwar könnte die ungleich größere Sachkunde des H eine Aufklärungspflicht begründen, aber E vertraut nicht dem H, sondern der Auskunft des S. Grundsätzlich darf im Geschäftsleben, vor allem im Antiquitätenhandel, jeder aus seiner größeren Sachkunde Gewinn ziehen (anders, wenn ein besonderes Vertrauensverhältnis zu einem Kunsthändler als Verkäufer besteht). H war also nicht zur Aufklärung des E verpflichtet; folglich kann E nicht nach § 123 anfechten.

3. Ein Sonderfall ist die **Täuschung durch einen Dritten**. Wurde der Erklärende nicht vom Erklärungsempfänger, sondern von einem Dritten getäuscht, dann ist die Erklärung nur anfechtbar, wenn der Erklärungsempfänger die arglistige Täuschung kannte oder kennen musste, § 123 II 1. Solange der Erklärungsempfänger nicht fahrlässig war, bleibt der Erklärende gebunden. Der Erklärungsempfänger ist jedoch dann nicht schutzwürdig, wenn die arglistige Täuschung aus seinem Lager stammt. Kein „Dritter" iSv § 123 II 1 sind deshalb Vertreter, Verhandlungsgehilfen und sonstige Vertrauenspersonen des Erklärungsempfängers (BGH NJW-RR 1987, 59, 60; vgl *Martens* JuS 2005, 887 ff). 272

Beispiel: Bilden bei einem drittfinanzierten Kauf der Kauf- und der Darlehensvertrag eine wirtschaftliche Einheit (vgl § 358 III), dann kann der vom Verkäufer arglistig getäuschte Käufer auch 273 den mit dem Dritten geschlossenen Darlehensvertrag anfechten (BGH NJW 1978, 2144). Dagegen ist im Verhältnis des Gläubigers zum Bürgen (§ 765) der Hauptschuldner, der den Bürgen über seine Vermögensverhältnisse täuscht, Dritter iSv § 123 II 1 (vgl *Hübner*[2] Rn 830). Der Hauptschuldner nimmt nämlich nur seine eigenen Interessen und nicht die des Vertragspartners des Bürgen wahr.

Im **Fall 12** ist S, der den E getäuscht hat, „Dritter" iSv § 123 II 1. Da H die Täuschung durch S weder kannte noch kennen musste, berechtigt sie den E nicht zur Anfechtung.

274 Nicht empfangsbedürftige Willenserklärungen kann der Erklärende nach § 123 ohne Rücksicht darauf anfechten, wer ihn getäuscht hat. Hier ist kein konkreter Vertrauenstatbestand geschaffen worden, dem die Interessen des Getäuschten zu weichen hätten. § 123 II 2 betrifft den sehr seltenen Fall einer arglistigen Täuschung durch einen „Vierten", etwa in der Konstellation eines echten Vertrages zugunsten Dritter (§ 328).

275 4. Die **Drohung** ist ein derart schwerer Eingriff in die Freiheit der Willensbildung, dass § 123 I den Interessen des Bedrohten absoluten Vorrang vor denjenigen des Empfängers der Willenserklärung einräumt. Deswegen ist die Anfechtung hier selbst dann möglich, wenn der Erklärungsempfänger von der Drohung des Dritten nichts wissen konnte. Drohung bedeutet das Inaussichtstellen eines empfindlichen Übels, auf dessen Verwirklichung der Drohende Einfluss zu haben vorgibt. Widerrechtlich ist die Drohung, wenn sie einen rechtswidrigen Zweck verfolgt oder das angedrohte Tun verboten ist.

Beispiel: Der Gläubiger treibt eine bestehende Forderung mit vorgehaltener Pistole ein; hier ist das angedrohte Mittel rechtswidrig. Oder: A hat den Wagen des B schuldhaft beschädigt und Fahrerflucht begangen. B, der den Sachverhalt erfahren hat, droht mit einer Anzeige wegen Fahrerflucht, falls A nicht den beschädigten Wagen dem B gegen einen Kaufpreis abkauft, der den Wert des Wagens im unbeschädigten Zustand erheblich übersteigt. Der angestrebte Zweck ist rechtswidrig.

276 Selbst wenn der Zweck und das Mittel erlaubt sind, kann deren Verbindung die Ankündigung des Übels zu einer rechtswidrigen Drohung machen (vgl BGH NJW 2013, 1591 f). Ob das eingesetzte Mittel im Hinblick auf den angestrebten Zweck angemessen ist, lässt sich nur anhand aller Umstände des Einzelfalles beurteilen.

Beispiel: A ist unter Alkoholeinfluss auf den Pkw des B aufgefahren. Die Drohung des B, den A wegen § 316 StGB anzuzeigen, wenn dieser seine gegebene Alleinschuld am Verkehrsunfall nicht anerkennt, dürfte noch erlaubt sein. Dagegen ist dieselbe Drohung widerrechtlich, wenn B sie dazu einsetzt, den A zu veranlassen, eine fällige Forderung des B zu begleichen.

277 5. Die Anfechtung nach § 123 reicht soweit, wie die Täuschung bzw Drohung gewirkt haben. Sind, wie nicht selten, sowohl das Verpflichtungs- als auch das Erfüllungsgeschäft unter dem widerrechtlichen Einfluss zustandegekommen, dann sind beide Rechtsgeschäfte anfechtbar, und die Anfechtung vernichtet dann zB auch rückwirkend die Übereignung des Kaufgegenstandes, § 142 I.

Strenggenommen führt eine arglistige Täuschung bei Abschluss des Verpflichtungsgeschäfts später nur zu einem Motivirrtum bei der Verfügung. Hält man zum Schutz des Getäuschten auch das Verfügungsgeschäft für gemäß § 123 anfechtbar, so bedeutet das bei Lichte betrachtet eine Lockerung des Abstraktionsprinzips.

III. Anfechtung wegen Eigenschaftsirrtums

1. Erklärungen in Bezug auf einen bestimmten Gegenstand werden oft in Vorstellungen über Eigenschaften dieses Gegenstandes motiviert sein. Einen solchen Eigenschaftsirrtum erklärt § 119 II ausnahmsweise für beachtlich, obwohl hier weder ein Erklärungs- noch ein Inhaltsirrtum vorliegt, sondern ein Irrtum über die Wirklichkeit außerhalb der Willenserklärung. § 119 II lässt die Anfechtung wegen eines Irrtums über Eigenschaften der Sache auch dann zu, wenn die Eigenschaften nicht zum Inhalt der Erklärung gemacht worden sind. Der Eigenschaftsirrtum ist damit eine besondere Form des Motivirrtums (hM). **278**

Schwierigkeiten bereitet die Abgrenzung nach § 119 II beachtlicher Eigenschaftsirrtümer von den grundsätzlich unbeachtlichen Motivirrtümern (oben Rn 216). Je großzügiger man hier die Anfechtung zulässt, desto geringer wird das Vertrauen des Rechtsverkehrs in die Bestandskraft von Willenserklärungen. **279**

§ 119 II verlangt einen Irrtum über **verkehrswesentliche Eigenschaften** der Person oder der Sache (hier nicht in der engen Bedeutung des § 90, genauer deshalb: des Geschäftsgegenstandes). Die Rechtsprechung versteht den Eigenschaftsbegriff sehr weit: Als Eigenschaften einer Sache kommen „nicht nur ihre natürliche Beschaffenheit, sondern auch die vorhandenen tatsächlichen und rechtlichen Verhältnisse in Betracht, die infolge ihrer Beschaffenheit und Dauer auf die Brauchbarkeit und den Wert von Einfluss sind" (BGHZ 34, 32, 41 = *Schack/Ackmann*[7] Nr 7). Die Eigenschaften müssen „verkehrswesentlich" sein (genauer: für den konkreten Geschäftstyp wesentlich; so ist etwa der Schwammbefall eines Hauses keine geschäftswesentliche Eigenschaft, wenn es auf Abbruch verkauft worden ist). Danach berechtigt nur ein Irrtum über solche objektiv wesentlichen Eigenschaften zur Anfechtung nach § 119 II.

Die Möglichkeit einer Anfechtung wegen Eigenschaftsirrtums engt deutlich ein, wer (wie etwa *Flume* II[3] § 24, 2b) verlangt, dass die Eigenschaft zum Inhalt der rechtsgeschäftlichen Vereinbarung geworden sein muss. Indes heißt es in § 119 II mit gutem Grund „verkehrswesentlich" und nicht etwa „vertragswesentlich": Denn schutzwürdig ist auch, wer sich über eine Eigenschaft geirrt hat, von deren Vorliegen er derart selbstverständlich ausgegangen ist, dass er sie bei Abgabe der Willenserklärung nicht eigens erwähnt hat, stets vorausgesetzt, dass die Bedeutung der Eigenschaft aus den gesamten Umständen objektiv erkennbar war. War dies nicht der Fall, dann kann ein Kaufvertragspartner nicht mit der Begründung anfechten, er habe sich eine andere Sollbeschaffenheit der Kaufsache vorgestellt. Genauso wenig darf man einen – oft durch §§ 434, 437 ausgeschlossenen (s. unten Rn 290) – Eigenschaftsirrtum in einen Inhaltsirrtum nach § 119 I uminterpretieren (verfehlt *Medicus/Petersen*[11] Rn 766): Wenn sich die Parteien über den konkreten Vertragsgegenstand einig sind, bewirken Fehlvorstellungen über dessen Eigenschaften niemals einen Identitätsirrtum. Erweist sich etwa der gekaufte goldene Ring (Stückschuld!) als unecht, dann ist er fehlerhaft (§ 434) und es fehlt ihm eine verkehrswesentliche Eigenschaft (§ 119 II), doch bleibt seine Identität davon unberührt. **280**

Welche Eigenschaften einer *Person* wesentlich sind, hängt ebenfalls von dem konkreten Geschäftstyp ab. Für die Einstellung eines Kassierers sind dessen Vorstrafen wegen Unterschlagung wesentlich, Vorstrafen wegen Körperverletzung nicht. Für den Bürgen ist die Zahlungsfähigkeit des Hauptschuldners sicher eine wichtige Eigenschaft. Dennoch darf ein Irrtum des Bürgen ihn nicht zur Anfechtung des Bürgschaftsvertrags berechtigen, denn Zweck des Bürgschaftsvertrages ist es gerade, dass der Bürge für die Zahlungsfähigkeit des Hauptschuldners einsteht (vgl *Flume* II[3] S. 490). **281**

2. Nicht zu den Eigenschaften iSv § 119 II gehören der Wert und schon gar nicht der Preis der Sache (vgl AG Coburg NJW 1993, 938, 939: seltene antiquarische Notenhefte). **282**

Das Risiko unrichtiger Wertvorstellungen muss in einer Marktwirtschaft jeder Vertragspartner selber tragen. Geschäfte dürfen nicht allein deshalb durch Anfechtung neutralisiert werden, weil sie für einen Teil wirtschaftlich ungünstig sind. Derartige Eingriffe in die freie und individuelle Preisbildung sind unzulässig. Zu den verkehrswesentlichen Eigenschaften zählen aber die **wertbildenden Faktoren** als der Sache auf Dauer anhaftende tatsächliche Merkmale. Hierzu gehören etwa die Echtheit und das Alter von Kunstwerken und der Goldgehalt von Schmuckstücken.

Doch müssen auch diese Eigenschaften nicht immer verkehrswesentlich sein. So wird man zB einem Trödler die Anfechtung versagen müssen, der das Bild eines alten Meisters für 20 € verkauft, weil es nach der geschäftstypischen Zweckbestimmung auf die Qualität und das Alter des Bildes nicht ankommt, während beim Verkauf eines Bildes in einer Galerie diese Eigenschaften selbstverständlich maßgebend sind. Vgl den Mingvasen-Fall RGZ 124, 115; und BGH NJW 1988, 2597 (Duveneck-Gemälde); ausführlich *Schack*, Kunst und Recht[3] 2017, Rn 415 ff.

283 Im **Fall 12** sind die Eigenschaften des Bildes als Original und dessen Alter verkehrswesentlich. E kann deshalb den Kaufvertrag nach § 119 II anfechten. Dieser Eigenschaftsirrtum ist jedoch angesichts des Abstraktionsprinzips für das Übereignungsgeschäft unbeachtlich (s. oben Rn 240). Anders als bei Fehleridentität (zB infolge fehlender Geschäftsfähigkeit des Veräußerers) und anders als in den meisten Fällen von § 123, schlägt die Anfechtbarkeit des Verpflichtungsgeschäfts hier nicht automatisch auf das Verfügungsgeschäft durch. Insbesondere liegt hier kein einheitliches Geschäft iSv § 139 vor (s. oben Rn 242). Die Übereignung des Bildes von E an H ist deshalb wirksam. H ist nicht zur Herausgabe nach § 985, sondern zur Rückübereignung des Bildes gemäß § 812 I 1, 1. Alt. verpflichtet.

284 3. Die Anfechtung nach § 119 II lässt die Ersatzpflicht gemäß § 122 entstehen. Zu dem Vertrauensschaden, den E ersetzen muss, gehören nicht nur der von H gezahlte Kaufpreis, sondern auch die von H im Vertrauen auf die Wirksamkeit der Willenserklärung des E aufgewandten Kosten für die Inserate.

Der Anspruch des H aus § 122 scheitert aber daran, dass H die Anfechtbarkeit kennen musste, § 122 II. Als sachverständigem Händler musste H klar sein, dass E sich über wesentliche Eigenschaften des Bildes irrte. Dass uU auch E fahrlässig handelte, ist gleichgültig, denn § 122 wägt, anders als § 254, nicht das beiderseitige Verschulden gegeneinander ab, sondern verneint den Schadensersatzanspruch vollständig, sobald den Anfechtungsgegner ein Verschulden trifft.

IV. Konkurrenzen

285 1. Nicht ganz einfach ist das Verhältnis von automatischer Nichtigkeit nach §§ 134, 138 zur bloßen Vernichtbarkeit nach §§ 119 ff, aber auch das Verhältnis einzelner Nichtigkeits- bzw Anfechtungsgründe untereinander. Ein wucherischer Mietvertrag zB kann wegen § 138 II, aber auch wegen § 134 BGB iVm § 291 StGB nichtig sein.

Für den Vorrang der letztgenannten Vorschrift *H. Roth* ZHR 153 (1989) 423, 435. Bedeutung erlangt diese Frage, wenn man dem Verbotsgesetz, anders als grundsätzlich § 138, nicht die vollständige Nichtigkeit entnimmt, sondern das Rechtsgeschäft durch Reduzierung auf das gerade noch erträgliche Maß aufrechterhält; so für den Mietwucher des alten § 5 WirtschaftsStrafG BGHZ 89, 316, 321. § 5 II nF WiStG definiert heute die „unangemessen hohe“ Miete und damit die Reichweite des Verbotsgesetzes.

Ist das Rechtsgeschäft mittels Betruges zustandegekommen, dann stehen die Nichtigkeitsgründe des § 138 I und des § 134 BGB iVm § 263 StGB neben der Anfechtbarkeit wegen arglistiger Täuschung nach § 123 I. Hier geht, solange sich die Sittenwidrigkeit in der Täuschung oder Drohung erschöpft, die Anfechtbarkeit vor (BGHZ 230, 347 Tz 46 mwN – Facebook; *Hübner*[2] Rn 845), dh es bleibt der Entscheidung des Getäuschten überlassen, ob er das Rechtsgeschäft vernichten will. **286**

Die Anfechtungsgründe der §§ 119 f und § 123 stehen selbstständig nebeneinander. Solange die Anfechtungsfrist noch nicht abgelaufen ist, kann deshalb der Anfechtende, der womöglich die arglistige Täuschung nicht beweisen kann, von § 123 auf § 119 II übergehen, wenn er unbedingt, auch um den Preis des § 122, vom Vertrag loskommen will (vgl BGHZ 78, 216, 221, ein Fall der Umdeutung § 140). **287**

Wer bereits gemäß § 119 erfolgreich angefochten hat und erst später entdeckt, dass er arglistig getäuscht worden ist, der kann dieses bereits nichtige (§ 142 I) Rechtsgeschäft trotzdem noch einmal anfechten, um sich auf diese Weise der Schadensersatzpflicht des § 122 zu entledigen. Das ist ein Beispiel für die Lehre von den Doppelwirkungen im Recht (vgl *Bork*[4] Rn 927 ff; *Chr. Schreiber* AcP 2011, 35 ff). **288**

2. Von grundlegender Bedeutung ist das Verhältnis von Anfechtung zu **schuldrechtlichen Ansprüchen auf Rückgängigmachung** eines durch Irrtum oder Täuschung zustandegekommenen Vertrages. Solche Ansprüche können sich aus Delikt (§§ 823 II, 826) oder aus Verschulden bei Vertragsverhandlungen (§§ 280 I, 311 II, 241 II), aber auch als Folge eines Rücktritts ergeben (§§ 323 I, 437 Nr 2). Im letztgenannten Fall lässt § 346 I ein Rückgewährschuldverhältnis entstehen, während in den beiden anderen Fällen der Schadensersatzanspruch als negatives Interesse auf die Wiederherstellung des früheren vertraglosen Zustands zielt, der Gläubiger also einen schuldrechtlichen Anspruch auf Befreiung von der eingegangenen Verbindlichkeit bekommt. Deliktische Ansprüche werden ungeachtet der im Vergleich zur Verjährungsfrist des § 199 III kürzeren Ausschlussfrist des § 124 zugelassen (vgl BGH NJW-RR 2002, 308, 309 f: Drohung). Das lässt sich damit rechtfertigen, dass §§ 823 ff, anders als § 123, zusätzlich einen Vermögensschaden des Getäuschten verlangen. Bedenklicher ist die Rechtsprechung, die dem Erklärenden neben der Anfechtung wegen (vorsätzlicher!) arglistiger Täuschung auch einen Schadensersatzanspruch aus culpa in contrahendo wegen Pflichtverletzungen zubilligt, die der Erklärungsempfänger fahrlässig begangen hat (zB BGH NJW 1962, 1196, 1198 f). Dahinter mag das Bemühen stehen, den Getäuschten, der die Arglist beweisen muss, nicht in seiner Beweisnot scheitern zu lassen. Doch das praktische Ergebnis einer „Anfechtung wegen fahrlässiger Täuschung" auf dem Wege der culpa in contrahendo bleibt äußerst fragwürdig; zumindest die Verjährungsfrist für diesen Anspruch muss man deshalb dem § 124 angleichen (MüKo-*Armbrüster*[9] § 123 Rn 103; OLG Hamm NJW-RR 1995, 205, 206; anders der BGH NJW 2013, 1591). **289**

Vorrang vor einer Anfechtung wegen Eigenschaftsirrtums nach § 119 II (nicht aber vor anderen Anfechtungsrechten!) **haben die speziellen Gewährleistungsvorschriften der §§ 434, 437** (hM, vgl *Leipold*[11] § 18 Rn 41 ff, und zurückhaltender *Schur* AcP 2004, 883, 897 ff). Der Verkäufer soll sich nicht durch eine Anfechtung der Sachmängelhaftung entziehen dürfen, aber auch der Käufer soll nicht mehr anfechten dürfen, wenn er seine Gewährleistungsrechte verloren hat, sei es infolge Ablaufs der Verjährungsfrist der §§ 438, 445b (vgl demgegenüber § 121), sei es infolge grob fahrlässiger Unkenntnis des Sachmangels nach § 442 I 2. *Nach* Gefahrübergang als dem für §§ 434, 437 maßgeblichen Zeitpunkt ist deshalb die Anfechtung wegen eines Irrtums über solche Eigen- **290**

schaften der Kaufsache ausgeschlossen, die Gewährleistungsansprüche begründen können.

291 Auch *vor* Gefahrübergang kann die Anfechtung wegen Eigenschaftsirrtums bereits ausgeschlossen sein, wenn dem Käufer ausnahmsweise die Gewährleistungsrechte, zB bei einem unbehebbaren Mangel, schon vorher zustehen (hL; gegen BGHZ 34, 32, 34 = *Schack/Ackmann*[7] Nr 7). Sonst könnte sich der Käufer nämlich entgegen § 442 I 2 vom Kaufvertrag lösen! Spiegelbildlich sollte man deshalb mE auch dem Verkäufer die Anfechtung nach § 119 II verwehren, wenn ihm wertsteigernde Eigenschaften der Kaufsache grob fahrlässig verborgen geblieben sind; vgl zB den Mingvasen-Fall oben Rn 282.

Vom Gewährleistungsrecht nicht gesperrt wird eine Anfechtung wegen arglistiger Täuschung nach § 123. Sogar bei in Vollzug gesetzten Dauerschuldverhältnissen wie der Miete soll der Mieter nicht auf das Recht zur fristlosen Kündigung aus wichtigem Grund in § 543 beschränkt sein, sondern selbst dann noch mit Rückwirkung (§ 142 I) anfechten dürfen, wenn der Mietvertrag inzwischen beendet worden ist (BGHZ 178, 16, 24 ff). Die Schwierigkeiten der bereicherungsrechtlichen Rückabwicklung (§§ 812 I 1, 1. Alt., 818 II) langjähriger Leistungsbeziehungen nimmt der BGH hierbei in Kauf (anders bei fehlerhaften Arbeits- und Gesellschaftsverträgen, s. oben Rn 225). Das zeigt den hohen Stellenwert der rechtsgeschäftlichen Entschließungsfreiheit (BGHZ 178, 16, 27).

292 **Lösungsskizze zu Fall 12 (Rn 251):** Gefragt ist nur nach dem Herausgabeanspruch. Also ist der Anspruch des E gegen S nicht zu untersuchen. Gegenansprüche des H sind nur als Verteidigung gegen den Herausgabeanspruch zu behandeln.

1. Herausgabeanspruch aus § 985
   a) Besitz des H; Eigentum des E durch Erbschaft, § 1922 I. E könnte das Eigentum jedoch durch Übereignung an H gemäß § 929 verloren haben.
   b) Keine Nichtigkeit des Übereignungsgeschäftes nach § 138 II: Zwar ist bei Wucher auch das dingliche Geschäft nichtig und die objektiven Voraussetzungen (Wertverhältnis) sind gegeben. Es fehlt aber an dem subjektiven Merkmal der Unerfahrenheit. Für ein wucherähnliches Geschäft (§ 138 I, s. oben Rn 260) dürfte es angesichts des mit dem Kunstkauf in aller Regel verbundenen Zuschreibungsrisikos (vgl *Schack* KUR 2017, 130, 131) an einer verwerflichen Gesinnung des H fehlen.
   c) Vernichtung der Übereignung durch Anfechtung nach § 123?
      aa) Arglistige Täuschung durch S, aber S ist Dritter; Ausnahme § 123 II 1 nicht gegeben.
      bb) Arglistige Täuschung durch H durch unterlassene Aufklärung über den Wert des Bildes? Den H trifft hier jedoch keine Aufklärungspflicht.
   d) Anfechtung nach § 119 II: Die Eigenschaften des Bildes als Original und sein Alter sind verkehrswesentlich. Deshalb kann E den Kaufvertrag anfechten. Wegen des Abstraktionsprinzips wirkt sich der Eigenschaftsirrtum jedoch nicht auf das Übereignungsgeschäft aus. Kein einheitliches Geschäft iSv § 139. Ergebnis also kein Anspruch aus § 985.
2. Anspruch aus § 812 I 1, 1. Alt.
   a) Beschränkt man die Anfechtung nach § 119 II auf den (im Hinblick auf § 138 wirksamen) Kaufvertrag, so ist die Übereignung im Fall der Anfechtung rückwirkend ohne Rechtsgrund erfolgt, § 142 I. H hat folglich Eigentum und Besitz, die ihm von E geleistet worden sind, nach § 812 zurückzugewähren.
   b) Dem H könnte jedoch ein Zurückbehaltungsrecht, § 273, wegen eines Anspruchs aus § 122 zustehen. Das negative Interesse des H besteht in dem gezahlten Kaufpreis und den Anzeigenkosten, zusammen 1500 €. Der Anspruch aus § 122 entfällt jedoch, weil H als Kunsthändler die Anfechtbarkeit gekannt hat oder zumindest hätte kennen müssen, § 122 II.
   c) Aufgrund seines Bereicherungsanspruchs gegen E ist H zur Herausgabe des Bildes jedoch nur Zug-um-Zug gegen Rückzahlung des Kaufpreises (1000 €) verpflichtet, §§ 812 I 1,

1. Alt., 273, 274 I. (Das Synallagma wirkt im Bereicherungsrecht nur eingeschränkt fort; deshalb gilt nicht § 320, sondern § 273; vgl auch §§ 348, 320 und die Saldotheorie, zu ihr: *Medicus/Petersen*, Bürgerliches Recht[28] 2021, Rn 224 ff.)

§ 13 Scheingeschäft. Teilnichtigkeit. Veräußerungsverbot. Formbedürftigkeit von Willenserklärungen

Fall 13: Der Grundstückseigentümer A befindet sich in Geldnot. Deshalb nimmt er ein Angebot des B an, sein Grundstück für 100 000 € zu kaufen. Am 1.2. lassen A und B den Kaufvertrag notariell beurkunden, wobei sie auf Vorschlag des B nur einen Preis von 70 000 € angeben, um Grunderwerbsteuer und Notargebühren zu sparen. In derselben Urkunde erklären A und B die Auflassung des Grundstücks. 293

Ein späteres Kaufangebot des C, der 150 000 € für das Grundstück bietet, lehnt A ab, weil er sich an den Vertrag mit B gebunden fühlt. Als er den B nunmehr zur unverzüglichen Zahlung der 100 000 € auffordert, hält dieser ihm entgegen, er sei nur zur Zahlung des beurkundeten Kaufpreises von 70 000 € verpflichtet. A ist empört; er erwirkt am 10.4. eine einstweilige Verfügung gegen B mit folgendem Inhalt: „Dem B wird untersagt, seine Eintragung als Eigentümer des (näher bezeichneten) Grundstücks zu beantragen bzw einen bereits gestellten Eintragungsantrag aufrechtzuerhalten." Diese gerichtliche Verfügung wird dem B am 12.4. zugestellt. Dennoch wird B am 17.5. aufgrund seines am 15.4. gestellten Antrags als Eigentümer im Grundbuch eingetragen.

Hat B voll wirksames Eigentum an dem Grundstück erworben?

Vorüberlegungen: Eigentum an einem Grundstück wird nach §§ 873, 925 durch Auflassung (= Einigung zwischen Veräußerer und Erwerber, § 925 I 1) und Eintragung des Eigentümerwechsels im Grundbuch übertragen. Die Eintragung des B als Eigentümer im Grundbuch ist aufgrund der Auflassung vom 1.2. erfolgt. Ein voll wirksamer Eigentumserwerb des B hat folglich nur dann nicht stattgefunden, wenn entweder die Auflassung oder die Eintragung Wirksamkeitsmängel aufweisen. Zweifel können zunächst an der Wirksamkeit der Auflassung bestehen. 294

Die Auflassung wurde bei gleichzeitiger Anwesenheit von A und B vor dem Notar erklärt. Damit wurde die von § 925 I 1 vorgeschriebene Form gewahrt (zur Formbedürftigkeit von Willenserklärungen unten IV).

Die formgültige Auflassung könnte aber unwirksam sein, weil sie zusammen mit einem Kaufvertrag erklärt und beurkundet wurde, der einen niedrigeren als den von A und B in Wahrheit gewollten Preis nannte. Der Kaufvertrag könnte als Scheingeschäft nach § 117 I nichtig sein, und diese Nichtigkeit könnte nach § 139 auch die Auflassung erfassen.

I. Scheingeschäft

Eine empfangsbedürftige Willenserklärung, die nur zum Schein abgegeben wird, ist nach § 117 I nichtig, wenn der Empfänger mit dem Scheincharakter der Erklärung einverstanden ist. 295

Dadurch, dass sowohl der Erklärende als auch der Erklärungsempfänger das Erklärte nicht ernstlich wollen, der Rechtsbindungswille also fehlt, unterscheidet sich die Scheinerklärung von den in 296

§ 116 und § 118 geregelten Fällen eines bewussten Willensmangels. Beim **geheimen Vorbehalt** will der Erklärende, dass sein Vorbehalt dem Empfänger unbekannt bleibt. Je nachdem, ob dieser die fehlende Ernstlichkeit der Erklärung erkennt (§ 116 Satz 2) oder nicht (§ 116 Satz 1), ist die Erklärung nichtig oder gültig.

297 Bei der **Scherzerklärung** geht der Erklärende zwar davon aus, dass der Empfänger die fehlende Ernstlichkeit der Erklärung erkennt, es besteht jedoch insoweit kein vorheriges Einverständnis zwischen den Beteiligten. Die Scherzerklärung ist nichtig, § 118, verpflichtet aber den Erklärenden zum Ersatz des Vertrauensschadens nach § 122 I, II. Unter § 118 fällt grundsätzlich auch das misslungene Scheingeschäft (BGHZ 144, 331, 334).

298 Praktische Bedeutung hat vor allem das **Scheingeschäft**, das sich aus zwei übereinstimmenden Scheinerklärungen zusammensetzt. Kein Scheingeschäft, sondern ein Umgehungsgeschäft liegt vor, wenn der von den Parteien erstrebte Rechtserfolg gerade die Gültigkeit des Geschäfts voraussetzt (BGHZ 36, 84, 88). Da auch bei einem Umgehungsgeschäft die vereinbarten Rechtsfolgen wirklich gewollt sind, ist dieses nicht nach § 117 I, sondern allenfalls nach §§ 134, 138 nichtig.

299 Gleiches gilt regelmäßig für „Strohmanngeschäfte", bei denen eine vorgeschobene Person (Strohmann) die Erklärung zwar nach außen im eigenen Namen abgibt, aber (im Innenverhältnis) im Auftrag und für Rechnung eines Hintermannes handelt. Hier liegt ein Scheingeschäft nach hM nur vor, wenn die vorgeschobene Person auch im Außenverhältnis zu keiner Zeit die mit ihrer Erklärung verbundenen Rechte und Pflichten übernehmen, das Geschäft also unmittelbar für den Hintermann wirken soll (vgl BGHZ 21, 378, 381 f; BGH NJW 1982, 569, mit Anm. *Kramer* JuS 1983, 423, 424; MüKo-*Armbrüster*[9] § 117 Rn 19 f).

300 § 117 entspricht dem Auslegungsgrundsatz, dass der übereinstimmende Wille der Vertragspartner Vorrang vor der objektiven Bedeutung ihrer Erklärungen hat (s. oben Rn 208). Das macht insbesondere § 117 II deutlich: Das von den Parteien wirklich gewollte (verdeckte) Rechtsgeschäft wird von der Nichtigkeit des Scheingeschäfts nicht berührt, sondern es ist gültig, sofern seine Wirksamkeitsvoraussetzungen erfüllt sind.

Hier haben A und B entgegen ihrem wirklichen Willen übereinstimmend erklärt, dass der Preis für das Grundstück nur 70 000 € betragen sollte. Der notariell beurkundete Kaufvertrag ist folglich als Scheingeschäft nach § 117 I nichtig. Der in Wahrheit gewollte Kaufvertrag über 100 000 € ist nicht beurkundet und könnte deshalb wegen Formmangels nichtig sein (s. unten Rn 315). Zu dieser für den „Schwarzkauf" eines Grundstücks typischen Situation vgl BGHZ 54, 56 = *Schack/Ackmann*[7] Nr 82; BGHZ 89, 41, 43.

Die erklärte Auflassung haben A und B dagegen wirklich gewollt, diese ist also nicht nach § 117 I nichtig. Grundsätzlich lässt die Nichtigkeit des beurkundeten Verpflichtungsgeschäfts die Gültigkeit der Auflassung unberührt (Abstraktionsprinzip!). Die Nichtigkeit des Kaufvertrages könnte sich aber auf die Wirksamkeit der Auflassung auswirken, wenn beide ausnahmsweise Teile eines einheitlichen Rechtsgeschäfts sind.

II. Teilnichtigkeit

301 1. Nach § 139 hat die Nichtigkeit eines Teils eines einheitlichen Rechtsgeschäfts im Zweifel die Nichtigkeit des ganzen Geschäfts zur Folge (vgl oben Rn 98). Voraussetzung ist zunächst die Geschäftseinheit. Eine solche Einheit iSv § 139 können auch mehrere zusammengehörende Rechtsgeschäfte unterschiedlicher Art bilden, zB der Wohnungsmietvertrag und der Kauf von Einrichtungsgegenständen. Entscheidend ist der Einheitlich-

keitswille der Parteien bei Vornahme des Rechtsgeschäfts. Durch Auslegung ist zu ermitteln, ob nach dem Willen der Parteien die Rechtsgeschäfte „miteinander stehen und fallen sollen" (BGHZ 50, 8, 13; BGH NJW 1976, 1931).

Indizien für einen solchen Parteiwillen können die gleichzeitige Vornahme der Rechtsgeschäfte, ihre Aufnahme in eine einheitliche Urkunde, aber auch ihre enge tatsächliche und wirtschaftliche Zusammengehörigkeit sein. Diese Indizien allein erlauben aber noch nicht, auch das Verpflichtungs- und das Verfügungsgeschäft zu einer Einheit iSv § 139 zusammenzufassen und so das Abstraktionsprinzip zu umgehen (s. oben Rn 242).

Weiterhin muss ein Teil des Rechtsgeschäfts nichtig sein; hierbei ist es gleichgültig, woraus sich die Nichtigkeit ergibt, zB aus §§ 105, 116 Satz 2, 117 I, 118, 125 Satz 1, 134, 138. **302**

Schließlich setzt § 139 die Teilbarkeit des einheitlichen Rechtsgeschäfts voraus; der nach Abtrennung des unwirksamen Teiles verbleibende Teil muss also als selbstständiges Rechtsgeschäft Bestand haben können (RGZ 146, 234, 236 f). Das ist zB der Fall, wenn nur einzelne Bestimmungen eines Vertrages unwirksam sind oder das Rechtsgeschäft in einzelne Zeitabschnitte zerlegbar ist (vgl BGH WM 1972, 1224, 1226: Bierlieferungsvertrag). **303**

2. **Rechtsfolge** der Teilnichtigkeit ist nach § 139 grundsätzlich die Nichtigkeit des gesamten Geschäfts, es sei denn, die Parteien hätten das Rechtsgeschäft auch ohne den unwirksamen Teil vorgenommen. Die Rechtsfolge der Teilnichtigkeit hängt also wieder vom Parteiwillen ab. Zunächst ist deshalb zu ermitteln, ob nicht ausnahmsweise die Restgültigkeit des Rechtsgeschäfts dem Willen der Beteiligten entspricht. Mangels ausdrücklicher Vereinbarung ist auf den mutmaßlichen Parteiwillen abzustellen, also darauf, welche Regelung die Parteien bei Kenntnis der Teilnichtigkeit nach Treu und Glauben unter Berücksichtigung der Verkehrssitte getroffen hätten (zur Ermittlung des hypothetischen Parteiwillens MüKo-*Busche*[9] § 139 Rn 29 ff). Im Zweifel bleibt es bei der von § 139 angeordneten Rechtsfolge der Gesamtnichtigkeit. **304**

§ 139 ist ausnahmsweise nicht anzuwenden, wenn spezielle Auslegungsregeln, zB § 2085 beim Testament oder § 306 bei AGB (s. unten Rn 362), vorgehen oder wenn sich aus dem Zweck der Norm, die zur Teilnichtigkeit des Rechtsgeschäfts geführt hat, etwas anderes ergibt, wie etwa in Fällen gemäß §§ 444, 276 III nichtiger Vereinbarungen (vgl *Grüneberg/Ellenberger*[82] § 139 Rn 18 mwN). **305**

Im **Fall 13** ist schon fraglich, ob die Auflassung als Element des Erfüllungsgeschäfts ein einheitliches Rechtsgeschäft mit dem notariellen Kaufvertrag (Verpflichtungsgeschäft) bildet. Zwar wurden die beiden Geschäfte gemeinsam vorgenommen und beurkundet, und sie gehören auch wirtschaftlich zusammen. A und B wollten aber die Gültigkeit der Auflassung gerade nicht von der Wirksamkeit des Scheingeschäfts abhängig machen. Die Auflassung sollte vielmehr der Erfüllung ihrer mündlichen, ernsthaft gewollten Absprache dienen (zur Selbstständigkeit der Auflassung beim Schwarzkauf RGZ 104, 102, 104; BGH NJW 1976, 237, 238; OLG München NJW-RR 1986, 13, 14). Die Umstände widerlegen hier also die für ein einheitliches Geschäft sprechenden Indizien. **306**

Im Übrigen wird man, weil die Auflassung nach § 925 II bedingungsfeindlich ist, jegliche Vereinbarung für unzulässig halten müssen, mit der die Parteien, gleich ob über § 139 oder § 158, die Auflassung an die Gültigkeit des Verpflichtungsgeschäfts binden wollen. Hier beansprucht das Gesetz mit seiner strikten Durchführung des Abstraktionsprinzips Vorrang vor der Privatautonomie (vgl MüKo-*Kohler* VIII[8] 2020, § 873 Rn 54).

Demnach ist die von A und B am 1.2. erklärte Auflassung trotz der Nichtigkeit des notariellen Kaufvertrages wirksam. Auch die Wirksamkeit der Eintragung bleibt von der Nichtigkeit des Kaufvertrages unberührt (wiederum Auswirkung des Abstraktionsprinzips!). Die Eintragung könnte aber infolge der einstweiligen Verfügung vom 10.4. dem A gegenüber relativ unwirksam sein, §§ 135, 136.

III. Veräußerungsverbot

307 1. Durch ein Veräußerungsverbot (genauer: Verfügungsverbot, vgl *Neuner*[12] § 55 Rn 26) wird dem Rechtsinhaber die Verfügung über sein Recht verboten, wenn und weil sie die Rechtsstellung eines anderen beeinträchtigen würde.

Beispiel: K hat gegen V einen Anspruch nach § 433 I 1 auf Übereignung der Kaufsache. Wenn V sie statt an K an D übereignet, verletzt er zwar seine Vertragspflichten gegenüber K, aber die Eigentumsübertragung ist wirksam. V ist nicht mehr Eigentümer und kann folglich auch den Anspruch des K nicht mehr erfüllen. Vor einer solchen Vereitelung seines Anspruchs kann K nach hM durch ein gegen V gerichtetes Veräußerungsverbot geschützt werden. Bei einem Doppelverkauf hätten beide Käufer diese Möglichkeit, ein Prioritätsprinzip gilt hier nicht (vgl OLG Frankfurt/M NJW-RR 2022, 1169 Tz 37 mwN, Doppelvermietung).

308 Die in §§ 135, 136 behandelten **relativen Veräußerungsverbote** bezwecken nur den Schutz bestimmter Personen. Entsprechend begrenzt sind ihre rechtlichen Wirkungen. Eine verbotswidrige Verfügung ist nicht gegenüber jedermann, sondern nur gegenüber dem durch das Verbot Geschützten unwirksam, § 135 I 1 **(relative Unwirksamkeit)**.

Hätte K im **Beispiel** gegenüber V ein Veräußerungsverbot erwirkt, dann wäre die Übertragung des Eigentums an der Kaufsache an D im Verhältnis zu jedermann außer zu K wirksam. Im Verhältnis zu K bliebe V (vorbehaltlich § 135 II) Eigentümer, so dass K von ihm weiterhin die Übereignung der Kaufsache verlangen könnte (hierzu BGHZ 111, 364). Ein unmittelbarer Herausgabeanspruch gegen D stünde dem K dagegen nicht zu.

309 Von den relativen sind absolute Verfügungsbeschränkungen zu unterscheiden (zB §§ 1365, 1369), deren Nichtbeachtung die Unwirksamkeit gegenüber jedermann zur Folge hat.

310 2. **Gesetzliche** relative Veräußerungsverbote sind äußerst selten (vgl *Grüneberg/Ellenberger*[82] § 136 Rn 3; *Flume* II[3] § 17, 6c). Seine eigentliche Bedeutung gewinnt § 135 erst iVm § 136, der **gerichtliche** und behördliche Veräußerungsverbote den gesetzlichen gleichstellt.

311 Durch *Rechtsgeschäft* kann ein dinglich wirkendes Verfügungsverbot nicht begründet werden, § 137 Satz 1, da hierdurch nicht nur die Verfügungsfreiheit des Rechtsinhabers, sondern auch die Sicherheit des Rechtsverkehrs beeinträchtigt und Gegenstände dem Rechtsverkehr entzogen würden. Zulässig und grundsätzlich wirksam ist dagegen die schuldrechtliche Verpflichtung, über ein veräußerliches Recht nicht zu verfügen, § 137 Satz 2 (Ausnahme: § 1136), solange sie nicht wegen Knebelung sittenwidrig ist (§ 138 I; vgl BGH NJW 2012, 3162). Bei einem Verstoß gegen ein nur schuldrechtliches Verfügungsverbot bleibt die Verfügung voll wirksam, der Verfügende macht sich jedoch schadensersatzpflichtig, § 280 I.

312 Die in der Praxis wichtigsten Veräußerungsverbote ergeben sich aus gerichtlichen einstweiligen Verfügungen, §§ 935, 938 ZPO. Diese vorläufigen Anordnungen sollen verhindern, dass die Durchsetzung eines Anspruchs (Verfügungsanspruch) durch eine Verände-

rung des bestehenden Zustandes vereitelt oder wesentlich erschwert wird (Verfügungsgrund), vgl § 935 ZPO. Veräußerungsverbote gehören zum typischen Inhalt einstweiliger Verfügungen, § 938 II ZPO.

3. Umstritten ist, ob spiegelbildlich zum Veräußerungsverbot auch ein **Erwerbsverbot** zum Inhalt einer einstweiligen Verfügung gemacht werden kann mit der Folge, dass der Erwerb eines Rechts durch den Verfügungsadressaten dem Geschützten gegenüber analog §§ 135, 136 unwirksam ist (ablehnend etwa *Flume* II[3] § 17, 6e; MüKo-*Kohler* VIII[8] 2020, § 888 Rn 31; *Staudinger/Kesseler*, Bearb. 2020, § 888 Rn 127). Obwohl der Erwerb eines Rechtes keine Verfügung darstellt und das Gesetz ein Erwerbsverbot nicht vorsieht, wird seine Zulässigkeit in ständiger Rechtsprechung bejaht (seit RGZ 117, 287, 291; 120, 118; BGH NJW 1983, 565). **313**

Im **Fall 13** ist dem B durch die einstweilige Verfügung vom 10.4. verboten worden, seine Eintragung ins Grundbuch zu beantragen. Das Verbot ist mit seiner Zustellung an B am 12.4. wirksam geworden. Folglich hat B gegen das Erwerbsverbot verstoßen, als er am 15.4. den Eintragungsantrag stellte. B hat demnach zwar am 17.5. mit seiner Eintragung ins Grundbuch das Eigentum am Grundstück erworben. Dieser Eigentumserwerb ist aber analog §§ 135, 136 dem durch die einstweilige Verfügung geschützten A gegenüber relativ unwirksam. **314**

Die einstweilige Verfügung soll allerdings nur vorläufigen Rechtsschutz gewähren. Wird sie später im Hauptverfahren aufgehoben, weil der Verfügungsanspruch des A nicht besteht, dann wird der verbotswidrige Erwerb des B (rückwirkend) voll wirksam (vgl OLG München OLGZ 1969, 196). **315**

Der durch das Erwerbsverbot gesicherte Anspruch des A richtete sich auf die Rückgängigmachung der Auflassung. Der hier in Betracht kommende Anspruch aus § 812 I 1, 1. Alt. setzt voraus, dass die Auflassung ohne Rechtsgrund erfolgt ist, A und B also keinen wirksamen Kaufvertrag über das Grundstück geschlossen haben. Wie oben ausgeführt, ist der beurkundete Kaufvertrag nach § 117 I nichtig. Das hindert nach § 117 II jedoch nicht die Wirksamkeit des verdeckten, wirklich gewollten mündlich geschlossenen Vertrages. Dieser Vertrag könnte aber nach § 125 Satz 1 wegen Nichtbeachtung der gesetzlich vorgeschriebenen Form nichtig sein.

IV. Formbedürftigkeit von Willenserklärungen

1. Im Interesse der Leichtigkeit des Rechtsverkehrs sind Willenserklärungen grundsätzlich unabhängig davon gültig, in welcher Form der rechtsgeschäftliche Wille geäußert wird, es gilt der **Grundsatz der Formfreiheit**. Willenserklärungen sind nur ausnahmsweise formbedürftig, wenn das Gesetz dies vorschreibt oder wenn die Parteien die Einhaltung einer bestimmten Form vertraglich vereinbart haben. **316**

Gesetzliche Formvorschriften finden sich bei Willenserklärungen von besonderer rechtlicher oder wirtschaftlicher Tragweite. Sie verfolgen unterschiedliche, bei manchen Bestimmungen zusammentreffende Zwecke (vgl *Mankowski*, Formzwecke, JZ 2010, 662 ff). Zum einen soll der Formzwang den Erklärenden davor bewahren, übereilt rechtliche Bindungen einzugehen, deren Tragweite er nicht voll erkannt hat. Beispiele für eine solche **Warnfunktion** der Form sind § 766 (Bürgschaft), § 311b III (Übertragung des gegenwärtigen Vermögens), § 518 (Schenkungsversprechen). **317**

Wegen der fehlenden Schutzbedürftigkeit geschäftserfahrener Kaufleute und um den Handelsverkehr nicht unnötig zu behindern, verzichtet § 350 HGB in bestimmten Fällen auf die Einhaltung der Formvorschriften des BGB.

318 Formvorschriften können auch dazu dienen, Abschluss und Inhalt bestimmter Geschäfte besser beweisbar und kontrollierbar zu machen. Beispiele für die **Beweisfunktion** der Form sind § 550 (Wohnraummietvertrag, BGHZ 176, 301, 305), §§ 780, 781 (Schuldversprechen und Schuldanerkenntnis; BGHZ 121, 1, hM), §§ 2231, 2247 (Testament).

319 Schließlich soll bei umfangreichen und schwierigen, für den Laien in ihren Folgen schwer überschaubaren Rechtsgeschäften eine zwingende notarielle Beurkundung die Beratung und Belehrung der Vertragspartner gewährleisten (vgl § 17 BeurkG). Eine solche **Beratungsfunktion** hat die Form etwa beim Ehevertrag (§ 1410), beim Erbvertrag und beim Erbverzicht, §§ 2276, 2348.

§ 311b I 1, der für Grundstückskaufverträge die notarielle Beurkundung verlangt, dient allen drei genannten Formzwecken.

320 2. So unterschiedlich wie ihre Funktionen sind die Arten gesetzlich vorgeschriebener Formen.

a) Die **gesetzliche Schriftform** erfordert eine eigenhändige Unterschrift (*Spickhoff*, Unterschriften und Gebirgszüge der Alpen, in Festschrifft Schack 2022, S. 998 ff). Sie muss die Urkunde räumlich abschließen, § 126. (eine „Oberschrift" reicht nicht; vgl BGHZ 113, 48, 51). Hierfür genügen weder ein Faksimile-Stempel (Ausnahme: § 793 II 2), noch ein Telegramm (BGHZ 24, 297, 301): An der eigenhändigen Unterschrift fehlt es auch bei einer zuverlässig per Telefax übermittelten Urkunde; deren Formungültigkeit gemäß § 126 (BGHZ 121, 224, 229 zu § 766) schließt indes nicht aus, den Zugang des Telefaxes als fristwahrend anzusehen (vgl *Schürmann* NJW 1992, 3005 ff).

320a b) Das Gesetz zur Anpassung der Formvorschriften des Privatrechts an den modernen Rechtsgeschäftsverkehr vom 13.7.2001 (BGBl I 1542) hat mit § 126a die **elektronische Form** eingeführt. Bei ihr wird die Namensunterschrift durch eine qualifizierte elektronische Signatur ersetzt (vgl *Grüneberg/Ellenberger*[82] § 126a Rn 3). Diese Form steht der Schriftform grundsätzlich gleich (§ 126 III), solange das Gesetz keine gegenteilige Regelung trifft, wie insbesondere in §§ 766, 780, 781 jeweils in Satz 2. Praktisch durchgesetzt hat sich die elektronische Form bislang nicht.

320b c) Die mit demselben Gesetz eingeführte **Textform** in § 126b verzichtet auf eine Unterschrift und ist deshalb nicht geeignet, eine Warn- oder Beweisfunktion zu erfüllen. Mit der Textform soll nur dokumentiert werden, dass bestimmte Informationen gegeben worden sind (vgl zB Art. 246 III 1, Art. 249 § 1 EGBGB, § 650i II und vor allem im Mietrecht §§ 556a II 1, 558a I und im Versicherungsvertragsrecht).

321 d) Die **öffentliche Beglaubigung** setzt zusätzlich voraus, dass die Unterschrift von einem Notar beglaubigt wird, der die Identität des Erklärenden bezeugt, § 129. Das Beglaubigungsverfahren regeln §§ 39 ff BeurkG.

Als materiellrechtliche Gültigkeitsvoraussetzung der Willenserklärung spielt die öffentliche Beglaubigung kaum eine Rolle. Im Interesse der Rechtssicherheit ist sie jedoch oft im Verkehr mit Behörden vorgeschrieben, so zB für das Grundbuchverfahren in § 29 GBO.

322 e) Die **notarielle Beurkundung** ist die strengste Form, § 128 BGB, §§ 8 ff BeurkG. Die Mitwirkung des zur Unparteilichkeit verpflichteten Notars soll eine sachkundige Beratung der Parteien gewährleisten. Die Belehrungspflicht des Notars (§ 17 BeurkG) erstreckt sich nur auf die rechtlichen, grundsätzlich nicht auf die wirtschaftlichen Folgen und Risiken des Geschäfts (vgl BGH NJW 1975, 2016; WM 1991, 1046, 1048 f).

Die Einhaltung der strengeren ersetzt die schwächere Form, §§ 126 IV, 129 II, und die Aufnahme der Erklärung in einen gerichtlich protokollierten Vergleich ersetzt sogar die notarielle Beurkundung, § 127a. **323**

Besondere Formen sind daneben die Abgabe einer Erklärung bei gleichzeitiger Anwesenheit vor einem Notar (§§ 925, 1410, 2276) bzw bei persönlicher Anwesenheit vor einem Standesbeamten (§§ 1310 f) und die eigenhändige Niederschrift beim Testament, § 2247.

3. Der **Umfang der Formbedürftigkeit** ergibt sich aus der jeweiligen gesetzlichen Vorschrift. So erklären etwa § 766 und § 518 nur die Willenserklärung des Bürgen bzw Schenkers für formbedüftig, während § 311b I die Einhaltung der Form für beide Willenserklärungen vorschreibt. **324**

Grundsätzlich betrifft die Formbedürftigkeit das gesamte Rechtsgeschäft einschließlich der Nebenabreden (vgl *B. Mertens* JZ 2004, 431 f). Wesentliche Änderungen und Ergänzungen eines formbedürftigen Rechtsgeschäfts sind ebenfalls grundsätzlich formbedürftig (vgl BGH NJW-RR 1988, 185, 186 mwN; differenzierend *Mertens* JZ 2004, 433). Dagegen ist die Aufhebung eines formbedürftigen Rechtsgeschäfts formlos wirksam (vgl BGHZ 83, 395 = *Schack/Ackmann*[7] Nr 84: Grundstückskaufvertrag). Ausnahmen sind für die Aufhebung eines Erbvertrages bzw Erbverzichts in §§ 2290 IV, 2351 vorgesehen.

4. Rechtsfolge der Nichtbeachtung *gesetzlicher* Formvorschriften ist nach § 125 Satz 1 die Nichtigkeit des Rechtsgeschäfts. Ist nur eine Nebenabrede, nicht aber das Hauptgeschäft formbedürftig, so ist die Nebenabrede nichtig, während sich die Wirksamkeit des übrigen Geschäfts nach § 139 richtet (s. oben Rn 304). **325**

Der mündlich geschlossene Grundstückskaufvertrag zwischen A und B ist somit nach § 125 Satz 1 wegen Nichtbeachtung der in § 311b I 1 vorgeschriebenen notariellen Beurkundung nichtig. Möglicherweise ist der Formmangel aber nach § 311b I geheilt worden.

Vereinzelt sieht das Gesetz eine **Heilung** des Formmangels vor, sobald die formunwirksame Verpflichtung erfüllt wird, zB § 311b I 2, §§ 518 II, 2301 II, § 766 Satz 3 BGB, § 15 IV 2 GmbHG (vgl auch die Sonderregeln in §§ 550, 494 BGB). In diesen Fällen haben sich die Formzwecke weitgehend erübrigt. Mit der Heilung wird der gesamte formlos geschlossene Vertrag, soweit keine anderen Unwirksamkeitsgründe (zB Verstöße gegen §§ 134, 138) gegeben sind, ex nunc wirksam (BGHZ 54, 56, 63 = *Schack/Ackmann*[7] Nr 82, zu § 311b I 2). Die genannten Heilungsvorschriften sind nicht analogiefähig; einen allgemeinen Rechtsgrundsatz, dass Formfehler mit Erfüllung des Rechtsgeschäfts stets geheilt werden, gibt es nicht (BGH NJW 1967, 1128, 1131; *Hübner*[2] Rn 869). Im Gegenteil ist es für die Rechtssicherheit wesentlich, dass die gesetzlichen Formvorschriften eingehalten und nicht im Vertrauen auf eine spätere Heilung missachtet werden. Die strikte Nichtigkeitsfolge in § 125 Satz 1 lässt grundsätzlich keinen Raum für einen Schutz des Vertrauens in die Wirksamkeit der getroffenen Vereinbarung. Auf die Nichtigkeit des Rechtsgeschäfts kann sich jeder Vertragspartner berufen und die Vertragserfüllung verweigern. **326**

Ausnahmen hiervon sind in Extremfällen denkbar, wenn die Formnichtigkeit zu schlechthin untragbaren Ergebnissen führen würde (BGHZ 85, 315, 318 f mwN; MüKo-*Einsele*[9] § 125 Rn 57 ff; *Armbrüster* NJW 2007, 3317). Schutzbedürftig ist nicht, wer sich dazu überreden lässt, die ihm bekannten Formvorschriften nicht einzuhalten (RGZ 117, 121 – Edelmannfall). Dagegen darf sich auf die Formnichtigkeit nicht berufen (§ 242), wer sei- **327** nem Vertragspartner arglistig die Formfreiheit der Vereinbarung vorgespiegelt hat. Regelmäßig lassen sich aber untragbare Ergebnisse bereits durch Zuerkennung von Schadensersatzansprüchen, zB wegen Verschuldens bei Vertragsverhandlungen (§§ 280 I, 241 II) oder wegen § 826, vermeiden (vgl BGH NJW 1965, 812).

Haben beide Parteien, wie hier im Fall des Schwarzkaufs, den Formmangel gekannt, dann kommt eine Anwendung des § 242 in aller Regel nicht in Betracht (BGH NJW 1980, 451; OLG Düsseldorf NJW-RR 1986, 692).

Im **Fall 13** hätte A sich also gegenüber B nicht mit Erfolg auf § 242 berufen und ihn an dem formunwirksamen Vertrag festhalten können, als B die Zahlung von 100 000 € verweigerte.

328 5. Nicht nur der Inhalt (§ 127), auch die Rechtsfolgen der Nichteinhaltung einer rechtsgeschäftlich vereinbarten **gewillkürten Schriftform** richten sich nach der Vereinbarung der Parteien. Nach § 125 Satz 2 ist das formwidrige Rechtsgeschäft im Zweifel nichtig. Zu beachten ist aber, dass die Parteien die Formvereinbarung jederzeit (ggf auch formlos!, vgl BGHZ 66, 378 = *Schack/Ackmann*[7] Nr 11, mit berechtigter Kritik von *Kötz* JZ 2018, 988, 989 ff; *Wedemann* JZ 2022, 1041 ff) wieder aufheben können.

329 Im **Fall 13** sind Auflassung und Eintragung des B ins Grundbuch erfolgt, die Heilungsvoraussetzungen des § 311b I 2 also dem Wortlaut nach erfüllt. Heilen können jedoch nur eine vollwirksame Auflassung und Eintragung. Die Eintragung des B ist jedoch wegen Verstoßes gegen das Erwerbsverbot analog §§ 135, 136 relativ unwirksam, eine Heilung des mündlichen Kaufvertrages konnte durch sie also nicht erfolgen (RGZ 117, 287, 290, 294; 120, 118, 120; OLG München OLGZ 1969, 196, 198; MüKo-*Ruhwinkel* III[9] 2022, § 311b Rn 91). Hier erweist sich die praktische Bedeutung des Erwerbsverbots, das den wirksamen Eigentumserwerb und die damit einhergehende Heilung des formwidrigen Vertrages verhindern soll.

Die rechtsgrundlos erfolgte Auflassung kann A also kondizieren. Seinem Bereicherungsanspruch aus § 812 I 1, 1. Alt. (oder, wenn A die Formnichtigkeit des verdeckten Rechtsgeschäfts kannte, § 812 I 2, 2. Alt.) stehen weder § 814 noch § 815 entgegen (vgl BGH NJW 1980, 451; OLG München NJW-RR 1986, 13, 14), da zum Zeitpunkt der Auflassung eine Heilung noch möglich war und A sie auch nicht entgegen Treu und Glauben verhindert hat. A hat das Erwerbsverbot nicht erwirkt, um das günstigere Angebot des C annehmen zu können, sondern weil B seinerseits die mündliche Absprache nicht mehr einhalten wollte. Die einstweilige Verfügung wird daher nicht aufgehoben werden (vgl oben Rn 315), so dass weder der formunwirksame Kaufvertrag geheilt noch der Eigentumserwerb des B rückwirkend voll wirksam wird.

330 Auf welchem Wege A die relative Unwirksamkeit des Eigentumserwerbs des B geltend machen kann, ist grundbuchrechtlich nicht unproblematisch (dazu *Staudinger/Kesseler*, Bearb. 2020, § 888 Rn 126). Jedenfalls kann A von B im Ergebnis alle Mitwirkungshandlungen verlangen, die erforderlich sind, damit A wieder als Eigentümer des Grundstücks im Grundbuch eingetragen wird.

§ 14 Allgemeine Geschäftsbedingungen (AGB)

Fall 14: Das Autohaus F verkauft neue und gebrauchte Kraftwagen. Es benutzt jeweils für den Ein- und Verkauf gebrauchter Wagen verschiedene Allgemeine Geschäftsbedingungen, von denen die Angestellten jedem Interessenten ein Exemplar vor Abschluss des Kaufvertrages aushändigen. 331

K kauft bei F einen Gebrauchtwagen „wie besichtigt und probegefahren". Der Angestellte A gibt ihm vor Abschluss des Vertrages ein Formular mit der Erklärung, das seien die AGB für den Vertrag. K steckt das Formular ein, ohne es zu lesen.

Als K vier Wochen nach dem Kauf und der Übergabe den Wagen zurückgeben will, weil dieser entgegen der Zusicherung des A beim Vorbesitzer einen Unfall erlitten habe und das Fahrgestell verzogen sei, weist F auf Nr 5 der AGB für den Verkauf von Gebrauchtwagen hin, wonach mündliche Erklärungen des Vertreters nicht verbindlich seien, ferner auf Nr 8, wonach übliche Mängel des Gebrauchtwagens keine Gewährleistungsansprüche begründen und Schadensersatzansprüche in jedem Fall ausgeschlossen sein sollen.

1. Kann K vom Vertrag zurücktreten und von F Schadensersatz verlangen?
2. Macht es einen Unterschied, wenn A dem K versehentlich nicht das Formular für den Verkauf, sondern für den Einkauf von Gebrauchtwagen ausgehändigt hätte und K diesen Irrtum erst bemerkt hat, nachdem er den Fehler am Wagen festgestellt hatte?

(Lösungsskizze: Rn 367)

I. AGB als Mittel zur Bestimmung des Vertragsinhalts

K will von dem Kaufvertrag loskommen. Dafür bietet sich in erster Linie der Rücktritt gemäß §§ 437 Nr 2, 434 an, da mit ihm der Kaufvertrag in ein Rückgewährschuldverhältnis umgewandelt wird, Kaufpreis und Ware also zurückzugewähren sind (§ 346 I). Die Beschaffenheit als Unfallwagen und das verzogene Fahrgestell könnten ein Sachmangel iSv § 434 I sein. Das hängt davon ab, welche Beschaffenheitsvereinbarung K und F getroffen haben. Die Rechte aus §§ 434 ff können bei einem Verbrauchsgüterkauf nur in sehr engen Grenzen abbedungen werden (§ 476). 332

1. Die Vertragspartner können durch ausdrückliche Vereinbarung, aber auch mit Hilfe Allgemeiner Geschäftsbedingungen den Inhalt des Vertrags abweichend vom dispositiven Recht bestimmen, ohne sich über die Abweichungen im Einzelnen ausdrücklich verständigen zu müssen. 333

Die **Bedeutung der AGB** hängt mit der generalisierenden und abstrahierenden Methode des Gesetzes zusammen. Das Gesetz enthält allgemeine Rechtsregeln, die für alle Verträge eines Typs gelten, zB für alle Kaufverträge, Mietverträge, Dienstverträge, Werkverträge (vgl für den Behandlungsvertrag §§ 630a ff, für den Bauvertrag §§ 650a ff). So unterscheiden die kaufrechtlichen Vorschriften nicht danach, ob Kaufgegenstand ein Brötchen oder ein Rembrandt-Gemälde, ein Auto oder ein ganzes Unternehmen ist. Der Gesetzgeber wäre überfordert, müsste er unzählige Einzelregelungen je nach Art des Vertragsgegenstandes aufstellen. Die Details muss und kann der Gesetzgeber den Parteien überlassen, die das ganz überwiegend nachgiebige (dispositive) Vertragsrecht des BGB dort, wo es dem besonderen Gegenstand des Vertrages nicht angemessen ist, durch entsprechende Vereinbarungen ersetzen können. In der Praxis formuliert häufig derjenige, der ständig gleichartige Verträge schließt, solche Vereinbarungen als AGB vor. AGB sind einseitig gestellte Vertragsbedingungen, die dem Geschäftspartner als fertiger Entwurf präsentiert werden (§ 305 I 1). Im Allgemeinen wird der Verwender von AGB den Vertrag nur abschließen wollen, wenn sich der Geschäftspartner mit den unveränderten AGB einverstanden erklärt.

334 Im **Massenverkehr**, also dort, wo tagtäglich eine große Zahl gleichartiger Verträge abgewickelt wird, sind AGB ein unentbehrliches Rationalisierungsinstrument. AGB setzen an die Stelle des notwendig abstrakten Gesetzes eine konkretisierte Regelung, die der spezifischen Eigenart des Geschäftes angepasst, zugleich aber wiederum genereller Natur ist, weil sie für eine Vielzahl gleichförmiger Rechtsgeschäfte gelten will. Im Massenverkehr ist es praktisch unmöglich, die Vertragsbedingungen in jedem Einzelfall individuell auszuhandeln. Dieser Kostenaufwand lässt sich durch eine Verweisung auf feststehende AGB vermeiden, die damit den Geschäftsverkehr entlasten.

Viele Branchen, wie zB Banken, Versicherungen, Autohändler und Leasing-Unternehmen, haben spezifische AGB entwickelt, die häufig von Verbänden aufgestellt und immer weiter verfeinert worden sind und manchmal auch veröffentlicht werden.

335 Sind AGB danach nützliche, aus dem Wirtschaftsleben nicht mehr wegzudenkende Formen der Vertragsgestaltung, so sind sie doch aus einem anderen Grunde in Verruf geraten. Mittels AGB können und wollen deren Verwender die Rechtslage nach ihren Interessen gestalten. Dabei können sie den Spielraum des dispositiven Rechts voll ausschöpfen, sich zB möglichst unauffällig von der Haftung freizeichnen und Risiken auf den Geschäftspartner abwälzen. Der wirtschaftlichen Macht und Geschäftserfahrung des AGB-Verwenders hat der Kunde regelmäßig nichts entgegenzusetzen. Häufig sieht er sich weitgehend gleichlautenden AGB der gesamten Branche gegenüber (solche Konditionenkartelle können nach § 1 GWB verboten sein), so dass ihm nur noch die Abschlussfreiheit („friss oder stirb!") bleibt, er auf den Inhalt des Vertrages aber keinen Einfluss nehmen kann. Zu dieser Hilflosigkeit trägt die Fehlvorstellung bei, AGB besäßen rechtssatzgleiche Autorität. Auch wenn sie von interessierter Seite gern als „selbstgeschaffenes Recht der Wirtschaft" bezeichnet werden, sind AGB doch keine Rechtsnormen. Denn sie beruhen nicht auf dem Willen des demokratisch legitimierten Gesetzgebers, sondern auf schlichter Parteivereinbarung. Gesetz und AGB sind im Zustandekommen grundverschieden, in ihrer Auslegung allerdings insofern verwandt, als auch AGB generelle Regelungen sind, unter die, wie unter das Gesetz, der Sachverhalt subsumiert werden muss.

Das geschilderte typische Machtungleichgewicht liegt nicht vor, wenn zwei gleichstarke Unternehmen jeweils ihre AGB gegen die der anderen Seite durchsetzen wollen, zB die allgemeinen Einkaufs- gegenüber den Verkaufsbedingungen. Hier sind die Auswirkungen auf den Vertrag problematisch, wenn keine ausdrückliche Einigung über die AGB zustande kommt (s. unten Rn 366).

336 2. Gegenüber seinem Vertragspartner ist der Verwender von AGB im Vorteil. Er bestimmt einseitig den Inhalt der AGB und damit des Vertrages, sobald die AGB durch Bezugnahme zum Bestandteil des Vertrages werden. Es besteht also die Gefahr, dass die AGB einseitig den Verwender begünstigen.

337 Beim gegenseitigen Vertrag haben die Vertragspartner gegenläufige Interessen, die durch den Inhalt des Vertrages, sei es durch die individuelle Vereinbarung der Parteien, sei es durch die gesetzliche Regelung, ausgeglichen werden.

Das legitime Interesse des Verkäufers zB geht im **Fall 14** dahin, in möglichst geringem Umfang zur Gewährleistung verpflichtet zu sein. So kennt etwa der Verkäufer oft die Mängel von ihm gebraucht gekaufter Wagen nicht; er möchte, wenn er schon für solche Mängel einstehen muss, nur beschränkte Zeit haften und Gelegenheit haben, durch Nachbesserung die Fehler zu beseitigen. Dem Käufer dagegen liegt an einer weitgehenden Sachmängelhaftung des Verkäufers. Grundsätzlich ist es völlig legitim, dass jeder Vertragspartner bei der Vertragsgestaltung die eigenen Interessen verfolgt.

Das BGB hat für die meisten Vertragstypen abstrakte und generelle Regeln aufgestellt, mit denen es einen gerechten Interessenausgleich zwischen den Beteiligten verwirklichen will. Im Rahmen ihrer Vertragsfreiheit können die Parteien jedoch dieses Muster durch eine andere Regelung ersetzen. Das vom Gesetzgeber hierfür vorgesehene Mittel ist der Individualvertrag. Bei ihm soll das freie Aushandeln der Bedingungen die **Vertragsgerechtigkeit** garantieren. Hier genügte es dem Gesetzgeber bisher, durch einige zwingende Vorschriften (zB §§ 444, 536d, 572, 619, 639, 650o uam), durch einzelne gesetzliche Verbote (§ 134) und durch § 138 der Vertragsfreiheit gewisse Grenzen zu setzen.

Sehr viel rigoroser wird die Vertragsfreiheit seit dem 1.1.2002 zugunsten des Käufers von Verbrauchsgütern durch § 476 beschnitten. Hintergrund ist die Richtlinie 1999/44/EG zu bestimmten Aspekten des Verbrauchsgüterkaufs und der Garantien für Verbrauchsgüter vom 25.5.1999 (EG-ABl 1999 L 171, S. 12). § 476 I 1, der auch für den Kauf gebrauchter Sachen gilt (vgl § 474 II 2), sichert dem Käufer die gesetzlichen Rücktritts- und Minderungsrechte der §§ 437 Nr 2, 434; abweichende Vereinbarungen, gleich ob durch Individualvertrag oder in AGB, sind demgegenüber wirkungslos. Gemäß § 476 III auch durch AGB ausgeschlossen werden kann lediglich der Anspruch aus § 437 Nr. 3 auf Schadensersatz

Der Inhalt von AGB wird dagegen nicht ausgehandelt, sondern einseitig vom Verwender **338**
festgesetzt. Auch die Einführung der AGB in den Individualvertrag ist regelmäßig nicht das Ergebnis eines Aushandelns mit Vor- und Nachteilen für jeden Vertragspartner. Der Vertragspartner des Verwenders nimmt die AGB meist hin, ohne ihren Inhalt auch nur zur Kenntnis zu nehmen, entweder weil er glaubt, seine Interessen seien genügend gewahrt, oder weil er resignierend keine Möglichkeit sieht, auf den Inhalt der AGB Einfluss nehmen oder anderswo ohne AGB abschließen zu können.

3. Diese Umstände haben schon früh zu einer **richterlichen Inhaltskontrolle** von **339**
AGB geführt. Mit Hilfe der Generalklauseln der §§ 138, 242 schuf die Rechtsprechung im Laufe der Zeit ein durch Fallgruppen weithin konkretisiertes System, um die Gerechtigkeitsvorstellungen des Gesetzes auch gegenüber AGB durchzusetzen. Ziel war nicht die Bekämpfung der als Rechtsinstitut unverzichtbaren AGB, sondern deren Inhaltskontrolle, die am dispositiven Recht als dem gesetzlichen Leitbild entwickelt wurde (vgl § 307 II Nr 1 und BGHZ 72, 222, 226).

Diese Rechtsprechung hat das AGB-Gesetz von 1976 konsolidiert, das zum 1.1.2002 in **340**
das BGB integriert worden ist. Wesentlich zur Rechtssicherheit beigetragen hat die Aufzählung der verbotenen Klauseln (heute) in §§ 308 und 309 BGB.

Die Zielsetzung der AGB-Kontrolle geht über bloßen Verbraucherschutz hinaus. Das deutsche Recht meint, die Vertragsgerechtigkeit auch zwischen Unternehmern wahren zu müssen, obwohl diese mit AGB durchaus vertraut sind. § 310 I nimmt im unternehmerischen Verkehr nur einzelne, wenngleich wichtige, Vorschriften aus. § 310 III, der auf die EG-Richtlinie vom 5.4.1993 über missbräuchliche Klauseln in Verbraucherverträgen zurückgeht, verstärkt demgegenüber die verbraucherschützende Funktion.

341 Verhindert werden soll ein Missbrauch der Vertragsfreiheit durch den Verwender von AGB. Die AGB-Kontrolle hat jedoch nicht die Aufgabe, den Geschäftspartner schlechthin vor einem Ungleichgewicht der Leistungen im Rahmen eines gegenseitigen Vertrages zu bewahren. Sie richtet sich nur gegen unangemessene Vertragsbedingungen, eine Korrektur der Preisvereinbarung lässt sie nicht zu (vgl BGH NJW 1990, 761, 762 und § 307 III). Zu teuer kaufen kann man mit und ohne AGB. Allerdings kann es für die Entscheidung, ob bestimmte Vertragsbedingungen unangemessen sind, durchaus von Bedeutung sein, ob sie durch einen besonders günstigen Preis aufgewogen werden.

342 Vom sachlichen Anwendungsbereich der §§ 305 ff zum Teil ausgenommen werden bestimmte Verträge und Vertragsbedingungen. Der Grund für die Freistellung liegt darin, dass öffentliche Stellen diese AGB selbst erarbeitet oder aufsichtsbehördlich überprüft und genehmigt haben.

Die Ausnahme in § 310 IV für Verträge des Erb-, Familien- und Gesellschaftsrechts beruht auf der engen Verbindung der Beteiligten, die die Verträge regelmäßig aushandeln. Angesichts der vielfach zwingenden gesetzlichen Bestimmungen besteht hier nur selten ein Bedürfnis nach einer AGB-Kontrolle. Wo das Aushandeln oder die gesetzlich zwingende Regelung fehlt, wie zB bei Publikumsgesellschaften in Form der Personenhandelsgesellschaften (OHG und KG), greift die Rechtsprechung für eine richterliche Inhaltskontrolle auf § 242 zurück (BGHZ 84, 11, 13 f).

II. Begriff der AGB

343 AGB sind „alle für eine Vielzahl von Verträgen vorformulierten Vertragsbedingungen, die eine Vertragspartei (Verwender) der anderen Vertragspartei bei Abschluss eines Vertrages stellt“, § 305 I 1. Dieser Begriff ist denkbar weit, er umfasst die kleingedruckten Klauselwerke auf der Rückseite einer Vertragsurkunde ebenso wie öffentliche Aushänge, Piktogramme (BGH GRUR 2019, 284 Tz 38 f), Formularverträge und das im Computer gespeicherte Vertragsmuster.

Sogar notarielle Verträge können AGB sein, wenn der Notar ein ihm von einer Partei zur Verfügung gestelltes Standardformular verliest (BGH NJW 1984, 171, 172); anders jedoch, wenn der Notar das Formular selbst aus einem Formularbuch oder seinem Fundus entnimmt; der Notar ist grundsätzlich (beachte aber § 310 III Nr 1) nicht Verwender iSv § 305 I 1.

344 Vorformulierte Bedingungen sind grundsätzlich nur dann AGB, wenn sie für eine Vielzahl von Verträgen (mindestens drei) bestimmt sind (für die Ausnahme des § 310 III Nr 2 trägt der Verbraucher die Beweislast, BGHZ 176, 140, 144 ff) und der Verwender sie dem anderen Teil „stellt“, dh als fertige Regelung präsentiert (vgl BGHZ 184, 259, 267 f: Gebrauchtwagenkauf unter Privatleuten). Deshalb sind nach § 305 I 3 im Einzelnen ausgehandelte Vertragsbedingungen selbst dann keine AGB, wenn der Entwurf von einem der Vertragspartner vorformuliert worden ist. Ausgehandelte Bedingungen bieten die gleiche Gerechtigkeitsgewähr wie ein Individualvertrag.

Ausgehandelt sind die AGB nicht schon dann, wenn der Verwender sie seinem Vertragspartner erläutert hat. Auch die bloße Verhandlungsbereitschaft genügt entgegen der älteren Rechtsprechung noch nicht. Der Verwender muss sich vielmehr deutlich und ernsthaft zur Änderung einzelner Klauseln bereiterklären, und es muss für den Vertragspartner die reale Möglichkeit bestehen, die Vertragsbedingungen zu beeinflussen (BGHZ 195, 207, 213 für ein Wettbewerbsverbot). Statt über Möglichkeiten zu mutmaßen, stellt man besser auf eindeutige Tatsachen ab. In der Literatur wird deshalb mit Recht verlangt, dass nur solche Vertragsbedingungen „ausgehandelt“ sind, über die tatsächlich verhandelt wurde, mag es danach auch zu keiner Abänderung der Klausel gekommen sein (vgl *Miethaner* NJW 2010, 3121, 3126).

Die AGB müssen zwischen dem Verwender und dem Kunden ausgehandelt werden. Kollektives Aushandeln, zB zwischen Wirtschaftsvereinigungen, zwischen Hauseigentümer- und Mieterverbänden, steht dem nicht gleich (vgl *M. Habersack*, in *Ulmer/Brandner/Hensen*, AGB-Recht[13] 2022, § 305 Rn 59). Hier ist der individuelle Interessenausgleich keineswegs ebenso gesichert wie beim Aushandeln zwischen den Parteien selbst. Verbände können durchaus eigene Interessen verfolgen, zum Vormund über den Einzelnen darf man sie nicht erheben. **345**

III. Einbeziehung von AGB

1. Da AGB keinen Rechtsnormcharakter haben, bedürfen sie eines Geltungsgrundes. AGB gelten nicht automatisch, auch wenn sie öffentlich bekanntgemacht worden sind. Die AGB stellen, mögen sie auch in bestimmten Branchen weit verbreitet sein, insbesondere kein Gewohnheitsrecht dar, denn es fehlt die allgemeine Überzeugung von ihrer Verbindlichkeit als Rechtssatz. **346**

Deshalb müssen AGB durch Willenserklärung im Einzelfall in den Vertrag eingeführt werden. Die einzelnen Klauseln werden dadurch zum Vertragsinhalt gemacht, dass beide Vertragspartner erklären, dass die AGB gelten sollen. Hierfür genügt eine Bezugnahme auf die AGB.

§ 305 II stellt besondere Voraussetzungen für die **vertragliche Einbeziehung** als Geltungsgrund der AGB auf. Der Verwender muss die andere Vertragspartei auf die AGB ausdrücklich oder durch deutlich sichtbaren Aushang am Ort des Vertragsschlusses hinweisen und ihr ermöglichen, in zumutbarer Weise von ihrem Inhalt Kenntnis zu nehmen, § 305 II Nr 1 und Nr 2. Die AGB müssen folglich verständlich und lesbar sein. Grau in grau gehaltene, nur mit der Lupe lesbare AGB werden danach nicht Vertragsbestandteil. **347**

Diese Wirksamkeitsvoraussetzungen der Einbeziehungsvereinbarung weichen von §§ 145 ff ab. Die Art ihrer Erfüllung hängt davon ab, auf welchem Weg der Vertrag zustande kommt (schriftlich, mündlich, telefonisch).

Im **Fall 14** hat der Verwender F auf die AGB hingewiesen und K konnte sie zur Kenntnis nehmen; wenn er das nicht tat, so handelte er auf eigenes Risiko. In der **Abwandlung** hatte K, dem versehentlich die Einkaufs-AGB ausgehändigt worden waren, dagegen nicht die Möglichkeit, von den Verkaufs-AGB Kenntnis zu nehmen. Diese sind deshalb nicht wirksam in den Kaufvertrag einbezogen worden. Hierbei ist es gleichgültig, dass K bei einiger Aufmerksamkeit die Verwechslung der AGB hätte erkennen können.

Bezüglich der Einverständniserklärung des Vertragspartners gelten die allgemeinen Regeln der §§ 145 ff, so dass auch konkludente Erklärungen ausreichen (BGH NJW 2020, 755 Tz 16 – Parkplatzbenutzung). Die Einbeziehungsvereinbarung als Teil des Gesamtvertrages muss „bei Vertragsabschluss“ zustande kommen (vgl § 150 II für den Fall, dass der Annahme AGB beigefügt werden!). Es genügt deshalb nicht, wenn die AGB erst zusammen mit der Rechnung übersandt werden. Einbeziehungsversuche nach Vertragsabschluss stellen ein Angebot zur Vertragsänderung dar, das der Vertragspartner nicht annehmen muss. **348**

§ 305 III erlaubt die Rahmenvereinbarung von AGB für eine bestimmte Art auch erst künftig abzuschließender Rechtsgeschäfte. Im Voraus vereinbart sind jedoch nur die konkreten AGB, nicht künftige AGB in ihrer jeweils geltenden Fassung. Wenn der Verwender seine AGB nachträglich ändert, muss er eine neue Einbeziehungsvereinbarung treffen (vgl BGHZ 229, 344 Tz 21 ff: Banken-AGB). **349**

350 2. Nach § 305c I werden **überraschende Klauseln** nicht Vertragsbestandteil. Überraschend sind objektiv ungewöhnliche oder an versteckter Stelle untergebrachte Klauseln, mit denen der Vertragspartner nicht zu rechnen brauchte (vgl BGHZ 84, 109, 112 f). Die normative Wertung orientiert sich an dem gesamten Erscheinungsbild des Vertrages und den Erwartungen des redlichen Verkehrs bei Verträgen dieser Art (*C. Schäfer*, in *Ulmer/Brandner/Hensen*[13] § 305c Rn 12).

In diesem Sinne überraschend dürfte eine formularmäßige Sektionseinwilligung in einem Krankenhausaufnahmevertrag sein (von BGH JZ 1990, 923, 924 f mit Anm. *Ackmann* nicht abschließend beurteilt). Eine wichtige Rolle spielt auch, ob die Klausel im Kleingedruckten untergeht oder aber drucktechnisch besonders hervorgehoben ist (vgl BGHZ 131, 55, 58 f zur Haftungserweiterung auf alle bestehenden und künftigen Verbindlichkeiten in einem Bürgschaftsformular; BGH NJW-RR 2012, 1261 zur Entgeltklausel für die Aufnahme in ein Internet-Branchenverzeichnis). Hat der Vertragspartner von der Klausel positiv Kenntnis genommen, dann ist sie im Hinblick auf § 305c I wirksam. Über ihre inhaltliche Vereinbarkeit mit § 307 ist damit allerdings noch nichts gesagt (s. unten Rn 359). So verstößt die eben genannte Bürgschaftsklausel auch unter Unternehmern gegen den Leitgedanken von § 767 I 3 und damit gegen § 307 II Nr 1 (BGH NJW 1998, 3708, 3709).

Im **Fall 14** fällt die Gewährleistungsklausel nicht unter § 305c I, weil sie im Gebrauchtwagenhandel völlig üblich ist; vgl aber § 309 Nr 8 für Verträge „über Lieferungen neu hergestellter Sachen".

IV. Auslegung von AGB

351 1. AGB als Erklärungen, die sich an eine Vielzahl von Personen richten, sind weniger nach dem individuellen Empfängerhorizont des konkreten Vertragspartners als aus der Sicht der beteiligten Verkehrskreise auszulegen. Danach kommt es auf den objektivierten Empfängerhorizont des Durchschnittskunden an **(objektive Auslegung)**. Im Gegensatz zur Auslegung von Individualvereinbarungen sind deshalb bei der Auslegung von AGB Umstände, die allein dem konkreten Vertragspartner bekannt waren, nicht zu berücksichtigen (*Schäfer* aaO[13] § 305c Rn 82 ff).

352 Verbleibende Auslegungszweifel gehen nach der **Unklarheitenregel** des § 305c II zu Lasten des Verwenders. Es herrscht das Prinzip der kundenfreundlichen Auslegung. Das kann gelegentlich auch die Wahl der dem Kunden scheinbar ungünstigeren Alternative bedeuten, wenn diese nämlich gegen §§ 307–309 verstoßen und deshalb im Endergebnis zur dem Kunden günstigen Unwirksamkeit der Klausel (s. unten Rn 362) führen würde (OLG Schleswig ZIP 1995, 759, 762 mwN).

Dieser Vorgriff auf die Inhaltskontrolle schon im Rahmen der Auslegung führt zu einem Gleichklang mit der kundenfeindlichen Auslegung im Rahmen der abstrakten AGB-Kontrolle im Wege der Verbandsklage (s. unten Rn 361), bei der stets die dem Kunden ungünstigste Auslegung der Klausel gilt (BGH NJW 1992, 1097, 1099). Dadurch kann auch die Verwendung zweifelhafter Klauseln untersagt werden. Das macht die Verbandsklage zu einer noch schärferen Waffe.

353 2. § 305b bestimmt den **Vorrang der Individualabrede** vor AGB. Führt die Auslegung zum Ergebnis, dass die AGB einer daneben wirksam getroffenen Individualvereinbarung widersprechen, dann gilt die Letztere. Der Verwender kann sich also einmal gegebenen Zusagen nicht durch AGB entziehen.

Das gilt im Ergebnis auch für mündliche Erklärungen gegenüber einer in AGB enthaltenen Schriftformklausel (*Grüneberg*[82] § 305b Rn 5 mwN). Wenn die Rechtsprechung sogar ein individuell vereinbartes Schriftformerfordernis als durch eine mündliche Vertragsänderung außer Kraft gesetzt ansieht (BGHZ 66, 378, 380 f, s oben Rn 328), muss das erst recht gegenüber einer Schriftformklausel in AGB gelten (BGHZ 164, 133, 136 f). Voraussetzung dafür ist jedoch, dass die mündliche Erklärung von einer insoweit vertretungsberechtigten Person abgegeben worden ist (vgl BGH NJW 1982, 1389). Beschränken die AGB zugleich die Vertretungsmacht des Verkaufsangestellten, dann helfen nur §§ 56, 54 HGB (s. unten Rn 496). **354**

Im **Fall 14** hat also die mündliche Zusicherung des A nach § 305b Vorrang vor der Schriftformklausel in Nr 5 der AGB. Dagegen ergibt die Klausel nicht mit hinreichender Deutlichkeit, dass zugleich die Vertretungsmacht des A eingeschränkt sein sollte. Bei einer entsprechend eindeutig gefassten Klausel wäre zu überlegen, ob sie allein schon einen nach §§ 56, 54 III HGB beachtlichen Fahrlässigkeitsvorwurf gegenüber dem Vertragspartner des Verwenders begründet.

Erfüllt die Schriftformklausel insofern einen legitimen Zweck, als sie den Verwender vor weisungswidrigen mündlichen Zusagen seines Vertreters schützen soll, so kann sich der Verwender, der die Zusage selbst (oder durch einen Prokuristen, vgl §§ 48–50 HGB) abgegeben hat, nicht hinter der Schriftformklausel verstecken. Wird die Klausel von einem Ein-Mann-Betrieb verwendet, so verstößt sie auch gegen § 307, weil der Verwender mit ihr keinerlei schutzwürdige Interessen verfolgt (BGH NJW 1983, 1853, 1854).

V. Inhaltskontrolle von AGB

1. § 307 erlaubt eine Inhaltskontrolle nach §§ 307–309 nur bezüglich solcher Klauseln, die vom Gesetz abweichen oder es ergänzende Regelungen treffen (BGHZ 124, 254, 256 – „Servicepaket" der Deutschen Bank). Eine Inhaltskontrolle von AGB-Vereinbarungen, die nur das Gesetz wiederholen, ist unzulässig, sie liefe auf eine richterliche Kontrolle oder gar Korrektur des Gesetzes hinaus. **355**

Auch die Festlegung der Hauptleistungspflichten ist einer AGB-Inhaltskontrolle nicht zugänglich (BGH GRUR 2019, 284 Tz 46 – Museums-AGB; anders bei Preis*neben*abreden, BGHZ 195, 298, 301 ff, 307 – Kontoführungsgebühr). § 307 III bezieht sich nur auf das nachgiebige (dispositive) Recht. Zwingendes Recht setzt sich ohne Rücksicht auf AGB stets durch.

Im **Fall 14** weichen die AGB des F hinsichtlich der Möglichkeit formloser Vereinbarungen und der Schadensersatzhaftung des Verkäufers vom dispositiven Recht ab. Eine Inhaltskontrolle nach §§ 307–309 ist insoweit also möglich. Das Rücktrittsrecht des K konnte jedoch wegen § 476 I 1 nicht wirksam ausgeschlossen werden.

2. Die **Kriterien der Inhaltskontrolle** sind in §§ 307–309 enthalten. Die Generalklausel des § 307 I wird in Abs. 2 durch zwei Vermutungen konkretisiert. Eine noch weitergehende Konkretisierung mit der Folge der strikten (nicht nur „im Zweifel" vermuteten) Unwirksamkeit enthalten § 308 und § 309, wobei § 308 infolge der in ihm vorkommenden unbestimmten Rechtsbegriffe (zB „unangemessen", „unzumutbar") eine wertende Beurteilung fordert, während § 309 bestimmte Klauseln kategorisch für nichtig erklärt, ohne dass ein Beurteilungsspielraum besteht. **356**

Stets ist daher mit § 309 als der speziellsten Vorschrift zu beginnen, danach sind § 308, § 307 II und zum Schluss § 307 I zu prüfen, wenn die Subsumtion unter die jeweils zuvor geprüfte Vorschrift nicht schon zur Unwirksamkeit der Klausel geführt hat.

357 Die absoluten Klauselverbote der §§ 308, 309 (lesen!) gelten nicht, wenn die AGB gegenüber einem Unternehmer (§ 14) verwendet werden, § 310 I 1. Satz 2 lässt jedoch auch in diesen Fällen ausdrücklich einen Rückgriff auf den Auffangtatbestand des § 307 zu. Ist eine Klausel nach § 309 verboten, so ist dies ein Indiz dafür, dass sie auch gegenüber einem Unternehmer zu einer unangemessenen Benachteiligung führt (BGHZ 174, 1, 4 f).

358 Kernvorschrift der Inhaltskontrolle ist § 307 II Nr 1. AGB dürfen nicht von „wesentlichen Grundgedanken der gesetzlichen Regelung" abweichen. Hier zeigt sich deutlich die Leitbildfunktion des dispositiven Rechts. Die in § 307 II Nr 2 angesprochenen Fälle einer Gefährdung des zentralen Vertragszwecks gehen in aller Regel in Nr 1 auf, anders nur bei gesetzlich nicht geregelten (atypischen) Verträgen. Einen Verstoß gegen Nr 2 hat KG NJW-RR 1991, 698 angenommen im Fall eines Haftungsausschlusses für leicht fahrlässig verursachte Beschädigungen von Autos in einer Autowaschanlage.

359 3. Eine iSv § 307 I **unangemessene Benachteiligung** des Kunden liegt vor, wenn sie von einigem Gewicht ist und nicht durch anerkennenswerte Interessen des Verwenders gerechtfertigt wird. § 307 greift nicht erst, wenn dem Verwender Rechtsmissbrauch vorzuwerfen ist, es genügt vielmehr, dass die beanstandete Klausel einem angemessenen Interessenausgleich im Wege steht. Die Klauseln sind grundsätzlich jede für sich generell-abstrakt (vgl aber § 310 III Nr 3) auf ihre Angemessenheit zu prüfen. Eine unangemessene Klausel wird nicht dadurch zulässig, dass dem Kunden an anderer Stelle Vorteile eingeräumt werden. Ausnahmen hiervon machen nur Klauseln, die in Wechselbeziehung zueinander stehen, und solche Klauselwerke, die von den beteiligten Kreisen kollektiv ausgehandelt und als in ihrer Gesamtheit angemessene Regelung anerkannt worden sind, wie zB die Allgemeinen Deutschen Spediteurbedingungen (ADSp) und die Gewährleistungsvorschriften der Verdingungsordnung für Bauleistungen (VOB/B; BGHZ 86, 135, 141 f; vgl demgegenüber BGH WM 1991, 512, 513).

Einen Verstoß gegen wesentliche Grundgedanken der gesetzlichen Regelung hat die Rechtsprechung zB angenommen bei einer formularmäßigen Erstreckung einer Bürgschaft auf künftige (Leitbild § 767 I 3) oder nicht näher bezeichnete Forderungen aus einer Bankverbindung (BGHZ 130, 19, 31 ff; 143, 95, 98 ff) und bei einer generellen Abbedingung der Rechte des Bürgen aus § 776 (BGH WM 2000, 764, 767 f). – Einen nachgerade klassischen Verstoß ua gegen den Schutzzweck der §§ 104 ff bedeuteten Banken-AGB, die einseitig dem Kunden das Risiko seiner nach Aufnahme der Vertragsbeziehung eintretenden Geschäftsunfähigkeit aufbürdeten (BGHZ 115, 38, 44 f).

360 Eine neue, nunmehr in § 307 I 2, III 2 kodifizierte Variante hat der BGH mit dem **„Transparenzgebot"** entdeckt (BGHZ 106, 42, 44, 49; 106, 259, 264 zu Hypothekentilgungs- bzw Wertstellungsklauseln; BGHZ 112, 115, 117 ff). Doch bleiben unangemessene Klauseln unangemessen, gleich ob sie sich in AGB an versteckter oder hervorgehobener Stelle befinden. Sind die „intransparenten" Klauseln weder überraschend noch unklar (§ 305c I, II), dann muss die Rechtsprechung schon den Mut zur offenen Inhaltskontrolle nach § 307 I 1 aufbringen (so LG Frankfurt/M NJW 1992, 577). Die Forderung nach mehr Transparenz der AGB kann leicht in ihr Gegenteil umschlagen: Wenn AGB immer detaillierter und ausführlicher werden, verlieren sie schnell die Flexibilität genereller Regelungen und ufern derart aus, dass sie letztlich völlig unlesbar werden.

361 4. Die Inhaltskontrolle von AGB findet in erster Linie aus Anlass der Entscheidung eines konkreten Falles statt. Das Urteil, das die Unwirksamkeit einer AGB-Klausel feststellt, wirkt nur zwischen den Parteien, dh der Verwender wird dadurch nicht gehindert, dieselben AGB im Verhältnis zu Dritten weiter zu benutzen.

Eine erheblich größere Breiten- und Präventionswirkung hat die 1976 eingeführte Inhaltskontrolle von AGB im Wege der **Verbandsklage**. Das Gesetz über Unterlassungsklagen bei Verbraucherrechts- und anderen Verstößen (UKlaG) gibt den aufgezählten Institutionen, zB Verbraucherverbänden, die Möglichkeit, die Verwender oder Empfehler (zB Wirtschafts- und Berufsvereinigungen) nach §§ 307–309 unwirksamer AGB auf Unterlassung der Verwendung bzw auf Widerruf der Empfehlung zu verklagen. Auf ein solches Unterlassungsurteil können sich später auch Dritte berufen, § 11 UKlaG. Die Einschaltung von Verbänden in die Rechtsdurchsetzung ist ein wirksames Mittel, die Allgemeinheit vor einer Verwendung unangemessener AGB zu schützen, unabhängig vom Verhalten der konkret betroffenen Vertragspartner, die oft schon aus Kostengründen nicht klagen wollen oder denen die Unwirksamkeit der Klausel verborgen bleibt.

VI. Rechtsfolgen unwirksamer AGB

1. Kommt es nicht zu der vom Verwender gewollten Geltung seiner AGB, weil sie ganz oder teilweise nicht Vertragsbestandteil geworden oder unwirksam sind, dann kommt der Vertrag ohne die AGB zustande, § 306. An die Stelle der unwirksamen Klauseln tritt das dispositive Gesetzesrecht, § 306 II. Nur wo das Festhalten am Vertrag unter derart geänderten Bedingungen für eine Partei eine unzumutbare Härte darstellen würde, lässt § 306 III den gesamten Vertrag unwirksam sein. Im Zweifel erklärt § 306 den Vertrag also für wirksam und macht insoweit eine Ausnahme von der allgemeinen Regel des § 139, wonach die Teilnichtigkeit im Zweifel das ganze Rechtsgeschäft nichtig werden lässt (vgl *Schlachter* JuS 1989, 811 ff). **362**

Eine unwirksame Klausel wird grundsätzlich auch nicht so weit aufrechterhalten, wie sie gerade noch erträglich wäre **(keine geltungserhaltende Reduktion)**. Sieht eine AGB-Klausel im nichtunternehmerischen Verkehr (s. § 310 I) für ein Dauerschuldverhältnis eine bindende Laufzeit von fünf Jahren vor, dann wird diese nicht etwa auf die in AGB höchstzulässige Dauer von zwei Jahren (§ 309 Nr 9 a) reduziert, sondern die Klausel bleibt völlig unwirksam (BGHZ 84, 109, 116; 170, 31, 38 = *Schack/Ackmann*[7] Nr 12). Das Risiko für den Verwender überzogener Klauseln ist durchaus beabsichtigt: Wer überreizt, hat verloren. Zeichnet sich der Verwender in AGB von jeder Fahrlässigkeit frei, dann führt dieser Verstoß gegen § 309 Nr 7 b zur völligen Unwirksamkeit des Haftungsausschlusses, und der Verwender haftet auch für leichte Fahrlässigkeit (BGHZ 96, 18, 25). **363**

Eine geltungserhaltende Reduktion kommt allerdings dann in Betracht, wenn der Vertrag sonst nach § 306 unwirksam wäre (vgl *Medicus/Petersen*[11] Rn 514). Eine AGB-Klausel soll auch dann teilweise wirksam bleiben, wenn nach Abtrennung des unwirksamen Teils ein sinnvoller Rest übrig bleibt (BGHZ 107, 185, 190: „Die Zurückhaltung von Zahlungen oder die Aufrechnung… sind nicht statthaft“; BGH NJW 1998, 2284, 2286: Gefahrtragung bei Untergang und bei Beschädigung des Leasingfahrzeugs). **364**

Dagegen kann der Verwender der Unwirksamkeit von AGB nicht durch salvatorische Klauseln entgehen, indem er sie durch den Zusatz „soweit rechtlich zulässig“ einschränkt (*Garrn* JA 1981, 151, 156). Eine solche Klausel verstieße auch gegen § 305c II. Großzügiger gegenüber anderen in der Praxis geläufigen Ersetzungsklauseln *Michalski/Römermann* NJW 1994, 886, 888 ff. **365**

366 2. Versuchen beide Parteien, jeweils ihre eigenen AGB dem Vertrag zugrundezulegen, und einigen sie sich nicht ausdrücklich, dann könnte ein offener Dissens vorliegen, § 154 I 1. Doch wollen sie den Vertrag in aller Regel nicht an der AGB-Frage scheitern lassen. Versucht man dagegen eine Lösung über § 150 II, dann zieht der Vertragspartner den Kürzeren, der das letzte geänderte Angebot durch schlüssiges Verhalten (regelmäßig durch Annahme der Ware) angenommen hat. Diese „Theorie des letzten Wortes" kommt zu fragwürdigen Ergebnissen und kann auch konstruktiv nicht überzeugen, wenn jede der AGB Abwehrklauseln gegen die jeweils andere enthält. Vorzuziehen ist in solchen Fällen die Anwendung von § 306: Die AGB werden nur insoweit Vertragsbestandteil, als sie übereinstimmen, im Übrigen gilt das dispositive Gesetzesrecht (OLG Koblenz BB 1984, 1319; vgl BGHZ 61, 282, 288 f).

367 **Lösungsskizze zu Fall 14 (Rn 331):**

I. Anspruch des K gegen F auf Rückzahlung des Kaufpreises gemäß §§ 346 I, 323, 326 V, 437 Nr 2, 434 I.

1. K und F (dieser vertreten durch A) haben einen wirksamen Kaufvertrag über den Gebrauchtwagen geschlossen.
2. Ein Sachmangel iSv § 434 I liegt vor, wenn die Kaufsache nicht die vereinbarte oder die üblicherweise zu erwartende Beschaffenheit aufweist. Darf für diese Vereinbarung die mündliche Erklärung des A (kein Unfallwagen) zugrunde gelegt werden oder ist sie wegen Nr 5 der AGB unbeachtlich?
   Vorrang der mündlichen Individualabrede nach § 305b (s. oben Rn 354). Also wirksame Beschaffenheitsvereinbarung gemäß § 434 I 1. Auf die (hier nicht einschlägigen) Klauselverbote in §§ 308 und 309 und auf die Generalklausel in § 307 kommt es damit nicht an.
3. Gewährleistungsausschluss durch Nr 8 der AGB wirksam?
   a) AGB nach § 305 II wirksam in den Kaufvertrag einbezogen.
   b) Zu einer Inhaltskontrolle kommt es hier nicht, weil das Rücktrittsrecht (§ 437 Nr 2) bei einem Verbrauchsgüterkauf von § 476 I 1 für zwingend erklärt wird, jegliche abweichende Vereinbarungen deshalb unwirksam sind.
4. Fristsetzung nach § 323 ist gemäß § 326 V iVm § 275 I entbehrlich, weil sich die Beschaffenheit als Unfallwagen nicht mehr ändern lässt.
5. **Ergebnis:** Rücktrittsrecht des K.

II. Anspruch des K gegen F auf Schadensersatz gemäß §§ 311a II, 437 Nr 3, 434 I.

1.-3. a) wie oben
   b) Der Schadensersatzanspruch ist gemäß § 476 III dispositives Recht. Daher ist der Weg zur Inhaltskontrolle von Nr 8 der AGB frei.
   Eine Haftungsfreizeichnung bei gebrauchten Sachen verstößt weder gegen § 309 Nr 8 b noch ist sie unangemessen iSv § 307, vielmehr für den Verkäufer gebrauchter Sachen ein Gebot der Vernunft.
   c) Haftungsausschluss also grundsätzlich wirksam, aber § 444. Die auf gezielte Nachfrage des K von A abgegebene Erklärung stellt eine Beschaffenheitsgarantie der Unfallfreiheit des Wagens dar. Auch hier wieder Vorrang der mündlichen Individualabrede, § 305b.

4. **Ergebnis:** Auch der Schadensersatzanspruch ist begründet.

III. **Abwandlung:** Hier sind die AGB nicht wirksam einbezogen worden, § 305 II Nr 2. Der Kaufvertrag ist dessen ungeachtet wirksam, § 306 I und II. K hat deshalb auch die gesetzlichen Gewährleistungsansprüche aus §§ 437, 434.

§ 15 Schweigen als Willenserklärung. Kaufmännisches Bestätigungsschreiben

Fall 15: K betreibt einen Großhandel mit Süßwaren. Am 15.2.2022 erkundigt er sich telefonisch beim Süßwarenhersteller V nach Warenart, Preis, Lieferzeit und Verpackung einer von ihm allmonatlich benötigten Menge von Schokoladenriegeln. Der weitere Inhalt des Telefongesprächs ist streitig: V behauptet, K habe sich verpflichtet, ein Jahr lang monatlich 10 000 Riegel abzunehmen. K will sich dagegen lediglich nach den Lieferbedingungen des V erkundigt haben. Im Anschluss an das Telefongespräch sandte V dem K folgendes Schreiben: „Tag 15.2.2022 – Vertragsbestätigung; Warenart: Schokoladenriegel; Menge: 10 000 Stück/Monat; Lieferzeit: 1.3.2022–28.2.2023; Preis: € 0,43/Stück; Zahlung: netto Kasse innerhalb von 10 Tagen; im Übrigen gelten unsere AGB." K hat auf dieses Schreiben nicht geantwortet. 368

1. Kann V von K am 31.3.2022 Abnahme und Bezahlung von 10 000 Schokoladenriegeln verlangen?
2. Kann sich K mit Erfolg darauf berufen, ein Angestellter habe das Schreiben des V versehentlich sofort nach Erhalt abgeheftet, so dass K es nicht zur Kenntnis genommen habe?

I. Schweigen als Willenserklärung

Ein Anspruch des V auf Abnahme und Bezahlung der Schokoladenriegel kann sich nur aus § 433 II ergeben. Das setzt einen wirksamen Kaufvertrag voraus. Ob sich K und V anlässlich ihres Telefongespräches geeinigt haben, ist streitig. Möglicherweise ist jedoch eine Einigung dadurch zustande gekommen, dass K auf das Bestätigungsschreiben des V geschwiegen hat.

Dem Schweigen als Unterlassen einer Willensäußerung kommt in aller Regel keine Erklärungswirkung zu. Wer schweigt löst grundsätzlich keine Rechtsfolge aus. Im Wege privatautonomer Gestaltung ihrer Vertragsbeziehungen können die Parteien jedoch vereinbaren, dass dem Schweigen ein bestimmter Erklärungswert zukommen soll. Dieses so genannte **beredte Schweigen** kann ebenso Erklärungszeichen sein wie andere Formen schlüssigen Verhaltens (*Kramer* JURA 1984, 235, 238). 369

Beispiel: A und B stehen in Vertragsverhandlungen und vereinbaren, dass das Angebot des A als angenommen gelten soll, wenn B nicht binnen einer Woche widerspricht (beachte § 308 Nr 5). – Oder: Bei einer Beschlussfassung nach § 32 werden die Vereinsmitglieder vom Versammlungsleiter gefragt, ob jemand dem gestellten Antrag nicht zustimmt. Schweigt M und hebt er auch nicht seine Hand, dann hat dieses Unterlassen den objektiven Erklärungswert einer Zustimmung.

Gelegentlich stellt auch das Gesetz das Schweigen in seinen Rechtswirkungen Willenserklärungen gleich. Hier treten die Rechtswirkungen nicht aufgrund privatautonomer Entscheidung, sondern aufgrund gesetzlicher Tatbestände ein, welche an die Tatsache anknüpfen, dass eine Person während eines bestimmten Zeitraums geschwiegen hat. Das Schweigen löst also die gesetzlich normierte Rechtsfolge unabhängig davon aus, wie es im Einzelfall gemeint oder den Umständen nach zu verstehen war. Meist gilt **Schweigen als Ablehnung**, wenn zB der Schweigende aufgefordert wurde, eine Genehmigung zu erklären, §§ 108 II 2, 177 II 2; ferner §§ 415 II 2, 1856 II nF. 370

Für den Schweigenden gefährlicher wird es, wenn das Gesetz **Schweigen als Zustimmung** wertet, wie etwa in §§ 416 I 2, 455 Satz 2, 516 II 2, 545 Satz 1, 625, 1943 BGB und §§ 362 I, 377 II, 386 I HGB. Hier mutet das Gesetz dem Schweigenden also eine po- 371 sitive Erklärung zu, wenn der Schluss auf den Zustimmungswillen des Schweigenden näher liegt als das Gegenteil. So beruht etwa § 516 II 2 auf der Erfahrung, dass Schenkungsangebote nur selten abgelehnt werden. Als eine typisierte Verkehrssitte lässt sich auch § 362 I HGB erklären. Danach ist ein Kaufmann, dessen Geschäftsbetrieb die Besorgung von Geschäften für andere mit sich bringt (hierunter fällt nicht der Warenkaufmann!), wenn ihm ein Antrag auf Besorgung solcher Geschäfte von jemandem zugeht, mit dem er in Geschäftsverbindung steht, „verpflichtet, unverzüglich zu antworten; sein Schweigen gilt als Annahme des Antrags".

372 Dagegen führt das Schweigen in § 663 BGB nicht dazu, dass ein Auftrag zustande kommt; der Empfänger des Angebots ist vielmehr nur zum Ersatz des Vertrauensschadens verpflichtet (ähnlich § 44 BRAO). – Auch in § 151 bringt bloßes Schweigen den Vertrag noch nicht zustande. § 151 verzichtet nämlich keineswegs auf die (ggf konkludente) Willenserklärung, sondern nur auf den *Zugang* der Annahmeerklärung (s. oben Rn 243).

II. Schweigen auf ein kaufmännisches Bestätigungsschreiben

373 1. Schweigen gilt auch dann als Zustimmung, wenn der Empfänger auf ein kaufmännisches Bestätigungsschreiben schweigt. Widerspricht der Empfänger einem solchen Schreiben nicht unverzüglich, dann muss er dessen Inhalt gegen sich gelten lassen (BGHZ 40, 42 = *Schack/Ackmann*^{7} Nr 4). Dieser Rechtssatz hat sich aus dem Handelsbrauch (§ 346 HGB) entwickelt und ist heute gewohnheitsrechtlich anerkannt (vgl *Lettl* JuS 2008, 849 ff; zur Begründung ausführlich MüKo-*Busche*^{9} § 147 Rn 13 ff). Im kaufmännischen Verkehr ist es nämlich üblich, dem Geschäftspartner nach Abschluss mündlicher Verhandlungen den Vertragsinhalt schriftlich zu bestätigen, um so möglichen Zweifeln und künftigem Streit vorzubeugen. Das kaufmännische Bestätigungsschreiben dient damit der Schnelligkeit und Sicherheit des Handelsverkehrs, der darauf angewiesen ist, Verträge schnell und mündlich abschließen, sie aber auch zuverlässig durch eine Urkunde beweisen zu können.

374 2. Damit das Schweigen auf ein kaufmännisches Bestätigungsschreiben als Zustimmung gewertet werden kann, müssen folgende Voraussetzungen erfüllt sein:

a) Durch den Handelsbrauch gebunden werden nur Kaufleute und Personen, die wie Kaufleute in größerem Umfang am Geschäftsverkehr beteiligt sind und von denen die unter Kaufleuten übliche besondere Sorgfalt erwartet wird (BGHZ 40, 42, 43 f). Hierbei sind zugunsten des Empfängers, der an seinem Schweigen festgehalten werden soll, strengere Anforderungen zu stellen als an den Absender des Bestätigungsschreibens, der nicht unbedingt Kaufmann sein muss (BGHZ aaO). Ob Absender auch eine Privatperson sein kann (so *Flume* II^{3} § 36, 2), hängt davon ab, ob auch ihr gegenüber kaufmännische Sorgfalt geschuldet wird.

Im **Fall 15** sind sowohl V als auch K Kaufleute iSv § 1 HGB.

375 b) Das Bestätigungsschreiben muss einen endgültigen Vertragsschluss wiedergeben. Der Absender muss also nach dem Inhalt des Schreibens für den Empfänger erkennbar davon ausgegangen sein, dass ein Vertrag bereits geschlossen ist. Ungeachtet der verwendeten Bezeichnung (falsa demonstratio non nocet) darf es sich nicht um eine bloße **Auftragsbestätigung** handeln. Die Auftragsbestätigung ist die Annahme eines Angebots, die, wenn sie mit ihm nicht übereinstimmt, nach § 150 II ein neues, geändertes Angebot darstellt. In einem solchen Fall kommt der Vertrag erst zustande, wenn der Empfänger das geänderte Angebot annimmt (BGHZ 61, 282, 285).

Als neuer Antrag gilt nicht nur eine Annahme unter Änderungen, § 150 II, sondern auch eine entgegen §§ 147 f verspätete Annahme, § 150 I. Deshalb ist es nicht ganz unbedenklich, über den Sonderfall des § 149 hinaus auch das Schweigen auf eine geringfügig verspätete Annahmeerklärung mit der Begründung zum Vertragsabschluss führen zu lassen, erfahrungsgemäß sei der Partner noch am Vertragsabschluss interessiert und deshalb sein Schweigen als Zustimmung zu werten (BGH NJW 1951, 313; *Staudinger/Bork* § 150 Rn 3). – Zum Vertragsschluss kann auch das Schweigen des „freibleibend" Anbietenden führen; vgl BGH NJW 1984, 1885 = *Schack/Ackmann*[7] Nr 2 (s. oben Rn 181a). **F376**

c) Es muss ein Bedürfnis des Absenders bestehen, den Vertragsabschluss noch einmal zu bestätigen, um mögliche Unklarheiten zB infolge mündlicher, telefonischer oder telegrafischer Erklärungen auszuräumen. **377**

d) Das Bestätigungsschreiben muss zeitlich in unmittelbarem Anschluss an die Vertragsverhandlungen abgesendet werden, weil nur dann der Empfänger mit einem solchen Schreiben rechnen muss (MüKo-*Busche*[9] § 147 Rn 21). **378**

Im **Fall 15** haben V und K die Verhandlungen über die Lieferung der Schokoladenriegel telefonisch geführt. Im Hinblick auf die wirtschaftliche Bedeutung des Geschäfts und den Umfang der Einzelbestimmungen besteht auch ein Klarstellungsbedürfnis. Das als „Vertragsbestätigung" bezeichnete Schreiben vom selben Tage verfolgte für K erkennbar das Ziel, das Ergebnis vorangegangener (evtl. nur vermeintlicher) Vertragsverhandlungen endgültig zu fixieren.

e) Das Bestätigungsschreiben bindet den Empfänger nur, wenn er nicht unverzüglich („ohne schuldhaftes Zögern", § 121 I) widersprochen hat. Die Frist ist sehr kurz, länger als ein bis zwei Tage darf der Empfänger nicht zuwarten (BGH NJW 1962, 246: im Einzelfall drei Tage). **379**

f) Der Absender des Bestätigungsschreibens muss **redlich** gewesen sein, denn nur dann darf er das Schweigen des Empfängers als Zustimmung werten. Das Vertrauen des Absenders ist nicht schutzwürdig, wenn er die mündlich getroffenen Abreden in seinem Bestätigungsschreiben treuwidrig verfälscht wiedergegeben hat (BGHZ 40, 42, 45) oder wenn dessen Inhalt so erheblich vom Vereinbarten abweicht, dass mit einem Einverständnis des Empfängers nicht mehr gerechnet werden kann (BGHZ 93, 338, 343). Nicht schutzwürdig ist selbstverständlich auch der Absender, der weiß, dass bislang noch gar kein Vertrag abgeschlossen worden ist. Solange jedoch der Absender, wie im **Fall 15**, redlicherweise davon ausgeht, dass ein Vertragsschluss bereits erfolgt ist, überwindet das (dann möglicherweise konstitutive) Bestätigungsschreiben auch diese Unsicherheit (BGH WM 1974, 409, 410). Für beide die Wirkung des Bestätigungsschreibens vernichtenden Einwendungen trägt dessen Empfänger die Beweislast. **380**

Im **Fall 15** kann K weder beweisen, dass kein Vertrag während des Telefongesprächs geschlossen wurde, noch dass V treuwidrig gehandelt hat. Es bleibt daher bei der Vermutung der Schutzwürdigkeit des Absenders V.

Bedenken im Hinblick auf die Redlichkeit des Absenders wecken die häufigen Versuche, durch ein Bestätigungsschreiben den mündlich geschlossenen Vertrag nachträglich um AGB anzureichern. Die Praxis nimmt das reichlich großzügig hin, solange die AGB nicht **381** ungewöhnlich sind (BGHZ 54, 236, 242 mit abl. Anm. *Lieb* JZ 1971, 135, 137). Kreuzen sich einander widersprechende Bestätigungsschreiben, dann entsteht für keinen Beteiligten ein Vertrauenstatbestand, und es bleibt bei der allgemeinen Regel, dass derjenige Abschluss und Inhalt des Vertrages beweisen muss, der aus ihm Rechte herleiten will.

Da K dem Bestätigungsschreiben nicht widersprochen hat, gilt der Kaufvertrag als geschlossen. Danach hätte V gegen K einen Anspruch auf Abnahme und Bezahlung von 10 000 Schokoladenriegeln aus § 433 II.

III. Anfechtung des Schweigens

382 1. Die Zulässigkeit einer Anfechtung des Schweigens hängt nicht allein von dessen Qualifizierung als (fingierter) Willenserklärung ab. Vielmehr ist zu unterscheiden: Beim so genannten beredten Schweigen finden die allgemeinen Regeln über Willenserklärungen ohne Besonderheit Anwendung, da hier das Schweigen Ausdruck privatautonomer Bindung ist.

383 Fingiert dagegen das Gesetz Schweigen als Ablehnung, dann sind die allgemeinen Regeln über Willenserklärungen auch nicht analog anwendbar. Der Schweigende kann sein Schweigen insbesondere nicht mit der Begründung anfechten, er habe die rechtliche Bedeutung des Schweigens verkannt. Sonst beraubte man die gesetzliche Fiktion ihrer wesentlichen Wirkung, im Interesse des Erklärungsgegners die Rechtslage endgültig zu klären (vgl MüKo-*Armbrüster*[9] § 119 Rn 69). – Ist der Schweigende nicht voll geschäftsfähig, dann schützt ihn § 131.

384 Fingiert das Gesetz Schweigen als Zustimmung, dann verstieße es gegen die Privatautonomie, wollte man den Schweigenden ohne Rücksicht auf seine Geschäftsfähigkeit oder Willensmängel an die Erklärung binden. Den Schweigenden schlechter zu stellen, als wenn er die Zustimmung ausdrücklich erklärt hätte, besteht kein Grund. Deshalb finden die Vorschriften des Allgemeinen Teils entsprechende Anwendung (vgl *de la Durantaye*, Erklärung und Wille 2020, S. 163 ff). Der Schweigende kann die fingierte Willenserklärung also nach §§ 119, 123 anfechten.

Beispiel: Kraft eines durch Schweigen nach § 362 HGB zustandegekommenen Vertrages ist der Kaufmann zur Vorleistung verpflichtet. Wenn er sich über die Kreditwürdigkeit seines Vertragspartners geirrt hat, kann er nach § 119 II anfechten.

Auch hier ist jedoch der verbreitete Irrtum über die rechtliche Bedeutung des Schweigens als bloßer Rechtsfolgeirrtum (s. oben Rn 218) grundsätzlich unbeachtlich (Ausnahme: § 1956).

385 2. In engen Grenzen ist auch das Schweigen auf ein kaufmännisches Bestätigungsschreiben einer Anfechtung zugänglich. Allerdings kann die gesteigerte Sorgfaltspflicht eines Kaufmanns (vgl § 347 HGB) dazu führen, dass ihm eine Anfechtung wegen Erklärungs- oder Inhaltsirrtums verwehrt ist. Hat der Kaufmann, wie im **Fall 15**, das Bestätigungsschreiben schuldhaft nicht zur Kenntnis genommen und deshalb geschwiegen, dann darf er dieses Organisationsrisiko nicht durch eine Anfechtung auf den Vertragspartner abwälzen und dessen Vertrauen auf die Richtigkeit des bestätigten Vertragsinhalts nachträglich zerstören (*Canaris*, Die Vertrauenshaftung im deutschen Privatrecht 1971, S. 209 f; *Diederichsen* JuS 1966, 129, 137).

Vielfach will man noch weitergehen und einem Kaufmann auch die Berufung auf einen schuldhaften Inhaltsirrtum verwehren, wenn er das Bestätigungsschreiben nicht sorgfältig genug gelesen hat (BGH NJW 1972, 45; *Flume* II[3] § 21, 9c; *Kramer* JURA 1984, 235, 249; *Medicus/Petersen*[11] Rn 442). 386

Diese Abweichung von den allgemeinen Regeln des BGB, die eine Irrtumsanfechtung ohne Rücksicht auf ein Verschulden des Erklärenden erlauben (s. oben Rn 211), lässt sich damit begründen, dass der Absender eines kaufmännischen Bestätigungsschreibens erwarten darf, dass der Empfänger dessen Übereinstimmung mit dem mündlich Vereinbarten sorgfältig überprüft.

Danach dürfte K im **Fall 15** etwa nicht mit der Begründung anfechten, er habe die Abweichung des im Bestätigungsschreiben genannten Kaufpreises von € 0,43/Stück von der auf € 0,34 lautenden mündlichen Vereinbarung nicht bemerkt.

§ 16 Diskriminierungsverbote. Allgemeines Gleichbehandlungsgesetz (AGG)

Fall 16: Die Wohnungsbaugenossenschaft V ist Eigentümerin und Vermieterin von über 200 Wohnungen in einer Stadt mit Wohnraummangel. Als sie eine der begehrten 5-Zimmer-Erdgeschosswohnungen zu einem attraktiven Preis in der Zeitung inseriert, interessieren sich als Mieter (1) die Familie A, bestehend aus dem Angestellten Andreas, der Hausfrau Anja und drei Kindern im Alter von 12, 5 und 2 Jahren; (2) Beate aus Deutschland und ihr Verlobter Bamuthi aus Namibia; (3) das Ehepaar C, Carsten sitzt nach einem Arbeitsunfall im Rollstuhl und benötigt eine barrierefreie Wohnung. Alle Interessenten legen Unterlagen vor, wonach eine regelmäßige Mietzahlung langfristig gesichert ist. 387

Die Wohnung ist in ihrem aktuellen Zustand nicht behindertengerecht, könnte aber behindertengerecht umgebaut werden, indem eine Türschwelle entfernt, die Dusche eingeebnet und das Badezimmer mit Haltegriffen versehen wird.

Der Vorstand der V entscheidet sich für die junge Familie A, weil diese sonst keine vergleichbare und hinreichend große Wohnung bekommen könnte. V unterrichtet die anderen Interessenten über den beabsichtigten Vertragsschluss mit A und führt dabei aus, „Neger" würden nicht ins Haus passen und die Nachbarn irritieren. Die angesichts der Behinderung des C nötigen Umbauten kämen ebenfalls nicht in Frage, weil die Wohnung danach nicht mehr so attraktiv wäre. B und C wollen wissen, ob es eine Möglichkeit gibt, V zum Vertragsschluss zu zwingen.

Abwandlung: V teilt die Entscheidung mit denselben Begründungen den anderen Interessenten erst nach Abschluss des Mietvertrages und Übergabe der Wohnung an die Familie A mit. A ist nicht bereit, die Wohnung wieder zu räumen. Die Verlobten B mieten daraufhin eine vergleichbare, aber um 80 € im Monat teurere Wohnung; B fühlt sich in seiner Ehre verletzt. Wie ist die Rechtslage? **(Lösungsskizze: Rn 395 f)**

I. Vertragsfreiheit zur Diskriminierung?

Die Vertragsfreiheit in Gestalt der Abschlussfreiheit (s. oben Rn 179) erlaubt es grundsätzlich jedermann, Privatleuten wie Kaufleuten, sich seinen Vertragspartner nach Gutdünken auszusuchen und einen Vertragsschluss aus welchen Gründen auch immer abzu- 388 lehnen (vgl BVerfGE 148, 267 Tz 40 = JZ 2018, 930 – Stadionverbot; und BVerfG JZ 2019, 1103 mit Anm. *Grünberger/Washington* – Hausverbot für NPD-Vorsitzenden). Ein Verkäufer oder Vermieter mag an der Solvenz eines Interessenten zweifeln, ihn nicht für vertrauenswürdig halten oder den Vertragsgegenstand aus ethisch hochstehenden oder verwerflichen Motiven lieber einem anderen zukommen lassen wollen. Solche Willkür ist im Privatrechtsverkehr grundsätzlich erlaubt. In den vom Gesetz gezogenen Grenzen kann jeder seine individuellen Interessen verfolgen, ohne sich dafür rechtfertigen zu müssen. Ein Kontrahierungszwang war bislang nur in den Extremfällen einer vorsätzlichen sittenwidrigen Schädigung (§§ 826, 249 I) und bei lebensnotwendigen Versorgungsleistungen anerkannt (s. oben Rn 182). Im Übrigen ist der Sozialschutz Aufgabe des Staates.

389 Mit dem Allgemeinen Gleichbehandlungsgesetz (AGG) vom 14.8.2006 hat der deutsche Gesetzgeber in wohlmeinender volkserzieherischer Absicht die Vertragsfreiheit als eine tragende Säule des Privatrechts gefährlich untergraben (lesenswert *Isensee* [Hrsg], Vertragsfreiheit und Diskriminierung 2007, insbesondere der Beitrag von *Repgen*, Antidiskriminierung – die Totenglocke des Privatrechts läutet, S. 11–98). Das AGG dient der erheblich verspäteten Umsetzung ua der Richtlinie 2000/43/EG vom 29.6.2000 zur Anwendung des Gleichbehandlungsgrundsatzes ohne Unterschied der Rasse oder der ethnischen Herkunft (EG-ABl 2000 L 180, S. 22). § 1 AGG hat sich zum Ziel gesetzt, mit privatrechtlichen Mitteln „Benachteiligungen aus Gründen der Rasse oder wegen der ethnischen Herkunft, des Geschlechts, der Religion oder Weltanschauung, einer Behinderung, des Alters oder der sexuellen Identität zu verhindern oder zu beseitigen". Damit greift der Gesetzgeber über die Vorgaben der Richtlinie 2000/43/EG hinaus sämtliche in Art. 19 I AEUV genannten Diskriminierungsmerkmale auf, und zwar nicht nur zum Schutz der abhängig Beschäftigten und Arbeitsuchenden in §§ 6–18 AGG, sondern auch im hier relevanten Bereich des allgemeinen Zivilrechtsverkehrs in §§ 19–21 AGG. „Die Vertragsfreiheit steht nunmehr unter Sozialstaatskuratel" (*Isensee* aaO, S. 8). Political correctness wird verordnet, mit fragwürdigem Erfolg. Sicher ist wegen der Beweislastumkehr in § 22 AGG nur der extrem gesteigerte bürokratische Aufwand insbesondere für Arbeitgeber und Vermieter bei der Auswahl und Dokumentation ihrer Entscheidungen. Die dadurch und durch eine zusätzliche Bundesbehörde (§§ 25 ff AGG) verursachten Mehrkosten dürften kaum durch einen realen Gewinn an Gerechtigkeit aufgewogen werden. Da so gut wie jeder Mensch irgendeiner Minderheit angehört und Träger eines oder mehrerer diskriminierungsfähiger Merkmale ist, wird sich der allen zugedachte Schutz im Ergebnis neutralisieren. Was bleibt, sind zahllose neue Rechtsprobleme und vielleicht ein geschärfteres (Un)Rechtsbewusstsein in der breiteren Bevölkerung. Immerhin scheint die befürchtete Prozessflut sich diskriminiert fühlender abgelehnter Bewerber bislang ausgeblieben zu sein.

II. Verbotene Benachteiligungen

390 1. Den sachlichen Anwendungsbereich des allgemeinen zivilrechtlichen Benachteiligungsverbots begrenzen § 2 I Nr 8 und § 19 AGG. Die Güter und Dienstleistungen, einschließlich von Wohnraum, müssen „der Öffentlichkeit zur Verfügung stehen", das heißt öffentlich angeboten werden, zB in Werbeanzeigen oder im Internet; auf die Unterscheidung von rechtswirksamem Angebot und unverbindlicher invitatio ad offerendum (s. oben Rn 181) kommt es hier nicht an (vgl BTDr 16/1780, S. 32). § 19 I Nr 1 AGG erfasst Massengeschäfte, die typischerweise ohne Ansehen der Person abgeschlossen werden „oder bei denen das Ansehen der Person nach der Art des Schuldverhältnisses eine nachrangige Bedeutung hat" (vgl BGH NJW 2021, 2514 Tz 15 f). Dass man dies entgegen dem ersten Anschein auch für Mietverträge nicht generell verneinen darf, zeigt die Ausnahme in § 19 V 3 AGG für Kleinvermieter. Über § 19 I hinausgehend ist eine Benachteiligung wegen der Rasse oder ethnischen Herkunft gemäß § 19 II AGG generell unzulässig.

Hinsichtlich des schwarzen Namibiers B greift also § 19 II AGG; ein besonderes Näheverhältnis iSv § 19 V 1 AGG besteht hier bei einer Vermietung durch eine Wohnungsbaugenossenschaft nicht. Für die Benachteiligung des C kommt es dagegen auf § 19 I Nr 1, V 3 AGG und damit auf die Größe der Wohnungsbaugenossenschaft an.

2. Unmittelbare Benachteiligungen iSv § 3 I AGG, wie hier durch die Ablehnung des B **391**
als „Neger", dürften eher selten vorkommen. Problematischer sind mittelbare Benachteiligungen iSv § 3 II AGG durch scheinbar neutrale Kriterien; hier lässt sich mit etwas Geschick und entsprechendem statistischen Material nahezu jede Benachteiligung begründen, die den Gegner dann in Rechtfertigungszwang bringt.

Sämtliche Diskriminierungsmerkmale sind gleichrangig (*Gaier/Wendtland*, AGG 2006, Rn 209). Eine Diskriminierung wegen der Rasse wiegt daher nicht grundsätzlich schwerer als wegen einer Behinderung, auch wenn für Benachteiligungen wegen der Rasse durchgängig strengere Bestimmungen gelten, vgl § 19 II und § 20 AGG, der dieses Merkmal bewusst nicht nennt.

3. Das AGG sieht an zahlreichen Stellen, zB in §§ 3 II, 5, 19 III, und insbesondere **392**
§ 20 I, mögliche Rechtfertigungsgründe für Benachteiligungen vor. Dabei ist der BGH bei der gebotenen grundrechtskonformen Auslegung des „sachlichen Grundes" durchaus großzügig (BGHZ 226, 145 Tz 22 ff, 32 – Adults-Only-Hotel; und über die Verneinung eines Massengeschäfts auch BGH NJW 2021, 2514 mit abl. Anm. *Grünberger* – Open-Air-Festival).

Doch bringt die für Rechtfertigungsgründe allgemein geltende und in § 22 AGG enthaltene, den Anspruchsteller begünstigende Beweislastverteilung den angeblich Diskriminierenden in einen permanenten Rechtfertigungszwang und, um seine Motive im Ernstfall beweisen zu können, in einen Dokumentationszwang. Die Rechtfertigungsgründe in § 20 AGG sind ziemlich heterogen und nebelhaft. Immer geht es um Zielkonflikte, die sich kaum generell-abstrakt durch eine Rechtsnorm lösen lassen. Ein Vermieter, der sich auf das in § 19 III AGG genannte Ziel „sozial stabiler Bewohnerstrukturen" berufen möchte, muss ein belastbares Konzept vorlegen, was V im vorliegenden Fall gar nicht erst versucht hat. Ein Instrument, das Gesetz aus den Angeln zu heben, ist § 5 AGG, der es erlaubt, eine Benachteiligung mit einer anderen zu bekämpfen. So ließe sich über § 5 AGG zB verhindern, dass sich junge Leute in eine Seniorenwohnanlage einklagen können (in beiden Fällen Diskriminierung wegen des Alters!).

Als Mieter auf der Strecke bleiben ausgerechnet kinderreiche Familien, weil die Eltern als solche keine diskriminierungsfähigen Merkmale iSv § 1 AGG aufweisen. Ein Vermieter, der wie V eine kinderreiche Familie bei der Wohnungsvergabe bevorzugt, handelt sozial erwünscht, aber trotzdem unzulässig iSv § 19 AGG. Dieses absurde Ergebnis zeigt das ganze Elend dieser sozialstaatlich motivierten Bevormundung von Privatrechtssubjekten. Das AGG mag gut gemeint sein, doch fördert es mit seiner massiven Einschränkung der Privatautonomie nicht unbedingt ein verantwortungsbewusstes Verhalten, das viel besser in Freiheit als unter staatlicher Bevormundung gedeiht.

III. Rechtsfolgen verbotener Diskriminierung

393 Die zivilrechtlichen Sanktionen sind in einer selbstständigen Anspruchsgrundlage geregelt, § 21 AGG. Unmittelbar aus dem verschuldensunabhängigen Beseitigungsanspruch in § 21 I 1 AGG folgt der Kontrahierungszwang, wenn der zu schließende Vertrag hinreichend bestimmt und ein Vertragsschluss noch möglich ist (*Thüsing/von Hoff* NJW 2007, 21 f; *Wendt/Schäfer* JuS 2009, 206–209; streitig). Wenn es nur *eine* diskriminierungsfreie Alternative gibt, lässt sich die unzulässige Benachteiligung nur durch den Vertragsschluss beseitigen.

Gibt es dagegen wie im **Fall 16** mehrere diskriminierungsfreie Alternativen (V hätte sich für B oder C entscheiden können) und kann nur einmal erfüllt werden, so sind die Bewerber Gesamtgläubiger iSv § 428 (*Deinert*, in *Däubler/Beck*, AGG Handkommentar^{5} 2022, § 21 Rn 98). Die Auswahl zwischen den diskriminierungsfreien Alternativen liegt dann bei V; erfüllt sie den Anspruch gegenüber dem einen Gläubiger, so wird sie auch gegenüber dem anderen frei. Der praktische Nutzen eines solchen Vorgehens für B und C ist im Ausgangsfall 16 deshalb gering, ein Schadensersatzanspruch lukrativer.

Verschuldensunabhängig ist auch der §§ 12 Satz 2, 1004 I 2 BGB nachgebildete Unterlassungsanspruch in § 21 I 2 AGG.

394 Den Anspruch auf Ersatz des materiellen und immateriellen Schadens in § 21 II 1 und 3 AGG hat der Gesetzgeber an ein Verschulden, also mindestens leichte Fahrlässigkeit (§ 276 I), des Benachteiligenden geknüpft. Das entspricht dem traditionellen Verschuldensprinzip des deutschen Rechts, könnte jedoch europarechtswidrig sein, weil die Richtlinie 2000/43/EG ein solches Verschuldenserfordernis nicht vorsieht (vgl *Thüsing*, in MüKo-BGB I^{9} 2021, § 21 AGG Rn 39 ff). Genau wie in § 280 I 2 BGB wird das Verschulden in § 21 II 2 AGG widerleglich vermutet, der Benachteiligte also auch insoweit begünstigt.

Andere, deliktische Ansprüche lässt § 21 III AGG unberührt. Sie werden vor allem dann interessant, wenn der Benachteiligte die kurze zweimonatige Ausschlussfrist (s. oben Rn 233) des § 21 V AGG versäumt hat.

395 **Lösungsskizze zu Fall 16 (Rn 387):**

A. Ausgangsfall

Anspruch B gegen V auf Abschluss eines Mietvertrages über die 5-Zimmer-Wohnung aus § 21 I 1 AGG

I. Sachlicher Anwendungsbereich §§ 2 I Nr 8, 19 V AGG

II. Benachteiligung
   1. Geschütztes Merkmal: Rasse und ethnische Herkunft, § 19 II AGG
   2. Unmittelbare Benachteiligung iSv § 3 I 1 AGG wegen der Äußerung, „Neger" würden nicht ins Haus passen.

III. Rechtswidrigkeit: keine Ausnahmen nach §§ 5, 19 III, 20 AGG
   1. § 19 III AGG: Sozial stabile Bewohnerstruktur setzt ein Konzept voraus, hierfür fehlen jegliche Anhaltspunkte.
   2. § 20 AGG gibt keine Rechtfertigung für eine Diskriminierung wegen der Rasse.
   3. Familienförderung als positive Maßnahme iSv § 5 AGG? Kinderreiche Familie ist in § 1 jedoch nicht als ein nach § 5 AGG ausgleichswürdiger Nachteil genannt.

IV. Kausalität: Der zu schließende Vertrag müsste bei diskriminierungsfreiem Verhalten zustande gekommen sein. Hier kommt möglicherweise alternativ ein diskriminierungsfreier Vertragsschluss mit C in Betracht.

1. Anwendungsbereich des AGG (s. oben)
2. Benachteiligung
   a) Behinderung als geschütztes Merkmal, § 19 I Nr 1 AGG
   b) Unmittelbare Benachteiligung iSv § 3 I 1 AGG, weil V wegen der Behinderung des C und der nötigen Umbauten nicht vermieten will.
3. Rechtswidrigkeit: erforderliche Umbauten als sachlicher Grund iSv § 20 I 1 AGG? Dann aber würde der Anspruch des § 554a auf Barrierefreiheit leer laufen. Die Interessen des Vermieters werden durch Rückbauanspruch und Sicherheitsleistung berücksichtigt, § 554a II.
4. Zwischenergebnis: Auch gegenüber dem Ehepaar C verstößt die Auswahl der Familie A gegen das Diskriminierungsverbot.

V. Die Ausschlussfrist des § 21 V AGG ist eingehalten.

VI. **Ergebnis:** V muss die Benachteiligung beseitigen. B und C sind Gesamtgläubiger, V darf zwischen ihnen auswählen. Eine zwingend zu beachtende Rangfolge zwischen den Diskriminierungsmerkmalen besteht nicht.

B. Abwandlung: Ansprüche des B (mittelbar wird auch Beate diskriminiert; ob dies unter § 1 AGG relevant ist, mag hier auf sich beruhen.) **395**

I. Anspruch gegen V auf Abschluss eines Mietvertrages, § 21 I 1 AGG: grundsätzlich ja (s. oben), doch ist die Leistungspflicht der V infolge Unmöglichkeit gemäß § 275 I erloschen, weil die Wohnung bereits vergeben ist und A nicht ausziehen will.

II. Anspruch gegen V auf Schadensersatz, § 21 II 1 AGG
1. Verletzung eines Benachteiligungsverbots (s. oben)
2. Verschulden: Der Bezug auf das Merkmal Rasse bei der unmittelbaren Benachteiligung erfolgte wissentlich und damit vorsätzlich, § 276 I.
3. Schaden: um 80 € im Monat höhere Miete. Diese Mehrkosten sind solange zu ersetzen, wie das Mietverhältnis nicht einseitig vom Vermieter hätte gekündigt werden können, also für drei Monate, §§ 573, 573c I 1 (vgl auch für arbeitsrechtliche Fälle § 15 II 2 AGG).
4. Kausalität zwischen Benachteiligung und Schaden: problematisch, weil ohne Verstoß gegen das Diskriminierungsverbot evtl C die Wohnung bekommen hätten. Die Beweislastumkehr zu Gunsten der B in § 22 AGG greift insoweit nicht (vgl *Thüsing/von Hoff* NJW 2007, 21, 23 f. Damit dürfte der Anspruch der beiden B scheitern.

III. Angemessene Entschädigung für die Bezeichnung des B als „Neger", § 21 II 3 AGG. In der Bezeichnung als „Neger" liegt eine über das Benachteiligungsverbot hinausgehende Ehrverletzung. Angemessen ist ein Geldbetrag, der sowohl der Genugtuung des B als auch dem Sanktionszweck gerecht wird. (900 € für einen verweigerten Diskothekenbesuch zugesprochen hat OLG Stuttgart NJW 2012, 1085, 1086 f; 1700 € für die verweigerte Vermietung an ein homosexuelles Hochzeitspaar LG Köln NJW 2016, 510.)

IV. Daneben (§ 21 III AGG) und unabhängig von der Ausschlussfrist des § 21 V AGG Ersatz des immateriellen Schadens (über die in § 253 II aufgezählten Fälle hinaus) wegen der Beleidigung und Herabwürdigung als „Neger", § 823 II iVm § 185 StGB. Ob diese Persönlichkeitsrechtsverletzung im vorliegenden Fall so schwer wiegt, dass sie eine Geldentschädigung rechtfertigt, ist indes fraglich. (2500 € zugesprochen hat OLG Köln NJW 2010, 1676, 1677 f.)

§ 17 Ergänzende Zusammenfassung der Rechtsgeschäftslehre

I. Begriff, Bedeutung und Arten des Rechtsgeschäfts

397 1. Das BGB stellt neben den Begriff der Willenserklärung (zB §§ 105, 107, 116–124, 130–133, 164–166), von der oben in Kap. 9–15 vorwiegend die Rede war, den des **Rechtsgeschäfts** (zB §§ 111–113, 125, 127, 134, 137–144, 167, 169, 173, 174, 180–184), ohne den Unterschied zu definieren. Die beiden Begriffe verhalten sich zueinander wie ein Teil zum Ganzen. Jedes Rechtsgeschäft besteht mindestens aus einer Willenserklärung und meist noch aus einem zusätzlichen Element (vgl *Neuner*[12] § 28 Rn 4). Dies kann eine andere Willenserklärung sein (so beim Vertrag), aber auch ein Realakt, eine tatsächliche Handlung (zB die Übergabe in § 929 Satz 1) oder ein Staatsakt (wie die Registereintragung in § 873).

398 2. Die **Bedeutung** der Rechtsgeschäfte ist erheblich. Praktisch sind die Willenserklärungen das Mittel, mit dem eine Person ihre eigenen Verhältnisse gestalten kann, und zwar nicht nur im Vermögensrecht (zB Kauf, Miete, Dienst-, Werk-, Gesellschaftsvertrag), sondern auch im Familien- (Eheschließung) und Erbrecht (Testament, Annahme und Ausschlagung einer Erbschaft).

Der praktischen entspricht die dogmatische Bedeutung: Die Möglichkeit, Rechtsbeziehungen durch Willenserklärung autonom zu gestalten, ist Ausfluss der Freiheit der Person, die ihrerseits aus der Würde des Menschen folgt. Die **Privatautonomie** ist damit grundrechtlich in Art. 1 und 2 GG verankert. Die Willenserklärung ist verbindlich um des individuellen Menschen willen; es kommt nicht darauf an, ob dieser Wille „vernünftig" ist oder ob der mit der Willenserklärung bezweckte Erfolg der Gemeinschaft dient.

399 Die Gestaltungskraft des Willens beruht auf seiner rechtlichen Anerkennung durch die Institution der Willenserklärung. Die in vielen Rechtsgebieten weitgespannte Vertragsfreiheit darf nicht darüber hinwegtäuschen, dass eine Willenserklärung nur soweit verbindlich ist, als das Gesetz dies zulässt. Aus dem Erfordernis der rechtlichen Anerkennung folgt auch die Möglichkeit, der Privatautonomie durch Gesetz Schranken zu setzen.

400 Enger zieht das Gesetz den Freiheitsrahmen dort, wo Interessen der Allgemeinheit oder Dritter betroffen sind. Das wird deutlich, wenn man die schuldrechtliche Vertragsfreiheit dem Numerus clausus und der Typenfixierung des Sachenrechts gegenüberstellt.

Numerus clausus bedeutet, dass *nur* die vom Gesetz zugelassenen Rechtsformen zulässig sind (Typenzwang); Typenfixierung, dass das Gesetz den Inhalt des Rechtsverhältnisses zwingend vorgibt. Im vertraglichen Schuldrecht, bei dem es sich weithin um dispositives (= nachgiebiges) Recht handelt, macht das Gesetz nur Vorschläge, von denen die Beteiligten abweichen können (Vertragsfreiheit). Im Sachenrecht dagegen überwiegen die Interessen des Rechtsverkehrs, der darauf angewiesen ist, Art und Inhalt der gegenüber jedermann wirkenden dinglichen Rechte schnell und zuverlässig erkennen zu können. Relativ gering ist der Spielraum auch im Familienrecht (vgl §§ 1408, 1614).

401 3. Den **Begriff der Willenserklärung** definiert das BGB nicht. Konfliktfälle lassen sich nicht durch einen theoretischen Begriff lösen, sondern nur nach Maßgabe des Vertrauenstatbestandes, den der Erklärende in zurechenbarer Weise gesetzt hat. Die dem Gesetz zugrunde liegende Wertung ist in §§ 116 ff enthalten. Auf ihrer Grundlage kann die Willenserklärung bestimmt werden als eine auf einen Rechtserfolg gerichtete private

Willensäußerung; die Rechtsfolgen treten ein, weil sie als gewollt erklärt sind (oben Rn 178). Notwendige Merkmale der Willenserklärung sind:

a) Der Wille muss in irgendeiner Form geäußert, nach außen erkennbar gemacht werden. Die **Erklärung** kann ausdrücklich oder durch schlüssiges Verhalten (vgl oben Rn 244) erfolgen. 402

Schweigen ist grundsätzlich keine Willenserklärung. Nur in seltenen Ausnahmefällen, in denen nach dem gesamten Sachverhalt das Schweigen für den objektiven Beobachter einen bestimmten Willen ausdrückt, kann es eine konkludente Willenserklärung sein. Gelegentlich knüpft das Gesetz an ein Schweigen die Folgen der Willenserklärung, ohne dass es auf den Willen des Schweigenden ankommt (vgl zB §§ 108 II 2, 177 II 2, 416 I 2). Das gilt kraft Gewohnheitsrechts auch für das Schweigen auf ein kaufmännisches Bestätigungsschreiben (oben Rn 373). In diesen Fällen einer fingierten Willenserklärung sind die allgemeinen Vorschriften über Willenserklärungen häufig nicht oder nur modifiziert anwendbar (oben Rn 383, 385 f).

b) Die Willenserklärung als menschliche Handlung verlangt einen allgemeinen **Handlungswillen**; ohne ihn kann von keiner Handlung und folglich auch von keiner Willenserklärung die Rede sein. Daneben muss sich der Erklärende bewusst sein, überhaupt rechtsgeschäftlich zu handeln. Fehlt dieses **Erklärungsbewusstsein**, dann liegt, wenn der Handelnde die rechtsgeschäftliche Bedeutung seines Verhaltens hätte erkennen können, nach hM trotzdem eine Willenserklärung vor, von der er sich nur durch Anfechtung lösen kann. Der Handelnde muss dann analog § 122 den Vertrauensschaden ersetzen (oben Rn 206, 226). 403

Der **Geschäftswille** richtet sich auf die Herbeiführung eines konkreten Rechtserfolges. Stimmt der Geschäftswille nicht mit dem objektiven Erklärungsgehalt überein, dann ist der Fall nach einem der in §§ 116 ff geregelten Tatbestände zu bewerten (s. unten Rn 439 f).

4. Unter den Oberbegriff der **Willensäußerung** fallen Willenserklärungen und geschäftsähnliche Handlungen. Diese unterscheiden sich von der Willenserklärung dadurch, dass sie unabhängig vom Willen des Handelnden allein aufgrund gesetzlicher Anordnung einen Rechtserfolg herbeiführen (oben Rn 178). Hier ist im Einzelfall zu prüfen, ob auf die geschäftsähnliche Handlung die für Willenserklärungen geltenden Regeln analog angewandt werden können. 404

Knüpft das Gesetz die Rechtsfolge ausschließlich an einen tatsächlichen Erfolg, so liegt ein **Realakt** vor, der in keiner Weise dem Recht der Willenserklärung unterliegt, vgl oben Rn 53. 405

5. Bedeutsam ist der Unterschied zwischen **Verträgen und einseitigen Willenserklärungen**. Beim Vertrag führt das Zusammenwirken der Erklärungen der Vertragspartner den Rechtserfolg herbei. Die beiden Willenserklärungen Angebot und Annahme sind jeweils für sich nach §§ 145 ff bindend, aber erst deren Zusammenwirken schafft die für den Vertrag typische Wirkung. 406

Verträge gibt es im ganzen Privatrecht, so zB die dingliche Einigung der §§ 929, 873; den Ehegüterrechtsvertrag der §§ 1408 ff; den Erbvertrag der §§ 2274 ff. Der Schwerpunkt der Verträge liegt im Schuldrecht. Der Allgemeine Teil, der Regeln für alle Rechtsgebiete aufstellt, enthält Vertragsrecht in §§ 145 ff. Der Vertrag ist aber inhaltlich so sehr mit dem Recht seines Gegenstandes verzahnt, dass für den generalisierenden und abstrahierenden Allgemeinen Teil nicht viel mehr übrig bleibt als die Regelung des Entstehungsmechanismus von Angebot und Annahme. Diese Regelung gilt aber für Verträge aus *allen* Rechtsgebieten. Auch die AGB-Vorschriften in §§ 305 ff gelten, ungeachtet ihres Standorts im Allgemeinen Schuldrecht des BGB, grundsätzlich für alle Verträge.

407 Die Abhängigkeit des Rechtserfolges von einer Mehrzahl von Willenserklärungen kennzeichnet auch die **Beschlüsse**, insbesondere im Verbands- und Gesellschaftsrecht (vgl BGHZ 14, 264, 267).

408 6. **Empfangs- und nichtempfangsbedürftige** Willenserklärungen unterscheiden sich dadurch, dass die empfangsbedürftige Willenserklärung erst mit ihrem Zugang wirksam wird, dh derart in den Machtbereich des Empfängers gelangen muss, dass dieser von ihrem Inhalt zumutbar Kenntnis nehmen kann (oben Rn 186). Die abgegebene, aber noch nicht zugegangene Willenserklärung äußert noch keine Rechtswirkung; die nicht empfangsbedürftige Willenserklärung hingegen wirkt schon mit der Abgabe. Ob eine Willenserklärung empfangsbedürftig ist, entscheidet der Gesetzgeber danach, ob er ein Interesse eines anderen an der Kenntnis von der Willenserklärung anerkennt. Deshalb kann der Anbietende die Annahme seiner Offerte auch zu einer nichtempfangsbedürftigen Willenserklärung machen, § 151 (oben Rn 243).

Besonders ausgestaltet ist das Zugangserfordernis bei den „behördenempfangsbedürftigen" Willenserklärungen, vgl zB § 928 (Aufgabe des Grundeigentums) und § 1945 (Ausschlagung einer Erbschaft).

409 7. Zentral ist die Unterscheidung zwischen **Verpflichtung und Verfügung** (oben Rn 234). Die Verfügung wirkt unmittelbar; sie ändert die rechtliche Zuordnung des Verfügungsgegenstandes und **wirkt** daher **gegen alle**. Die Verfügung besteht idR aus einem Willensmoment (der Einigung = zwei Willenserklärungen) und einem Vollzugsmoment (dem Realakt der Übergabe in § 929 Satz 1 bzw der Grundbucheintragung in § 873), ist also ein zusammengesetzter Tatbestand.

Die Verpflichtung hingegen schafft ein rechtliches Band (ein Schuldverhältnis) nur zwischen Gläubiger und Schuldner, das Dritte unberührt lässt. Selbst wenn die Verpflichtung einen „Gegenstand" hat (zB die Ware beim Kauf), ändert sich dessen dingliche Zuordnung durch das Verpflichtungsgeschäft allein noch nicht.

410 Verfügungen sind **abstrakt**, dh sie wirken auch, wenn der die Parteien motivierende Rechtsgrund nicht besteht (oben Rn 237); der Verfügungserfolg ist dann nach § 812 I 1 rückgängig zu machen (oben Rn 241). Die Parteien können aber *ausnahmsweise* das Bestehen des Rechtsgrundes zur Bedingung der Verfügung machen (Ausnahme: § 925 II) oder sie können Rechtsgrund (= Verpflichtungsgeschäft) und Verfügung (= Erfüllungsgeschäft) zu einer Geschäftseinheit iSv § 139 verbinden (oben Rn 242). Eine solche vertragliche Überwindung des Abstraktionsprinzips darf man indes nicht leichthin vermuten.

Verpflichtungsgeschäfte sind grundsätzlich **kausal**. Doch gibt es auch abstrakte Verpflichtungsgeschäfte, wie zB das Schuldversprechen und Schuldanerkenntnis in §§ 780, 781.

II. Auslegung

411 Die Äußerung muss den gewollten Rechtserfolg ersichtlich machen. Das braucht indes nicht mit Worten zu geschehen. Inhalt der Willenserklärung ist vielmehr alles, was durch Auslegung als Wille des Erklärenden zu ermitteln ist. Die Willenserklärung enthält mit „Wille" und „Erklärung" zwei Komponenten, die bei der Auslegung leicht in Widerstreit geraten können (Willens- und Erklärungstheorie): Der Erklärende will nur an seinen wirklichen Willen gebunden sein, während das Interesse des Erklärungsempfängers dahin geht, dass Inhalt der Willenserklärung das ist, was er verstanden hat. Auslegung be-

deutet die Ermittlung des dem Erklärungsempfänger ersichtlichen („Empfängerhorizont“) und dem Erklärenden zurechenbaren Gehalts der Willenserklärung.

Sehr oft besteht die Willenserklärung ganz oder zum Teil in einer Bezugnahme auf außerhalb der Erklärung liegende Umstände (oben Rn 210). Verstehen der Erklärende und der Empfänger die Willenserklärung übereinstimmend anders, als es deren objektivem Inhalt entspricht („falsa demonstratio“), dann gilt unabhängig vom Wortlaut der Erklärung das einverständlich Gewollte. Will nur der Erklärende etwas anderes sagen, als er objektiv gesagt hat, dann gilt das, was der Empfänger als gewollt verstehen musste; der Erklärende kann aber möglicherweise nach § 119 I anfechten. **412**

Die Abwägung zwischen dem Vertrauensschutz des Empfängers und dem Interesse des Erklärenden wird durch die Art der Willenserklärung beeinflusst: geringerer Vertrauensschutz bei nichtempfangsbedürftigen als bei empfangsbedürftigen Erklärungen; stärkerer Vertrauensschutz bei handelsrechtlichen Erklärungen; möglichst Bestätigung des Erblasserwillens ohne Rücksicht auf den Vertrauensschutz bei letztwilligen Verfügungen. **413**

Die **ergänzende Auslegung** schließt Lücken im Vertrag, indem sie die von den Vertragspartnern vorgezeichnete Wertung interessengerecht zu Ende denkt. Bei der Auslegung, und zwar auch bei der ergänzenden, stellt der Richter den Willen der Parteien fest, bildet ihn aber nicht. **414**

III. Geschäftsfähigkeit als Voraussetzung der Willenserklärung

1. Die **Geschäftsfähigkeit** entscheidet darüber, ob jemand durch eigene Willenserklärungen Rechte und Pflichten begründen kann. Mittels dieses gegenüber der allgemeinen Handlungsfähigkeit speziellen Begriffs bestimmt das Gesetz die Zurechenbarkeit von Willenserklärungen abweichend von der sonstiger Handlungen. Anders als bei der Deliktsfähigkeit, die von § 828 III individuell beurteilt wird, gilt im rechtsgeschäftlichen Bereich mit §§ 104 ff ein für den Rechtsverkehr besser passender, genereller Maßstab (oben Rn 190). Geschäftsfähigkeit ist für alle Willenserklärungen erforderlich. **415**

Das gilt grundsätzlich auch für fingierte Willenserklärungen (oben Rn 384). Auch die überholte Lehre vom „sozialtypischen Verhalten“ kann nicht völlig von der Geschäftsfähigkeit absehen (oben Rn 183). Für spezielle Rechtsgeschäfte ist die Geschäftsfähigkeit abweichend geregelt, so in § 2229 die Testierfähigkeit und in Art. 8 I DSGVO die Einwilligung in die Verarbeitung personenbezogener Daten (16 Jahre).

Das Gesetz hat dem Schutz des Nichtvollgeschäftsfähigen bewusst Vorrang vor dem Verkehrsschutz eingeräumt. Vor fehlender Geschäftsfähigkeit schützt auch guter Glaube nicht (oben Rn 194).

2. Mit den besonderen **Stufen der Geschäftsfähigkeit** trägt das Gesetz der Entwicklung des Menschen Rechnung. Geschäftsunfähig nach § 104 sind die unter sieben Jahre alten Kinder und die dauernd Geisteskranken. Die Willenserklärung des Geschäftsunfähigen ist nichtig, also auch nicht genehmigungsfähig, § 105 I. Dasselbe gilt für die Willenserklärung des vorübergehend Geistesgestörten, § 105 II. Eine Ausnahme von § 105 I macht § 105a für geringwertige Geschäfte des täglichen Lebens, die unter den dort genannten (an § 110 angelehnten, unten Rn 421) Voraussetzungen sogar ein Geschäftsunfähiger wirksam vornehmen kann. Zur Betreuung Volljähriger s. oben Rn 142. **416**

Beschränkt geschäftsfähig sind Minderjährige, die das siebte, aber noch nicht das 18. Lebensjahr vollendet haben, § 106 iVm § 2.

417 3. a) Die **beschränkte Geschäftsfähigkeit** verlangt als typischer Zwischenzustand eine ausführliche Regelung. §§ 106 ff verfolgen in erster Linie den Zweck, den beschränkt Geschäftsfähigen vor den Gefahren seiner eigenen Willenserklärung zu schützen. Daneben ist der Erziehungszweck von Bedeutung; vgl insbesondere §§ 110, 112, 113.

418 b) Nach § 107 ist eine Willenserklärung, die dem beschränkt Geschäftsfähigen **lediglich einen rechtlichen Vorteil** bringt, gültig.

Zu beachten ist, dass das Rechtsgeschäft rechtlich ausschließlich vorteilhaft sein muss, der beschränkt Geschäftsfähige also selbst in keiner Weise verpflichtet werden darf. Auf den wirtschaftlichen Erfolg kommt es dagegen nicht an; auch ein Kaufvertrag zu einem für den beschränkt Geschäftsfähigen sehr günstigen Preis ist nicht lediglich rechtlich vorteilhaft. In erweiternder Auslegung des § 107 gültig sind indes auch neutrale Geschäfte, die wie § 165 den Minderjährigen zu nichts verpflichten (unten Rn 465).

419 Für alle auch nur zum Teil nachteiligen Willenserklärungen benötigt der beschränkt Geschäftsfähige die Einwilligung seines gesetzlichen Vertreters, § 107. Fehlt sie, dann sind Verträge **schwebend unwirksam**, § 108; sie werden mit der Genehmigung wirksam, mit deren Verweigerung endgültig unwirksam, und zwar in beiden Fällen mit rückwirkender Kraft (vgl § 184 I). Das gilt auch für dingliche Geschäfte, wie etwa die Übereignung.

Mit der vorhergehenden Einwilligung oder der nachträglichen Genehmigung (§§ 183, 184) kann der gesetzliche Vertreter entscheiden, in welchem Umfang er den Minderjährigen am Geschäftsleben teilnehmen lassen will (Erziehungszweck). Die Einwilligung kann sich auch auf bestimmte Geschäftsarten erstrecken (beschränkter Generalkonsens). Ob der gesetzliche Vertreter genehmigt oder nicht, steht in seinem Belieben. Während des Schwebezustandes sind die Vertragsparteien noch nicht verpflichtet; sie müssen abwarten, ob der gesetzliche Vertreter genehmigt. Der Vertragspartner des beschränkt Geschäftsfähigen kann sich jedoch der ihm unbequemen Bindung durch Widerruf entziehen, vgl § 109.

420 **Einseitige Rechtsgeschäfte**, die der beschränkt Geschäftsfähige ohne Einwilligung seines gesetzlichen Vertreters vornimmt, sind unwirksam, § 111 (oben Rn 194), sofern sie nicht lediglich rechtlich vorteilhaft sind.

421 c) Eine Reihe von Ausnahmevorschriften **erweitert** die **Geschäftsfähigkeit**. Der **Taschengeldparagraf** § 110 kombiniert den Schutz- und Erziehungszweck: Die Gültigkeit des Geschäfts setzt dessen volle Erfüllung durch den beschränkt Geschäftsfähigen mit Mitteln voraus, die ihm von seinem gesetzlichen Vertreter zur freien Verfügung oder von einem Dritten mit Zustimmung des gesetzlichen Vertreters überlassen worden sind (dieser soll bestimmen können, in welchem Rahmen der Minderjährige Geld ausgeben kann).

422 Ein **selbstständiges Erwerbsgeschäft** kann der Minderjährige praktisch nicht betreiben, wenn er nicht selbst Geschäfte abschließen kann. § 112 sieht deshalb die Schaffung einer gegenständlich beschränkten vollen Geschäftsfähigkeit vor.

Nach der Vorverlegung der Volljährigkeit auf die Vollendung des 18. Lebensjahres hat § 112 seine Bedeutung weitgehend verloren. Die Ermächtigung nach § 112 gilt nicht für solche Geschäfte, für die der gesetzliche Vertreter selbst die Genehmigung des Familiengerichts benötigt, § 112 I 2 iVm §§ 1643, 1850 ff nF.

Eine ähnliche Ermächtigung sieht § 113 für die Aufnahme einer unselbstständigen Tätigkeit durch einen Minderjährigen vor. Nicht von § 113 (sondern allenfalls von § 110) erfasst wird dagegen die Verfügung über den Arbeitslohn.

4. Das Handeln der gesetzlichen Vertreter mit und ohne familiengerichtliche Genehmigung kann dazu führen, dass der Minderjährige mit einem existenzbedrohenden Schuldenberg in die Volljährigkeit entlassen wird. Davor schützen ihn die durch das Gesetz zur Beschränkung der Haftung Minderjähriger vom 25.8.1998 (BGBl I 2487; hierzu *Behnke* NJW 1998, 3078 ff) in das BGB eingefügten §§ 1629a, 1789 III nF. Seitdem kann der volljährig Gewordene seine durch Rechtshandlungen der gesetzlichen Vertreter begründete Haftung auf den Bestand seines bei Eintritt der Volljährigkeit vorhandenen Vermögens begrenzen (analog der beschränkbaren Erbenhaftung in §§ 1990 f). **423**

Rechtshandlung in diesem Sinne, und zwar meist in Form einer schlüssigen Willenserklärung, ist auch die Annahme einer Erbschaft, § 1943. Gerade die Fortführung eines ererbten Handelsgeschäfts im Fall BVerfGE 72, 155 = NJW 1986, 1859 war Auslöser des Gesetzes vom 25.8.1998, das mit § 723 I 3 Nr 2 (§ 725 IV nF) dem volljährig gewordenen Gesellschafter auch ein außerordentliches Kündigungsrecht eingeräumt hat. Damit wird sichergestellt, dass jedes Kind mit Eintritt der Volljährigkeit die Freiheit der Selbstbestimmung (Art. 1 I, 2 I GG) ungeschmälert zurückerhalten kann.

IV. Die Formbedürftigkeit der Willenserklärung

1. Das Gesetz erkennt den geäußerten Willen grundsätzlich als verbindlich an, ohne dass es auf die Form der Willensäußerung ankommt. Es gilt der **Grundsatz der Formfreiheit**. Die Einhaltung einer besonderen Form ist Gültigkeitsvoraussetzung nur, wenn das Gesetz es vorschreibt (§ 125 Satz 1) oder die Vertragspartner es so vereinbaren, §§ 125 Satz 2, 127. Motiv hierfür ist oft der Wunsch nach Rechtssicherheit. **424**

2. Der **gesetzliche Formzwang** will die Parteien vor übereilter Bindung warnen (Warnfunktion, zB §§ 311b I, 518, 766), Rechtsklarheit gewährleisten (Beweisfunktion) und gelegentlich auch durch Einschaltung eines Notars rechtsunkundige Beteiligte schützen (Beratungsfunktion, § 17 BeurkG). **425**

Die strengste Form ist die **notarielle Beurkundung**, die sich auf die gesamte Erklärung erstreckt, § 128 (oben Rn 322). Die **öffentliche Beglaubigung** in § 129 bezieht sich dagegen nur auf die Unterschrift. Die einfache **Schriftform** des § 126 verlangt eigenhändige Unterschrift; wie der Text der Urkunde entsteht, ist gleichgültig. Bei der elektronischen Form in § 126a wird die Namensunterschrift durch eine qualifizierte elektronische Signatur ersetzt.

3. Die Nichteinhaltung gesetzlicher Formvorschriften führt zur **Nichtigkeit**, § 125 Satz 1. **Heilung** des Formmangels durch Erfüllung des Geschäfts tritt nur in den ausdrücklich im Gesetz genannten Fällen ein, allen voran § 311b I 2 (oben Rn 326). **426**

Wenn der Formmangel nicht geheilt wird, kann das Geleistete gemäß §§ 812 ff zurückgefordert werden. In Extremfällen, wenn die Formnichtigkeit zu schlechthin untragbaren Ergebnissen führen würde, kann § 242 es einer Partei verwehren, sich auf den Formmangel zu berufen (oben Rn 327).

V. Nichtigkeit wegen des Inhalts des Rechtsgeschäfts

427 1. Auch wenn die allgemeinen Gültigkeitsvoraussetzungen einer Willenserklärung vorliegen, kann ihr das Gesetz die Anerkennung versagen. Die wichtigsten Nichtigkeitstatbestände sind systematisch in §§ 134–144 zusammengefasst.

Die Nichtigkeit ist von der schwebenden Unwirksamkeit wie von der Anfechtbarkeit zu unterscheiden. **Schwebende Unwirksamkeit** ist ein vorübergehender Zustand, der sich zur vollen Wirksamkeit oder Unwirksamkeit des Geschäfts entwickeln kann. Anspruchsgrundlage ist das schwebend unwirksame Geschäft (noch) nicht (oben Rn 419). Das **anfechtbare** Geschäft hingegen ist gültig, also Anspruchsgrundlage; es kann aber durch Anfechtung (rückwirkend, § 142 I) vernichtet, dh nichtig werden. Deshalb hat das Gesetz die Anfechtungsfolge als Nichtigkeitsgrund unter §§ 134 ff eingeordnet und von der Regelung der Anfechtungsvoraussetzungen in §§ 119–124 getrennt.

428 2. Der Nichtigkeitsgrund des gesetzlichen Verbots iSv § 134 richtet sich gegen den Inhalt des Rechtsgeschäfts. § 134 ergreift auch das Erfüllungsgeschäft, soweit sich das Verbot auch gegen den durch die Erfüllung geschaffenen Zustand wendet. Überhaupt bestimmt nicht § 134, sondern das Verbotsgesetz (bzw dessen Auslegung) den Umfang des Verbots und damit die eventuelle Nichtigkeit.

429 Ein **sittenwidriges Geschäft** iSv § 138 I liegt vor, wenn das Geschäft nach seinem Inhalt, Zweck oder Beweggrund (nicht bloß nach dem Motiv eines der Beteiligten) „gegen das Anstandsgefühl aller billig und gerecht Denkenden verstößt" (oben Rn 261). Den **Wuchertatbestand** des § 138 II kennzeichnen das Ineinandergreifen objektiver und subjektiver Voraussetzungen und die Nichtigkeit auch des dinglichen Geschäfts (oben Rn 255 ff).

430 Ein Geschäft, das gegen ein **absolutes** Veräußerungsverbot verstößt, ist nichtig. Die Verletzung **relativer Veräußerungsverbote** nach §§ 135, 136 führt dagegen nur zu relativer Unwirksamkeit, dh das Geschäft ist den geschützten Personen gegenüber unwirksam, allen anderen gegenüber jedoch wirksam (oben Rn 308).

431 Das **rechtsgeschäftliche Veräußerungsverbot** hat nur schuldrechtliche Wirkung, es steht der Wirksamkeit verbotswidriger Verfügungen nicht entgegen, § 137 (oben Rn 311).

432 3. Teilnichtigkeit führt grundsätzlich zur Nichtigkeit des gesamten Rechtsgeschäfts. Kraft Parteiwillens kann die Nichtigkeitsfolge auf den fehlerhaften Teil beschränkt werden (oben Rn 301).

433 4. Ist ein Rechtsgeschäft nichtig, dann lässt sich der von den Parteien gewollte wirtschaftliche Erfolg möglicherweise durch eine **Umdeutung** nach § 140 erreichen. Das in dem nichtigen enthaltene Rechtsgeschäft ist von Anfang an wirksam, sofern die Parteien es gewählt hätten, wenn sie die Nichtigkeit gekannt hätten.

434 Die **Bestätigung** eines nichtigen Rechtsgeschäfts, die alle Gültigkeitsvoraussetzungen erfüllen muss, wirkt dagegen nur ex nunc, § 141 I. Allerdings ist eine schuldrechtliche Rückbeziehung auf den Zeitpunkt des ersten Abschlusses möglich und auch im Zweifel gewollt, § 141 II. – Davon zu unterscheiden ist die Bestätigung eines *anfechtbaren* Rechtsgeschäfts gemäß § 144, die lediglich die Anfechtung ausschließt und auch durch schlüssiges Verhalten erklärt werden kann (vgl BGH WM 1992, 996).

VI. Das Recht der Willensmängel

1. Willensbildung und -erklärung sind komplizierte Vorgänge, bei denen sich leicht Irrtümer einschleichen können. Besonders irrtumsanfällig ist die Willensbildung angesichts der vielfältigen ihr vorgelagerten Motive. Das Irrtumsproblem lässt sich nicht vom Begriff der Willenserklärung her lösen, sondern es müssen die gegensätzlichen Interessen des Erklärenden, nur an einen irrtumsfrei gebildeten und erklärten Willen gebunden zu sein, und die des Empfängers, nur den ihm ersichtlichen Erklärungsgehalt gelten zu lassen, gegeneinander abgewogen werden. 435

Das Irrtumsrecht gilt für alle Arten von Erklärungen, also auch für Verfügungen und konkludente Willenserklärungen (oben Rn 247), grundsätzlich nicht jedoch für *fingierte* Willenserklärungen, da mit ihnen in besonderem Maße Rechtssicherheit angestrebt wird (oben Rn 382 ff).

Das Gesetz geht in §§ 119 ff von einer typischen, abstrakt bewerteten Interessenlage aus und versucht, den Interessengegensatz zwischen Erklärendem und Erklärungsempfänger durch einen generellen Kompromiss zu bewältigen. Der Allgemeine Teil nimmt keine Rücksicht auf die Besonderheiten bestimmter Willenserklärungen. Spezialvorschriften sind deshalb unvermeidlich und finden sich an anderer Stelle. 436

So verdrängen die Aufhebungsgründe des § 1314 die §§ 119 ff für die Eheschließung, und im Erbrecht gelten für letztwillige Verfügungen anstelle der §§ 119 ff die §§ 2078 ff; hier kann dem subjektiven Willen des Erblassers ein größerer Einfluss eingeräumt werden, weil der Empfänger einer unentgeltlichen Verfügung von Todes wegen weniger schutzwürdig ist. Vgl *H. Westermann*, Einheit und Vielfalt der Wertungen in der Irrtumslehre, JuS 1964, 169, 173 ff. F437

Entsprechend haben Rechtsprechung und Lehre die Anfechtung dann eingeschränkt bzw ausgeschlossen, wenn Gründe der Rechtssicherheit oder des Vertrauensschutzes überwiegen, zB bei der Anfechtung von Gründungs- und Beitrittserklärungen zu Personengesellschaften nach Aufnahme der Geschäftstätigkeit (BGHZ 26, 330, 335 faktische oder fehlerhafte Gesellschaft) oder bei der Anfechtung von Arbeitsverträgen nach Arbeitsaufnahme (oben Rn 225). 438

2. Für die Interessenbewertung bietet sich in erster Linie die Unterscheidung an, ob dem Erklärenden die **Abweichung von Wille und Erklärung** bewusst ist (§§ 116–118) oder nicht (Irrtumsfälle, §§ 119 ff). 439

Der rechtlich beachtliche Irrtum unterscheidet sich von dem unbeachtlichen nicht durch seine wirtschaftliche Bedeutung und vor allem nicht danach, ob der Erklärende schuldlos oder schuldhaft irrt. Vielmehr erklärt das Gesetz nur bestimmte Irrtümer für beachtlich (§§ 119, 123). Ein Irrtum, der nicht unter einen dieser Tatbestände fällt, ändert an der Verbindlichkeit der Willenserklärung nichts. Dieser Grundsatz ist vor allem beim Motivirrtum zu beachten.

Ist dem Erklärenden die Abweichung von Wille und Erklärung bewusst, so handelt er auf eigene Gefahr; seine Bindung entfällt nur, wenn der an der Willenserklärung Interessierte nicht schutzbedürftig ist. Das wird beim **geheimen Vorbehalt** des § 116 deutlich: Die Willenserklärung ist voll gültig. Kennt der Empfänger jedoch den Vorbehalt (egal woher), so ist er nicht schutzbedürftig und die Willenserklärung nichtig. Die **Scheinerklärung** des § 117 (oben Rn 295 ff) unterscheidet sich vom „durchschauten Vorbehalt" dadurch, dass der Empfänger mit dem Scheincharakter einverstanden ist. Eine **Scherzerklärung** hingegen ist selbst dann nichtig, wenn der Erklärende nicht annehmen durfte, der Empfänger werde den Scherzcharakter erkennen, § 118. Für solch gefährliches Verhalten haftet der Erklärende nach § 122. 440

441 3. Für alle **Irrtumstatbestände** ist erforderlich, dass die Willensbildung des Erklärenden durch eine falsche Vorstellung beeinflusst worden ist (Fälle des ausnahmsweise beachtlichen Motivirrtums) oder dass sein Wille und seine Erklärung voneinander abweichen und der Erklärungsempfänger die Erklärung anders verstanden hat, als sie gewollt war. Stets ist also, bevor man eine Anfechtung prüft, der Inhalt der Willenserklärung durch Auslegung zu ermitteln. Decken sich Wille und Erklärung oder versteht der Empfänger die falsche Erklärung richtig im Sinne des Gewollten, dann liegt kein Irrtum vor.

442 a) **Erklärungs- und Inhaltsirrtum** in § 119 I setzen ein **unbewusstes Auseinanderfallen von Wille und Erklärung** voraus.

Hat der Erklärende über den Sinn des verwandten Erklärungszeichens geirrt, so liegt ein Inhaltsirrtum vor, dagegen ein Erklärungsirrtum, wenn er ein anderes als das tatsächlich verwendete Zeichen verwenden wollte (oben Rn 215). In ihrer Rechtsfolge unterscheiden sich die beiden Irrtumsarten nicht.

443 Der Irrtum muss subjektiv bestimmend gewesen sein, dh der Erklärende dürfte die Willenserklärung nicht abgegeben haben, wenn er seinen Irrtum erkannt hätte. Ein zusätzliches objektives Moment bedeutet die „verständige Würdigung des Falles" in § 119 I (oben Rn 220). Auf ein Verschulden des Erklärenden kommt es hingegen nicht an.

444 b) Dem Erklärungsirrtum des § 119 I verwandt ist der **Übermittlungsirrtum**, § 120. Bei ihm unterscheidet sich die Erklärung, die der Erklärende dem Boten oder der Anstalt aufgegeben hat, von derjenigen, die beim Empfänger ankommt (ausgerichtet wird).

445 c) Der **Eigenschaftsirrtum** des § 119 II besteht in einer unrichtigen Vorstellung des Erklärenden von den wertbildenden Faktoren des Erklärungsgegenstandes. Ob der Eigenschaftsirrtum ein Sonderfall des Inhalts- oder ein ausnahmsweise beachtlicher Motivirrtum (hM) ist, ist letztlich bedeutungslos. Um den Erklärungsempfänger vor einer uferlosen Ausdehnung der Anfechtungsmöglichkeit zu bewahren, muss die Eigenschaft verkehrswesentlich sein (oben Rn 279).

446 d) § 123 behandelt unbestreitbar einen Fall des Motivirrtums: Der Erklärende, dessen Willensbildung durch Drohung oder arglistige Täuschung unzulässig beeinflusst wurde, darf anfechten. Die Interessen des Erklärungsempfängers müssen demgegenüber zurücktreten.

Bei der **arglistigen Täuschung** muss der Empfänger getäuscht oder die Täuschung durch einen Dritten gekannt haben. Die Täuschung kann auch in einem Unterlassen bestehen, wenn der Empfänger zur Aufklärung verpflichtet war (oben Rn 271).

Die **Drohung** ist ein so schwerer Eingriff, dass sie zur Anfechtung berechtigt, auch wenn der Empfänger der Willenserklärung an der Drohung nicht beteiligt war und von ihr auch nichts wusste. Die Rechtswidrigkeit der Drohung kann sich aus dem verwendeten Mittel oder aus dem angestrebten Zweck, ggf auch aus der unerlaubten Kombination von Mittel und Zweck, ergeben (oben Rn 276).

447 Von §§ 119 II, 123 abgesehen ist der Motivirrtum unbeachtlich (oben Rn 216). Die Sonderfälle des gemeinsamen Motivirrtums und des Kalkulationsirrtums lassen sich angemessen über die Störung der Geschäftsgrundlage (§ 313) lösen.

448 4. a) Der beachtliche Irrtum ändert an der Gültigkeit der Willenserklärung nichts, er führt nur zu deren **Anfechtbarkeit**. Der Irrende kann anfechten und sich so von seiner Willenserklärung (und damit dem Rechtsgeschäft, § 142 I) lösen, muss das aber nicht

tun. Die Willenserklärung ist also nur vernichtbar; die Nichtigkeit automatisch eintreten zu lassen, besteht kein Anlass (oben Rn 221).

b) Die **Anfechtungserklärung** ist formlos gültig. Der Irrende muss nur zum Ausdruck bringen, dass er wegen des Irrtums an die Willenserklärung nicht gebunden sein will. Die Anfechtung ist nach § 121 unverzüglich, im Fall des § 123 binnen Jahresfrist (§ 124), auf jeden Fall aber innerhalb von 10 Jahren (§§ 121 II, 124 III) gegenüber dem Anfechtungsgegner, § 143, zu erklären (oben Rn 233). Sie **vernichtet rückwirkend** die angefochtene Erklärung, § 142 I. Das ist besonders für die Anfechtung von Verfügungen, zB einer Übereignung, wichtig: Bis zur Anfechtung ist der Erwerber Eigentümer; ist angefochten, dann ist er niemals Eigentümer gewesen (oben Rn 224). **449**

c) Da die Anfechtung im Interesse des Irrenden in Rechte des Erklärungsempfängers eingreift, gibt § 122 diesem einen Schadensersatzanspruch auf das **negative Interesse**, dh der Erklärungsempfänger muss so gestellt werden, als hätte er von dieser Willenserklärung nie etwas gehört (oben Rn 226 ff, 284). Eine Anfechtung nach § 123 löst diese Folge nicht aus. Die Schadensersatzpflicht des Anfechtenden besteht ohne Rücksicht auf dessen Verschulden, entfällt jedoch, wenn der Erklärungsempfänger die Anfechtbarkeit kannte oder kennen musste, dh fahrlässig nicht kannte, § 122 II. **450**

VII. Bedingung und Befristung

1. Die Parteien können Anlass haben, den Rechtserfolg von einem **ungewissen Ereignis** abhängig zu machen, sei es, dass die Rechtsfolge erst mit dem Ereignis eintreten, sei es, dass sie mit ihm fortfallen soll (vgl *Martens* JuS 2010, 481 ff). Im ersten Fall stellen sie die Willenserklärung unter eine **aufschiebende**, im zweiten unter eine **auflösende Bedingung**, § 158 I und II. Der Grundsatz der Privatautonomie lässt das zu, solange das Gesetz das Rechtsgeschäft nicht für bedingungsfeindlich erklärt, wie zB § 925 II die Auflassung und § 1311 Satz 2 die Eheschließung, vgl auch § 572 II. Wichtig ist die aufschiebend bedingte Einigung bei der Übereignung unter Eigentumsvorbehalt, vgl § 449 I und §§ 929 Satz 1, 158 I. **451**

Die Bedingung ist Bestandteil der Willenserklärung, folglich müssen alle Wirksamkeitsvoraussetzungen einschließlich der Form erfüllt sein. Die bedingte Willenserklärung ist bindend, die Rechtsfolge tritt aber bei der aufschiebenden Bedingung erst mit dem Eintritt der Bedingung ein, fällt bei der auflösenden mit ihm fort. In beiden Fällen ändert sich die Rechtslage automatisch, also ohne neuerliche Handlungen der Parteien, allerdings ohne Rückwirkung auf den Zeitpunkt der Abgabe der bedingten Willenserklärung (vgl zur schuldrechtlichen Rückwirkung § 159). Den bedingt Berechtigten schützt § 160. Bei einer aufschiebend bedingten Verfügung besteht die Gefahr kollidierender Verfügungen; dann gilt § 161.

2. Die **Befristung** unterscheidet sich von der Bedingung dadurch, dass der Rechtserfolg von einem **gewissen** Ereignis abhängig ist, das sicher eintreten wird, mag der genaue Zeitpunkt auch ungewiss sein (zB der Tod einer bestimmten Person). Die Befristung wird grundsätzlich wie die Bedingung behandelt, § 163. **452**

VIII. Die Behandlung Allgemeiner Geschäftsbedingungen

453 1. AGB haben sich mit dem modernen Massenvertrag entwickelt. Der Verwender stellt AGB auf, um durch sie den Inhalt späterer Verträge festzulegen. AGB werden Vertragsinhalt durch Einbeziehung in den Vertrag. Von dem nachgiebigen Gesetzesrecht und der in ihm enthaltenen Interessenwertung weichen die AGB oft entscheidend ab.

§§ 305 ff regeln die Behandlung der AGB in Anlehnung an die bisherige Rechtsprechung, die durch eine richterliche Inhaltskontrolle unbilliger Klauseln der Gefahr zu begegnen suchte, dass sich der Verwender in seinen AGB einseitig begünstigt.

454 Nach § 305 I sind AGB die für eine Vielzahl von Verträgen vorformulierten Vertragsbedingungen, die der eine Vertragspartner (der Verwender) dem anderen als fertige Bedingungen präsentiert. **Ausgehandelte** Bedingungen fallen aufgrund des Vorrangs der Individualvereinbarung nicht hierunter. Zum Begriff des „Aushandelns" oben Rn 344.

455 2. Die **Einbeziehungsvereinbarung** nach § 305 II verlangt, dass der Verwender auf die AGB hinweist und dem Kunden ermöglicht, von ihrem Inhalt Kenntnis zu nehmen. Der Kunde kann sein Einverständnis auch konkludent erklären. Sind die AGB unwirksam oder nicht wirksam einbezogen, dann kommt der Vertrag ohne die AGB zustande; § 306 kehrt die allgemeine Regel des § 139 um (oben Rn 362).

Überraschende Klauseln sind nach § 305c I unwirksam, ohne dass es auf ihre inhaltliche Unangemessenheit ankommt (oben Rn 350).

456 3. Die **Inhaltskontrolle** nach §§ 307–309 soll den Kunden vor unangemessener Benachteiligung als Folge von Abweichungen vom dispositiven Recht schützen. Die Generalklausel des § 307 wird durch die Kataloge verbotener Klauseln in §§ 308 und 309 konkretisiert. Im Geschäftsverkehr zwischen Unternehmern gelten die Klauselkataloge zwar nicht, wohl aber die Generalklausel des § 307, vgl § 310 I (oben Rn 357).

457 4. Das UnterlassungsklagenG ermöglicht es gewissen Institutionen, insbesondere Verbraucherverbänden, gegen Verwender und Empfehler von AGB auf Unterlassung des Gebrauchs und auf Widerruf der Empfehlung unwirksamer AGB zu klagen (oben Rn 361).

Teil IV

Die Willenserklärung für andere

§ 18 Stellvertretung: Bevollmächtigung. Handeln im Namen des Vertretenen. Wirkung der Vertretung

Fall 18: D bietet dem K zu einem günstigen Preis telefonisch einen Brillantschmuck an. Da K eine eilige Reise antreten muss, erklärt er dem D, er werde den Sachverständigen V schicken, der sich den Schmuck ansehen und ggf für ihn, K, kaufen werde. V lehnt die diesbezügliche Bitte des K ab, geht dann aber doch zu D und kauft den ihm besonders preiswert erscheinenden Schmuck. V verabredet mit D, der Schmuck solle in einigen Tagen gegen Barzahlung abgeholt werden, ohne zu sagen, ob V für sich oder für K handeln wolle. Als K nach zwei Tagen zurückkommt, erfährt er von D den Sachverhalt. **458**

Kann K den Schmuck gegen Zahlung des Kaufpreises von D fordern?

(Lösungsskizze: Rn 487)

I. Die Bevollmächtigung

Der Anspruch des K gegen D könnte sich nur aus § 433 I 1 ergeben. Da K den Vertrag nicht selbst geschlossen hat, kann er Ansprüche auf den Schmuck nur geltend machen, wenn V für ihn wirksam als Vertreter gehandelt hat. Dazu müssen die Voraussetzungen des § 164 erfüllt sein.

1. § 164 setzt voraus, dass V mit Vertretungsmacht und im Namen des K gehandelt hat. **459** **Vertretungsmacht** bedeutet, dass der Vertreter mit ausschließlicher und unmittelbarer Wirkung für und gegen den Vertretenen handeln kann. Während sonst Willenserklärungen immer nur den Erklärenden berechtigen und verpflichten, hat der mit Vertretungsmacht Handelnde die Möglichkeit, die Folgen seiner Erklärung beimVertretenen eintreten zu lassen. Die Vertretungsmacht kann auf Gesetz beruhen oder aber auf einer Willenserklärung des Vertretenen; diese durch Rechtsgeschäft erteilte Vertretungsmacht nennt man Vollmacht (§ 166 II 1). Zum Umfang der Vertretungsmacht s. unten Rn 493 ff.

Die gesetzliche Vertretungsmacht ist in Entstehung und Umfang vom Willen der Beteiligten unabhängig. **460** Gesetzliche Vertreter sind zB die Eltern für ihre minderjährigen Kinder, § 1629, der Vormund für den Mündel, § 1789 II nF, der Betreuer in seinem Aufgabenkreis für den Betreuten, § 1823 nF, und seit 1.1.2023 Ehegatten wechselseitig in Angelegenheiten der Gesundheitssorge, § 1358 nF (vgl *Jurgeleit* NJW 2023, 1 ff).

Die Vertretungsmacht kann im **Fall 18** nur auf einer rechtsgeschäftlichen **Bevollmächtigung** beruhen. **461** Arbeitsteiliges Wirtschaften und weltweites Handeln sind ohne das Rechtsinstitut der Stellvertretung praktisch undenkbar. Es ist Teil der Privatautonomie, dass jemand einem anderen die Rechtsmacht verleihen kann, wirksam für ihn, den Vertretenen, Willenserklärungen abzugeben und zu empfangen. Die Wirkung der Vollmacht geht also auf den Willen des Vertretenen zurück. Er kann grundsätzlich bestimmen, dass die Willenserklärung seines Bevollmächtigten für ihn genauso verbindlich sein soll wie eine eigene. Ausnahmen sieht das Gesetz nur vor, wenn der Charakter des Geschäfts das höchstpersönliche Handeln der Beteiligten erfordert, so vor allem bei familien- und erbrechtlichen Erklärungen, vgl §§ 1311, 1596 IV, 1600a I, 2064, 2274.

462 Die Bevollmächtigung kann gegenüber dem Vertreter erklärt werden (Innenvollmacht) oder demjenigen, dem gegenüber der Vertreter handeln soll (Außenvollmacht), § 167 I. Die beiden Formen der Bevollmächtigung unterscheiden sich in ihrer Wirkung nicht. Die Erteilung einer Außenvollmacht schafft aber für den Dritten einen Vertrauenstatbestand, der für das Erlöschen der Vollmacht von Bedeutung ist (vgl §§ 170, 173; s. unten Rn 511).

K hat gegenüber V und D erklärt, V soll für ihn den Schmuck kaufen. Damit sind die Voraussetzungen des § 167 erfüllt.

463 2. Im Unterschied zum Stellvertreter, der eine eigene Willenserklärung abgibt, überbringt der **Bote** lediglich eine fremde Willenserklärung. Der Bote bildet keinen eigenen Willen, er übermittelt nur die fertige Willenserklärung des Geschäftsherrn. Diese Übermittlung als bloßer Realakt erfordert keine Geschäftsfähigkeit. Bote kann deshalb auch ein geschäftsunfähiges Kind sein. Der Vertreter, der einen eigenen Willen bildet, muss dagegen zumindest beschränkt geschäftsfähig sein (§ 165); die Willenserklärung eines geschäftsunfähigen Vertreters ist gemäß § 105 I nichtig.

Da es keinen Schutz des guten Glaubens an die Geschäftsfähigkeit gibt (oben Rn 194), haftet der Geschäftsherr im letzteren Fall nur aus culpa in contrahendo, dh nur bei Verschulden, §§ 280 I, 311 II, 241 II. Anders im Handelsrecht BGHZ 115, 78, 81 ff (s. unten Rn 513).

Entscheidend für die Abgrenzung zwischen Bote und Stellvertreter ist nach hM das äußere Auftreten der Hilfsperson gegenüber dem Erklärungsempfänger (BGHZ 12, 327, 334). Stellvertreter ist auch der „Vertreter mit gebundener Marschroute" (vgl unten Rn 519).

464 3. Welche Bedeutung hat es aber, dass V die Bitte des K, für ihn tätig zu werden, abschlägt? Die Bevollmächtigung ist ein **einseitiges Rechtsgeschäft**, sie ist bezüglich ihrer Wirkung, Vertretungsmacht für den Bevollmächtigten zu schaffen, unabhängig von einem Einverständnis des Vertreters. § 167 lässt ausdrücklich die einseitige Erklärung des Vollmachtgebers ausreichen. Damit unterscheidet sich die Bevollmächtigung wesentlich von dem ihr zugrundeliegenden Schuldverhältnis, regelmäßig einem Auftrag (§ 662), der als Vertrag nur durch Angebot und Annahme zustande kommt.

465 Die Vertretungsmacht entscheidet über das **Können** des Vertreters im Außenverhältnis. Hingegen schafft der Auftrag das Innenverhältnis zwischen dem Vollmachtgeber und dem Bevollmächtigten; es entscheidet darüber, wozu der Bevollmächtigte die Vollmacht ausnutzen darf und muss. Mit dem Auftrag steckt der Auftraggeber die Grenzen des rechtlichen **Dürfens** im Rahmen der von ihm erteilten Vollmacht ab. Auf dem Auftragsverhältnis – nicht auf der Vollmacht – beruhen die Rechte und Pflichten des Bevollmächtigten und des Vollmachtgebers, zB der Anspruch auf Aufwendungsersatz, § 670, und die Pflicht zur sorgfältigen Ausführung des Auftrags.

Besonders deutlich wird der Unterschied von Vollmacht und Auftrag, wenn der Bevollmächtigte nur beschränkt geschäftsfähig ist: Die Vollmacht ist gültig, die Erklärungen des Vertreters sind für den Vertretenen verbindlich, § 164 I, § 165. Ein wirksamer Auftrag kann dagegen nur unter den Voraussetzungen der §§ 107, 108 zustande kommen.

4. Vollmacht und Auftrag sind nicht nur selbstständige Rechtsgeschäfte, sie sind auch voneinander unabhängig. Die Vollmacht ist **abstrakt**, sie kann auch entstehen, wenn der Auftrag nicht zustande kommt. Vor allem eine Generalvollmacht wird nicht selten als „isolierte" Vollmacht erteilt, dh ohne dass ihr überhaupt ein Schuldverhältnis zugrunde liegt. Das kann vor allem dann der Fall sein, wenn der Vollmachtgeber nicht weiß, ob, wann und wofür später einmal von der Vollmacht Gebrauch gemacht werden soll (vgl *Flume* II[3] § 50, 1). **466**

Im **Fall 18** ist die Vollmacht des V mit der einseitigen Erklärung des K entstanden, das Auftragsverhältnis dagegen nicht, weil V das Angebot des K nicht angenommen hat.

§ 167 lässt klar erkennen, dass die Vollmacht hinsichtlich ihrer Entstehung nicht vom Grundverhältnis abhängig sein soll (anders hinsichtlich ihres Erlöschens, vgl § 168 Satz 1 und unten Rn 506). Die Abstraktheit der Außenvollmacht betont § 170. Für eine zusammen mit dem Auftrag erteilte Innenvollmacht könnte man dagegen eher zu einer Geschäftseinheit iSv § 139 (s. oben Rn 301) gelangen (BGHZ 102, 60, 62). Eine solche Durchbrechung der Abstraktheit der Vollmacht darf man jedoch nur annehmen, wenn dies im Einzelfall dem besonderen Willen der Beteiligten entspricht. Zum *sachen*rechtlichen Abstraktionsprinzip vgl oben Rn 242. **467**

Da sich niemand Rechte aufdrängen lassen muss, wird man dem Bevollmächtigten gestatten müssen, eine von ihm nicht gewollte Innenvollmacht wie in § 333 durch Erklärung gegenüber dem Vollmachtgeber zurückzuweisen (vgl *Neuner*[12] § 50 Rn 50). **468**

V hat im **Fall 18** also nicht nur die Annahme des Auftrags abgelehnt, sondern zugleich die ihm erteilte Innenvollmacht zurückgewiesen. Eine Innenvollmacht des V ist deshalb nicht entstanden.

Die durch Erklärung gegenüber D erteilte Außenvollmacht berührt das aber nicht. Der Dritte muss sich darauf verlassen können, dass die ihm gegenüber erklärte Bevollmächtigung wirksam ist; er interessiert sich nicht für das Innenverhältnis zwischen V und K. Bei der Außenvollmacht muss man deshalb mit der Unabhängigkeit der Vollmacht vom Auftragsverhältnis ernst machen. **469**

Im **Fall 18** hat K die Bevollmächtigung zweimal erklärt, zunächst gegenüber D, dann gegenüber V. Jedenfalls die Erklärung gegenüber D ist als Außenvollmacht vom Schicksal des Auftragsverhältnisses zwischen K und V unabhängig. V hat also Vertretungsmacht für K. Ob die Erklärungen des V für und gegen K wirken, hängt davon ab, ob V im Namen des K gehandelt hat, § 164 I.

II. Handeln im Namen des Vertretenen

1. § 164 I 1 lässt die Erklärung des Vertreters nur dann unmittelbar für und gegen den Vertretenen wirken, wenn der Vertreter im Namen des Vertretenen handelt. Der Vertreter muss dem Dritten (hier dem D) gegenüber deutlich machen, dass nach dem Willen des Handelnden die Rechtsfolgen nicht ihn, sondern den Vertretenen treffen sollen. Der Ver- **470**

treter muss ausdrücklich oder nach den Umständen (§ 164 I 2) offenlegen, dass er **im fremden Namen** handelt. Hier spricht man von offener oder **direkter Stellvertretung**. Im Zweifel wird der Vertreter selbst verpflichtet, wenn er nicht hinreichend deutlich gemacht hat, dass er für jemand anderen auftritt, § 164 II.

Maßgebend ist also, wie V dem D gegenüber auftritt. Da er nicht ausdrücklich erklärt hat, namens des K kaufen zu wollen, ist vom Handeln im eigenen Namen auszugehen. Die Umstände sprechen aber hier dafür, dass V im Namen des K gehandelt hat. Nur dem K hatte D das Angebot gemacht. K hatte erklärt, er werde den V schicken. Für D war daher kein anderer Schluss möglich, als dass V für K handelte, also in dessen Namen auftreten wollte. Da wie stets auch bezüglich des Handelns in fremdem Namen der Empfängerhorizont maßgebend ist (BGHZ 36, 30, 33; vgl oben Rn 209), steht also fest, dass V als Vertreter des K gehandelt hat.

471 Statt des Vertreters kann im Namen des Vertretenen auch ein Unterbevollmächtigter handeln. Das setzt voraus, dass ihm der Hauptbevollmächtigte **Untervollmacht** eingeräumt hat. In einem solchen Fall vertritt der Unterbevollmächtigte nicht den Vertreter, sondern unmittelbar den Vertretenen (mehrstufige Vertretung). Erforderlich ist aber, dass die Vollmacht des Hauptbevollmächtigten die Befugnis umfasst, einem Dritten Untervollmacht zu erteilen. Das ist regelmäßig nicht der Fall, wenn der Geschäftsherr ein erkennbares Interesse an einem persönlichen Handeln des von ihm Bevollmächtigten hat.

Im **Fall 18** hat K dem V die Vollmacht im Hinblick auf dessen besondere Sachkunde erteilt. Dann darf der Vertreter weder die Vollmacht noch die Ausführung eines übernommenen Auftrags (vgl § 664 I 1) an einen Dritten weiterübertragen.

472 2. Die **Offenlegung**, dass der Handelnde nicht sich, sondern den Vertretenen verpflichten will, dient vor allem dem Interesse des Dritten: Dieser muss wissen, wen die Folgen der Erklärung treffen, wer sein Vertragspartner werden soll, auf dessen Zuverlässigkeit und Solvenz er vertraut.

Dies kann entweder der Handelnde selbst sein oder der Namensträger, der zu sein der Handelnde vorgibt. Im ersten Fall des Handelns unter falschem Namen liegt ein Eigengeschäft vor, solange die Identität des Vertragspartners, wie zB bei einem Hotelgast, nicht wesentlich ist. Im zweiten Fall des Handelns unter fremdem Namen liegt Stellvertretung vor, wenn es dem Dritten darauf ankommt, mit dem Namensträger zu kontrahieren (BGHZ 189, 346 – Nutzung eines fremden eBay-Kontos; *Hauck* JuS 2011, 967 ff; vgl BGH NJW 2013, 1946 – Autoverkauf). So wird bei einem unternehmensbezogenen Geschäft grundsätzlich der Geschäftsinhaber und nicht der Erklärende verpflichtet.

473 a) Hat der Dritte ausnahmsweise an der Person des Vertretenen kein Interesse, dann mag er mit einem Vertreter abschließen, der im Namen eines unbekannten, erst noch zu benennenden Hintermannes handelt; auch das ist noch ein Fall offener Stellvertretung. Nicht mehr um Stellvertretung im engen Sinne, sondern um eine gesetzliche Mitverpflichtung handelt es sich, wenn ein Ehegatte im Rahmen seiner **„Schlüsselgewalt"** Rechtsgeschäfte zur Deckung des Lebensbedarfs der Familie auch mit Wirkung für und gegen den anderen Ehegatten besorgt, § 1357 (zur rechtspolitischen Fragwürdigkeit dieser Eheleute faktisch benachteiligenden Norm *Brudermüller*, Schlüsselgewalt und Telefonsex, NJW 2004, 2265 ff). Diese zugleich Eigen- und Fremdwirkung der Erklärung tritt unabhängig davon ein, ob der Ehegatte im eigenen oder im Namen des anderen oder in beider Namen gehandelt hat.

b) Mangels Offenkundigkeit nicht mehr unter §§ 164 ff fällt die verdeckte oder (indirekte =) **mittelbare Stellvertretung**. Sie ist strenggenommen überhaupt keine Stellvertretung, denn hier handelt der Vertreter nach außen im eigenen Namen, wenngleich auf fremde Rechnung für den Vertretenen, der sich, aus welchen Gründen auch immer, nach außen nicht zu erkennen geben will. Solch ein mittelbarer Stellvertreter ist zB der Strohmann (s. oben Rn 299) und vor allem der Kommissionär, § 383 HGB. Der mittelbare Stellvertreter wird, weil er in eigenem Namen auftritt, aus dem von ihm abgeschlossenen Rechtsgeschäft selbst berechtigt und verpflichtet. Er ist lediglich im Innenverhältnis verpflichtet, die Rechtsfolgen des Geschäfts auf den Hintermann überzuleiten; vgl §§ 384 II, 392 I HGB. Zu den sachenrechtlichen Aspekten s. unten Rn 524. **474**

c) Diese klaren Grenzen zwischen der unmittelbaren Fremdwirkung bei der direkten und der ausschließlichen Eigenwirkung bei der indirekten Stellvertretung werden bedenklich verwischt durch das **„Geschäft für den, den es angeht"**. Ist es dem Geschäftspartner völlig gleichgültig, mit wem er kontrahiert, dann will man das Offenkundigkeitsprinzip durchbrechen und eine unmittelbare Fremdwirkung der Willenserklärung auch dann bejahen, wenn der Vertreter nicht zu erkennen gegeben hat, dass er für jemand anderen handeln wollte. *Verpflichtungs*geschäfte, bei denen man ohne Nachteil für den Dritten auf die von § 164 geforderte Offenlegung verzichten könnte, sind sehr selten. Hierher gehören etwa anonyme Bargeschäfte, die in einem Kaufhaus gegen Kassenbon getätigt werden. Häufiger ist das Verfügungsgeschäft für den, den es angeht. **475**

Beispiel: A hat den B beauftragt, für ihn bei dem Buchhändler H einen wertvollen Kunstband zu kaufen. Zahlt B mit ihm von A überlassenen Geld bar, ohne offenzulegen, dass er nicht für sich, sondern für A erwerben will, dann müsste die für das Verfügungsgeschäft erforderliche Einigung nach §§ 929 Satz 1, 164 II eigentlich zwischen B und H zustande kommen. An einem Eigentumserwerb des B hat jedoch niemand ein Interesse: A möchte selbst so schnell wie möglich Eigentum erwerben; dem H, der den Kaufpreis erhalten hat, ist es egal, an wen er übereignet; und auch B ist nicht an dem Eigentum interessiert, wenn er keine Ansprüche (zB aus § 670) gegen A mehr hat. Um in einer solchen Situation einen Eigentumserwerb des B zu verhindern, von dem nur dessen Gläubiger ungerechtfertigt profitieren könnten, lässt man das Einigungsangebot des H zugunsten desjenigen wirken, der letztlich Eigentümer werden soll (hier A), auch wenn H damit im Unklaren bleibt, an wen er übereignet. **476**

III. Die Wirkung der Vertretung

1. Infolge der unmittelbaren und ausschließlichen Fremdwirkung treten *alle* Wirkungen des Vertrages in der Person des Vertretenen ein. **477**

Durch die korrespondierenden Willenserklärungen von D und V ist also ein Kaufvertrag zwischen D und dem Vertretenen K zustande gekommen. Als Käufer kann K folglich von D Zug um Zug gegen Zahlung des Kaufpreises die Übereignung des Schmucks verlangen.

Auch für ein **Verschulden des Vertreters bei Vertragsschluss** (zB für eine Täuschung) hat grundsätzlich der Vertretene einzustehen. Nur ausnahmsweise haftet auch der Vertreter aus Verschulden bei Vertragsverhandlungen (§§ 280 I, 311 II, 241 II), wenn er in besonderem Maße das persönliche Vertrauen des Geschäftsgegners für sich in Anspruch genommen hat (§ 311 III, zB als gewerbsmäßiger Vermittler von Gebrauchtwagen) oder wenn er ein eigenes wirtschaftliches Interesse am Vertragsschluss gehabt hat. Die hieran gestellten strengen Anforderungen sind nur erfüllt, wenn der Vertreter gleichsam in eige- **478** ner Sache tätig wird; ein Provisionsinteresse allein reicht hierfür ebenso wenig wie die Stellung als Alleingesellschafter-Geschäftsführer einer GmbH (BGHZ 126, 181, 186 f = *Schack/Ackmann*[7] Nr 21, vgl § 13 II GmbHG).

Die Haftung des Vertreters aus § 311 III geht nicht weiter als die Haftung des Vertretenen aus dem abgeschlossenen Rechtsgeschäft. Braucht der Vertretene für einen Schaden des Dritten, etwa wegen eines Haftungsausschlusses, nicht einzustehen, dann kommt auch eine Haftung des Vertreters nicht in Betracht (BGHZ 63, 382, 388).

479 2. Weil die vom Vertreter abgegebene Willenserklärung unmittelbar für und gegen den Vertretenen wirkt, ist auch nur der Vertretene anfechtungsberechtigt. Die Entscheidung über die **Anfechtung**, das einseitige Gestaltungsrecht, steht demjenigen zu, der durch die Willenserklärung gebunden wird, also dem Vertretenen.

Da jedoch der Vertreter den Willen bildet und die Erklärung formuliert, kommt es für die Voraussetzungen der Irrtumsanfechtung entscheidend auf den Willen des Vertreters an. Das gilt nach § 166 I nicht nur für Willensmängel, sondern generell für die Kenntnis bzw für das Kennenmüssen bestimmter Umstände. § 166 I ist damit die grundlegende Zurechnungsnorm für fremdes Wissen (BGHZ 117, 104, 106; zur Wissenszurechnung in arbeitsteiligen Organisationen vgl *M. Schwab* JuS 2017, 481 ff) – im Unterschied zu § 278 als Zurechnungsnorm für fremdes Verhalten.

480 **Beispiel:** Der Bevollmächtigte V verkauft für E ein Bild an X. Später erfährt E, dass es sich bei dem Bild um ein altes Original handelt, und er möchte den Kaufvertrag anfechten. Da der Vertreter V die Willenserklärung abgegeben hat, hängt der Anfechtungsgrund davon ab, ob V sich über die Eigenschaft des Bildes geirrt hat. Kannte V die Eigenschaft des Bildes, dann kann E nicht nach § 119 II anfechten, selbst wenn er sich über die Eigenschaft des Bildes im Irrtum befand. Hat V sich geirrt, dann hat E, und nicht V das Anfechtungsrecht, weil es wie alle Folgen der Willenserklärung in der Person des Vertretenen eintritt. V kann allenfalls als Vertreter des E anfechten, wenn seine Vollmacht auch die Befugnis umfassen sollte, den einmal zustande gekommenen Vertrag wieder zu vernichten.

481 Selbstverständlich darf sich der Vertretene bezüglich solcher Umstände, die er selbst kannte bzw kennen musste, nicht auf die Unkenntnis eines vorgeschobenen Vertreters berufen, § 166 II schränkt deshalb Abs. 1 ein.

482 Wollte der Vertreter in fremdem Namen handeln, hat er dies jedoch dem Erklärungsempfänger gegenüber nicht hinreichend deutlich gemacht, dann entscheidet der objektive Erklärungswert (Empfängerhorizont), und der Handelnde wird durch seine Erklärung selbst berechtigt und verpflichtet, § 164 II. Obwohl hier Wille und Erklärung auseinanderfallen und der Handelnde seine irrige Erklärung in eigenem Namen eigentlich müsste anfechten können, schließt § 164 II eine hierauf gestützte Irrtumsanfechtung im Interesse der Rechtssicherheit aus (BGH NJW-RR 1992, 1010, 1011). Der Erklärungsempfänger wird also in seinem Vertrauen darauf geschützt, dass ihm aus der Erklärung zumindest einer, und zwar im Zweifel der Handelnde persönlich haftet. Das mit der Stellvertretung verbundene Erklärungsrisiko trägt also endgültig der Handelnde.

483 Im umgekehrten Fall, wenn der Erklärende nach dem objektiven Erklärungswert seines Verhaltens im fremden Namen auftritt, aber im eigenen Namen handeln will, wirkt die von ihm abgegebene Erklärung für den Vertretenen. Da es auf den objektiv erklärten Willen ankommt, ist ein hiervon abweichender innerer Wille, für sich selbst zu handeln, unerheblich. Auch hier darf der Vertreter analog § 164 II seine Willenserklärung nicht anfechten, wenn er im Rahmen bestehender Vertretungsmacht gehandelt hat (vgl BGHZ 36, 30, 33; anders die hL, MüKo-*Schubert*[9] § 164 Rn 190 mwN).

Im **Fall 18** könnte V seine Erklärung, die er aus Sicht des Empfängers D im Namen des K abgegeben hat, nicht mit der Begründung anfechten, er, V, habe den günstigen Kaufvertrag für sich selbst abschließen wollen. Eine Anfechtung würde dem V auch nichts nützen, weil sie nur seine Willenserklärung vernichten (§ 142 I), nicht aber den von V gewünschten Vertrag zustandebringen würde.

IV. Vertretung ohne Vertretungsmacht

Besitzt der Vertreter keine Vertretungsmacht, dann bindet seine Erklärung den Vertretenen grundsätzlich nicht. Der **„falsus procurator"** kann den Vertretenen nicht gegen dessen Willen binden. (Zu den Ausnahmen der Duldungs- und Anscheinsvollmacht s. unten Rn 514 ff). Das Gesetz überlässt in § 177 dem Vertretenen die freie Entscheidung, ob er den in seinem Namen abgeschlossenen Vertrag für und gegen sich gelten lassen will. Mit Erteilung der Genehmigung wird der bis dahin schwebend unwirksame Vertrag rückwirkend voll wirksam, §§ 177 I, 184 I. Das Gesetz bedient sich hier der gleichen Konstruktion wie in § 108 für Willenserklärungen beschränkt geschäftsfähiger Personen (s. oben Rn 194), §§ 177 II, 178. **484**

Genehmigt der Vertretene nicht, dann kann der Erklärungsempfänger den falsus procurator wahlweise auf Erfüllung oder auf Schadensersatz in Anspruch nehmen, § 179 I. Diese gesetzliche Garantiehaftung schützt das Vertrauen auf die behauptete Vertretungsmacht. Wenn der falsus procurator auf Erfüllung in Anspruch genommen wird, erlangt er keine vertraglichen Ansprüche, er haftet nur *wie* ein Vertragspartner (vgl *Medicus/Petersen*[11] Rn 986; *Prölss* JuS 1986, 169, 171), ihm bleibt jedoch die Einrede aus § 320. Der falsus procurator haftet auch dann, wenn der angeblich Vertretene zB wegen Vermögenslosigkeit den Vertrag nicht hätte erfüllen können (*Hilger* NJW 1986, 2237, 2238; streitig). **485**

Eine Haftungsmilderung zugunsten eines Vertreters, der den Mangel seiner Vertretungsmacht nicht gekannt hat, sieht § 179 II vor; in diesem Fall muss er (wie in § 122, s. oben Rn 226) nur den Vertrauensschaden ersetzen. Und nach § 179 III 1 haftet der Vertreter überhaupt nicht, wenn der Erklärungsempfänger das Fehlen der Vertretungsmacht kannte oder infolge von Fahrlässigkeit nicht kannte. § 179 III 1 gilt entsprechend, wenn der Vertreter im Namen eines nicht existierenden Rechtsträgers gehandelt hat (BGHZ 178, 307, 313). Eine Nachforschungspflicht trifft den Vertragspartner dabei grundsätzlich nicht (BGH NJW 2000, 1407, 1408). Einen minderjährigen Vertreter (§ 165) schützt § 179 III 2. **486**

Lösungsskizze zu Fall 18 (Rn 458): Ein Anspruch des K auf Übereignung und Übergabe des Schmuckes aus § 433 I 1 setzt einen wirksamen Kaufvertrag zwischen K und D voraus. **487**

I. Angebot: des D an K telefonisch.
II. Annahme: K selbst hat keine Annahmeerklärung abgegeben, möglicherweise jedoch V als Stellvertreter des K mit Wirkung für und gegen K, § 164 I 1. Das setzt voraus:
   1. Eigene Willenserklärung des V, kein Bote.
   2. Handeln des V im Namen des K.
      a) Ausdrücklich hat V nicht im Namen des K gehandelt.
      b) Hier könnten jedoch die Umstände für ein Handeln des V im fremden Namen sprechen, § 164 I 2. Die Auslegung der Willenserklärung des V aus dem Empfängerhorizont des D ergibt als objektiven Erklärungswert, dass V die Annahme im Namen des K erklärt hat, dem allein D das Angebot gemacht hatte.

3. V müsste Vertretungsmacht besessen haben. In Betracht kommt hier nur eine rechtsgeschäftliche Vertretungsmacht (Vollmacht).
   a) Erteilung einer Innenvollmacht durch K an V, § 167 I, 1. Alt.
      aa) Die an V gerichtete Bitte des K, den Schmuck für ihn zu kaufen, enthält die Bevollmächtigung.
      bb) Dass V die Annahme des damit verbundenen Angebots zum Abschluss eines Auftrags verweigert hat, ändert angesichts der Abstraktheit der Vollmacht, die allein durch das einseitige empfangsbedürftige Rechtsgeschäft des K zustande kommt, nichts. Auftrag und Vollmacht sind hier auch nicht zu einer Geschäftseinheit iSv § 139 verbunden.
      cc) V hat hier jedoch die Innenvollmacht analog § 333 zurückgewiesen.
   b) Erteilung einer Außenvollmacht, § 167 I, 2. Alt., durch die telefonische Erklärung gegenüber D, K werde den V vorbeischicken. Die Außenvollmacht war im Zeitpunkt des Vertragsschlusses noch wirksam, § 170.
4. Dass V nicht für K, sondern für sich selbst abschließen wollte, berechtigt den V analog § 164 II nicht zur Anfechtung.

III. **Ergebnis:** Da V den K bei Abschluss des Kaufvertrages mit D wirksam vertreten hat, ist der Anspruch des K aus § 433 I 1 begründet.

§ 19 Form der Bevollmächtigung. Umfang der Vertretungsmacht. Erlöschen der Vollmacht. Schutz des guten Glaubens an die Vertretungsmacht

488 **Fall 19:** K möchte gerne einen Bauplatz des E erwerben. K vermutet aber, dass E das Grundstück, wenn er es überhaupt abgibt, nicht an ihn (K) verkaufen wird, da E und K verfeindet sind. K bietet dem Makler M eine besondere Provision, wenn er ihm den Bauplatz verschafft. Dem M gelingt es, von E Auftrag und Vollmacht zum Verkauf des Gründstücks zu erhalten. Bei der Unterschrift unter die Vollmacht sagt E, M solle aber das Grundstück auf keinen Fall an K verkaufen. Wenig später verkauft M namens des E das Grundstück an K, der von der mündlichen Erklärung des E nichts weiß.

1. Ist E an diesen Kaufvertrag gebunden?
2. Ist E gegenüber K gebunden, wenn M das Grundstück für 140 000 € an K verkauft hat, obwohl B einige Zeit vorher 160 000 € geboten, aber K daraufhin M zusätzlich 5000 € Provision versprochen hatte, falls er ihm das Grundstück für 140 000 € verkaufte?

(Lösungsskizze: Rn 520)

I. Form der Bevollmächtigung

489 1. Der Vertrag ist für E verbindlich, falls M innerhalb einer ihm wirksam erteilten Vollmacht im Namen des E das Grundstück formgültig verkauft hat. An der Formgültigkeit könnten hier sowohl hinsichtlich des Kaufvertrages als auch der Vollmacht Bedenken bestehen. Vom Grundsatz der Formfreiheit des Rechtsgeschäfts macht § 311b I eine Ausnahme für Grundstückskaufverträge: Sie müssen notariell beurkundet werden (oben Rn 317 ff).

Im Sachverhalt ist nur gesagt, dass M das Grundstück verkauft. Das erlaubt keinen sicheren Schluss darauf, ob der Kaufvertrag notariell beurkundet worden ist oder nicht. Die größere Wahrscheinlichkeit spricht für die notarielle Beurkundung, da M als Grundstücksmakler § 311b I kennen wird und wegen der ihm bekannten Abneigung des E gegen K so schnell wie möglich zu einem sicheren Abschluss kommen wollte.

Die Vollmacht hingegen bedarf nach § 167 II selbst dann keiner Form, wenn das Hauptgeschäft, wie hier, formbedürftig ist. Für die Beweisfunktion reicht es, dass der Kaufvertrag notariell beurkundet wird. Äußerst fraglich ist jedoch, ob die Warnfunktion des § 311b I sinnvoll auch gegenüber dem Vertreter erfüllt werden kann, der von den Wirkungen des Hauptgeschäfts gerade nicht betroffen wird. Auf die Einhaltung einer Form für die Bevollmächtigung glaubte das Gesetz verzichten zu können, weil sich der Vollmachtgeber mit der Vollmacht noch nicht bindet; er ermöglicht es nur dem Vertreter, das Hauptgeschäft abzuschließen. Da die Bindung erst mit Abgabe der Willenserklärung des Vertreters erfolgt, soll es genügen, wenn dieser durch den Formzwang gewarnt wird (vgl auch BGHZ 125, 218, 225 zur formlosen Genehmigung gemäß §§ 177 I, 182 II). **490**

Diese Überlegung führt auch dazu, die Vollmacht entgegen dem Wortlaut von § 167 II ausnahmsweise der Form des Hauptgeschäfts zu unterwerfen, wenn der Vollmachtgeber bereits durch die Erteilung der Vollmacht praktisch ebenso wie durch das Hauptgeschäft gebunden wird (vgl *Staudinger/Schilken* § 167 Rn 20 ff). Das ist insbesondere dann der Fall, wenn der Vollmachtgeber eine (nach § 168 Satz 2 zulässige) unwiderrufliche Vollmacht erteilt und meist auch dann, wenn er den Bevollmächtigten vom Verbot des Selbstkontrahierens des § 181 befreit hat (vgl BGH NJW 1979, 2306 = *Schack/Ackmann*[7] Nr 13, und unten Rn 499). Zum Schutz des Bürgen hält BGHZ 132, 119, 125 auch die Vollmacht zur Ausfüllung einer Blankettbürgschaft für der Form des § 766 bedürftig. Auf demselben Schutzgedanken beruht § 492 IV 1, I für die Vollmacht zum Abschluss eines Verbraucherdarlehensvertrages (vgl *Herresthal* JuS 2002, 844 ff). Bei der notariellen Beurkundung von Eheverträgen in § 1410 soll es dagegen beim Vorrang von § 167 II bleiben (BGHZ 138, 239). **491**

Hätte E im **Fall 19** den M unwiderruflich bevollmächtigt, dann hätte folglich auch die Vollmacht notariell beurkundet werden müssen; andernfalls wäre die Vollmacht nach § 125 Satz 1 nichtig, und M hätte bei Abschluss des notariellen Kaufvertrages mit K als Vertreter ohne Vertretungsmacht gehandelt.

Ausnahmsweise verlangt das Gesetz für die Bevollmächtigung eine bestimmte Form, zB § 1945 III. Häufig ergibt sich ein mittelbarer Formzwang daraus, dass Registereintragungen nur auf der Grundlage öffentlich beglaubigter Urkunden erfolgen; vgl etwa § 29 I 1 GBO für die Auflassungsvollmacht, ferner § 77 BGB, § 12 HGB.

2. Grundsätzlich kann die Vollmacht auch durch eine konkludente Willenserklärung, durch schlüssiges Verhalten, erteilt werden. Hiervon macht im Interesse der Rechtssicherheit § 48 I HGB eine Ausnahme für die Prokura, die nur mittels ausdrücklicher (= nicht unbedingt schriftlicher!) Erklärung erteilt werden kann. **492**

II. Umfang der Vertretungsmacht und Geschäftsführungsbefugnis

493 Der Verbindlichkeit des Kaufvertrages für E könnte seine Erklärung gegenüber M entgegenstehen, das Grundstück solle nicht an K verkauft werden.

1. Im Bürgerlichen Recht bestimmt der Vollmachtgeber nicht nur das „Ob“, sondern auch den **Umfang der Vertretungsmacht**. Der Vollmachtgeber kann eine umfassende Generalvollmacht erteilen (zB als Altersvorsorgevollmacht zur Vermeidung einer Betreuung, vgl § 1814 III nF), aber auch den Inhalt der Vollmacht nach Belieben einschränken. Der Dritte, der sichergehen will, dass sein Vertrag mit dem Vertretenen zustande kommt, muss sich also genau nach dem Umfang der Vertretungsmacht erkundigen. Überschreitet der Vertreter die ihm eingeräumte Vertretungsmacht, dann hängt die Wirksamkeit seiner Erklärung für und gegen den Vertretenen von dessen Genehmigung ab, § 177; wenn der Vertretene sie verweigert, haftet der Vertreter nach § 179 (oben Rn 485).

Hat E im **Fall 19** die Vollmacht dahin eingeschränkt, dass M an jedermann, nicht aber an K verkaufen darf, dann hat M als Vertreter ohne Vertretungsmacht gehandelt und E ist an dessen Erklärung nicht gebunden, solange er sie nicht nach § 177 I genehmigt.

494 Der Vollmachtgeber kann den Umfang der abstrakten Vollmacht (das rechtliche Können) auf die sich aus dem Innenverhältnis ergebende Geschäftsführungsbefugnis (das rechtliche Dürfen) beschränken, er muss das jedoch nicht tun. Deshalb ist es durchaus denkbar und gar nicht selten, dass die Vertretungsmacht im Außenverhältnis die Geschäftsführungsbefugnis übersteigt, der Vertreter den Vollmachtgeber also auch dann nach § 164 I binden kann, wenn er sich dadurch ihm gegenüber wegen Verletzung seiner Pflichten als Beauftragter (§§ 280 I, 241 II, 662) schadensersatzpflichtig macht (s. oben Rn 465).

495 Mit welchem Inhalt die Vollmacht erteilt worden ist, ist eine Frage der **Auslegung**. Die Bevollmächtigung als empfangsbedürftige Willenserklärung, § 167 I, ist aus der Sicht des Empfängers auszulegen. Bei einer gegenüber dem Bevollmächtigten erteilten Innenvollmacht wird man deshalb sehr viel häufiger zu einer mit der Geschäftsführungsbefugnis deckungsgleichen Vertretungsmacht kommen als bei einer Außenvollmacht, da dem Dritten das Innenverhältnis zwischen dem Vollmachtgeber und dem Bevollmächtigten regelmäßig nicht aufgedeckt wird. § 172 stellt der Außenvollmacht den Fall gleich, dass der Vertreter dem Dritten eine Vollmachtsurkunde vorlegt. Diese Urkunde hat die Vermutung der Vollständigkeit für sich. Lässt sie, wie im **Fall 19**, keine inhaltlichen Einschränkungen der Innenvollmacht erkennen, dann gilt die Vollmacht als unbeschränkt erteilt.

Danach hat M zwar im Rahmen der ihm eingeräumten Vertretungsmacht gehandelt, aber seine Geschäftsführungsbefugnis überschritten. E ist also an den von M mit K abgeschlossenen Kaufvertrag gebunden. M hat sich jedoch wegen Verletzung seiner Pflichten aus dem Maklerverhältnis schadensersatzpflichtig gemacht. Allerdings hat E dadurch, dass sein Grundstück nun an den mit ihm verfeindeten K geht, keinen Vermögensschaden, sondern nur eine ideelle Einbuße erlitten, für die das Gesetz grundsätzlich keinen Schadensersatz gewährt, § 253 (vgl aber auch § 654).

496 2. Noch häufiger kommt es im **Handelsrecht** zu einem Auseinanderfallen von Vertretungsmacht und Geschäftsführungsbefugnis. Im Interesse der reibungslosen Abwicklung

von Handelsgeschäften ist nämlich der Umfang der wichtigsten Vollmachten gesetzlich fixiert, so zB der Umfang der Prokura in §§ 48–50 und der Handlungsvollmacht in § 54 HGB; für Ladenangestellte wichtig ist § 56 HGB (unten Rn 512). Vgl ferner für die vertretungsberechtigten Gesellschafter von OHG und KG § 126 (= § 124 IV nF) HGB, einer rechtsfähigen GbR § 720 III nF BGB und von Partnern § 7 III PartGG; für die Vertretungsmacht der Organe von juristischen Personen §§ 76–82 AktG, §§ 35–37 GmbHG, §§ 24–27 GenG; für den Verein §§ 26 I 3, 68, 70 BGB. Hier soll der Rechtsverkehr auf den üblichen Umfang der Vollmacht vertrauen und der Vollmachtgeber das vom Vertreter abgeschlossene Geschäft nicht nachträglich mit der Begründung in Zweifel (§ 177) ziehen dürfen, der Vertreter habe die Grenzen der ihm eingeräumten (Innen)Vollmacht überschritten. Vgl auch für die Prozessvollmacht des Rechtsanwalts §§ 81 ff ZPO.

3. In der **Abwandlung** hat M die Interessen des E dadurch schwer verletzt, dass er dessen Grundstück nicht bestmöglich, sondern zu einem geringeren Preis an K verkauft hat. M ist im Rahmen der ihm zustehenden Vertretungsmacht geblieben, doch muss er wegen Verletzung seiner Maklerpflichten den Vermögensschaden des E ersetzen. **497**

Die Folgen einer Pflichtverletzung des Vertreters bleiben grundsätzlich auf das Innenverhältnis begrenzt, der zwischen dem Vollmachtgeber und dem Dritten zustande gekommene Vertrag ist also wirksam. Diese Trennung von Innen- und Außenverhältnis dient allein dem Schutz des Dritten. Aus diesem Schutzzweck folgt auch die Beschränkung der Vertretungsmacht, wenn der Vertreter und der Dritte zusammenwirken, um den Vertretenen zu schädigen (Kollusion, § 138 I), aber auch, wenn der Dritte weiß, dass der Vertreter seine Geschäftsführungsbefugnis überschreitet. Bei einem derartigen **Missbrauch der Vertretungsmacht** kann sich der Dritte nicht auf das Bestehen der Vollmacht berufen; ein solches Verhalten wäre rechtsmissbräuchlich, § 242 (MüKo-*Schubert*[9] § 164 Rn 229 ff; vgl *Bork*[4] Rn 1578).

Im abgewandelten **Fall 19** hat K nicht nur gewusst, dass M seine Maklerpflicht im Innenverhältnis verletzte, sondern K hat ihn hierzu sogar durch das Versprechen einer besonderen Provision aufgefordert. E ist deshalb an den mit K abgeschlossenen Kaufvertrag nicht gebunden, § 242. Daher hat E auch keinen Schaden, den er nach § 826 ersetzt verlangen könnte. Keine Kollusion, aber ebenso ein Missbrauch der Vertretungsmacht läge vor, wenn K die dem M erteilte Weisung des E, nicht an K zu verkaufen, kannte.

Diese Grundsätze wendet der BGH auch an, wenn der Dritte den Missbrauch der Vertretungsmacht zwar nicht kannte, der Missbrauch aber so offensichtlich war, dass sich dem Dritten der Verdacht aufdrängen musste (BGHZ 94, 132, 138; zu den Rechtsfolgen vgl *Staudinger/Schilken* § 167 Rn 101, 103 und § 179 III 1). Einfache Fahrlässigkeit des Dritten reicht hierfür jedoch nicht. Solange keine Verdachtsmomente vorliegen, ist er nicht verpflichtet, sich nach den Grenzen der Geschäftsführungsbefugnis des Vertreters zu erkundigen. Der Dritte muss nur den Umfang der Vollmacht nachprüfen, das Risiko ihres Missbrauchs trägt grundsätzlich der Vollmachtgeber. **498**

4. Die Vertragsgerechtigkeit wird theoretisch dadurch garantiert, dass die Vertragspartner ihre unterschiedlichen Interessen durch Aushandeln des Vertrages zum Ausgleich bringen. Hiervon kann man nicht mehr ausgehen, wenn dieselbe Person für beide Vertragspartner handelt. Ein solches **Insichgeschäft** kommt in zwei Varianten vor. Kauft zB der Geschäftsführer einer GmbH von dieser im eigenen Namen ein Grundstück, dann **499**

spricht man von **Selbstkontrahieren**; kauft er es in Vertretung seines Kindes oder eines Dritten, dann liegt ein Fall von **Mehrvertretung** vor.

Wegen der hier zu befürchtenden Interessenkollision beschränkt § 181 zum Schutz des Vertretenen die Vertretungsmacht. Auf diesen Schutz kann der Vollmachtgeber verzichten, wenn er dem Vertreter das Selbstkontrahieren durch eine Erweiterung der Vollmacht besonders gestattet. Eine zweite Ausnahme sieht § 181 für den Fall vor, dass das Vertretergeschäft ausschließlich in der Erfüllung einer bereits existierenden Verbindlichkeit des Vertretenen besteht.

Beispiel: Hat X seinem Vertreter V eine Sache verkauft, dann darf V die für die Übereignung nach §§ 929 ff erforderliche Einigung für sich und zugleich als Vertreter für X (§§ 164 I, 181) erklären (Selbstkontrahieren).

500 Die Rechtsprechung versteht § 181 grundsätzlich als formale Ordnungsvorschrift, dh § 181 greift, sobald auf beiden Seiten des Rechtsgeschäfts dieselbe Person tätig wird, gleich ob im Einzelfall wirklich ein Interessenkonflikt besteht oder nicht. Das hindert nicht, vom Anwendungsbereich des § 181 solche Fälle auszunehmen (teleologische Reduktion), in denen es typischerweise an einem Interessenkonflikt fehlt. So hatte der BGH (seit BGHZ 56, 97, 101 ff) § 181 nicht auf Rechtsgeschäfte des Alleingesellschafter-Geschäftsführers einer GmbH mit sich selbst angewandt. Wirtschaftlich entsteht durch solche Rechtsgeschäfte weder dem Gesellschafter noch der GmbH ein Schaden, wohl aber den jeweiligen Gläubigern, die Vermögensverschiebungen durch schwer nachprüfbare Insichgeschäfte befürchten müssen. Deshalb hat 1980 der Gesetzgeber in § 35 III GmbHG auch für diesen Fall § 181 ausdrücklich für anwendbar erklärt. Dem folgte dann BGHZ 87, 59, 62.

501 In der folgenden Konstellation ist die teleologische Reduktion von § 181 dagegen anerkannt (seit BGHZ 59, 236, 240): Die Eltern wollen ihrem fünfjährigen Kind etwas schenken. Die Annahmeerklärung kann das Kind, weil es geschäftsunfähig ist, nicht selbst abgeben (§§ 104 Nr 1, 105 I), obwohl ihm lediglich ein rechtlicher Vorteil zugewandt werden soll (§ 107 setzt eine wirksame Willenserklärung, also beschränkte Geschäftsfähigkeit des Minderjährigen, voraus). Es wäre lebensfremd, in derart alltäglichen Schenkungsfällen die gesetzliche Vertretungsmacht der Eltern durch eine strikte Anwendung von § 181 zu beschränken mit der Folge (§§ 1629 II 1, 1824 nF), dass Schenkungen der Eltern an ihr geschäftsunfähiges Kind stets nur unter Einschaltung eines Ergänzungspflegers (§ 1809 nF) möglich wären. Solange die von den Eltern im Namen des Kindes abgegebene Willenserklärung diesem lediglich einen rechtlichen Vorteil bringt (vgl § 107), wird § 181 deshalb ausnahmsweise nicht angewandt.

Lesenswert BGHZ 78, 28 = *Schack/Ackmann*[7] Nr 15 (Schenkung von Wohnungseigentum). Zweifelhaft ist jedoch, ob die teleologische Reduktion von § 181 in gleicher Weise geboten ist (so BGHZ 94, 232, 235), wenn das beschenkte Kind beschränkt geschäftsfähig ist und die Willenserklärung auch selbst hätte abgeben können.

502 Keine Hilfe bietet § 181 dagegen vor Interessenkonflikten ohne Personenidentität. § 181 gilt zB nicht, wenn der Geschäftsführer das Grundstück der GmbH an seine Frau verkauft oder wenn jemand im Namen des Vertretenen eine Bürgschaft für eine eigene Schuld übernimmt (vgl RGZ 71, 219, 222 ff). In solchen Fällen liegt allerdings ein Missbrauch der Vertretungsmacht (oben Rn 497) nahe.

503 Noch von § 181 erfasst wird dagegen der Versuch des Vertreters, die Personenidentität dadurch zu umgehen, dass er einem Dritten Untervollmacht erteilt, um dann über ihn das Geschäft mit dem

Vertretenen abzuschließen. Auf diese Weise kann der Vertreter seine Vertretungsmacht nicht erweitern (BGHZ 64, 72, 74); dagegen kann ein Gesamtvertreter einen anderen wirksam zur Alleinvertretung ermächtigen, vgl § 125 II 2 = § 124 II 2 nF HGB (und BGHZ 183, 67 zum Vorstand einer AG) und § 720 II nF BGB für die rechtsfähige GbR.

Das vom Vertreter entgegen § 181 vorgenommene Rechtsgeschäft ist schwebend unwirksam. Der Vertretene kann es nach § 177 genehmigen (s. oben Rn 484), selbstverständlich aber nicht der Vertreter in dessen Namen (BGH ZIP 2016, 1733 Tz 33). 504

III. Erlöschen der Vollmacht

1. Wie der Umfang, so hängt auch die Beendigung der Vollmacht vom Inhalt der Bevollmächtigung ab. Der Vollmachtgeber kann die Vollmacht zB befristet oder nur für ein konkretes Geschäft erteilen. Nach dessen Vornahme ist die Vollmacht dann erloschen. 505

2. Unter teilweiser Durchbrechung des Abstraktionsprinzips (s. oben Rn 466 f) lässt § 168 Satz 1 die Vollmacht auch zusammen mit dem ihr zugrunde liegenden Rechtsgeschäft erlöschen. 506

Diese kausale Verknüpfung der Vollmacht ist eine eng begrenzte Ausnahme. Sie gilt nur für die reine Innenvollmacht, nicht dagegen für die Außenvollmacht oder eine nach außen mitgeteilte Innenvollmacht; vgl §§ 170 ff. Außerdem gilt § 168 Satz 1 nur für das nachträgliche Erlöschen, nicht jedoch bei anfänglicher Unwirksamkeit des Schuldverhältnisses zwischen Vollmachtgeber und Bevollmächtigtem (hM; dagegen *Medicus/Petersen*[11] Rn 949).

Bei dem einer Vollmacht zugrunde liegenden Schuldverhältnis handelt es sich sehr oft um einen Auftrag. Dieser erlischt im Zweifel nach § 673 durch den Tod des Beauftragten, nicht jedoch durch den Tod oder Geschäftsunfähigkeit des Auftraggebers, § 672. Ein zu Lebzeiten erteilter Auftrag kann also noch nach dem Tode mit Wirkung für und gegen die Erben des Auftraggebers ausgeführt werden. Zum Erlöschen einer Altersvorsorgevollmacht mit dem Tod des Auftraggebers OLG Hamm NJW-RR 2003, 800 f; zur Problematik der postmortalen Vollmacht s. oben Rn 41. – Eine Gegenausnahme zu § 168 Satz 1 und damit ein Indiz für die Abstraktheit auch der Innenvollmacht folgt aus §§ 169, 674. 507

3. Systemkonform ist wiederum der andere, in § 168 Satz 2 genannte Erlöschensgrund durch einen **Widerruf der Vollmacht**. Der Widerruf geschieht ebenso wie die Erteilung der Vollmacht durch einseitiges Rechtsgeschäft gegenüber dem Vertreter oder dem Dritten, §§ 168 Satz 3, 167 I. Auf ein Einverständnis des Bevollmächtigten kommt es also nicht an. Der Widerruf der Vollmacht ist streng von der Beendigung des Innenverhältnisses zu trennen. 508

Beispiel: Der Geschäftsinhaber widerruft die Prokura ohne sachlichen Grund. Der Widerruf ist wirksam, § 52 I HGB, das Anstellungsverhältnis aber besteht solange fort, bis es wirksam gekündigt wird.

Der mit Zugang der empfangsbedürftigen Willenserklärung wirksam gewordene Widerruf beendet die Vertretungsmacht. Handlungen des ehemals Bevollmächtigten nach diesem Zeitpunkt binden den Vertretenen nicht, es gilt § 177 (zum Gutglaubensschutz des Dritten s. unten Rn 511).

Aus § 168 Satz 2 ergibt sich aber auch die Möglichkeit einer **unwiderruflichen Vollmacht**. Sie kommt vor allem dann vor, wenn der Bevollmächtigte einen Anspruch auf Vornahme des Hauptgeschäfts hat. Zulässig bleibt jedoch auch in diesem Fall (analog 509

§§ 314, 626) ein außerordentlicher Widerruf aus wichtigem Grund (*Neuner*[12] § 50 Rn 43). Stets frei widerruflich muss eine Generalvollmacht sein.

510 Unzulässig ist dagegen eine **verdrängende Vollmacht**, kraft derer nur noch der Bevollmächtigte und nicht mehr der Vollmachtgeber selbst soll handeln dürfen. Die hM leitet dieses Verbot aus § 137 Satz 1 ab (*Staudinger/Kohler* § 137 Rn 34 mwN). Näher liegt mE ein Verstoß gegen § 138 I unter dem Gesichtspunkt sittenwidriger Knebelung; hinzu kommt, dass sich niemand dadurch praktisch selbst entmündigen kann, dass er sich völlig in die Hand seines Vertreters begibt. Unter diesem Gesichtspunkt kann auch die nach § 137 Satz 2 grundsätzlich zulässige schuldrechtliche Verpflichtung, bestimmte Geschäfte nicht vorzunehmen, unwirksam sein.

IV. Schutz des guten Glaubens an die Vertretungsmacht

511 1. Da die (Innen- wie Außen-)Vollmacht nach §§ 168 Satz 3, 167 I wirksam durch Erklärung gegenüber dem Vertreter widerrufen werden kann, kann es vorkommen, dass Dritte zwar von der Erteilung der Vollmacht, nicht jedoch von ihrem Erlöschen erfahren haben. Gleiches gilt für das Erlöschen der Vollmacht nach § 168 Satz 1 durch Beendigung des Innenverhältnisses. Hier schützen §§ 169 ff das Vertrauen des Dritten auf den Fortbestand einer einmal entstandenen Vertretungsmacht. Der Schutz des Dritten zu Lasten des Vertretenen setzt außer der Gutgläubigkeit des Dritten (§§ 173, 169) einen bestimmten **Rechtsscheinstatbestand** voraus, der in aller Regel, wie auch in §§ 170–172, vom Belasteten zurechenbar gesetzt worden sein muss (vgl auch §§ 932 ff, 935; anders § 892). Wer eine Außenvollmacht durch Erklärung gegenüber dem Dritten erteilt hat (§ 170) oder ihm erklärt hat, dass er eine Innenvollmacht erteilt habe (§ 171), oder wer eine Vollmachtsurkunde ausgestellt hat, die dem Dritten vorgelegt worden ist (§ 172; analog für eine abredewidrig ausgefüllte Blanketturkunde BGHZ 40, 65), der muss sich als Vollmachtgeber an dem von ihm gesetzten Rechtsschein solange festhalten lassen, bis er seine Erklärung dem Dritten gegenüber in gleicher Weise wieder zurückgenommen hat.

Hätte E im **Fall 19** die Vollmacht widerrufen, weil er befürchtete, dass M an K verkauft, und hätte danach M trotzdem das Grundstück unter Vorlage der Vollmachtsurkunde an K verkauft, ohne etwas über den zwischenzeitlichen Widerruf zu sagen, dann wäre der Widerruf der Vollmacht dem K gegenüber nach § 172 unwirksam. Die bloße Vermutung des K, E werde ihm das Grundstück nicht verkaufen wollen, macht K noch nicht bösgläubig iSv § 173.

512 2. Auf Rechtsscheinsgrundsätzen beruht auch der gesetzliche Umfang der Handlungsvollmacht in § 54 HGB und der (unwiderleglich vermuteten, BGH NJW 1975, 2191) Vollmacht des Ladenangestellten in § 56 HGB: In beiden Fällen muss der Dritte Beschränkungen der Vertretungsmacht nur gegen sich gelten lassen, wenn er sie fahrlässig nicht kannte, also nicht gutgläubig war, § 54 III HGB (im Rahmen von § 56 HGB analog anwendbar).

F513 Gutglaubensschutz im Vertretungsrecht können in unterschiedlichem Ausmaß auch öffentliche Register bewirken. So dürfen Dritte auf den Fortbestand einer im Vereinsregister verlautbarten Vertretungsmacht vertrauen, §§ 68, 70.

Hierbei handelt es sich, wie in § 15 I HGB, um einen Fall **negativer Publizität**: Dem Schweigen des Registers dürfen Dritte vertrauen, nicht jedoch darauf, dass eine eingetragene Tatsache auch zutreffend ist. So bindet der mit einem fälschlicherweise als Vereinsvorstand eingetragenen Vertreter geschlossene Vertrag den Verein nicht. Anderes gilt aufgrund der positiven Publizität des Handelsregisters nach § 15 III HGB; hierzu *Fischinger*, Schwerpunkte Handelsrecht 2015, Rn 159.

Die Publizität des Handelsregisters erfasst die Organstellung und Vertretungsmacht, nicht aber die Geschäftsfähigkeit eines GmbH-Geschäftsführers; vgl § 39 I GmbHG und BGHZ 115, 78. Der BGH setzt sich dann (aaO 81 ff) jedoch mit allgemeinen Rechtsscheinsgrundsätzen über die klare Regelung des § 165 BGB hinweg, weil er den besonderen handelsrechtlichen Vertrauensschutz für vorrangig hält.

3. Um Vertrauensschutz geht es auch bei der **Duldungsvollmacht**. Wer weiß und duldet, dass ein Vertreter für ihn handelt, darf sich gegenüber dem Dritten nicht darauf berufen, dass eine Vollmacht nicht erteilt worden sei. Die Vertretungsmacht beruht hier nicht auf einer (nach § 167 möglichen) konkludenten Bevollmächtigung, sondern analog §§ 170 ff auf dem zurechenbar gesetzten Rechtsschein (aA *Flume* II[3] § 49, 3; *Merkt* AcP 2004, 638 ff, 653, 658). Das Verhalten des Vertretenen hat hier nicht den Erklärungswert, dass er Vollmacht erteilt hat, sondern es wirkt wie die unrichtige Mitteilung einer nicht bestehenden Innenvollmacht (*Medicus/Petersen*[11] Rn 930). Deshalb gelten §§ 171, 173 analog. Das Bestehen der Vertretungsmacht hängt bei der Duldungsvollmacht also von der Gutgläubigkeit des Dritten ab. **514**

4. Problematischer ist die **Anscheinsvollmacht**. Hier hat der Vertretene das Verhalten des Vertreters zwar nicht positiv gekannt, hätte es aber bei Anwendung pflichtgemäßer Sorgfalt erkennen und verhindern können. Das setzt typischerweise ein Verhalten von gewisser Häufigkeit und Dauer voraus (BGH NJW 2007, 987, 989 in Abgrenzung zum Schweigen auf ein kaufmännisches Bestätigungsschreiben, s. oben Rn 373 ff). Durfte der Dritte auf diesen Anschein einer Vertretungsmacht vertrauen (vgl wiederum § 173), dann lässt die hM die vollen Wirkungen der Vertretungsmacht eintreten (BGHZ 86, 273, 275 f = *Schack/Ackmann*[7] Nr 14). Für den BGH spricht, dass sich Duldungs- und Anscheinsvollmacht in der Praxis oft nur schwer auseinanderhalten lassen (vgl BGH NJW 1991, 1225 zur Haftung des aus einer Sozietät ausgeschiedenen Rechtsanwalts). Trotzdem ist die gegen diese Gleichstellung von Teilen der Literatur erhobene Kritik berechtigt (*Flume* II[3] § 49, 4; *Medicus/Petersen*[11] Rn 971): Den Vertretenen, der sich nur fahrlässig verhalten, jedoch nichts erklärt hat, durch einen voll wirksamen Vertrag zu binden, verstößt gegen die Privatautonomie. Nur eine Willenserklärung kann eine rechtsgeschäftliche Bindung erzeugen; durch lediglich fahrlässiges Verhalten kann sich der Vertretene allenfalls schadensersatzpflichtig machen. Entgegen der hM sollten die Fälle der Anscheinsvollmacht deshalb über §§ 177 ff gelöst werden: Neben dem falsus procurator aus § 179 haftet dem Dritten möglicherweise auch der Vertretene aus Verschulden bei Vertragsverhandlungen. Zu den Grenzen dieser Haftung aus §§ 280 I, 311 II, 241 II vgl OLG Köln NJW-RR 1992, 915, 916 (Architektenvollmacht). **515**

Angebracht ist die strengere Erfüllungshaftung dagegen im Handelsverkehr, der ganz besonders auf Rechtssicherheit angewiesen ist. Angesichts § 56 HGB kann man zumindest einen Kaufmann an die Anscheinsvollmacht rechtsgeschäftlich binden (vgl *Canaris*, Die Vertrauenshaftung im deutschen Privatrecht 1971, S. 192; *Medicus/Petersen*[11] Rn 972; weitergehend *Hübner*[2] Rn 1288 f). **516**

5. Das Vertrauen auf das Bestehen einer Vollmacht würde auch dann enttäuscht, wenn man deren nach § 142 I rückwirkende **Anfechtung** zuließe. Unproblematisch ist zunächst der Fall, dass der Vertreter von der Vollmacht noch keinen Gebrauch gemacht hat. Hier kann der Vollmachtgeber die Vollmacht nach § 168 Satz 2 widerrufen, eine unwiderrufliche Vollmacht nach §§ 119 ff anfechten. Äußerst fraglich ist dagegen, ob der **517**

Vertretene auch nach Abschluss des Vertretergeschäfts die Vollmacht noch anfechten und sich auf diese Weise dem Geschäft entziehen und den Dritten nach § 122 auf das negative Interesse verweisen darf.

Der Vollmachtgeber müsste die Anfechtung nicht nur der Außen-, sondern auch der Innenvollmacht entgegen § 143 III 1 (auch) dem Dritten gegenüber erklären, der dann auch einen Anspruch auf Ersatz des Vertrauensschadens nach § 122 I geltend machen kann (vgl *Petersen*, Die Anfechtung der ausgeübten Innenvollmacht, AcP 2001, 375, 385 ff; *Forster* AcP 2022, 428 ff: Haftung aus cic).

Indes ist der Dritte vor den Wirkungen der Anfechtung einer Außenvollmacht schon durch §§ 170, 173 geschützt. Lässt man die Anfechtung einer Innenvollmacht zu, dann stünde allerdings der rückwirkend zum falsus procurator gewordene Vertreter, der nun dem Dritten aus § 179 haftet (beachte §§ 179 II, 142 II), im Regen. Wird der Vertreter aus § 179 in Anspruch genommen, dann kann er zwar nach § 122 vom Vertretenen den Ersatz seines Vertrauensschadens verlangen, diesen Anspruch jedoch möglicherweise wegen Insolvenz des Vertretenen nicht durchsetzen. Zum Schutz sowohl des Vertreters als auch des Dritten sollte man deshalb die Irrtumsanfechtung einer betätigten Vollmacht generell versagen (*Brox/Walker*[46] § 25 Rn 40; *Eujen/Frank* JZ 1973, 232; anders die hM, *Schwarze* JZ 2004, 588 ff, 594). Damit trifft zu Recht den Vollmachtgeber das mit der Erteilung einer Vollmacht verbundene Risiko.

518 Das gilt umso mehr, als die hM selbst eine Anfechtung der Anscheinsvollmacht ablehnt (vgl aber *Grüneberg/Ellenberger*[82] § 172 Rn 16), dies jedoch mE zu Unrecht: Ein fahrlässig gesetzter Rechtsschein darf nicht stärker (nämlich unanfechtbar) binden als eine Willenserklärung. Will man der Anscheinsvollmacht überhaupt rechtsgeschäftliche Wirkungen beimessen (oben Rn 515), dann wirkt sie wie eine Willenserklärung ohne Erklärungsbewusstsein; solche Willenserklärungen müssen jedoch erst recht anfechtbar sein (oben Rn 206).

519 Ausnahmsweise kann man eine Anfechtung zulassen, wenn der Willensmangel des Vollmachtgebers unmittelbar auf das Vertretergeschäft durchschlägt (so auch *Brox/Walker* und *Eujen/Frank* aaO; *Prölss* JuS 1985, 577, 583). **Beispiel:** A erteilt dem B Auftrag und Vollmacht, ein Buch für 200 € zu verkaufen, hat jedoch 300 € erklären wollen. Schließt nun B als „Vertreter mit gebundener Marschroute" mit C einen Kaufvertrag über 200 €, dann ist der Käufer nicht schutzwürdiger, als wenn er mit A direkt kontrahiert hätte. In diesem Fall hätte A nach § 119 I anfechten können, im Vertretungsfall dagegen nicht, weil sich der Vertreter B bei Abgabe seiner Willenserklärung nicht geirrt hat (vgl § 166 I). Dann aber muss A, dem in § 166 II 1 enthaltenen Rechtsgedanken folgend, zwar nicht die betätigte Innenvollmacht, wohl aber unmittelbar das Vertretergeschäft anfechten dürfen.

520 **Lösungsskizze zu Fall 19 (Rn 488):** Die Frage nach der Bindung ist die nach dem Erfüllungszwang; für den Klausuraufbau gilt also nichts Besonderes. Nicht gefragt ist nach Ansprüchen des E gegen M, die folglich nur geprüft werden dürften (und müssten), wenn sie Einfluss auf das Verhältnis E-K hätten.

I. E ist an den Kaufvertrag gebunden, wenn er formwirksam von M für E geschlossen worden ist.
   1. Die für den Kaufvertrag von § 311b I verlangte Form ist (vermutlich) gewahrt.
   2. M müsste den E wirksam vertreten haben, § 164 I 1.
      a) Die Vollmacht bedarf nach § 167 II keiner besonderen Form. Ein Ausnahmefall, wie etwa bei einer unwiderruflichen Vollmacht, ist hier nicht gegeben.
      b) M hat im Namen des E gehandelt.
      c) Ob M innerhalb der ihm zustehenden Vertretungsmacht gehandelt hat, hängt vom Umfang der ihm erteilten Vollmacht ab. Ob die Einschränkung, M solle nicht an K

verkaufen, nur die Geschäftsführungsbefugnis oder auch die Vertretungsmacht beschränkt, ist Auslegungsfrage. Da die Vollmachtsurkunde keine derartige Einschränkung enthält, spricht eine Vermutung für die Erteilung einer uneingeschränkten Vollmacht (vgl auch § 172). E ist also an den Kaufvertrag gebunden.

II. **Abwandlung:** Im Anschluss an das oben Ausgeführte ist hier nur noch zu prüfen, ob sich eine Überschreitung der Geschäftsführungsbefugnis durch M ausnahmsweise auf die Vollmacht auswirkt.

1. Indem M das Grundstück nicht so günstig wie möglich verkaufte, hat er seine Geschäftsführungspflichten aus dem Innenverhältnis (Maklervertrag) verletzt.
2. Dieser Missbrauch der Vertretungsmacht war dem K bekannt, K hatte ihn sogar durch sein erhöhtes Provisionsversprechen beabsichtigt. K verdient deshalb den von der Abstraktheit der Vollmacht bezweckten Schutz nicht, er handelt rechtsmissbräuchlich (§ 242), wenn er sich auf die Vertretungsmacht des M berufen wollte. E ist also nicht gebunden.

§ 20 Verfügung eines Nichtberechtigten. Schuldrechtliche Geschäfte in eigenem Namen für andere

Fall 20: Der Sammler S übergibt dem Antiquar und Restaurator R ein Ölgemälde und eine Bronzeplastik. Das Gemälde soll R restaurieren; die Plastik soll R, ohne dass der Name des S genannt wird, veräußern. R bietet die Bronzeplastik für 3000 € dem K an; der will sie aber nur erwerben, wenn er gleichzeitig das Ölgemälde für 4000 € bekommt. Dieses Angebot ist so günstig, dass R erklärt: „Das Ölgemälde gehört nicht mir. Ich verkaufe es Ihnen aber, der Eigentümer wird schon einverstanden sein.“ Einen Tag zuvor hat S das Ölgemälde an X für 2000 € verkauft und ihm gesagt: „Sie können Ihr Gemälde von R herausverlangen.“ Gleichwohl erklärt S sich mit der Abmachung zwischen R und K einverstanden. 521

1. Wird K Eigentümer beider Kunstwerke, wenn sie ihm übergeben werden?
2. Kann K gegen die Kaufpreisschuld einen fälligen Anspruch auf Rückzahlung eines dem S gegebenen Darlehens aufrechnen (§ 387)? **(Lösungsskizze: Rn 533)**

I. Verfügung über fremde Gegenstände in eigenem und in fremdem Namen

Die erste Frage ist für das Ölgemälde und die Bronzeplastik getrennt zu untersuchen. K hat das Eigentum an der Plastik nach § 929 Satz 1 erworben, wenn er sich mit dem Eigentümer über den Eigentumsübergang geeinigt hat (dingliche Einigung) und ihm die Plastik übergeben worden ist. 522

Der Eigentümer S hat aber nicht selbst gehandelt. R hat ihn bei der Veräußerung der Bronzeplastik auch nicht vertreten, da R in eigenem Namen gehandelt hat. Selbst wenn er den Willen gehabt haben sollte, nicht für sich, sondern als Vertreter für S zu handeln, hat R einen derartigen Willen dem K jedoch nicht offengelegt und deshalb in eigenem Namen gehandelt (§ 164 II, s. oben Rn 470). R konnte auch im eigenen Namen handelnd das Eigentum des S übertragen, da dieser eingewilligt hatte, § 185 I. Also wird K Eigentümer der Bronzeplastik, sobald sie ihm übergeben ist.

523 1. Die in § 185 genannte **Einwilligung** (= vorherige Zustimmung, § 183) verleiht einem Nichtberechtigten die Rechtsmacht, über einen fremden Gegenstand mit Wirkung gegen den Berechtigten zu verfügen. Die Eigenart dieser **Ermächtigung** besteht darin, dass die unmittelbare Fremdwirkung der Verfügung auch dann eintritt, wenn der Handelnde sie nicht offenlegt. Anders als in § 164 kann das Gesetz bei Verfügungsgeschäften darauf verzichten, den Verfügenden zur Offenlegung des von der Verfügung Betroffenen (des Ermächtigenden) zu zwingen, da der Dritte, der durch die Offenlegung geschützt werden soll (s. oben Rn 472), durch die Verfügung nur begünstigt wird. Für ihn kommt es nur darauf an, dass der Verfügungserfolg eintritt; ihm kann es gleichgültig sein, wer Eigentümer des Verfügungsgegenstandes ist. Auch die Interessen des ermächtigenden Eigentümers werden nicht verletzt, denn er war mit der Verfügung durch einen Nichtberechtigten einverstanden.

524 Wichtige Anwendungsfälle einer solchen Ermächtigung nach § 185 I sind die hier vorliegende Verkaufskommission (§ 383 HGB; vgl oben Rn 474) und die Einwilligung des Eigentümers einer unter Eigentumsvorbehalt (§ 449) veräußerten Sache in deren Weiterveräußerung: Der Vorbehaltskäufer darf über die für ihn fremde Sache im Rahmen seines gewöhnlichen Geschäftsbetriebs verfügen, wenn er dem Eigentümer die Erlösforderung im Voraus abtritt, so genannter verlängerter Eigentumsvorbehalt (vgl *H.P. Westermann/Staudinger*, Schwerpunkte BGB Sachenrecht[13] 2017, Rn 195 ff).

525 Die Möglichkeit einer **Verpflichtungsermächtigung** ist dagegen **nicht** anzuerkennen (hM, *Flume* II[3] § 57, 1 d; *Bork*[4] Rn 1737). Für einen anderen kann man entweder als direkter oder als indirekter Stellvertreter handeln (s. oben Rn 470, 474), und wenn ganz ausnahmsweise im Schuldverhältnis ein Offenlegungsinteresse völlig fehlt, könnte man an ein Verpflichtungsgeschäft für den, den es angeht, denken (s. oben Rn 475). Daneben besteht für eine analog § 185 zu beurteilende Verpflichtungsermächtigung kein Bedürfnis.

526 2. Ob § 185 auch auf die Veräußerung des Ölgemäldes angewandt werden kann, hängt davon ab, ob R in eigenem Namen gehandelt hat.

Das ist nach dem Sachverhalt zweifelhaft. Die Formulierung „ich verkaufe" lässt die Möglichkeit offen, dass R in eigenem Namen handeln wollte; sie kann aber auch so verstanden werden, dass R im Namen des S handeln wollte, ohne dass er Vertretungsmacht hatte, dass er aber glaubte, den Eigentümer, dh den Vertretenen, zur Genehmigung veranlassen zu können.

Handeln im Namen eines anderen setzt nicht voraus, dass der Vertretene namentlich genannt wird. Vertreten ist dann der, auf den die Erklärung des Vertreters objektiv hinweist, § 164 I 2. Erklärt eine Ladenangestellte der Kundin: „Ich verkaufe Ihnen diese Vase", dann ergibt die Auslegung zweifelsfrei, dass damit der Geschäftsinhaber verpflichtet werden soll.

Im **Fall 20** ist die Auslegung der Einigungserklärung des R nicht so einfach. Entweder R hat die Einigung in fremden Namen erklärt und darauf gehofft, S werde nach § 177 genehmigen (sonst gilt § 179 III 1, wenn man auch den Kaufvertrag als im Namen des S abgeschlossen ansieht). Oder R hat als Nichtberechtigter im eigenen Namen verfügt und gehofft, S werde diese Verfügung nach § 185 II genehmigen. Hier bietet die Erklärung Anhaltspunkte für beide Auslegungsmöglichkeiten. Im Antiquitätenhandel liegt vielleicht die Annahme etwas näher, dass R als Kommissionär, also in eigenem Namen, handeln wollte. Zu diesem Ergebnis führt im Zweifel auch die Auslegungsregel des § 164 II.

527 3. Hat R in eigenem Namen gehandelt, dann konnte er kein Eigentum übertragen, da er nicht Eigentümer des Ölgemäldes war. Auch ein gutgläubiger Erwerb vom Nichtberechtigten nach § 932 scheidet hier aus, da K wusste, dass R weder Eigentümer noch verfü-

gungsbefugt (§ 366 I HGB) war. Die Verfügung des Nichtberechtigten R ist jedoch nicht nichtig, sondern schwebend unwirksam. Der Eigentümer kann sie durch eine **Genehmigung** nach § 185 II wirksam werden lassen.

Unschädlich ist insoweit, dass der Eigentümer S, noch bevor er die Verfügung des R genehmigt hat, das Ölgemälde **an X verkauft** hatte. Denn der Kaufvertrag begründete für S lediglich die Verpflichtung (§ 433 I 1), das Eigentum zu übertragen, änderte aber am Eigentum des S noch nichts. Der mit X abgeschlossene Kaufvertrag schließt also eine wirksame Genehmigung des S nicht aus.

S und X hatten sich jedoch schon über den Eigentumsübergang geeinigt, und S hatte ihm seinen Anspruch gegen R (aus Werkvertrag) auf Herausgabe des Ölgemäldes abgetreten. Die Abtretung des Herausgabeanspruchs ersetzt nach § 931 die Übergabe. Damit war also das Eigentum an dem Gemälde bereits auf X übergegangen, ohne dass es darauf ankommt, ob R als Besitzer der Sache von der Abtretung wusste oder nicht.

Nach § 185 II genehmigen kann nur der „Berechtigte“, dh der Eigentümer (hier also jetzt X und nicht mehr S). Einen gutgläubigen Erwerb durch Genehmigung eines Nichteigentümers kennt das Gesetz nicht. Hieran ändert auch die von § 184 I angeordnete Rückwirkung der Genehmigung nichts, da immer nur der Berechtigte die Genehmigung nach § 185 erklären kann. Das stellt auch § 184 II klar: Verfügungen, die zwischen der des Nichtberechtigten und der Genehmigung durch den Berechtigten erfolgt sind (Zwischenverfügungen), bleiben wirksam. **528**

Im **Fall 20** liegt eine solche Zwischenverfügung allerdings nicht vor, weil die Übereignung des S an X bereits einen Tag vor der Verfügung des Nichtberechtigten R stattgefunden hat. Danach ist, wenn R in eigenem Namen verfügt hat, ein Eigentumserwerb des K an dem Ölgemälde nicht möglich.

Hieran würde sich nichts ändern, wenn R die Einigung als Vertreter ohne Vertretungsmacht im Namen des S erklärt hätte. Zwar wirkt auch die Genehmigung des Vertretenen nach § 177 auf den Zeitpunkt der Vornahme des Rechtsgeschäfts zurück. In dem Zeitpunkt, als R die Willenserklärung abgab, hatte S jedoch das Eigentum und damit die Verfügungsmacht schon verloren. (K hätte nur noch gutgläubig nach § 932 erwerben können; der nichtberechtigte Veräußerer S war jedoch nach der Übereignung an X nicht mehr mittelbarer Besitzer und deshalb nicht mehr durch den Rechtsschein des Besitzes legitimiert.) Im Übrigen gilt § 184 II für die Genehmigungen nach § 185 II und § 177 gleichermaßen. **F529**

II. Schuldrechtliche Geschäfte in eigenem Namen für andere

Die Aufrechnungsmöglichkeit hängt von der Person der Beteiligten ab. § 387 lässt nämlich die Aufrechnung nur zu, wenn jeder Beteiligte zugleich Gläubiger und Schuldner des anderen ist. Da K Schuldner der Kaufpreisforderung ist, kann er nur mit einer Forderung aufrechnen, die er gegen den Verkäufer hat. **530**

1. Die Bronzeplastik hat R im eigenen Namen verkauft. Die Ermächtigung, über das Eigentum des S zu verfügen, hat Bedeutung nur für das Verfügungsgeschäft. Die Geldforderung stammt aber aus dem Kaufvertrag. Diesen hat R im eigenen Namen abgeschlossen, alle Rechte und Pflichten sind also in seiner Person entstanden. Insoweit könnte K deshalb nur mit einer Forderung aufrechnen, die er gegen R hat, nicht jedoch mit der gegen S gerichteten Darlehnsforderung. **531**

Hätte K auch eine Forderung gegen R, so müsste S diese Aufrechnung dulden. Das Ergebnis hat S sich selbst zuzuschreiben: Er hat seine Plastik dem R überlassen, damit dieser sie in eigenem Namen verkaufe und über sie verfüge. Er kann die Aufrechnung so wenig verhindern, wie er bei Zahlung des Kaufpreises an R noch einmal Zahlung vom Käufer verlangen könnte. Praktisch bedeutet das Verhalten des S, dass er dem R volles Vertrauen schenkt, insbesondere überzeugt ist, dass er aus dessen Vermögen für das vom Dritten Gezahlte Ersatz erlangen wird. Wird die Kaufpreisforderung des R durch die Aufrechnung des K getilgt (§ 389), dann bleibt R aus § 384 II HGB (bzw § 667 BGB) verpflichtet, dem S alles herauszugeben, was er aus der Geschäftsbesorgung erlangt hat, hier also den Kaufpreisanspruch bzw nach dessen Erlöschen (§ 362 I) Wertersatz.

532 2. Hat R das Ölgemälde ebenfalls in eigenem Namen verkauft, dann ist die Rechtslage dieselbe. Sollte er es jedoch im Namen des S verkauft haben, so treffen, nachdem S die Genehmigung gemäß § 177 erklärt hat, diesen als den Vertretenen sämtliche Rechte und Pflichten aus dem Kaufvertrag. Folglich ist S auch Inhaber der Kaufpreisforderung gegen K geworden, und K kann nur mit Forderungen aufrechnen, die er gegen S hat.

Auch dieses Ergebnis ist billig. Weil K den Vertrag mit S geschlossen hat, kann er nicht darauf vertrauen, seine Zahlungsverpflichtung dadurch tilgen zu können, dass er mit einer Forderung aufrechnet, die er gegen den Vertreter hat. Die unmittelbare und ausschließliche Fremdwirkung der Stellvertretung schlägt sich auf diese Weise in den Aufrechnungsmöglichkeiten nieder.

533 **Lösungsskizze zu Fall 20 (Rn 521):**

I. Eigentumsverhältnisse

1. Eigentum an der Bronzeplastik
   S war Eigentümer. Das Eigentum ist nach §§ 929, 185 I auf K übergegangen: R und K haben sich geeinigt; die Verfügungsberechtigung des R ergibt sich aus der ihm von S erteilten Ermächtigung; die Übergabe ist erfolgt.
2. Eigentum an dem Ölgemälde
   a) R war nicht Eigentümer; das wusste K, also scheidet ein gutgläubiger Erwerb nach § 932 aus.
   b) Ob R bei der Übereignung in eigenem oder in fremdem Namen gehandelt hat, lässt sich aus dem Sachverhalt nicht mit Sicherheit entnehmen, kann aber für die Eigentumsfrage dahingestellt bleiben. Im ersten Fall konnte S die Verfügung des Nichtberechtigten R nicht mehr nach § 185 II genehmigen, weil S, nachdem er das Gemälde gemäß § 929, 931 an X übereignet hatte, nicht mehr „Berechtigter“ war. Hat R dagegen die Einigungserklärung im fremden Namen abgegeben, dann kann S sie zwar nach § 177 genehmigen, doch fehlte ihm bereits im Zeitpunkt des Vertretergeschäfts die Verfügungsmacht (auf § 184 II kommt es hier also nicht an). Da ein gutgläubiger Erwerb des K auch bei dieser Variante ausscheidet (s. oben Rn 519), ist X also in jedem Fall Eigentümer geworden und geblieben.

II. Aufrechnung

Eine Aufrechnung setzt gegenseitige Forderungen voraus, § 387. K kann mit seinem Darlehensanspruch gegen S nur aufrechnen, wenn dieser Gläubiger des Kaufpreisanspruchs ist.

1. Den Kaufvertrag über die Bronzeplastik hat R in eigenem Namen abgeschlossen. Deshalb steht ihm (und nicht dem Auftraggeber S) auch der Kaufpreisanspruch zu. Die Ermächtigung nach § 185 I bezieht sich nur auf Verfügungen, lässt den Kaufvertrag als Verpflichtungsgeschäft unberührt. Gegen den Kaufpreisanspruch des R kann K also nicht mit seinem Darlehnsanspruch gegen S aufrechnen.
2. Wenn R auch das Ölgemälde in eigenem Namen verkauft hat, gilt das oben 1 Ausgeführte (dafür spricht im Zweifel § 164 II). Hat R den Kaufvertrag aber im Namen des S abgeschlossen, dann wird S Vertragspartner des K, und K kann ihm gegenüber aufrechnen, da seine Darlehnsforderung auch fällig und durchsetzbar ist, §§ 387, 390.

§ 21 Die Willenserklärung für andere (Zusammenfassung)

I. Stellvertretung

1. Stellvertretung bedeutet die Abgabe (§ 164 I) bzw den Empfang (§ 164 III) von Willenserklärungen für einen anderen in dessen Namen und mit Vertretungsmacht für ihn. Die Willenserklärung wirkt unmittelbar für und gegen den Vertretenen. Vertreten werden kann nur, wer rechtsfähig ist; im Falle einer Vollmacht über den Tod hinaus vertritt der Vertreter den Erben (oben Rn 42). Die Stellvertretung ist die spezifische Form des rechtsgeschäftlichen Handelns für einen anderen. §§ 164 ff gelten für Willenserklärungen, nicht jedoch für tatsächliches Handeln. Für den Realakt der Besitzübergabe erfüllt der Besitzdiener (§ 855) eine dem Stellvertreter ähnliche Funktion. **534**

Die Stellvertretung hat große Bedeutung: Für das Rechtssubjekt, das nicht selbst handeln kann, ist sie unentbehrlich; für den nicht voll Geschäftsfähigen handelt sein gesetzlicher Vertreter (die Eltern bzw der Vormund, §§ 1629, 1789 nF). Aber auch voll geschäftsfähige Personen sind im heutigen Wirtschaftsleben praktisch darauf angewiesen, andere für sich handeln zu lassen. Nach der Art der Entstehung unterscheidet man gesetzliche Vertretungsmacht (sie beruht auf Gesetz) und gewillkürte Vertretungsmacht, die auf Rechtsgeschäft beruht und Vollmacht genannt wird, § 166 II 1. Der gesetzlichen Vertretungsmacht ähnelt die „Vertretungsmacht" des Organs einer juristischen Person (zB des Vereinsvorstands, § 26 I 2), das Organ handelt jedoch unmittelbar für die juristische Person und nicht in deren Vertretung (oben Rn 116 f).

2. Vertretung bedeutet, dass der Vertreter mit unmittelbarer und ausschließlicher Wirkung für den Vertretenen handelt. Die **Vertretungsmacht** bezeichnet ein rechtliches **Können** im Außenverhältnis: Der Vertreter verpflichtet nicht sich selbst, sondern unmittelbar den Vertretenen, in dessen Namen er handelt. Die Willenserklärung wird dem Vertretenen zugerechnet (oben Rn 477). Die Vertretungsmacht ist scharf zu trennen vom **Innenverhältnis** zwischen dem Vertreter und dem Vertretenen. Dieses Verhältnis (meist Auftrag, Arbeitsvertrag) bestimmt das rechtliche **Dürfen** des Vertreters. Überschreitet er die ihm im Innenverhältnis gezogenen Grenzen, bleibt er aber innerhalb seiner Vertretungsmacht, dann ist die Willenserklärung für den Vertretenen gleichwohl verbindlich. Im Innenverhältnis ist der Vertreter dann allerdings dem Vertretenen gegenüber regelmäßig zum Schadensersatz verpflichtet (oben Rn 494). Kennt jedoch der Dritte den Missbrauch der Vertretungsmacht, dann kann der Vertretene ihm die Einrede der Arglist entgegenhalten und die Wirkung der Vollmacht entfällt (oben Rn 497). **535**

Die **Bevollmächtigung** als einseitiges Rechtsgeschäft erfolgt durch empfangsbedürftige Willenserklärung des Vollmachtgebers. Er kann sie als Innenvollmacht gegenüber dem zu Bevollmächtigenden erklären oder als Außenvollmacht gegenüber demjenigen, mit dem das Hauptgeschäft später abgeschlossen werden soll, § 167 I. Der Unterschied ist vor allem für den Widerruf der Vollmacht von Bedeutung (oben Rn 508, 511). Die Bevollmächtigung ist formlos gültig, § 167 II. Doch kann es der Schutzzweck der Form erfordern, die Bevollmächtigung demselben Formzwang zu unterwerfen wie das Hauptgeschäft, wenn die Bevollmächtigung den Vollmachtgeber praktisch in gleicher Weise bindet (oben Rn 491). **536**

537 Die Vollmacht ist grundsätzlich vom Zustandekommen des Innenverhältnisses unabhängig („abstrakt"), ebenso trotz § 168 Satz 1 von seinem Fortbestand, wie sich für die Außenvollmacht aus §§ 170 ff ergibt; vgl für die Innenvollmacht die Auswirkungen von § 674 (oben Rn 507).

538 Den **Umfang der Vertretungsmacht** bestimmt bei der gesetzlichen Vertretung das Gesetz (zB die gemäß § 1643 notwendige Zustimmung des Familiengerichts als Schranke der Vertretungsmacht); die Beteiligten können hieran nichts ändern. Den Umfang einer Vollmacht dagegen bestimmt der Vollmachtgeber privatautonom. Bei den „typisierten Vollmachten" des Handelsrechts bestimmt das Gesetz im Interesse eines reibungslosen Geschäftsverkehrs zwingend den Umfang der Vertretungsmacht. In diesen Fällen reicht sie nicht selten weiter als die Befugnisse des Vertreters im Innenverhältnis (oben Rn 496).

539 Die Vollmacht ist, falls sie nicht als unwiderrufliche erteilt worden ist, gemäß § 168 Satz 2 frei **widerruflich** (zu unterscheiden von der Beendigung des Innenverhältnisses!), und zwar durch einseitige Erklärung des Vollmachtgebers. Die Außenvollmacht besteht dem gutgläubigen Dritten gegenüber so lange fort, bis er von deren Erlöschen erfährt (oben Rn 511).

540 3. Handeln **im Namen des Vertretenen** bedeutet, dass der Vertreter dem Dritten offenlegen muss, dass er nicht für sich, sondern für den Vertretenen handeln will. Das ist notfalls durch Auslegung zu ermitteln (oben Rn 470, 526). Die Offenlegung ist notwendig, damit der Dritte weiß, wer sein Vertragspartner ist. Zugleich ermöglicht sie dem Handelnden, zwischen dem Handeln für sich selbst (Eigengeschäft) und dem für den Vertretenen zu wählen. Beim „Geschäft für den, den es angeht", darf auf die Offenlegung nur verzichtet werden, wenn es dem Geschäftspartner völlig gleichgültig ist, wer sein Vertragspartner wird (oben Rn 475). Eigenartig ist die zugleich Eigen- und Fremdwirkung des Handelns eines Ehegatten bei Geschäften zur Deckung des Lebensbedarfs der Familie nach § 1357 (oben Rn 473).

541 Die Offenlegung fehlt bei der **indirekten Stellvertretung**, bei der der Handelnde die Willenserklärung im eigenen Namen, aber für Rechnung des Hintermannes abgibt. Bei der indirekten Stellvertretung treffen alle Rechte und Pflichten den unmittelbar Handelnden. Aufgrund des Innenverhältnisses ist er jedoch verpflichtet, alle Folgen des Geschäfts auf den Hintermann zu übertragen. Das Außenverhältnis mit dem Dritten bleibt davon unberührt (oben Rn 474).

542 4. Die **Wirkung der Stellvertretung** besteht darin, dass alle Rechtsfolgen unmittelbar und ausschließlich den Vertretenen treffen. Der Vertreter wird durch die von ihm abgegebene Willenserklärung in keiner Weise berührt; Rechte und Pflichten entstehen für ihn nur aus dem Innenverhältnis. Lediglich unter besonderen Voraussetzungen kann der Vertreter dem Dritten aus Verschulden bei Vertragsschluss haften (oben Rn 478). Hat der Handelnde keine Vertretungsmacht oder überschreitet er sie, dann hängt die Verbindlichkeit der Willenserklärung für den Vertretenen von dessen Genehmigung ab, § 177 (oben Rn 484). Der Vertreter ohne Vertretungsmacht haftet dem Dritten nach Maßgabe des § 179 auf Erfüllung oder Schadensersatz.

543 5. Vereinzelt sieht das Gesetz einen **Schutz des guten Glaubens an die Vertretungsmacht** vor (oben Rn 511 ff). Hierher gehören zB §§ 172, 173 bei Erlöschen der Vollmacht; §§ 68, 70 bei Erlöschen oder Beschränkung der Vertretungsmacht des Vereinsvorstandes; § 15 I, III HGB für unterlassene oder unrichtige Eintragungen im Handelsregister.

Diesen Vertrauensschutz hat die Rechtsprechung durch zwei Rechtsinstitute verallgemeinert: Wer weiß und duldet, dass jemand ohne Vertretungsmacht in seinem Namen handelt, wird so behandelt, als hätte er Vollmacht erteilt **(Duldungsvollmacht)** – wenn man in einem solchen Verhalten nicht sogar eine konkludente Vollmachtserteilung sehen will (oben Rn 514). Auch wer das Handeln des Vertreters ohne Vertretungsmacht zwar nicht kannte, es aber hätte erkennen und verhindern können (**Anscheinsvollmacht**), soll sich einem gutgläubigen Dritten gegenüber nicht auf das Fehlen der Vertretungsmacht berufen dürfen (fragwürdig; oben Rn 515). **544**

II. Einwilligung und Genehmigung

1. Der Berechtigte kann darin einwilligen, dass ein anderer über Rechte des Einwilligenden im eigenen Namen verfügt. Die Verfügung wirkt dann unmittelbar gegenüber dem Berechtigten, § 185 I. Das der Verfügung zugrundeliegende Verpflichtungsgeschäft schafft Rechte und Pflichten aber nur zwischen dem Handelnden und dem Dritten. Diese Einwilligung in eine Verfügung wird zum Teil als **Ermächtigung** bezeichnet und als besonderes Institut der Stellvertretung gegenübergestellt; von ihr unterscheidet sie sich dadurch, dass der Ermächtigte im eigenen Namen handelt. Die unmittelbare und ausschließliche Fremdwirkung der Verfügung beeinträchtigt den Dritten nicht, und für den, über dessen Recht verfügt wird, ist sie die gewollte Konsequenz seiner Zustimmung. Für Verpflichtungsgeschäfte hingegen kommt ausschließlich die Stellvertretung und keine Verpflichtungsermächtigung in Betracht (oben Rn 525). Die von der Ermächtigung gedeckte Verfügung ist von Anfang an wirksam; verliert der Einwilligende zwischen Ermächtigung und Verfügung sein Recht, dann wird die Ermächtigung gegenstandslos (oben Rn 528). **545**

2. Fehlt dem im eigenen Namen über ein fremdes Recht Verfügenden die Einwilligung, so ist die **Verfügung schwebend unwirksam**, § 185 II, nicht jedoch nichtig. Sie wird mit nachträglicher Genehmigung rückwirkend wirksam. Auch hier bleiben Zwischenverfügungen wirksam, vgl § 185 II. **546**

§ 22 Methode der Fallbearbeitung

I. Gründe für eine besondere Methode der Fallbearbeitung

1. In Rechtswissenschaft und Praxis spielen **Aufbaufragen** eine **wichtige Rolle**. Das zeigen schon die zahlreichen Anleitungsbücher, die den verschiedenen Aufgabenstellungen – während des Studiums Klausuren und Hausarbeiten, später dann Berichte, Gutachten und Urteile – gewidmet sind.[1] Bei der Bewertung auch und gerade von Examensleistungen fällt ein geglückter oder verfehlter Aufbau stark ins Gewicht. Sie müssen sich daher die Fähigkeit aneignen, einen Fall „richtig“ anzugehen und die Darstellung lege artis aufzubauen. **547**

---

1 Zur berühmt-berüchtigten Relationstechnik: *Anders/Gehle*, Das Assessorexamen im Zivilrecht[15] 2022. – Anleitungsbücher für Studierende: *Johann Braun*, Der Zivilrechtsfall[5] 2012; *Olzen/Maties/Looschelders*, Zivilrechtliche Klausurenlehre[9] 2022; *Schwab/Löhnig*, Falltraining im Zivilrecht 1[6] 2016.

Wer den Klausuraufbau wirklich beherrscht, ist auch zu einem guten Teil vor materiellen Fehlern bei der Klausurlösung geschützt. Der richtige Aufbau hilft, Lücken im Gedankengang zu erkennen und die Folgerichtigkeit des Ergebnisses zu überprüfen.

548 2. Bei aller Wertschätzung des methodisch richtigen Aufbaus ist der „kunstgerechte" Aufbau jedoch **kein Selbstzweck**, sondern stets nur Mittel zum Zweck, dh ein Weg, den Fall auf die einfachste und sicherste Art zu lösen und darzustellen. Ihre Darstellung sollte das Ziel verfolgen, dass der Leser Ihren Gedankengang nicht nur erkennt, sondern „in ihn hineingezwungen wird". Da es Ziel jeder schriftlichen Darstellung eines Juristen ist, deren Adressaten zu überzeugen, kommt es für jede Art juristischer Tätigkeit ganz entscheidend auf die klare Gedankenführung und den guten Aufbau an.

549 3. Mit der Kennzeichnung der Aufbaumethode als Mittel zum Zweck hängt die **Variabilität** jedes Aufbauschemas zusammen. Bei den Aufbauregeln handelt es sich nicht um zwingende Gesetze, sondern letztlich nur um (zum Teil lang erprobte) Vorschläge. Die Regeln dürfen nicht schematisch, sondern immer nur dem Einzelfall angepasst angewandt werden. Manche Fälle lassen sich nicht in das liebgewordene Schema pressen. Dann wäre es falsch, das Aufbauschema „abzuspulen", vielmehr müssen Sie Ihre Darstellung der Eigenart des Falles anpassen. Sie müssen besonders sorgfältig darauf achten, nichts Überflüssiges zu untersuchen, und den Leser mit einem folgerichtigen Aufbau zu einem logisch begründeten Ergebnis führen.

II. Die Lösung des Falles

550 Bevor Sie die beste Darstellungsart wählen können, müssen Sie den Fall gedanklich durchdringen. Die beste Kenntnis der Aufbaumethode hilft nichts, wenn Sie mit den besonderen Sach- und Rechtsfragen nicht klar kommen.

551 1. Empfehlenswert ist ein **stufenweises Vorgehen**. Am Anfang muss die richtige und vollständige Erfassung des geschilderten Sachverhaltes stehen. Ihn müssen Sie mindestens zwei Mal genau lesen. Bei verwickelten Sachverhalten, insbesondere wenn Ansprüche einer Mehrzahl von Personen zu untersuchen sind oder mehrere Rechtsverhältnisse in ihrer Verschachtelung erheblich sein können, empfiehlt sich eine **grafische Skizze** als Denkhilfe. Da Sie aber in diesem Zeitpunkt noch nicht übersehen können, welche Tatsachen rechtserheblich sind, ist es noch verfrüht, den Sachverhalt auf Lücken hin zu überprüfen oder unklare Angaben durch Auslegung aufzuhellen. Die erste Durchsicht sucht vielmehr die Antwort auf die entscheidende Frage: „Wonach ist gefragt, was ist folglich zu untersuchen?"

552 Hat der Aufgabensteller **konkrete Fragen** formuliert, dann sind diese und nur diese zu beantworten. Es wäre ein schwerer Fehler, Fragen zu untersuchen, die nicht gestellt (und auch nicht präjudiziell) sind, mag ihre Lösung auch noch so reizvoll scheinen oder Gelegenheit bieten, Rechtskenntnisse vor dem Leser auszubreiten (vgl die Lösung von **Fall 19**).

553 Schwieriger sind allgemein gehaltene Fragestellungen, etwa „Wie ist zu entscheiden?" oder „Wie ist die Rechtslage?". Hier ist zunächst die konkrete Fallfrage herauszuarbeiten. Schlagwortartig formuliert: „Wer will was von wem?" (vgl **Fälle 5, 8, 16**). Festzustellen sind die beteiligten Personen und ihr tatsächliches Begehren, insbesondere dessen Gegenstand. Dieser ist nicht formaljuristisch, sondern wirtschaftlich zu bestimmen; zB steht der Herausgabe der Sache nach § 985 die Rückübereignung nach § 812 gleich. Manchmal kommen Sachverhalte vor, in denen es nicht um Ansprüche geht. Hier sollten Sie bei der Antwort auf konkret gestellte Fragen möglichst bald auf eine Norm Bezug nehmen (vgl zB **Fall 2**, dessen Frage auf die drohende Verjährung zielte; **Fall 8** mit der Bezugnahme auf §§ 929, 90). Ist die Frage allgemein gehalten, dann müssen Sie erst wieder die Frage konkretisieren.

Beispiel: Der Verein V ist eingetragen und nach dem geschilderten Sachverhalt ist zweifelhaft, ob der Verein nicht von Anfang an einen wirtschaftlichen Zweck verfolgt. Lautet die Frage „Wie ist die Rechtslage?“, dann wären als Fragen zu entwickeln: War die Eintragung zulässig? Was bedeutet die eventuelle Unzulässigkeit der Eintragung? Ist der Verein rechtsfähig geworden? Kann er und ggf in welchem Verfahren gelöscht werden? Bleibt ein nichtrechtsfähiger Verein übrig? 554

Ob alle in Betracht kommenden Rechtsbeziehungen untersucht werden sollen oder ob die Frage vom Schwerpunkt des Sachverhaltes her auf bestimmte Personen und Ansprüche beschränkt ist, hängt von der Gestaltung des jeweiligen Falles ab. Als Regel gilt bei uneingeschränkter Frage nach der Rechtslage, dass sämtliche vernünftigerweise in Betracht kommenden Ansprüche zwischen allen Beteiligten geprüft werden müssen. Ansprüche gegen verschiedene Personen sind in aller Regel getrennt zu prüfen. Gleiches gilt für Ansprüche mit verschiedenem Inhalt (zB Sach- und Personenschäden). Eine doppelte Erörterung derselben Probleme lässt sich durch eine Verweisung auf oben bereits erzielte Ergebnisse vermeiden. Eine Verweisung nach unten ist dagegen regelmäßig ein Indiz für einen verfehlten Aufbau. Ob bei mehreren Beteiligten die Ansprüche des einen oder des anderen an den Anfang der Untersuchung gehören, ist nach Zweckmäßigkeit zu entscheiden. Es kommt darauf an, die Schwerpunkte richtig zu setzen und den Aufbau übersichtlich zu gestalten. Ein präjudizieller Anspruch ist möglichst zu Beginn und nicht inzidenter zu prüfen. Auf diese Ausführungen können Sie dann später verweisen und zugleich eine Kürzung Ihrer Darstellung erreichen. 555

Beispiel: M mietet für einige Wochen ein Auto von V. Auf der ersten Fahrt gerät der Wagen ins Schleudern und prallt gegen einen Baum. M und seine mitfahrende Freundin F werden verletzt. Der Unfall ist darauf zurückzuführen, dass infolge eines schon längere Zeit vorhandenen Bruchs die Lenksäule des Mietwagens brach. 556

Die Frage nach der Rechtslage bei diesem verhältnismäßig einfachen Fall zwingt zu einer Reihe von Untersuchungen. Beginnen sollten Sie wegen der teilweise präjudiziellen Bedeutung mit dem im Vordergrund stehenden Schadensersatzanspruch des *M gegen V* und hierbei alle in Betracht kommenden Anspruchsgrundlagen prüfen: aus Mietvertrag, vgl § 536a, aus Halterhaftung (§ 7 StVG), aus § 823 (jeweils mit unterschiedlichen gesetzlichen Tatbeständen). Danach folgt die Prüfung des aus Sicht des M weniger wesentlichen Anspruchs auf Rückzahlung des Mietzinses (Minderung, § 536 I).

Für den Anspruch der *F gegen V* kann zum Teil auf diese Ausführungen verwiesen werden: §§ 538, 328; § 823; Halterhaftung.

Ansprüche der *F gegen M*: Schadensersatz aus Vertrag, aus § 823, aus §§ 7, 18 StVG, jeweils unter Berücksichtigung des Charakters der Fahrt als Gefälligkeitsfahrt.

Fälle dieser Art zeigen die erwähnte Aufbauschwierigkeit: Die eventuelle Schadensersatzpflicht des M gegenüber F könnte einen weiteren Schaden des M darstellen, den V dem M aus den erwähnten Rechtsgründen zu ersetzen hätte. Diese Ansprüche könnten also schon bei der Prüfung der Beziehung zwischen M und V mit abgehandelt werden. Eine derartige Schachtelung würde jedoch den Gedankenfluss stören. In einem solchen Fall ist es eleganter und durchaus zulässig, zunächst nur kurz darauf hinzuweisen, dass aus diesen Gründen dem M weitere Ansprüche zustehen können, und auf die Frage später zurückzukommen, wenn die Ansprüche zwischen F und M geklärt sind.

557 2. Die Ermittlung der Fragestellung wird oft, wie auch im gerade erwähnten Beispiel, mit der **Wahl der zu untersuchenden Anspruchsgrundlagen** zusammenfallen. Methodisch handelt es sich jedoch um eine selbstständige zweite Stufe. Die Frage nach der Anspruchsgrundlage bedeutet: Auf welche Norm könnte das nach dem Sachverhalt zu untersuchende Begehren gestützt werden?

558 Oft weist schon der Sachverhalt deutlich auf bestimmte Anspruchsgrundlagen hin, so zB im **Fall 10** auf § 433. Bietet sich nach dem Sachverhalt keine Anspruchsgrundlage besonders an, dann empfiehlt sich meist die nachstehende Reihenfolge:

(1) Ansprüche aus Vertrag;
(2) vertragsähnliche Ansprüche, zB Verschulden bei Vertragsverhandlungen (§§ 280 I, 311 II, 241 II), Geschäftsführung ohne Auftrag;
(3) dingliche Ansprüche;
(4) Ansprüche aus Gefährdungshaftung und unerlaubter Handlung;
(5) und zuletzt Ansprüche wegen ungerechtfertigter Bereicherung (vgl **Fall 12**).

559 Im Einzelfall lässt sich durchaus erwägen, die Reihenfolge zu vertauschen und mit den dinglichen Ansprüchen, insbesondere mit § 985, zu beginnen. Das hat den Vorteil, gleich zu Anfang die Eigentumsverhältnisse als Grundlage des Folgenden klarstellen zu können. Hier kommt es aber sehr auf die jeweilige Fallgestaltung an. Wegen des eventuellen Vorrangs des Vertragsverhältnisses vor §§ 985 ff sind im Allgemeinen die vertraglichen Fragen zuerst zu untersuchen. Letztlich richtet sich die Reihenfolge immer nach logischen und arbeitsökonomischen Gesichtspunkten und vor allem danach, dass Sie es dem Leser so leicht wie möglich machen müssen, Ihren Gedankengang nachzuvollziehen. So kann es sich empfehlen, an die Spitze den weiterreichenden Anspruch zu stellen oder denjenigen mit den geringeren Tatbestandsvoraussetzungen (zB § 7 StVG vor § 823 BGB).

Auch wenn der Reihenfolge der gedanklichen Prüfung im Gegensatz zur schriftlichen Darstellung keine besondere Bedeutung zukommt, ist es doch gut, sich eine bestimmte Vorgehensweise anzugewöhnen, um nicht wichtige Anspruchsgrundlagen zu übersehen. Natürlich müssen die Methode des Durchdenkens und die der Darstellung nicht identisch sein. So müssen Sie an alle möglichen Anspruchsgrundlagen denken, sie aber nicht unbedingt alle in der Darstellung behandeln (s. unten Rn 568 f).

560 3. Im Anschluss daran müssen Sie prüfen, ob der **Sachverhalt** unter den **Tatbestand** der einschlägigen Anspruchsgrundlage fällt (Subsumtion). Die Anspruchsgrundlage kann unmittelbar in einer vertraglichen Vereinbarung enthalten sein (§§ 311 I, 241). Meist jedoch ist Ausgangspunkt eine Norm des geschriebenen Rechts. Das gilt seit 2002 auch für die von Rechtsprechung und Literatur entwickelten Anspruchsgrundlagen der positiven Forderungsverletzung und des Verschuldens bei Vertragsverhandlungen (§§ 280 I, 241 II, Letzteres iVm § 311 II). Auch „außergesetzliche“ Anspruchsgrundlagen müssen nach Tatbestand und Rechtsfolge kurz skizziert und als geltendes Recht begründet werden, soweit nicht zweifelsfrei Gewohnheitsrecht vorliegt.

561 Für das Auffinden der anzuwendenden Normen benötigen Sie einen Grundstock an Rechtskenntnissen; Ihnen muss der Aufbau des BGB auf jeden Fall geläufig sein, und Sie müssen die grundlegenden Fragen beherrschen. Zunächst müssen Sie das zu untersuchende Begehren **sachgebietsmäßig einordnen**, dh feststellen, ob der Anspruch beispielsweise dem Erbrecht oder dem Familienrecht angehört, ob er sachenrechtlicher oder schuldrechtlicher Art ist. Dann müssen Sie die Fragestellung innerhalb des betreffenden Rechtsgebiets auf ein konkretes Rechtsverhältnis, etwa Kauf, Schenkung, Miete, Pacht, einengen. Innerhalb dieses Rechtsverhältnisses ist dann die konkrete

Norm zu suchen, die der Rechtsfolge nach das gewähren könnte, was mit dem Anspruch verlangt wird. Ein Hilfsmittel gegen das Übersehen einzelner wichtiger Anspruchsgrundlagen ist das oben Rn 558 angeführte Schema.

Nach Maßgabe der jeweils zu untersuchenden Norm müssen Sie den Sachverhalt in allen Einzelheiten durchdenken. Erst jetzt erweist sich, auf welche Sachverhaltsmerkmale (= Subsumtionsgegenstand bezüglich der einzelnen Tatbestandsmerkmale der Norm) es ankommt. Dagegen bleiben Lücken in der Sachverhaltsschilderung, die für den zu untersuchenden Tatbestand nicht erheblich sind, unberücksichtigt. Manche Lücken sind auch nur scheinbar, soweit sie nämlich von gesetzlichen Vermutungen, wie zB §§ 1006, 932 (Eigentum und Gutgläubigkeit werden vermutet), ausgefüllt werden. 562

Oft ist es notwendig, den **Sachverhalt auszulegen**. Hierbei müssen Sie sich einerseits vor Unterstellungen hüten, andererseits dürfen Sie nicht zu eng am Wortlaut des mitgeteilten Sachverhalts kleben. Wenn die Lebenserfahrung einen bestimmten Schluss zulässt oder gar gebietet, ist der Sachverhalt entsprechend zu ergänzen. 563

So ist im oben Rn 556 genannten **Beispiel** davon auszugehen, dass M die F unentgeltlich mitgenommen hat, also eine Gefälligkeitsfahrt vorliegt. Zur Auslegung nach der Lebenserfahrung s. oben Rn 489; zur Auslegung von Willenserklärungen vgl **Fälle 10, 20**.

Bleiben auch nach dem Ergebnis der Auslegung tatsächliche Angaben im Sachverhalt endgültig unklar oder mehrdeutig, dann sind die Beweislastvorschriften anzuwenden. In ganz seltenen Fällen kann sich auch eine Alternativlösung in einem Hilfsgutachten empfehlen (s. unten Rn 598 ff). 564

Die **Subsumtion** besteht in der Untersuchung, ob der abstrakte Tatbestand der Norm durch den vorgegebenen Sachverhalt konkret ausgefüllt wird. Beide sind miteinander zu vergleichen und zueinander in Beziehung zu setzen. Die Subsumtion erfordert einerseits richtiges Verständnis der gesetzlichen Bestimmung, andererseits exakte Kenntnis des Sachverhalts. Für das Verständnis der anspruchsbegründenden Norm ist auf zweierlei hinzuweisen: Sie müssen die Norm in ihrem vollständigen Wortlaut durchsehen und durchdenken, dh sie ganz, mit sämtlichen Absätzen lesen. Um ihre Tragweite, aber auch ihre Begrenzung durch mögliche Ausnahmen und Gegenausnahmen zu erkennen, muss die Norm außerdem im System des Gesetzes gesehen werden. Praktisch bedeutet das, dass Sie zumindest die unmittelbar benachbarten Vorschriften ebenfalls lesen müssen und am besten den gesamten betreffenden Abschnitt kurz überfliegen. Dann erst sehen Sie den Sachzusammenhang, in den das Gesetz die Vorschrift gestellt hat, und entgehen der Gefahr einer isolierten Prüfung, die häufig zu falschen Ergebnissen führt. So könnte eine isolierte Prüfung des § 985 zur Bejahung des Herausgabeanspruchs führen, obwohl ein Recht zum Besitz iSv § 986 besteht. Oder ein Anspruch auf Herausgabe des Erlangten könnte aus § 812 bejaht werden, obwohl er durch § 818 III ausgeschlossen ist, weil der Empfänger nicht mehr bereichert ist. 565

Die Subsumtion des Sachverhaltes unter die anspruchsbegründende Norm vollzieht sich dergestalt, dass der abstrakte Tatbestand der Norm in die einzelnen Tatbestandsmerkmale zerlegt wird und diese dann eines nach dem anderen untersucht werden. Soweit ein einzelner Begriff aus sich heraus nicht verständlich ist, kann sein Inhalt oft aus anderen gesetzlichen Bestimmungen (Hilfsnormen und Definitionsnormen) abgeleitet werden. 566

Bei § 985, der dem Eigentümer einer Sache den Herausgabeanspruch gegen den Besitzer zuspricht, müssen Sie prüfen, ob der geltend gemachte Anspruch sich auf eine „Sache" richtet, wer deren „Eigentümer“ und wer deren „Besitzer“ ist. Um diese Frage anhand des Sachverhaltes entscheiden zu können, müssen Sie ermitteln, was „Sache“, „Eigentümer“ und „Besitzer“ bedeuten. Das geschieht mit Hilfe anderer Normen wie §§ 90, 929 ff, 854 ff.

567 Allgemeinverständliche Begriffe, wie „Sache“ in § 985 oder „Mensch“ in § 823, müssen nicht breit erörtert werden. Demgegenüber sind problematischere Tatbestandsmerkmale, wie etwa der Begriff der „Leistung“ in § 812 oder der Schädigung „in einer gegen die guten Sitten verstoßenden Weise“ in § 826, hinsichtlich ihres Inhalts wie ihrer Ausfüllung durch den Sachverhalt genau darzustellen (vgl zur Sittenwidrigkeit **Fall 12**). Hinsichtlich der Reihenfolge, in der die einzelnen Tatbestandsmerkmale zu untersuchen sind, gelten, wie bei den Anspruchsgrundlagen insgesamt, die Grundsätze der logischen Vorrangigkeit und der Zweckmäßigkeit.

568 4. Ist das zu untersuchende Begehren (= Anspruch) aus einer Anspruchsgrundlage begründet, dann kommt es in der Praxis auf weitere Anspruchsgrundlagen nicht mehr an; auf sie auch noch einzugehen, besteht in einem stattgebenden Urteil kein Anlass. Das ist völlig anders in einem **Rechtsgutachten** (Klausur oder Hausarbeit). Hier müssen Sie, auch wenn Sie eine Anspruchsgrundlage bereits bejaht haben, trotzdem alle weiteren in Betracht kommenden Anspruchsgrundlagen prüfen, weil man in der Gutachtenphase nie wissen kann, welche Tatsachen sich später in einem Prozess als unstreitig oder leichter beweisbar herausstellen mögen. Sie müssen deshalb alle **Anspruchsgrundlagen** untersuchen, die auf die begehrte Rechtsfolge gerichtet und die angesichts der im Sachverhalt mitgeteilten Tatsachen möglicherweise verwirklicht sind. Oft stellt eine Anspruchsgrundlage geringere oder andere Anforderungen im Tatsächlichen als die andere.

569 **Beispiel:** D nimmt dem E ein Fahrrad weg; E verlangt es heraus. Vorrangig ist der Anspruch aus § 861; er ist, da es auf das Eigentum des E nicht ankommt, einfacher zu bejahen. Danach ist § 985 zu prüfen.

Die mehrfache Anspruchsbegründung wird vor allem bei Herausgabeansprüchen praktisch. Hier sollte jedenfalls der Anfänger auf Nummer sicher gehen und stets alle Anspruchsgrundlagen untersuchen.

Das bedeutet in dem Beispiel, dass nach Bejahung von §§ 861, 985 nacheinander noch § 1007 I, § 1007 II, § 687 II, § 823 I, § 823 II, § 826 und § 812 untersucht werden müssten.

Doch diese Methode droht den Leser zu langweilen und kann dazu führen, dass für wichtigere Fragen, die der Fall an anderer Stelle aufwirft, später die Zeit fehlt. Ersichtlich unwichtige Anspruchsgrundlagen sollten Sie deshalb so knapp wie möglich abhandeln, etwa mit den einleitenden Worten: „Im Übrigen könnte das Begehren noch gestützt werden auf…“.

570 5. Das Verhältnis mehrerer Ansprüche zueinander, dh die Frage nach der **Anspruchskonkurrenz**, hat im Zivilrecht nicht die Bedeutung wie im Strafrecht. Es gibt aber einige Normen, die andere Anspruchsgrundlagen ausschließen. So zB § 993 I, der im Eigentümer-Besitzer-Verhältnis den Rückgriff auf §§ 823 ff und §§ 812 ff grundsätzlich versperrt. Vorrang haben ferner §§ 434 ff vor § 119 II (oben Rn 290 f). Allgemein zur Konkurrenzlehre *Larenz/Canaris*, SchuldR II/2[13] 1994, § 83 VI.

571 6. Im Sachverhalt angelegte **Entwicklungsmöglichkeiten** sind zu berücksichtigen. Vor allem müssen Sie überlegen, ob sich in dem Verhalten oder etwa mitgeteilten Rechtsansichten der Beteiligten Willenserklärungen verbergen, in denen die **Ausübung von Gestaltungsrechten** liegen kann, zB eine Anfechtung, ein Rücktritt oder eine Aufrechnung (vgl **Fall 10**).

Aber auch noch nicht ausgeübte Gestaltungsrechte müssen Sie in die Prüfung einbeziehen (vgl **Fälle 10, 11**). Lässt sich der Anspruch auch ohne Ausübung des Gestaltungsrechts begründen, so ist diese Möglichkeit zuerst zu prüfen; so zB die Nichtigkeit eines Geschäfts gemäß § 138 vor dessen Vernichtung durch eine Anfechtung gemäß § 123.

7. Das zur Anspruchsgrundlage Gesagte gilt für die Verteidigung (mit Einwendungen und Einreden) entsprechend. Der Anspruchsgegner kann den Anspruch zu Fall bringen (zB durch Ausübung eines Gestaltungsrechts) oder ein selbstständiges Gegenrecht geltend machen (Aufrechnung, Zurückbehaltungsrecht). Nach ihrer Rechtsfolge unterscheidet man drei Gruppen von **Verteidigungsnormen**: 572

Normen, die den geltend gemachten Anspruch gar nicht erst entstehen lassen = **rechtshindernde Einwendungen**. Sie verhindern, dass die Voraussetzungen der Anspruchsnorm erfüllt sind. Sie müssen deshalb bei dem Tatbestandsmerkmal geprüft werden, das sie auszuschließen vermögen. 573

So lässt zB die mangelnde Geschäftsfähigkeit (§§ 104, 105) des Käufers einen Vertrag nicht zustande kommen. Es fehlt dann an dem Tatbestandsmerkmal „Kauf" in § 433 und ein Kaufpreisanspruch ist nicht zur Entstehung gelangt. – Oder: Infolge Bösgläubigkeit hat der Erwerber einer Sache das Eigentum daran nicht erlangt (§ 932). Ein Herausgabeanspruch des Erwerbers scheitert dann an dem Tatbestandsmerkmal „Eigentümer" in § 985.

Normen, die den entstandenen Anspruch nachträglich untergehen lassen = **rechtsvernichtende Einwendungen**, wie zB die Anfechtung (§§ 119, 120, 123), Erfüllung (§ 362) oder Aufrechnung (§ 389). Hier ist ebenso zu verfahren wie bei der Prüfung der Anspruchsgrundlagen. Zuerst ist die Verteidigungsnorm aufzusuchen, deren Rechtsfolge die Einwendung zu begründen vermag. Im Anschluss daran müssen Sie die Tatbestandsmerkmale der Verteidigungsnorm ebenso durchprüfen wie diejenigen der Anspruchsnorm. 574

Normen, die die Geltendmachung des entstandenen Anspruchs dauernd (peremptorisch) oder vorübergehend (dilatorisch) hindern = **rechtshemmende Einreden**, wie zB die Verjährung (§ 214 I), Stundung oder ein Zurückbehaltungsrecht (§ 273). Bei deren Prüfung ist wie bei rechtsvernichtenden Einwendungen zu verfahren. Von diesen unterscheiden sich die Einreden dadurch, dass der Richter sie nur beachtet, wenn sich der Beklagte auf sie beruft. 575

Anders als im materiellen Recht bezeichnet man im Prozessrecht jedes tatsächliche Gegenvorbringen, gleich ob Einwendung oder Einrede, als Einrede (*Neuner*[12] § 21 Rn 39).

8. Für die **Technik der Bearbeitung** lassen sich kaum Richtlinien geben. Hier müssen Sie sich durch Übung selbst eine Methode erarbeiten. Mit Nachdruck sei jedoch an die grafische Skizze als Denkhilfe erinnert, die Sie gleich zu Anfang anfertigen sollten (oben Rn 551). 576

Vor Beginn der schriftlichen Ausarbeitung empfiehlt sich eine **Gliederung** mit möglichst genauer Unterteilung. Sie hilft, den Gedankengang anhand der Logik des Aufbaus nochmals zu überprüfen, ehe man mit der schriftlichen Darstellung beginnt, die aus Zeitgründen später meist nicht mehr zu ändern ist. Bei Klausuren fehlt die Zeit, ins Unreine zu schreiben (anders bei der Hausarbeit). Die Zeit investieren Sie besser in die gedankliche Erarbeitung der Lösung und deren klare Gliederung. 577

An die **zeitliche Begrenzung** der Klausurbearbeitung sollten Sie sich frühzeitig gewöhnen. Da manche Probleme erst bei der Formulierung auftreten oder voll erkannt werden, müssen Sie für die schriftliche Darstellung genügend Zeit (erfahrungsgemäß gut die 578

Hälfte der Bearbeitungsdauer) einkalkulieren. Manchmal sind auch gewisse Änderungen im Aufbau und zum Teil auch im Ergebnis gegenüber der Gliederung unvermeidlich. Doch sollten Sie **Änderungen möglichst vermeiden**. Entschließen Sie sich trotzdem, das Ergebnis ganz oder teilweise zu ändern, dann müssen Sie sehr sorgfältig prüfen, welche Folgen das für andere Teile der Arbeit hat. Denn eine **widersprüchliche** Lösung ist der schwerste Fehler!

III. Die schriftliche Darstellung

579 Die schriftliche Darstellung muss die Feststellungen und Schlussfolgerungen, die beim Durchdenken des Falles als maßgeblich erkannt worden sind, so wiedergeben, dass der Leser vom Anfang bis zum Ende die Folgerichtigkeit der Gedankenführung anerkennen muss (s. oben Rn 548).

580 1. In der Hausarbeit wie in der Klausur ist ein Rechtsgutachten anzufertigen, ein bestimmter Lebenssachverhalt unter rechtlichen Gesichtspunkten zu erörtern. Diese Aufgabe verlangt als Darstellungsform den **Gutachtenstil**. Ihn kennzeichnet aufbaumäßig die Entwicklung des Gedankenganges von der Fragestellung zum Ergebnis hin. Terminologisch charakterisieren den Gutachtenstil einleitende Formulierungen wie: „könnte verlangen, wenn...", „wäre Eigentümer, wenn..." und abschließende Folgerungen wie: „... also kann er verlangen", „folglich ist der Anspruch aus... begründet". Das Ergebnis steht als Schlussfolgerung am Ende der schriftlichen Darstellung. Es darf nicht etwa vorangestellt und danach begründet werden. Die letztgenannte Methode verwendet der Richter, wenn er ein Urteil begründet. Im Studium ist Ihnen der Urteilsstil bei der Fallbearbeitung grundsätzlich verwehrt. Die schriftliche Darstellung Ihres Rechtsgutachtens muss auch bei bereits erarbeitetem Ergebnis den Gedankengang so wiedergeben, wie er sich vorbereitend vollzogen hat. Das Ergebnis und die (bei längeren Ausführungen sinnvollen) Zwischenergebnisse können infolgedessen nur als Abschluss des jeweiligen Gedankengangs mitgeteilt werden.

581 2. Der **Anspruchsaufbau** muss den unter II geschilderten Denkvorgang wiedergeben. An der Spitze steht die Anspruchsgrundlage, und zwar bei §§-Ketten die Rechtsfolge vor ihren Voraussetzungen! Also zB für den Rückgewähranspruch §§ 346 I, 323, 437 Nr 2, 434. Hilfsnormen, wie etwa §§ 276, 278, dürfen nie an der Spitze stehen. Stets müssen Sie die Norm (Anspruchsgrundlage, Einwendung), unter die Sie subsumieren, so genau wie möglich bezeichnen (Absatz, Satz, Halbsatz, Alternative, Nummer), zB die Eingriffskondiktion durch § 812 I 1, 2. Alt. Danach müssen Sie in logischer Reihenfolge die einzelnen Tatbestandsmerkmale der Norm feststellen und, wenn es darauf ankommt, Einzelheiten klären, zB den Sachbegriff in § 119 II (= Gegenstand), die Arglist durch Verschweigen in § 123 (vgl **Fall 12**), um danach darzulegen, ob der Sachverhalt unter den Tatbestand subsumiert werden kann. Bei Zweifelsfragen wird von Ihnen erwartet, dass Sie das Für und Wider der Argumente abwägen und (in Hausarbeiten) Rechtsprechung und Literaturmeinungen fallbezogen und unter Herausarbeitung der tragenden Gesichtspunkte selbstständig darstellen.

582 Schildern oder übernehmen Sie fremde Gedanken, dann müssen Sie in einer Fußnote auf deren Urheber hinweisen. Fremde Ansichten sind in aller Regel zusammengefasst und in indirekter Rede wiederzugeben. Soweit es einmal auf den genauen Wortlaut ankommt, müssen Sie wörtliche **Zitate** durch Anführungsstriche kenntlich machen und die Quelle in der Fußnote genau zitieren (vgl §§ 51, 63, 97, 106 UrhG).

Warnung: Zitieren Sie nie blind! Lesen Sie vor allem auch Gerichtsentscheidungen nach; Auszüge und Leitsätze sind oft missverständlich und enthalten weniger als die halbe Wahrheit!

Ihre wohlbegründete Entscheidung müssen Sie danach treffen, was Sie selbst überzeugt. **583**
Die Bezugnahme auf eine angeblich hM oder auf die Rechtsprechung ersetzt eine Begründung nicht. Sie müssen dann zumindest sagen, warum Sie sich der hM anschließen wollen.

Nur selbstverständlich Gewordenes bedarf keiner besonderen Begründung, so zB, dass es beim Kauf unter Eigentumsvorbehalt ein Anwartschaftsrecht gibt oder dass die Sicherungsübereignung zulässig ist.

Die Darstellung schreitet so von einem Tatbestandsmerkmal zum nächsten, wobei auch **584**
in der äußeren Gliederung der Darstellung der Übergang von einem Prüfungsgegenstand zum nächsten deutlich werden sollte. Der Aufbau der Norm wird damit zum Leitbild für die Gliederung der Darstellung. Der juristisch geschulte Leser kann dann ohne Schwierigkeiten Ihrem Gedankengang folgen. Die Darstellung muss so aufgebaut sein, dass der Leser jederzeit den Stand der Untersuchung erkennen kann.

Ergibt erst die nach dem Sachverhalt mögliche Entwicklung den Anspruch (zB die Anfechtung der Einigung den Herausgabeanspruch aus § 985), dann ist die Prüfung des so entwickelten Sachverhalts unmittelbar anzuschließen.

3. Die **Reihenfolge der Darstellung** einzelner Anspruchsgrundlagen folgt grundsätz- **585**
lich dem oben Rn 558 mitgeteilten Schema, vorbehaltlich abweichender Zweckmäßigkeitserwägungen im Einzelfall. Im Allgemeinen sind vorab die Rechtsbeziehungen mit den geringsten tatsächlichen Voraussetzungen zu erörtern oder solche, die insofern logisch vorrangig sind, als andere Rechtsbeziehungen von ihnen rechtlich abhängen (vgl oben Rn 555 f).

Das lässt sich am Beispiel der dinglichen Herausgabeansprüche gemäß §§ 861, 985, 1007 zeigen: **586**
Zunächst wird man § 861 untersuchen, weil diese Anspruchsgrundlage, verglichen mit den anderen, die geringsten tatsächlichen Anforderungen stellt; Besitzverhältnisse sind gegenüber Eigentumsverhältnissen leichter zu prüfen. Der besitzrechtliche (possessorische) Herausgabeanspruch führt zudem eher zum Ziel, weil anders als bei § 985 und § 1007, unerheblich ist, ob der fehlerhafte Besitzer ein (petitorisches) Recht zum Besitz hat; vgl §§ 863, 986. Insoweit ist § 861 also vorrangig. Andererseits kann der Sachverhalt ergeben, dass der Herausgabeanspruch auf Eigentum gestützt wird und gerade die Eigentumsverhältnisse streitig sind. In einem solchen Fall kann es verfehlt sein, zunächst einen Anspruch aus § 861 zu untersuchen, wenn offensichtlich primär die Eigentumsverhältnisse geklärt werden sollen. Vorab den possessorischen Herausgabeanspruch zu behandeln, hieße einen falschen Schwerpunkt setzen. Für § 985 und § 1007 bietet sich eine logische Reihenfolge dann an, wenn innerhalb von § 1007 II geprüft werden muss, ob der Besitzer der Sache noch deren Eigentümer ist. Zweckmäßig erörtert man dann die Eigentumsverhältnisse vorab unter § 985.

4. Die **Verteidigungsmöglichkeiten** sind im Prinzip genauso zu behandeln. Auch hier **587**
ist der Sachverhalt unter die Norm, die den Anspruch vernichtet oder hemmt, zu subsumieren. Selbstverständlich dürfen Verteidigungsmöglichkeiten erst geprüft werden, wenn der Anspruch festgestellt ist, sei es auch nur mit einem knappen Satz, wenn der Anspruch unproblematisch ist. Manche Einwendungen können aber gut in die Darstellung der Anspruchsvoraussetzungen einbezogen werden, so zB das Fehlen der Geschäftsfähigkeit als Voraussetzung einer wirksamen Willenserklärung.

Bei der schriftlichen Darstellung müssen Sie besonders darauf achten, dass Sie nichts **588**
Überflüssiges sagen oder Selbstverständliches breittreten. Die Kunst besteht darin, auf geradem Wege und zielsicher die Problemschwerpunkte des Falles anzusteuern.

589 Beim Durchdenken des Falles ist erstes Gebot, keinen wichtigen Punkt zu übersehen. Deshalb muss jede nicht ganz abwegige Möglichkeit durchdacht werden. Stellt sich heraus, dass der Gedanke zu nichts führt, dann hat er in der schriftlichen Darstellung nichts zu suchen. Das gilt aber nur für Gedanken und Möglichkeiten, die mit Sicherheit bedeutungslos für die Lösung sind.

590 5. Ganz anders die **historische Methode**, die vor allem im Strafrecht gebräuchlich ist. Sie geht von einem bestimmten Zeitpunkt des Sachverhalts aus und prüft jedes Ereignis auf seine rechtliche Bedeutung. Die Schwäche dieser Methode ist offenbar: Sie bietet keinerlei Gewähr dafür, dass die geprüften Sachverhaltsteile auch entscheidungserheblich sind. Für das Zivilrecht ist die historische Methode daher abzulehnen.

Indes kann es, soweit die dingliche Rechtslage für den zu prüfenden Anspruch bedeutsam ist, durchaus einmal empfehlenswert sein, in den strengen Anspruchsaufbau einen historischen Aufbau einzuschieben. Vor allem wenn es auf das Eigentum als Tatbestandsmerkmal ankommt, prüft man bezüglich der Fragen, ob der Kläger Eigentum erworben und ggf wieder verloren hat, jeden der im Sachverhalt geschilderten Vorgänge am besten in chronologischer Reihenfolge. Ereignisse, die keine Bedeutung für das Eigentum haben, bleiben unberücksichtigt.

591 6. Der Anspruchsaufbau ist, wie schon der Name sagt, für die Prüfung von Ansprüchen entwickelt. Es gibt aber auch Fälle, die nicht in der Frage nach Ansprüchen münden (zB **Fälle 2, 5, 8**). Das System des Anspruchsaufbaus kann dann nicht unverändert angewandt werden. Wohl aber bleibt dessen wichtigstes Prinzip, nämlich die Subsumtion des Sachverhalts unter dem Gesichtspunkt einer bestimmten Rechtsfolge zum Aufbaumittel zu machen.

592 7. Im Übrigen ist auch für die Darstellungsmethode vor einer sklavischen Befolgung gleich welchen Schemas nachdrücklich zu warnen. Auch hier ist das **Aufbauschema bloßes Mittel, nicht Selbstzweck**. Wo Sie der Eigenart des Falles mit der üblichen Aufbaumethode nicht gerecht werden können, sind Abweichungen erlaubt und geboten. Doch sollten Sie sich dazu nicht ohne Not entschließen und vor allem nicht, ohne den anderen Aufbau gründlich überlegt zu haben.

593 8. Eine gute juristische Darstellung zeichnet sich auch durch eine gepflegte, verständliche **Sprache** aus. Hüten Sie sich vor unverdaulichen Satzschachteln und einem substantivischen, pseudojuristischen Stil! Genauigkeit und Verständlichkeit müssen einander nicht ausschließen. Oberstes Gebot ist die Klarheit und Genauigkeit des Ausdrucks. Fachausdrücke sind in der gebräuchlichen Terminologie zu verwenden. Fremdwörter mögen Bildung dokumentieren, doch meist tun es deutsche Ausdrücke genauso gut. Effekthascherei ist nicht am Platz, ebenso wenig überspitzte Formulierungen.

594 Ein typischer Fehler ist es, durch Formeln wie „unzweifelhaft, unbestreitbar, selbstverständlich" fehlende Begründungen zu ersetzen. Solche Formeln sind nur allzu oft Ausdruck von Unsicherheit und sollen eigene Zweifel und vermutete des Lesers übertönen. Überprüfen Sie daher unbedingt Ihr Ergebnis, wenn sich solche Formulierungen – idR unbewusst – eingeschlichen haben.

595 Sie müssen die Darstellung so **knapp** wie möglich halten. Sich kurz zu fassen ist eine Kunst. Die Zeit des Lesers ist kostbar, seine Aufnahmefähigkeit begrenzt. Das zwingt dazu, bei jedem Satz nicht nur zu überlegen, ob er an der richtigen Stelle steht, sondern auch und gerade, ob er erforderlich ist oder knapper gehalten werden kann. Wiederholungen sind grundsätzlich unzulässig. Wenn es unumgänglich ist, auf schon Gesagtes zurückzugreifen, genügt eine Verweisung.

Übergänge zu neuen Punkten in der Gedankenführung sind durch Absätze erkennbar zu machen. Hausarbeiten sollten Sie eine kurze und übersichtliche **Gliederung** voranstellen, deren Punkte im Text als Überschriften wiederkehren müssen. Diese Technik erleichtert Verweisungen und dem Leser das Nachschlagen bestimmter, ihn interessierender Teile. **596**

Knappe Überleitungen zum nächsten Abschnitt erleichtern das Verständnis. Lange Ausführungen, warum die behandelte Frage geprüft wird, sind dagegen verfehlt. Sie nehmen viel Raum ein und sind oft dadurch veranlasst, dass der Verfasser selbst nicht sicher ist, ob er folgerichtig aufbaut. Grundsätzlich muss die Geschlossenheit des Aufbaus ohne weiteres erweisen, warum die jeweils behandelte Frage erheblich ist. **597**

9. **Alternativlösungen** können bei rechtlichen Zweifeln und dann in Betracht kommen, wenn der Sachverhalt entscheidungserhebliche Punkte offen lässt (vgl **Fall 20**). **598**

Die Aufgabe jeder Rechtsfindung ist es gerade, zweifelhafte Rechtsfragen zu klären und zu entscheiden. Das Gutachten muss, wenn es auf die Rechtsfrage ankommt, erörtern, warum sie Zweifel zulässt, welche Lösungsmöglichkeiten es gibt, und danach einer wohlbegründeten Lösung den Vorzug geben. Wer die höchstrichterliche Rechtsprechung und/oder die einschlägige Literatur kennt, kann sich darauf berufen. Aber auch hier zählt die selbstständige Begründung mehr als das Ergebnis.

Sind Sie im Zweifel, welche Lösung die richtige ist, empfiehlt sich, wenn die Zeit reicht, der folgende Weg: Jede der möglichen Lösungen wird als Entwurf stichwortartig begründet. Der Vergleich der Skizzen zeigt dann, welche Lösung sich besser begründen lässt. Diese ist dann für Ihre Klausur die beste und in die Darstellung zu übernehmen. Diese Methode hat den Vorteil, dass die beste Begründungsmöglichkeit den Ausschlag gibt; sie sichert den Bearbeiter ferner davor, dass er sich auf eine Lösung in der schriftlichen Darstellung festlegt, die er dann nicht ordentlich begründen kann. **599**

Ist eine zentrale fallentscheidende Rechtsfrage streitig und haben Sie sich für eine Lösung entschieden, die zur Bejahung des Anspruchs führt, dann kann es manchmal ratsam sein, zusätzlich den Fall in einem Hilfsgutachten unter Zugrundelegung der entgegengesetzten Auffassung zu prüfen. (Für den umgekehrten Fall, dass die gewählte Lösung zur Verneinung des Anspruchs führt, versteht sich die Untersuchung weiterer Anspruchsgrundlagen von selbst.) **600**

Grundsätzlich sollen auch die **Tatfragen** entschieden werden. Es kann aber sein, dass der Sachverhalt selbst nach seiner Auslegung (vgl oben Rn 564) keinen halbwegs sicheren Schluss erlaubt. Dann ist, wenn eine Beweislastentscheidung nicht in Betracht kommt, alternativ zu entscheiden. **601**

Führen jedoch beide Möglichkeiten zu demselben rechtlichen Ergebnis, so kann die Frage offenbleiben. Dann muss aber sichergestellt sein, dass die Frage für alle Alternativen des Sachverhalts bedeutungslos ist.

Sachverzeichnis

Die Zahlen bezeichnen die Randnummern.

Abgabe 185
Abstraktheit der Vollmacht 466 ff, 494, 496, 506
Abstraktionsprinzip 148, 237, 300 f, 306
– Durchbrechung des A. 242
– sittenwidriges Rechtsgeschäft 241, 255, 266
– und Anfechtung 239 ff, 277, 283
Abtretung 21, 50, 235
actio negatoria 67
AGB
– Anwendungsbereich der AGB-Kontrolle (persönlich) 340
– Anwendungsbereich der AGB-Kontrolle (sachlich) 342
– Auslegung 351 ff
– Bedeutung 334 ff
– Begriff 333, 343 ff
– Einbeziehung 346 ff, 366
– geltungserhaltende Reduktion 363 ff
– Inhaltskontrolle 339 ff, 355 ff
– kollidierende 366
– Schriftformklauseln 354
– Transparenzgebot 360
– überraschende Klauseln 350
– und Individualabrede 353
– und kaufmännisches Bestätigungsschreiben 381
– Unklarheiten in AGB 352
– unter Kaufleuten 340
– unwirksame 362 ff
– Verbandsklage 352, 361
– „salvatorische" Klauseln 365
Aktiengesellschaft *s. Gesellschaft*
Allgemeine Geschäftsbedingungen *s. AGB*
Allgemeines Persönlichkeitsrecht *s. dort*
Anfechtung
– bei Dauerschuldverhältnis 225
– bei fehlendem Erklärungsbewusstsein 205 f
– bei Übermittlungsfehlern 228
– beim Vertrag zugunsten Dritter 274
– der Vollmacht 517 ff
– des Schweigens 382 ff
– fingierter Willenserklärungen 382 ff
– Frist 233
– Gestaltungsrecht 221 ff
– Irrtumsanfechtung 215 ff, 247 f, 385 f
– konkludenter Willenserklärungen 247 f
– Konkurrenzen: zu Schadensersatzansprüchen 289
– Konkurrenzen: zum Gewährleistungsrecht 290 f
– Konkurrenzen: zur Nichtigkeit 254, 285 ff
– nicht zugangsbedürftiger Annahmeerklärungen 247 f
– und Stellvertretung 479 ff
– von Verfügungen 239 f
– wegen arglistiger Täuschung 268 ff
– wegen Drohung 275 ff
– wegen Eigenschaftsirrtums 278 ff, 290
– Wirkung 223 ff, 241 f, 277, 283
Angebot 180 f
– freibleibendes 181a
Annahme 182, 183, 375
– unter Verzicht auf den Zugang 243
Anscheinsvollmacht *s. Vollmacht*
Anspruchsaufbau 581
Anspruchsgrundlagen 568 f
– Prüfungsreihenfolge 558 f
Anspruchskonkurrenz 570
Arglist 270 f
Aufklärungspflicht 271
Auflassung 191, 294, 306
Aufrechnung 530 f
Auftrag (und Bevollmächtigung) 466 ff, 494
Auftragsbestätigung 182, 375
Auslegung 202, 207 ff, 246, 300 f, 526
– der Vollmacht 495
– Empfängerhorizont *s. dort*
– von AGB 351 ff
Ausschlussfrist 31, 233
Außenvollmacht *s. Vollmacht*

Bedingung 451
Befristung 452
Beglaubigung, öffentliche 321
Begriffsbestimmung, Relativität der 10

Benachteiligung *s. Diskriminierung*
Bereicherungsansprüche 57, 123, 229, 241, 329
Beschluss 407
beschränkte Geschäftsfähigkeit *s. dort*
Beseitigungsanspruch 67, 69
Besitzdiener 534
Bestandteile 157 ff
– einfache 158
– Scheinbestandteile 165
– subjektiv-dingliches Recht als B. 167
– wesentliche 159 ff, 170
Bestätigung (nichtiger Rechtsgeschäfte) 434
Bestätigungsschreiben
– kaufmännisches 373 ff
– kreuzende 381
Betreuung 142
Beurkundung, notarielle 322
Bevollmächtigter *s. Vertreter*
Bevollmächtigung *s. Vollmacht*
Beweislast 392
BGB-Gesellschaft *s. Gesellschaft*
Blanketterklärung 491, 511
Bote 228, 463
Bürgschaft 262, 281, 359

culpa in contrahendo 197, 214
– bei Formnichtigkeit 327
– bei Geschäftsunfähigkeit 463
– des Vertreters 478, 515
– und Anfechtung 289

Datenschutz 65, 415
Dauerschuldverhältnis 225, 265
Deliktsfähigkeit 53 f
derivativer Erwerb 50
digitale Signatur 320
Diskriminierungsverbot 387 ff
dispositives Recht 333
Dissens 214, 366
dolo petit 56
Doppelverkauf 307
Doppelwirkungen im Recht 254, 288
Drittwirkung der Grundrechte 49
Drohung 275 ff
Duldungsvollmacht 514
Durchgriffshaftung 78 f

Eigenschaft, verkehrswesentliche 279 ff
Eigenschaftsirrtum *s. Irrtum*
Eigentumsübertragung 21
Eigentumsvorbehalt 30, 32, 161, 172, 524
Einrede 30, 575
Einschreiben 188
einstweilige Verfügung 312 f
Eintragung
– deklaratorische 88 f
– konstitutive 87 ff, 99 ff, 294
Einwendung 30
– rechtshindernde 573
– rechtsvernichtende 574
Einwilligung 192, 419, 523
– Datenschutz 415
Einzelnachfolge 21
elektronischer Geschäftsverkehr 182, 245
E-Mail 186a, 188
Embryo *s. nasciturus*
Empfängerhorizont 209, 470, 482
– bei AGB 351
Empfangsbote 211
Empfangszuständigkeit 191
Entmündigung 142
Erbrecht 21 f
– Formvorschriften 324
– Verjährung in Nachlasssachen 33, 35
Erforderlichkeit (der Notwehrhandlung) 115
Erfüllung 191
Erklärungsbewusstsein 203 ff
Erklärungsirrtum *s. Irrtum*
Erklärungswille *s. Erklärungsbewusstsein*
Erlassvertrag 235
Ermächtigung 523 f
Erwerbsgeschäft (eines Minderjährigen) 422
Erwerbsverbot 313 ff, 329
essentialia negotii 180

Fahrlässigkeit 198
Fallbearbeitung, Methode der 547 ff
falsa demonstratio 208, 375
falsus procurator 484 ff, 515
Familienrecht 398, 400
fehlerhaftes Vertragsverhältnis 225, 265
Fehleridentität 283
Fernabsatzverträge 252
Fiktion 28, 383
Firma 60, 83
Forderung 47
Form 316 ff
– der Bevollmächtigung 489 ff
– elektronische 320a
– gesetzliche Formvorschriften 317 ff
– Umfang der Formbedürftigkeit 324
– Zwecke 317 ff
freiwillige Gerichtsbarkeit 133
Fristen
– absolute 233

– Anfechtungsfrist 233
– Ausschlussfrist 31, 233
– Verjährungsfrist 32
Früchte 170, 175

Gattungsschuld 151
Gebrauchsvorteile 170
Geburt und Rechtsfähigkeit 6 f
Gefälligkeit 195 ff
Gefälligkeitsverhältnis 196, 197, 198
Gefälligkeitsvertrag 196
Gegenstand *s. Rechtsobjekt*
geheimer Vorbehalt 296
geltungserhaltende Reduktion 363 ff
Genehmigung
– bei Vertretung ohne Vertretungsmacht 484 f
– der Verfügung eines Nichtberechtigten 527 f
– des gesetzlichen Vertreters 192, 419
Generalklauseln 261
Genossenschaft 71 f, 76, 86, 90, 104, 496
Gesamthandsgemeinschaft 71, 137 f
Gesamtnachfolge 21 f
Gesamtschuld 105
Gesamtvertretung 503
Geschäft für den, den es angeht 475 f
geschäftsähnliche Handlungen 53, 178a
Geschäftseinheit 242, 301, 467
Geschäftsfähigkeit 52 f, 190 ff, 415 ff
– beschränkte 191 ff
– des Vertreters 463, 465
– Geschäftsunfähigkeit 141 ff, 191
– guter Glaube an die G. 194
– partielle 142 f
Geschäftsführungsbefugnis 496 *s. auch Auftrag*
Geschäftsgrundlage, Störung der 217
Geschäftswille 203 ff
Gesellschaft
– Aktiengesellschaft 71 ff, 76, 85, 90, 104, 496
– BGB-Gesellschaft (GbR) 71, 82a ff, 105, 107, 121
– Gesellschafter 84
– GmbH 71 ff, 76, 78 f, 84, 90, 104, 126, 496, 500
– Kapitalgesellschaft 84
– KG 60, 71, 74, 83, 496
– OHG 71, 83, 496
– Partnerschaftsgesellschaft 71, 82a, 496
– Rechtsfähigkeit 73 ff
Gesellschaftsregister 83a, 88
gesetzliches Verbot 253
Gestaltungsrecht 31, 48, 221
Gewerkschaften 116
Gewinnzusagen 178
Gewohnheitsrecht 346, 373
Gleichbehandlung 389 ff
GmbH *s. Gesellschaft*
Grundbuch 83 f, 89, 101
Grundbuchfähigkeit 83
Grunddienstbarkeit 155, 167
Grundstück 167
guter Glauben *s. Register*
– Geschäftsfähigkeit 194
– Vertretungsmacht 511 f
gutgläubiger Erwerb 237

Haftung
– bei juristischen Personen 76 ff, 103 f, 108 f
– bei Personenvereinigungen 76 ff
– Durchgriffshaftung 78 f
– Freizeichnung 116 f
– gesamtschuldnerische 107, 119
– im Gefälligkeitsverhältnis 198 f
– Minderjähriger 54, 423
– nichtrechtsfähiger Verein 81, 108 ff
– Organhaftung 116 ff
– und Rechtsfähigkeit 139
– von Gründungsgesellschaftern 126
Haftungsmilderung
– des unentgeltlich Handelnden 198 f
– zugunsten des Vertreters ohne Vertretungsmacht 486
Handelsbrauch 373 ff
Handelsrecht
– Rechtsschein im H. 512
– Vertretungsmacht 496
Handelsregister *s. Register*
Handlungsarten 53
Handlungsfähigkeit 52 f
Handlungsvollmacht 496, 512
Handlungswille 203
Haustürgeschäfte 252
Heilung von Formmängeln 326, 329
Herausgabeanspruch, dinglicher 586
Herrschaftsrecht 46

Immaterialgüterrechte 155, 237
Individualabrede und AGB 353
Inhaltsirrtum *s. Irrtum*
Inhaltskontrolle *s. AGB*
Innenvollmacht *s. Vollmacht*
Insichgeschäft 499 f

Interesse
– negatives 197a, 226 f, 229
– positives 226 f
Internet 181
invitatio ad offerendum 181
Irrtum 215 ff
– bei konkludenten Willenserklärungen 247 f
– bei Verfügungsgeschäften 239 ff
– beiderseitiger 217
– Eigenschaftsirrtum 278 ff, 290
– Erklärungsirrtum 215, 385
– Identitätsirrtum 280
– Inhaltsirrtum 215, 385 f
– Kalkulationsirrtum 219
– Kausalität 220
– Motivirrtum 216 f, 219, 278 f
– Rechtsfolgenirrtum 218, 384
– Übermittlungsirrtum 226

juristische Person
– als Rechtsträger 82
– Begriff und Arten 71 ff
– des öffentlichen Rechts 126
– Haftung der j. P. 103 f, 108 f
– Haftung der Mitglieder 76 ff
– Haftung des Handelnden 111
– Namensrecht 60
– Rechtsfähigkeit 73 ff, 87 ff
– Wesen 75

Kalkulationsirrtum *s. Irrtum*
Kapitalgesellschaft 84
kaufmännisches Bestätigungsschreiben 373 ff
Kausalität (des Irrtums) 220
KG *s. Gesellschaft*
Klauselverbote 357
s. auch AGB
Knebelung 262
Kollusion 497
Kommissionsgeschäft 474, 524, 526
Konditionenkartell 335
Kontrahierungszwang 182, 388, 393
Konzessionssystem 91
körperschaftliche Verfassung 72
Kunstfreiheit 62, 64

Ladenangestellte 496, 512
laesio enormis 256
Leibesfrucht *s. nasciturus*
Leiche 39
Leihmuttervertrag 265
letztwillige Verfügung *s. Testament*
Lügen 270

Massengeschäft 390
„Mätressentestament" 265
Meinungsfreiheit 64
Mentalreservation
s. geheimer Vorbehalt
Mietwucher 285
Minderjährigenschutz 190 ff, 423
s. auch Deliktsfähigkeit, Geschäftsfähigkeit
Missbrauch der Vertretungsmacht 497 f, 502
Mitgliedschaft 96
mittelbare Stellvertretung
s. Stellvertretung
Motivirrtum *s. Irrtum*

Nachschusspflicht 76, 104
Namensrecht 60
nasciturus 8 ff, 12 f
Nebenzweckprivileg 94
negatives Interesse *s. Interesse*
Nichtigkeit
– Anfechtbarkeit nichtiger Rechtsgeschäfte 254, 285 ff
– Formmangel 325 ff
– geltungserhaltende Reduktion 363 ff
– nach Anfechtung 221 ff
– rückwirkende 223 ff
– Teilnichtigkeit 98, 242, 283, 301 ff, 362
Normativsystem 90
notarielle Verträge als AGB 343
Nothilfe 55, 114
Notstand
– aggressiver 114
– defensiver 55
Notwegrente 167
Notwehr 55, 114 f
numerus clausus (der Sachenrechte) 400
Nutzungen 170

Offenkundigkeit *s. Stellvertretung*
Organe (juristischer Personen) 534
Organhaftung 116 ff
originärer Erwerb 50

Parteien (politische)
– Namensrecht 60
Parteifähigkeit 124
Patent 155

Persönlichkeitsrecht
– allgemeines 39, 63 ff
– besonderes 62, 65
– Kommerzialisierung 40
– Selbstbestimmungsrecht 413
– Verstorbener 40
Pfändung 234
– von Zubehör 175
präjudizieller Anspruch 555 f
Privatautonomie 99, 178, 179, 204, 253, 384, 388 f, 398 ff, 461
– und Vertragsgerechtigkeit 337
Prokura 89, 245, 492, 496
Prostitutionsvertrag 265
protestatio facto contraria 183
Publizität des Handelsregisters 512

Rahmenrecht 64
Ratenkreditverträge 256
Realakt 53
Realakt (Begriff) 397, 463, 534
Reallast 167
Recht
– absolutes 46, 64, 155
– als Rechtsobjekt 155
– am eigenen Bild 62
– dingliches 46, 155
– Erwerb und Erlöschen 50 f
– objektives 44
– relatives 47, 155
– subjektiv-dingliches 167
– subjektives 45
– subjektiv-öffentliches 49
Rechtfertigungsgründe 113 ff, 392
Rechtsausübung *s. Rechtsmissbrauch*
Rechtsbindungswille 196a
Rechtsfähigkeit
– Beginn 6 f
– Begriff 4 ff, 15
– Ende 18 ff
– juristische Person 73 ff, 87 ff, 132 ff
– kraft Verleihung 87
– nasciturus 8 ff, 12 f
– Personengesellschaften 82a
– postmortale 38
– Teilrechtsfähigkeit 9
– und Menschenwürde 5
– und Stellvertretung 534
Rechtsfolgenirrtum *s. Irrtum*
Rechtsgeschäft 177, 397 ff
– Beschluss als R. 407
– einseitiges 177, 194b, 222, 464
Rechtsmissbrauch 56, 115, 497
Rechtsobjekt 5
– Begriff und Arten 148 ff
– Objektverbindungen 156 ff
Rechtsschein 511 f
Rechtssubjekt 4 ff
Rechtswidrigkeit
s. Rechtfertigungsgründe
Register
– Genossenschaftsregister 88
– Grundbuch *s. dort*
– Handelsregister (Publizität) 88 f, 512
– Personenstandsregister 87
– Vereinsregister 87 ff, 101
Repräsentant 118
Roboter 5
Rücktritt 332
Rückwirkung 223 f, 517

Sachen 151
– verbrauchbare 163
– vertretbare 151
Sachmängelhaftung und Anfechtung 289 ff
Schaden
– immaterieller 66
– Vertrauensschaden 225 f, 229, 248, 284
Schadensersatz 3 f, 229
Scheinbestandteile *s. Bestandteile*
Scheingeschäft 295 ff
Schenkung 191
Scherzerklärung 297
Schikane 56
„Schlüsselgewalt“ 473
Schmerzensgeld 66
Schriftform
– gesetzliche 320
– gewillkürte 328
– Schriftformklauseln in AGB 354
Schwarzfahrer 183
„Schwarzkauf“ 300
Schweigen (als Willenserklärung) 369 ff
– Anfechtung 382 ff
– auf ein kaufmännisches Bestätigungsschreiben 373 ff
– beredtes Schweigen 369
Selbsthilfe 55
Selbstkontrahieren 499 ff
Sexualmoral 265
Singularsukzession
s. Einzelnachfolge
Sittenwidrigkeit 255 f, 510
– einer Bürgschaft 262
– Prostitution 265
– Vereinszweck 95

Sozialstaat 389
„sozialtypisches Verhalten“ 183
Spezialitätsprinzip 148
Speziesschuld 151
Staatsakt, konstitutiver 87 ff, 99 ff
Stellvertretung 449 ff
s. auch Vertreter, Vollmacht
– direkte 470
– Form der Bevollmächtigung 489 ff
– Geschäftsfähigkeit 463, 512
– gesetzliche 459 f
– guter Glaube an die Vertretungsmacht 511 f
– Handeln unter fremdem Namen 472
– Insichgeschäft 499 ff
– mehrstufige 471
– Mehrvertretung 499
– Missbrauch der Vertretungsmacht 497 f, 502
– mittelbare (indirekte) 474, 525
– Offenkundigkeit 470 ff
– Selbstkontrahieren 499 ff
– Umfang der Vertretungsmacht 493 ff
– und Anfechtung 479 ff
– Vertretung ohne Vertretungsmacht 484
– Wirkung 477 ff
Stiftung 72, 90
Strafmündigkeit 54
Streitgenossen, notwendige 124
Strohmanngeschäft 299
Stückschuld 151
Subsumtion 560, 565 ff

Taschengeld 193
Täuschung 269 ff
– durch einen Dritten 272 f
– durch Unterlassen 271
Teilbarkeit von Rechtsgeschäften 303
Teilnichtigkeit *s. Nichtigkeit*
Teilrechtsfähigkeit *s. Rechtsfähigkeit*
Testament 41, 177
Textform 320b
Tiere (als Rechtsobjekte) 150
Todesbegriff 18 f
Todeserklärung 23 ff
Totensorgerecht 39
Transparenzgebot 360
Trennungsprinzip 148
Typenfixierung und Typenzwang 400

Überbau 163 f
Überbaurente 167
Übereignung 177, 234 ff
– von Grundstücken 294
Umdeutung 433
Umgehungsgeschäft 298
unerlaubte Handlung 3, 53, 59, 62, 108, 112 ff
– und Anfechtung 289
Universalsukzession
s. Gesamtnachfolge
Unterbevollmächtigter *s. Vertreter*
Unterhalt 2 ff
Unterlassungsanspruch 67 f
Unternehmen 171 ff
Unwirksamkeit
– relative 308 ff
– schwebende 194, 474 f, 527
Urheberrecht 155

venire contra factum proprium 56
Verarbeitung 170
Veräußerung 148
Veräußerungsverbote 307 ff
– absolute 309
– gerichtliche 310, 312
– gesetzliche 310
– rechtsgeschäftliche 311
– relative 308
Verbandsklage *s. AGB*
Verbotsgesetz 253
Verbraucherschutz 252, 340, 491
Verein 104 ff, 496
– Beitragspflicht 96
– Gleichbehandlungsgebot 96
– Haftung 76, 78, 103 ff, 122 f
– Idealverein 92 ff
– Konzessionssystem 91
– Liquidation 100
– Namensrecht 60
– Nebenzweckprivileg 94
– nichtrechtsfähiger 72, 81, 93, 106, 107 f, 121 ff
– Organhaftung 116 ff
– Organisation 95 f
– Parteifähigkeit 124
– Satzung 95
– Vertretung 95
– Vorverein 125 f
– wirtschaftlicher 72, 91 ff
Vereinigungsfreiheit 90, 124
Vereinsregister 87 f, 101, 512
Verfügung 234 ff
s. auch Abstraktionsprinzip
– Anfechtung 239 ff, 277, 283

– eines Nichtberechtigten 522 ff, 528
– Ermächtigung *s. dort*
– Genehmigung *s. dort*
Verfügungsverbot
s. Veräußerungsverbot
Verjährung 29 ff, 575
– Ablaufhemmung 33 f
– Fristen 32 ff
– Hemmung 34
– Leistungsverweigerungsrecht 30
– und Befriedigung aus einem Sicherungsrecht 30
– Unterbrechung 35
verlängerter Eigentumsvorbehalt 524
s. auch Eigentumsvorbehalt
Verleitung zum Vertragsbruch 263
Vermieter 392
Vermutung 26 ff
Vernehmungstheorie 187
Verpfändung 235
Verpflichtungsermächtigung 525
Verpflichtungsgeschäft 234
Verrichtungsgehilfe 120
Verschollenheit 23 ff
Verschulden bei Vertragsschluss
s. culpa in contrahendo
Verschuldensprinzip 394
Verschuldens(un)fähigkeit
s. Deliktsfähigkeit
Versicherungsverein auf Gegenseitigkeit 134
Versteigerung
– freibleibend 181
Verteidigungsnormen 572 ff
Vertrag 177 f, 179, 406
– faktischer 183
– Gefälligkeitsvertrag 196
– zugunsten Dritter 274
Vertragsfreiheit
s. Privatautonomie
Vertragsgerechtigkeit 337
Vertrauensschaden *s. Schaden*
Vertreter 5
s. auch Stellvertretung, Vollmacht
– gesetzlicher Vertreter 423, 460
– mit gebundener Marschroute 519
– ohne Vertretungsmacht 484 ff
– Unterbevollmächtigter 471
– Verschulden des V. bei Vertragsschluss 478
Vertretungsmacht *s. Stellvertretung*
Verweisung 28
Verwirkung 56
Vollmacht 459, 461 ff
s. auch Stellvertretung, Vertreter
– Altersvorsorge 493, 507
– Anfechtung 517 ff
– Anscheinsvollmacht 515 ff
– Außenvollmacht 462, 468, 511
– Duldungsvollmacht 514
– Erlöschen 505 ff
– Form der Bevöllmächtigung 489 ff
– Generalvollmacht 493
– Handlungsvollmacht 496
– Inhalt 495
– Innenvollmacht 462, 469, 511
– konkludente Erteilung 492
– postmortale 35 f, 41
– und Auftrag 464 ff, 494
– Untervollmacht 471
– unwiderrufliche 491, 509
– verdrängende 510
– Widerruf 508 f
– Zurückweisung 468 f
Vorbehalt, geheimer 296
Vorkaufsrecht 167

Widerruf
– der Vollmacht 508 f
– nicht zugangsbedürftiger Willenserklärungen 247 f
– von Haustürgeschäften 252
– von Willenserklärungen 186, 194a
Wiener UN-Kaufrecht 186
Willenserklärung 178, 203 ff
– Anfechtung *s. dort*
– Anfechtungserklärung 222
– Auslegung *s. dort*
– behördenempfangsbedürftige 408
– elektronische 186a f
– empfangsbedürftige 184, 408
s. auch Zugang
– fingierte 371, 382 ff
– konkludente (= schlüssige) 210, 244 ff, 369, 423
– Schweigen als W. 359 ff
– verkörperte 185
– Widerruf 186
– Wirksamwerden 184 ff, 243
„wrongful life" 13
Wucher 255 f, 285
wucherähnliches Geschäft 260 ff

Zivilprozess
– Parteifähigkeit 124
Zubehör 169 f

– betriebsbezogenes 173
– Pfändung 175
Zugang 186, 187 f, 211
– Zugangshindernisse 188
– Zugangsverzicht 243
Zurechnung von Wissen 479 f
Zuschreibung von Grundstücken 167
Zwischenverfügung 528